생각하고
저항하는 이를
위하여

생각하고 저항하는 이를 위하여

리영희 선집

백영서 · 최영묵 엮음
리영희재단 기획

창비

우상의 황혼, 진리의 빛

내가 종교처럼 숭앙하고 목숨을 걸어서라도 지키려고 하는 것은,
국가나 애국이나 그런 것이 아니라 진실이야.

— 리영희, 2004년 6월 4일 인터뷰(KBS 「인물현대사」)

리영희 선생이 작고하시고 10년이 흘렀다. 강산이 변했듯 한국사회
도 많이 달라졌다. 여전히 한반도에는 전운이 감돌고 미국을 축으로 하
는 세계정세는 변화무쌍하다. 코로나19 대유행 이후 지구인들의 삶의
방식과 표준이 변하고 있다고 말하는 사람들이 많다. 진실이 별 의미가
없는 '탈진실' 시대가 왔다고 말하기도 한다. 수구 기득권 미디어들은
여전히 명백한 '가짜뉴스'를 진실인 것처럼 계속 유포하고 있다. 진위
를 알 수 없는 정보가 범람하고 사람과 사람의 만남이 어려워질수록 우
리는 더 진실에 목마를 수밖에 없다. 우리가 진실에 근접하기 위해서는
미디어 뉴스를 포함한 모든 떠도는 이야기의 정보원 검증에 집중해야
한다.

선생은 '제국의 우상'을 비판하고 그 실체를 드러내는 데 평생을 바

쳤다. 식민지 시절 평안도에서 태어나 8·15해방과 6·25전쟁, 이승만 독재정권과 4·19혁명, 박정희 쿠데타와 공포정치, 전두환 신군부와 광주민주항쟁, 6월항쟁과 직선제 개헌, 문민정부와 참여정부로 이어지는 격동의 시대를 산 진정한 '언론인'이었다. 본인의 의지와 무관하게 역사의 수레바퀴 아래 온몸을 던질 수밖에 없었다. 오로지 진실을 추구했다는 이유로 평생 연행과 구속, 재판과 감금, 해직과 실업 상태를 반복했다. 1950년 한국전쟁이 발발하자 통역장교로 세상의 '최전선'에서 전투를 시작한 이래 2010년 작고할 때까지 흐트러짐 없이 '우상파괴자'이자 실천하는 지식인으로 살았고, 한국 젊은이들의 '사상의 은사'가 되었다.

이 '리영희 선집'은 리영희 선생 작고 10주기를 맞아 리영희재단에서 기획한 것이다. 선생은 2000년 이후 우리 사회의 민주화와 시민의 의식화로 자신이 쓴 글들의 수명은 거의 끝나간다고 말하곤 했다. 하지만 세상은 크게 변하지 않았다. 그가 살았던 시대의 우상들은 여전히 건재하고 글로벌 미디어라는 새로운 우상의 지배력은 끝없이 팽창하고 있다. 세계자본주의체제는 신자유주의를 지나 우리의 일상적 삶 자체를 상품화하는 플랫폼 자본주의로 진화하는 중이다. 미국은 경제력 쇠퇴에도 불구하고 (군사)패권주의를 더욱 노골적으로 드러내고 있고 일본은 군국주의로 회귀하고 있다. 북한의 사실상의 '핵 보유'로 한반도 분단체제 해소를 위한 셈법은 더 복잡해졌다.

『전환시대의 논리』와 『우상과 이성』이 나온 지 거의 반세기가 되었다. 수십년이 지난 선생의 글은 지금 읽어봐도 강한 울림과 호소력이 있다. 자본권력의 지배는 더 교묘해졌고 사람들은 생각을 버리고 '스마트한' 새로운 우상 속으로 함몰되고 있다. 우리 삶을 옥죄는 모든 종류의 권력에 도전했던 선생의 '이성, 가설, 역설, 독백'은 여전히 유효할 뿐만 아니라 오히려 더 절실하다. 우리가 지금 선생을 다시 소환하는 이유다.

리영희에게 우상은 진실이 아님에도 진실인 것처럼 우리에게 강요된 것이다. 다른 말로 헛것, 허위의식, 어둑서니, 이데올로기 들이다. 냉전과 반공, 미 제국주의와 한미혈맹, 식민지와 해방, 기독교 유일신 교리, 물신주의, 자유민주주의, 자본주의, 제복과 유행, 핵무기 신앙 등이 대표적이다. 우리 사회가 민주화되었다고 하지만 지금도 자본권력의 하수인으로 전락한 검찰과 언론이 그들의 입장에서 진실을 규정, 강요하고 있다. '우상의 황혼'은 요원하고 진리의 빛은 아득하다.

우리가 강요된 우상을 타파하기 위해서는 우선 우리 의지와 무관하게 '강철로 만든 방'(루쉰)에 감금되어 있다는 사실을 '생각'할 수 있어야 한다. 그 '깨달음'을 바탕으로 부당한 권력과 이데올로기의 실체를 드러내고 명확한 반증의 근거를 찾아내 논박하는 것이 그다음 단계다. 달리 말하자면 나의 실존 현실을 구체적으로 비판하는 것이다. 궁극적으로는 그 비판을 바탕으로 우상의 세계를 전복해야 한다. 우리가 이 일상적 실천을 통해 우상을 넘어설 수 있을 때 실체적 진실에 근접할 수 있다. 그렇기 때문에 진실 추구는 그 자체로 아름다운 것이다. 뿐만 아니라 진실 속에는 우리가 살아갈 방향에 대한 좌표가 담겨 있다. 선생이 진실을 신앙으로 삼고 살아간 이유다.

선생이 1960년대 중반 이후 발표한 글(시사평론, 에세이, 번역 등)은 그 영역과 분량에 있어 타의 추종을 불허할 정도로 방대하다. 미국·일본·중국·베트남·러시아 등의 국가권력 문제, 한미관계·한일관계·북미관계·북일관계·미중관계 등 국제관계, 6·25전쟁과 분단·정전협정·남북 군사력·군축과 통일 문제, 국내의 군사정권·독재체제·반공이데올로기 등 국내 문제, 과학기술·인류 평화·핵무기·종교 등 인류 문명 문제, 언론과 언론인·방송·유행과 제복 등 대중문화 문제, 자본주의·사회주의·사회민주주의 등 이념 문제, 지식인의 기회주의에서 자신에 대한 회한과 성찰에 이르기까지 거의 언급되지 않은 분야가 없을 정도다.

선생은 시대의 요구에 따라 여러 유형의 글을 쓸 수밖에 없었다. 평생 고심했던 핵심 주제는 한반도와 국제관계, 일제와 탈식민, 분단과 통일, 반핵과 인류 문명 문제였다. 그는 200자 원고지 9매 내외의 칼럼에서 222매에 달하는 '상고이유서'에 이르기까지 대략 350여편(7500여면)의 글을 발표했고, 이 글들은 20여권의 저술(저서, 공저서, 번역서, 편역서 등)에 담겨 있다.

언론사 기자로 있을 때는 주로 한미관계, 한일관계, 베트남전쟁 관련 글을 썼고, 대학교수 시절에는 중국 사회주의, 베트남전쟁 그후, 일본 군국주의, 분단과 통일, 반공주의체제, 핵과 인류 문명 등 긴 호흡의 글들을 대거 발표했다. 대학에서 정년퇴임하고 한결 자유로워진 이후에는 한반도 정세를 분석하거나 일상적·성찰적인 글들을 다수 남겼다. 선생의 방대한 분량의 여러 글 중에서 '대표작'을 고르는 것은 쉬운 일이 아니다. 늘 다층적 사실에 근거해 구체적이고 치밀하게 글을 썼기 때문에 선별을 위해 그의 글의 우열을 가리는 것은 무모한 일이기도 했다.

선생은 다행히 지난 2005년 나온 '구술 회고록'『대화』에서 1980년대 이후 자신이 발표한 대표적인 글을 꼽은 적이 있다. 「국가보안법 없는 90년대를 위하여」「남·북한 전쟁능력 비교 연구」「릴리 주한 미국대사에게 묻는다」'미국이라는 사회와 국가'*「1953년 한미 상호방위조약」

---

* 선생이 1987년 후반 미국 버클리대학에서 강의할 때 월간『말』에 기고한 글 8편을 말한다.

「사회주의의 실패를 보는 한 지식인의 고민과 갈등」「민족통일의 세계사적 인식」「베트남 인민에게 먼저 사과할 일」「독일식 한반도 통일방안 비판」「북한-미국 핵과 미사일 위기의 군사정치학」「'북방한계선'은 합법적 군사분계선인가?」「미국 군사동맹체제의 본질」「동북아지역의 평화질서 구축을 위한 제언」 등이다.** 우리는 '리영희 선집'을 엮으며 선생의 생각을 최대한 존중했다. 다만 내용상 유사성이 있거나 지나치게 방대한 글, 이미 널리 알려져 지금은 상식이 된 사안들을 논의한 글 등은 제외했다.

우리는 대략 다음 세가지 기준을 바탕으로 '리영희 선집' 원고를 선별했다. 첫째, 시기별로 리영희 선생을 대표한다고 할 수 있는 명실상부한 대표작을 포함했다. 「대륙 중국에 대한 시각 조정」(1971) 「베트남 35년전쟁의 총평가」(1975) 「광복 32주년의 반성」(1977) 「상고이유서」(1978) 「다시 일본의 '교과서 문제'를 생각한다」(1983) 「북한-미국 핵과 미사일 위기의 군사정치학」(1999) 등이다. 이 글들을 보면 그의 사유의 궤적을 알 수 있을 뿐만 아니라 발표 시기와 무관하게 현재 시점에서도 그 의미가 살아 움직인다.

둘째, 발표 당시 엄청난 사회적 반향을 일으켰거나 많은 젊은이에게 충격을 주었던 글이다. 베트남전쟁의 비사와 미국 지식인의 기회주의를 다룬 「강요된 권위와 언론자유」(1971) 「사회주의의 실패를 보는 한 지식인의 고민과 갈등」(1991)을 꼽을 수 있다.

셋째, 선생의 저술이나 실천을 직접 경험할 기회가 없었던 2000년대

『自由人, 자유인』 제4부에 실려 있다.
** 『대화』에서 꼽은 글들과 제목이 다른 것들도 있다. 선생이 기억하는 글의 제목과 실제 발표된 글의 제목에 차이가 있을 경우 발표된 글의 제목으로 수정했다.

이후의 세대가 읽고 공감할 만한 글들을 포함했다. 「농사꾼 임군에게 보내는 편지」(1976) 「아버지와 딸의 대담」(1983) 「자유인이고자 한 끊임 없는 노력」(1992) 「무한경쟁시대와 정보화와 인간」(1988) 「내가 아직 종교를 가지지 않는 이유」(1994) 등이다. 선생은 국제정세나 권력비판과 같은 큰 담론뿐만 아니라 편지처럼 사사로운 이야기를 담은 에세이류의 글을 쓰는 데도 능했다.

이런 기준에 근거하여 우리는 선생의 '대표작' 22편을 추렸다. 선별된 글은 다시 그 주제영역에 따라 한반도(제1부), 국제관계(제2부), 사상·언론(제3부), 문명·미래(제4부) 네 영역으로 구분했다.

제1부에 담긴 글은 주로 한반도에서의 해방과 전쟁 그리고 냉전시대와 관련이 있다. 선생은 한반도 냉전의 역사를 정리하고 미래를 조망하는 글을 쓰는 것이 필생의 과제라고 말한 적이 있다. 그가 그 책을 완성하지는 못했지만 1부에는 그러한 생각의 줄기를 살펴볼 수 있는 글들을 배치했다. 제2부에는 한반도 지정학의 핵심 국가인 중국, 미국, 일본과 관련한 이야기와 베트남전쟁 관련 글을 모았다. 구체적으로 사회주의 혁명 이후의 중국 대륙의 변화, 베트남전쟁을 보는 눈, 일본의 역사 왜곡과 친한파의 실상, 군사자본주의 국가인 미국의 근본적 문제에 대한 본격 비판 등을 다룬 글들이다.

제3부에는 선생의 사유의 바탕이라 할 수 있는 사상의 자유와 표현의 자유, 민주주의와 사회주의 그리고 파시즘, 언론인의 부패와 저널리즘의 몰락 등에 대한 글을 모았다. 그는 평생 저널리스트로 살았다. 그가 생각하는 저널리즘이란 실천하는 것이고, 실천을 통해 세상을 바꾸는 일이다. '문명·미래'라는 제목의 4부는 인간 리영희를 이해하는 데 도움이 되는 진솔한 글들을 중심으로 엮었다. 그는 기자 시절부터 젊은 세

대와 글과 만남을 통해 소통하는 것을 즐겼다. 4부에 포함된 종교와 핵
문제, 질주하는 기술문명에 대한 비판은 여전히 우리 가슴을 서늘하게
하는 힘을 가지고 있다.

선생의 고희를 기념해 나온 『동굴 속의 독백』을 비롯하여 지금까지
비교적 가벼운 에세이를 엮은 '리영희 선집'은 몇차례 나왔다. 이 책들
은 주로 짧은 분량의 감성적인 글들을 모았기 때문에 이번 '리영희 선
집'과는 큰 차이가 있다. 겹치는 글도 5편 내외에 불과하다.

지금도 많은 사람이 리영희 선생을 기억하는 것은 글의 무게와 울림
때문일 것이다. 돌이켜보면 1970년대 이후 2010년 선생이 작고할 무렵
까지 시대를 고민하며 살았던 젊은이들은 선생의 육성을 듣거나 직간
접으로 저작을 읽을 기회가 있었지만 2000년대 이후 세대는 선생을 알
기회 자체가 별로 없었다. 1960년대 이후 리영희 선생은 우리를 옥죄는
자본주의, 반공주의, 권위주의, 식민주의, 제국주의 등 모든 불온한 우
상과 전투를 벌이며 살았다. 언론학자 강준만은 1960년대 이후 남한이
북한보다 정치사회적으로 더 민주화될 수 있었던 것은 남한에는 리영
희가 있었고 북한에는 리영희가 없었기 때문이라고 평가하기도 했다.
선생은 한국 젊은이들에게 생각 없음을 생각하게 해주는 '망치' 같은
존재였다.

우리는 '리영희 선집'이 리영희 시대를 함께 살아간 사람들에게 그의
생각이 여전히 강한 현실성을 갖는다는 사실을 돌이켜볼 수 있는 계기
가 될 것으로 기대한다. 동시에 이 책이 질주하는 글로벌 자본주의 세계
에서 좌절을 강요당하고 있는 2000년 이후 세대에게 새로운 희망의 근
거가 되기를 소망한다.

끝으로 이 책을 기획하는 과정에서 귀한 도움말을 주신 서중석, 백승욱, 고병권 님에게 감사드린다. 리영희재단의 기획 아래 진행된 작업이지만 글의 선정 등 간행에 따른 모든 책임은 엮은이 두 사람의 몫이다.

2020년 6월
엮은이

제4부 문명·미래

제1부

한반도

해설

　제1부는 한반도를 사유의 중심에 놓고 국제정치를 비평한 5편의 글을 거두었다. 모두 냉전의식에 들린 흑백논리의 선입견 또는 고정관념에서 깨어나기를 촉구한다. 자각 없는 상태에 빠진 우상의 노예가 깊은 잠에서 깨어나 자유인이 되는 길이 제시된다.

　「광복 32주년의 반성」은 해방 32주년을 맞은 1977년에 발표되었다. 박정희 전 대통령의 종신집권을 허용한 유신헌법체제가 한창 위세를 발휘하던 때였다.
　일본 제국주의의 식민지로부터 해방된 지 30년이 넘었건만 한·일 국교 정상화의 이면에 작동한 박정희와 이른바 만주국 시절 인맥의 재결합이 가져온 '검은 유착'이 제도권으로 스며들어 한·일 관계를 더욱 왜곡시켰다. (한국에서 이른바 '친한파'로 불린) 그들 우익 인사의 되풀이되는 망언은 그 표면의 증후였다.
　선생은 그들의 망언을 허용하는 우리의 내적 근거를 적시한다. 해방 직후 새 나라를 건설하는 우리가 했어야 마땅한 일은 "거족적 역량을 퍼부어 '부정을 부정'하는 작업"(31면)이었는데, 이것을 못한 것이 "이 민족·사회·국가의 내부에 존재"(37면)하는 근거이다. 진정한 해방을 원한다면, "식민지주의와 제도가 우리를 부정했던 그 부정을 지금부터라도 다시 우리의 의지로 내부적으로 부정하는 데서 시작되어야 할 것이다."(50면)

따지고 보면 내적 근거의 단초는 1948년 9월 22일 시작된 반민족행위특별조사위원회(反民特委)의 5개월여 활동의 좌절이다. 친일 경찰세력의 방해책동과 이승만 정권의 국회프락치사건 조작 등으로 반민특위는 강제 해체됐다. 민족정기를 바로잡는 역사적 사명을 위해 태어난 반민특위가 '처단할 대상'에 의해서 거꾸로 역사 속으로 매장되어버린 것이다.

이 단초를 만든 것은 일제에 맹종하던 수구·친일·기득권 세력인데, 그들은 곧 '친미반공'이라는 새로운 옷을 갈아입고 한국현대사를 주도했다. 그들은 분단이란 '특수 사정'을 미국에 대한 굴종과 반대세력에 대한 탄압 등 민주주의 유린 행위의 면죄부로 사용함으로써 특수 사정을 '일반 상황'으로 만들어버렸다. 요컨대 "해방 이후 30년간, 이 사회를 지배해온 유일한 가치관은 민주주의가 아니라 반공주의다."(40면)

최근 한·일 수구세력의 연대행동이라는 전에 없는 현상이 나타났는데, 이는 우리 사회의 '촛불혁명'의 영향 속에 남북화해가 진전되자 이에 저항하는 국경을 넘는 결합이라 판단된다. 이러한 변화를 꿰뚫어볼 때, 선생이 '내적 근거'를 강조한 문제의식의 중요성을 새삼 절감하며 이를 좀더 정교하게 다듬는 과제를 생각하지 않을 수 없다. 이제는 인적 청산을 의미하는 '친일잔재'보다 '일제잔재'가 분단체제에서 어떻게 진화·온존해왔고 분단체제의 재생산에 어떻게 기여하고 있는지를 역사적·구조적으로 인식하고 대응해야 할 때이다.

「국가보안법 없는 90년대를 위하여」는 1989년 말에 발표된 글이다. 1987년 6월항쟁 이후 민주화가 진행되던 시기에 선생은 『한겨레신문』 방북 취재 기획 과정에 참여했다가 1989년 4월 국가보안법 위반 혐의로 구속되어 9월에 풀려난다. 취재를 하러 북한에 간 것도 아니고 취재 계획을 세운 것을 문제삼아 구속한 것이다. 이를 계기로 선생은 '국가보안법 전문(前文)의 대전제'를 객관적 '진실 검증대'에 세운다.

국가보안법은 남한의 좌익세력을 제거한다는 명분 아래 대한민국 정부 수립 직후인 1948년 12월 1일 제정 공포되었다. 4·19혁명 직후인 1960년 6월 민주당 정부는 개정을 통해 이 법의 독소조항 일부를 제거했으나 과거에 없던 '불고지죄'를 추가해 큰 파문을 일으켰다. 박정희 정권은 1961년 추가로 '반공법'과 '중앙정보부법'을 제정했다. 전두환 군사정권은 1980년 12월 반공법을 폐지하고 그 주요 조항을 국가보안법에 포함시켰다. 외형상 악명 높은 반공법은 폐지되었지만 국가보안법이 더 강화된 것이다.

이런 변천을 거쳐 아직도 존속하는 국가보안법 전문의 대전제는 "북한 공산집단은 정부를 참칭하고 국가를 변란할 목적으로 불법 조직된 반국가단체"라는 서른네 글자의 규정이다. 이 대전제에 대해 이 글은 치밀하게 검증하는 절차를 밟는데 여기에 적용된 진실 검증 기준은 다음과 같다. 휴전선 이북 지역의 정치적 성격, 승계국가 여부, 유엔 결의 '유일합법정부' 해석 문제, 유엔 결의의 '권고 사항', 북한의 '국가' 자격 문제, 북한 지역에 대한 대한민국의 통치권 유무 문제, 한국전쟁 휴전협정의 조인 당사자 지위 문제, '7·4남북공동성명'의 상호 국가승인, 김일성 (국가)주석 호칭의 공식화, '한미방위조약'의 남한 행정권 지역

제한 규정 등 민감한 쟁점이 망라된다. 그 결론은 명확하다. '대전제'는 앞서 제시한 검증기준을 단 한가지도 충족시키지 못한다는 것이다.

이 글에서는 1980년대는 이성을 회복한 시대이고, 1990년대는 이의 연장으로 그 동력이 더욱 가속화되고 확대될 것이 확실하다고 전망된다. 그리고 이같은 세계적 조류와 시대정신에 한국정부가 역행하는 어리석음을 범해 국가보안법을 존속시키지 말기를 당부한다. 그러나 1998년 김대중 정권이 들어서면서 국가보안법 철폐, 개정 논의가 활발해졌지만 결국 과제가 다음 정권으로 넘겨진다. 노무현 대통령 역시 국가보안법 폐지를 강하게 주장했지만 국가보안법은 끝내 폐지되지 않고 오늘에 이르렀다.

따라서 '국가보안법 전문(前文)의 대전제'를 객관적으로 검증한 이 글의 가치는 여전히 소중하다. 선생의 취지와 당부에 제대로 부응하기 위해서는 국가보안법 존폐를 둘러싼 논의에서 한걸음 더 들어가 (백낙청이 말한) '이면헌법' 폐기에까지 관심이 미쳐야 한다. 즉 헌법적 구속력을 넘어 작동하면서 수구기득권층의 지배를 공고히 하는 데 이바지해온 반공반북의 관습적 이데올로기, 우리 사회 깊숙이 뿌리내린 그것을 무력화해 온전한 민주공화국을 이룩해야 할 것이다.

「동북아지역의 평화질서 구축을 위한 제언」은 1992년에 발표되었다. 1992년은 그 전해의 남북 동시 유엔가입(1991)과 함께 한·소수교(1990)와 한·중수교(1992)가 차례로 이뤄져 동북아 지역질서가 격동한 시점이다.

세계적 수준에서의 냉전 종식과 더불어 동북아 지역질서에도 이처럼 변화가 이뤄졌지만 한반도에서는 지역적으로 강화된 갈등구조가 여전히 존재했다. 이 글에서는 그 원인을 '내면화된 독자적 갈등구조'로 규정하고, 이를 해소해 동북아지역의 평화질서를 이룩할 길을 모색한다.

새로운 동아시아 지역질서를 구상할 때 그 길을 동아시아 공통의 문화유산이 제공할 것으로 기대하기 쉬운데, 선생은 그에 대해서 선뜻 기대를 걸지 않는다. 지역적 정체성은 우호적·비우호적인 공통의 지역적 조건들이 공유됨으로써 창조될 터인데, 관련 국가들을 하나하나 점검해보면 대체적으로 비관적이다. 단지 예상되는 각각의 역할이 다를 뿐이다. 당시 소련은 열개의 독립공화국으로 분열되어 동북아 질서에 중요한 변수가 되기 어렵고, 중국은 개혁·개방 이후 변화를 겪고 있어 동북아에 대한 대외정책 또한 협조적이거나 적어도 비패권적이다. (선생이 과거의 소련과 맞먹을 만한 정치·경제·공업·군사 초강대국이 될 21세기의 중국이 미국과 필연적으로 대결할 것으로 예상하는 것은 1999년에 쓴 다음 글에서이다.) 이에 비해 미국의 영향력은 줄어들수록 새 지역질서의 가능성이 커질 터이니, 그 패권주의적 역할과 경향을 감소시켜야 한다. 새로운 위험 요소로 일본을 거론하며, 일본의 태도와 정책에 새로운 질서의 성공 여부가 달렸다고까지 주장하는 대목이 눈길을 끈다.

이 글에서는 한반도의 위치와 역할에 특히 주목하면서, 이곳이 과거에 "전쟁과 불행의 출발점"이었으나, 미래에는 그 반대로 지역 국가들의 "평화·협력·진보 그리고 행복을 위한 시험장"이 될 수 있을 것으로 전망한다(82면). 그러면서도 북한이 체제유지와 남북경쟁에 불안을 느낌으로써 불거진 북핵 문제로 말미암아 동아시아지역의 평화에 대해 "기껏해야 조심스러운 낙관주의이고, 최악에는 더욱 심각한 대결국면의 가능성마저도"(81면) 있다고 경고하는 냉정한 현실주의를 견지한다.

이 글이 발표되고 한참 지나 김대중 대통령 집권 시기에 ASEAN+3에 한국이 참여하면서 동아시아공동체 논의가 활기를 띠었다. 그런데 동아시아공동체 담론은 북한이 빠진 마치 도넛 같은 꼴이라는 비판도 있었다. 이러한 지역질서 논의의 추이에 비추어볼 때 1990년대 초에 이미 북핵 문제가 지역의 평화질서의 관건임을 지적한 선생의 탁견의 현재성은 도드라진다.

「북한-미국 핵과 미사일 위기의 군사정치학」은 1999년 가을에 발표된 것으로 선생이 쓴 북핵 관련 글들의 '총결산'이라고 할 만하다.

1999년은 북한의 핵 위기와 미사일 문제를 둘러싸고 한반도 상황이 1994년의 핵 위기보다 더 위급해 보이는 국면이었다. 북한이 미국 군사력의 실험 대상인 제2, 3의 이라크가 될지도 모를 전쟁 위협에 한반도가 직면해 있었다. 바로 그해는 미·일 합동전쟁 시나리오로 알려진 미일방위협력지침이 일본 국회에서 통과되고, 평화헌법 개헌의 조짐도 노골화된 시점이었다. 말하자면 미·일 동북아지역 전쟁협력체제가 완결되고, 30년간 억제되어온 일본의 군사대국화의 꿈을 실현시켜줄 '북한 미사일 위기론'이 동북아를 뒤흔들고 있었다.

이 글은 전반부 북한과 미국의 새로운 미사일 대결 위기, 후반부 한반도에서의 핵·미사일 위협의 역사적 전개 두 부분으로 구성되어 있다.

한반도 핵·미사일 군사정치학의 절반의 진실(진상)을 보여주는 전반부에는 1994년 1차 위기 이후의 11가지 중요한 정세 변화가 제시되고 이 때문에 위기가 급증했다고 설명된다. 미국의 세계 미사일 무기 질서의 단독적 통제권 강화에서부터 미국의 새 '별들의 전쟁' 계획과 북한의 미사일과 핵개발까지 11개 변화가 추적된다. 그중 변화의 추동력은 단연 미국의 '군부-무기 개발·생산 자본-군수산업 지원 정치인-무기 개발 이론가·과학자·기술자'들의 이익연합집단이 잠재적 또는 현재적 적대자를 찾아내는 과정에서 북한을 활용하려는 것이다.

나머지 절반의 진실을 보여주는 후반부는 한반도에서의 핵·미사일 위협의 역사적 전개를 추적한다. 한반도의 남·북은 그 어느 쪽이든 배후의 강대국에 버림받고 국제사회에서 고립되어 상대방에게 흡수통합의 위협을 느끼면 최후의 자위적 선택인 핵무기 개발로 몰리게 된다. 1970년대 박정희 정권이 그랬고, 1990년대의 북한이 그렇다. 북한은 남·북한 동시 유엔가입(1991년 9월)과 남북기본합의서 조인(1991년 12월)을 통해 이 위기 상황을 완화하려고 했다. 그러나 한국과 소련 및 중국이 국교를 맺었지만, 그에 상응해 미국과 일본이 북한을 승인하는 조치가 뒤따르지 않았다. 그래서 고립된 북한이 핵을 선택하게 된 역사적 맥락이 치밀하게 설명된다.

이 글은 한국(및 그밖의 국가)의 독자에게 입장을 바꿔 생각해보는 이성적 태도를 권한다. 그리고 미국의 대북한 정책의 '책임불이행' 문제를 거론한다. '위기의 주요인은 미국에 있다'는 부제에서 드러나듯이 위기의 주요인이 미국이니, 해법도 미국에 있을 것은 쉽게 추론된다. 2018년 북미정상회담과 맞물려 성사된 남북정상회담으로 무르익던 남북평화의 프로세스가 2019년 하노이회담 이후 급냉각된 채 현재에 이른 사태의 추이를 지켜보면서 미국이 보여준 태도와 역할에 주목한 독자라면 이 글의 주요 논점이 그전보다 더 설득력있게 다가올 것이다.

「**통일의 도덕성**」이 발표된 1998년은 IMF 위기의 시점이면서도 김대중 대통령의 집권으로 통일에의 기대가 어느 때보다 높았던 시기이다. 실제로 이 글이 발표된 두해 뒤인 2000년 6월 남북 정상이 만나 '6·15남북

공동선언'을 공포했다. 남·북이 스스로 평화통일의 방안을 제시했다는 의미가 큰 이 선언의 2항에서 "남측의 연합제안과 북측의 낮은 단계의 연방제안이 서로 공통성이 있다고 인정"하는 합의를 이루었다.

　이러한 상황을 선취라도 한 듯 선생은 1998년에 통일방안에 대한 의견을 제시한다. 그것은 남·북한 경험의 변증법적 융합으로서의 통일이다. 남·북의 국가적·사회적 존재 양식 중 그 어느 쪽이 일방적으로 다른 쪽을 덮치는 방식의 재통합이 도덕적 파탄을 초래할까봐 염려한 끝에 제출한 방안이다. 여기에서 간과해선 안 될 대목이 있다. 언젠가는 남한이 우월한 위상에서 북한과의 재통합을 이룩하게 되리라는 데는 의심의 여지가 없고, 통일된 단계에서는 "현재 북한의 정치적 통치이념이나 체제와 방식은 대부분 청소되어야 한다"(131면)는 내용이다.

　그런데 이 글이 '북한의 변화만큼 남한도 변해야'라는 부제를 달고 있듯이, 그 중심은 남한이 통일 과정에서 어떤 변화를 이룩해야 하는지를 짚어보는 데 있다. 남한에서는 자기의 압도적으로 우월한 '물질적' 위상에 입각해 통일을 전망하기 쉽다. 그러다보니 통일된 국가와 사회 속에서 살아가는 사람들의 삶의 '도덕적 모습'은 시야에 들어오지 않게 된다. 선생은 예수의 말을 빌려 '말씀'이 아닌 '빵'을 중시하는 태도라고 꼬집는다. 결국 선생이 희망하는 통일은 물질적 풍요와 높은 도덕성이 함께하는 나라의 건설을 뜻한다. 그러기 위해서는 남·북 쌍방이 각기 자기반성을 하고, 각자 '인간의 얼굴'을 한 자본주의와 사회주의가 되어야 한다. 남한의 자본주의에 근거한 물질적 생산력의 우월성과 정치적 및 개인적 자유에 북한의 사회주의 인간학적 공동이익 우선주의 도덕과 민족문화 생활양식에 대한 강렬한 긍지와 자존의 가치를 지혜롭게 배합하는 방식을 기대한다.

2018년과 2019년 남북 평화프로세스가 진행되던 기간에 통일에 대한 실감이 높아지면서 그 방향에 대한 논의가 활기를 띠었다. 그중 남북연합론이 이 글의 취지에 가깝다. 이는 점진적이고 단계적으로 평화통일을 이룩하는 길로서 바로 '6·15선언'의 정신에 부합한다. 점진적 통일 작업과 남·북 각각의 개혁 작업이 동시에 이뤄지는 '과정으로서의 통일'이라고도 바꿔 말할 수 있다. 국가연합의 틀을 준수하면서 남·북이 서로의 체제를 존중하고 독자적으로 자신의 단점을 줄이고 장점을 키워나가는 세계사에서 유례없는 새로운 개혁 실험이 기대된다는 점에서 이 글의 현재성을 확인할 수 있다.

백영서

1
광복 32주년의 반성

민족적 긍지와 국가적 독립

벌써 서른두번째의 광복 기념일을 맞게 되었다.

이해의 8·15는 30여년이지만, 이〔齒〕와 입술의 관계처럼 알고 살아온 미국과의 관계 양식에 중대한 변화가 일어난 것으로 하여 여느 해와는 좀 다른 기념일이 될 것만 같다. 일본의 동향도 미묘해 보인다. 미국의 역할을 일본이 더욱 폭넓게 떠맡게 되리라는 말도 들린다.

생각하면 생각할수록 32년 전의 그날에 그렸던 나라의 모습과는 달라져온 세월이다. 미국이나 일본에 의지하지 않고서는 나라의 생존이 어려우리라는 것은 그 감격의 날에는 꿈에도 상상하지 못했던 일이다. 해방시켜준 강대국들이 잠시 들어와 있는 것쯤으로 생각했던 민족과 국토의 분단이 32년이나 계속될 줄을 누가 알았으랴. 미국을 대신해서 다시 일본이 들어올 줄은 더욱이나 상상하기조차 싫었던 일이 아니었던가.

모두가 무엇인지 예측할 수 없는 사태의 움직임에 몸을 맡긴 채 어쩔 줄을 모르고 있는 것같이 보인다. 이런 때일수록 잠시 정신을 가다듬고 조용히 생각해봐야겠다는 충동을 느낀다. 어디서부터, 무엇부터 생각해야 할까. 어쨌든 준엄한 자기성찰을 해야 할 때가 온 것만은 틀림없다.

우리들에게는 남(他)과의 관계가 무엇인가 잘못되어갈 때 으레 자기반성은 하려 하지 않고 상대방만을 탓하는 버릇이 있다. 주한미군의 철수 결정에 관해서도 마찬가지다. 그동안 이 나라를 떠들썩하게 하고 지금도 계속되고 있는, 그리고 앞으로도 계속될 듯 보이는 외국 군대의 철수 문제에 관한 그 숱한 말과 글은 남의 나라 국민, 정부, 지도자들, 국회, 대통령……에 대해서 못마땅하다는 이야기뿐이다. 공식적으로는 조금만 더 있어달라는 것이지만 많은 국민의 심정은 '언제까지라도 있어달라'는 것이 숨김없는 사실이다. 국민 일반이나 지식인들이나 심지어 나라의 지도자라는 지위의 사람들까지도, "'양키 고 홈!'을 부르지 않는 것은 한국(인)뿐이다"를 무슨 큰 자랑거리나 되는 것처럼 내세우는 것 같다. 그런 구호를 부르라는 뜻이 아니라 적어도 진정한 민족적 긍지와 국가적 독립성을 자랑으로 여기는 사람이라면 그런 말을 하면서 부끄러워할 줄 알아야 하지 않을까. 그것이 어떻게 해서 이 민족과 국가와 국민의 자질과 덕성을 말하는 증거가 될 수 있을까. 아무리 생각해도 이해가 가지 않는 일이다.

남을 안방에 모셔놓고 주인처럼 섬기기 30여 년, 해방 후부터 치면 32년인데, 그만하면 됐지 얼마나 더 모셔야 종의 근성이 풀린다는 말일까. 30여 년 동안, 자기를 세우고 자신을 간직할 능력이 없는 사람이라면 몇십 년을 더 있으면 얼마나 더 달라질 수 있을지 알 수 없는 일이다. 국가도 마찬가지다. 20세기의 마지막 시대를 사는 현대 국가의 지도자나 국민이나 시민이라면 우리와 같은 성장 과정을 걸어온 다른 나라의 정부나 지도자나 시민이 무엇을 생각하며 어떤 자세와 태도로 살아왔으며 살고 있는가를 깨우친 지도 이미 오래되어야 할 것이다. '특수 사정'이라는 말도 많이 들린다. 어느정도 '특수'한 사정이 없다는 것은 아니지만, '특수했던' 그 상황을 20년 또는 30년이라는 긴 세월 동안 '별로 특수하지 않은' 상황으로 바꾸어보려는 노력을 우리가 얼마나 했는가도 생각해볼 필요가 있다. 어떻게 보면, 그 특수 사정이라는 것을 특수한 채로 유지하는 것으로 정치도 경제도 생활도 해온 것은 아니었는지 한번쯤 반성해볼 만하다. 나라 안에서도 그랬고, 세계에 내놓고서도 그랬고, 그 '특수 상황'이라는 것을 모든 행위의 면죄부로 사용하지는 않았나? 그러는 동안에 우리는 '특수 상황'을 특수하지 않은 것으로 풀어볼 생각은커녕 더욱 특수하게 만들고 더욱 굳혀오지는 않았던가? 이제는 그 특수가 차라리 국가생활에서나 사회생활에서나 개인생활에서나 '일반 상황'이 되어버린 감이 있다. 나라와 개인의 생활에서 제도나 이념이나 인생관마저 특수 상황적 모순과 왜곡을 정상으로 여기게 되었다. 그러고는 그 특수 상황적 모순과 왜곡을 정상화하려는 시대정신과 정상화하려는 상황 앞에서 겁을 먹고 어쩔 줄을 모르고 있다. 이런 정신적 기형아, 생태적 불구를 만든 데는 이 나라에 대해서 주인 행세를 해온 그쪽의 잘못도 있다. 사실 그 잘못은 흔히 생각하는 것보다 크고 중하다. 그렇지만 그 주인의 생각과 행동이 그러하다는 것은 제2차 세계대전이 끝난 후 30여년 동안, 우리와 같은 형편의 수많은 나라와 그 나라와의 관계의 본질과 성격과 많은 사례를 통해서 무수히 드러났던 것이다. 스페인, 뽀르뚜갈, 그리스, 터키, 에티오피아, 캄보디아, 라오스, 베트남, 타이, 인도네시아, 필리핀, 대만, 아르헨띠나, 칠레, 꾸바, 엘살바도르, 앙골라, 로디지아(현 짐바브웨), 남아연방…… 헤아리는 데 숨이

가쁠 정도다. 긴 세월에 걸친 그 많은 나라와 그 주인의 관계에서 우리가 무엇인가 배우지 못했다면 그것은 우리의 잘못이다. 이제 와서 그 책임을 남의 나라, 남의 국회, 남의 대통령, 남의 국민에게 돌리려는 듯한 우리 자신의 머리 어딘가에 문제가 없는가를 살펴보는 것도 헛된 노력은 아닐 것이다. 남에게서 속죄의 양을 찾음으로써 자신의 결백이 입증될 것이라고나 생각한다면 그것은 착각이다.

나라와 민족도 한 인간과 마찬가지로 건망증이 심하다. 자기에게 불리한 과거의 일을 잊어버리고 싶은 것이 인간의 상정이다. 해방된 지 32년이 되는 현재의 '특수 상황'에서 재미를 보는 사람들도 마찬가지로 이 겨레, 이 나라, 이 사회의 과거에 얼룩져 있는 역사적 사실들을 잊고 싶어할 것이다. 잊어버렸는지도 모르며 잊지 않았다면 상기하기를 거부할 것이다. 누군가가 그것을 다시 들추어 들어 보인다면 애써 보지 않으려 할 것이다. 괴로운 일이니까. 그럴수록 정말로 어려운 사정 속에서 해방의 32주년을 맞이하는 우리는 잘못된 '그 무엇'이 무엇인지를 다시 생각해볼 필요가 있다.

지난 32년의 '해방후사(解放後史)'에 분명히 있으면서도 왜 그런지 사실대로 밝혀지지 않는 일, 진실되게 그 뜻이 해석되거나 이해되지 않은 일들, 그리고 그렇게 하는 것이 자신에게 이롭다고 생각하는 사람들에 의해서 가려져버린 채 재론되는 것이 막혀온 일들…… 이런 것이 오늘 우리의 생존의 '내적 근거'가 되어 있다. 맥락을 추려서 그것을 다시 캐내어 똑똑히 들여다보는 것이야말로 어려운 내일을 사는 지혜이고 용기라고 생각한다.

부정을 부정하는 작업

해방 30년의 역사 속에서 생각해보자.

이승만 대통령은 식민지에서 해방된 나라의 최고지도자로 추대되어 구(舊)조선총독 관저의 이름을 경무대로 바꾸고 그곳에 들어갔을 때, 건물 안팎의 전기배선용 애자(礙子)와 소켓 따위를 자신이 망치를 들고 다니면서 모조리 깨부쉈다는 말이 있다. 그 당시 국민은 그것이 이대통령의 철저한 반일감정과 민족주의 정신의 발로라고 존경하는 경향이었다. 어차피 낡은 것이고 뜯어고쳐야 할 것이었는지도 모른다. 이대통령은 그와 같은 행동으로 상징되는 발상이나 정책에 민족주의의 옷을 입히고, 일부 학자들과 언론은 그 옷에다가 '민족적 주체의식'이라는 눈부신 후광을 얹어주었다.

이승만 씨의 민족 광복을 위한 약간의 공이나 민족 주체심을 결코 의심하는 사람은 아니지만 나는 그 이야기를 들으면서 적어도 '식민지에서 해방된' 그리고 '타의에 의해서 두 동강이가 나 있는' 나라의 지도자가 할 일은 따로 있어야 할 것이라고 생각했다. 그것은 통일을 하자는 사람들을 죽이거나 해치지 않는 일이고, 통일을 지향해서 우러나오는 민중의 에네르기를 박멸하는 데 대통령의 온갖 권한을 행사하지 않는 것이고, 다시는 외세의 지배나 영향력의 졸개가 되지 않도록 나라의 기본원리와 정책노선을 닦아나가는 것이었다. 그 당시의 실정에서 그와 같은 국가 생존의 여러가지 기본적 토대를 닦는 가장 중요하고 제일 먼저 해야 할 작업은 식민지적 유제(遺制)와 잔재(殘滓)를 철저하게 말끔히 청소하는 일이었다고 생각한다. 그것은 일종의 사회혁명이다.

식민지 상태에서 벗어난 민족이 '내 나라'를 꾸려나가는 작업은 결코 식민 지배자가 남기고 간 것 위에서의 변장이어서는 안 된다는 것은 자명한 이치가 아니었던가. 그 작업은 식민지(상태)의 연장이거나 겉치레의 분장일 수는 없는 일이다. 그런 것이 아니라 식민 지배자와 그 제도가 남기고 간 모든 것을 일단 부정하고 그것과 단절하고 그리고 그것을 극복하는 작업으로서의 '질적 변화'여야 했을 것이다. 말하자면 '새나라'를 건설하려는 우리가 했어야 할 일은 거족적(擧族的) 역량을 퍼부어 '부정(否定)을 부정(否定)'하는 작업이었던 것이다.

한 민족이 다른 민족에 의해서 노예가 되었다는 것은 민족의 모든 것이 부정되었다는 것이고 부정된 상태를 말한다. 실제로 일본은 우리의 역사를, 우리의 언어를, 우리의 자질과 경험을 자기들의 것보다 열등한 것으로 부정해버리고 그 바탕 위에 일본적인, 그것도 제국주의·군국주의 그리고 당시의 자국 내에서도 가장 악랄한 착취적 경제제도를 이 민족에 들씌웠던 것이다.

연합국의 승리에 크게 힘입어 조선민족의 정치적 노비문서는 찢기었다. 그렇지만 식민제도가 겨레에 강요하기를 35년, 이 민족에 간섭하기 시작한 후 반세기에 걸쳐서 불어넣음으로써 노예적 속성으로 굳어져버린 이 민족사회 내부의 '내적 정신'과 '내적 근거'는 해방과 건국 후에 거의 그대로 온존되었다. 그 내적 근거란, 일본의 착취적·식민주의적 자본주의 형태와 그것을 토대로 하는 사회적 구조다. 내적 정신이란 그 제도와 구조의 반영이면서 동시에 그것에 합리성을 제공하고 또 그 유지 보존을 목적과 임무로 여기는 인간, 관습, 사상, 법률, 도덕, 가치관…… 통틀어 개인과 사회의 존재 양식이다.

이런 것에 대한 근원적인 수술 작업 없이 오랜 식민지적 노예였던 민족이 진정으로 해방되고 이름과 내용이 다 같이 '독립'이라 할 수 있는 국가를 건설하기란 불가능한 것이다. 그것들은 이 민족의 것이면서도 모두 남의 것, 그것도 이 민족을 부정한 자의 것이기 때문이다.

개인의 경우와 조금도 다를 바가 없다. 한 노예가 인간이 되기 위해서는—왜냐하면 노예는 실제로서나 법률적으로서나 인간이 아니라 하나의 '물건'이니까—주인(master)이라는 인간이 자기를 물건이나 동물로 만들어버린 그 모든 물적·정신적·문화적 조건을 일단은 깡그리 부정해야 한다. 즉 번신(飜身)이 아니면 적어도 재생(再生)이라도 해야 하는 것이다. 이것이 노예가 인간이 되는 변증법적 논리이다. 민족도 마찬가지로 '부정을 부정'함으로써만 비로소 자주적 민족, 독립적 국가일 수 있다.

내적 근거와 내적 정신의 마련

우리의 경우는 어떠했던가?

새 나라, 새 사회의 건설이라는, 새 부대에 새 술을 담으려는 민족적 작업은 시작도 해보지 못하고 종말을 고하고 말았다. 그 작업을 거부하는 온갖 인간과 제도와 이해관계의 의지(意志)의 집약적 표현이, 반민족행위특별조사위원회(反民特委)를 무력으로 해산시킨 사실과 그 뒤에서 일어난 일들임을 우리는 익히 알고 있다.

나라와 동족을 외세에 팔아넘긴 앞잡이들과, 그 바탕 위에서 외세와 공모 결탁해 동포를 유린했거나 치부했거나 입신 영달한 자들을 민족 정기의 이름 아래 단죄하려는 권력은 당시 국회에 창설된 '반민족행위처벌법'과 그 의지를 집행할 '반민족행위특별조사위원회'였다. 거족적 의지의 표현인 이 법률과 이 위원회에 어떤 일이 일어났던가를 30년이 지난 이 해방 기념일에 다시 한번 생각해보는 것은 각별한 뜻이 있다.

1948년 9월 7일, 제헌국회가 이 법안을 통과시키고 22일에는 그것이 법률로 공포되고 특별위원회가 구성되었다. 그런데 일부에서 이 법과 위원회의 생겨남에 대해 반대가 일자, 정부는 그것을 거의 무력화하는 수정안을 다음 해인 1949년 2월 15일에 국회에 제출했으나 국회는 24일 그것마저 폐기해버렸다. 6월 6일에는 반민특위의 주먹 역할을 하게끔 배치되어 있던 특별경찰대가 강제로 해산당하게 되어 반민특위는 사실상 그 기능을 상실했다. 그리고 9월 22일에는 특별조사기관과 특별재판부 부수기관의 폐지안이 국회를 통과하고 이로써 반민특위의 사업은 마침내 종결되었다. 무슨 긴 말이 필요하겠는가. 한마디로 요약하면 민족정기를 바로잡을 숭고한 역사적 사명을 위해서 태어났던 반민특위와 법률은 한 사람의 매국노도 친일분자도 처단하지 못한 채 거꾸로 그들과 그들에 업힌 세력에 의해서 사실상 6개월 만에 맥없이 매장당하고 만 것이다. 이것이 식민지에서 해방된 민족이 자기 나라를 세우려는 바로 첫해에 한 일이다.

왜 그렇게 되었는가? 그리고 어떤 자들이 그렇게 만들었는가? 그리고 그런 자들이 30년이 지난 지금은 어떤 자리에서 무엇을 하고 있을까? 모두 궁금한 일이다. 반민족적 독소들을 민족정기의 칼날로 쓸어버리기 위해서는 그런 개인과 그런 개인의 집합체인 세력이 일제와의 공모로 소유했거나 일제로부터 물려받은 그 힘의 기둥인 물질적 토대를 빼앗았어야 할 것이다. 그와 병행해서 그들의 힘의 또 하나의 지렛대인 정치·법률·사회·문화적 제반 제도가 근본적으로 혁파되었어야 한다. 그 작업은 혁명이거나 적어도 혁명에 가까운 근본적 개혁이 아닐 수 없다.

외세에 의탁해서 그 앞잡이로서나 그 뒤를 따르는 하수인적 졸개로서 민족의 이익을 팔고, 동포의 희생으로 살찌고 영달하는 행위는 반드시 민족의 이름으로 준엄한 단죄를 받게 된다는 새 나라의 원리와 정신은 이렇게 해서 폐기되고 말았다. 두고두고, 개인이나 정권이나 지도자에 대해서 행동규범으로 확립됐어야 할 민족적 원리가 없어짐으로써, 그후부터 이 나라에는 외세, 외리(外利)와 결탁해 민족의 권익을 좀먹는 행위가 버젓이 자행될 수 있게 되었다. 그런 개인과 세력은 아무런 보복도 제재도 두려워할 필요 없이 오히려 온갖 합리화의 이론과 정당화의 괴이한 슬로건을 앞세워 행동할 수 있는 내적 근거와 내적 정신이 마련된 것이다.

본질적으로 친일적인 그 수구(守舊)세력에 명분이 없던 것은 아니다. 그중에서도 근본적인 개혁 없이 진정한 민족적 해방은 없다고 생각하는 사람들, 특히 식민지하에서 일제와 친일세력의 이중 학대를 받아온 일반 대중의 에네르기를 압살한 것은 이런 논리였다. 즉 북쪽에서 공산주의가 혁명을 했으니 남쪽에서 혁명하는 것은 공산주의적이다, 라는 것이다. 그러나 그들의 속셈과 직접적인 의도는, 외세의 식민지 민족 분열정책의 비호하에 기회와 혜택을 나눠 먹던 그 기득권을, 상전이 물러간 뒤에도 그대로 유지하려는 데 있었음은 두말할 나위도 없다. 지엽적인 개혁을 제외하면 미국 군정의 지배는 그들을 지배적 지위에 앉힘으로써 그들을 매개와 도구로 삼아 수행되었다. 같은 시기에 같은 상황이었던 많은 신생 해방사회의 실정이 이것을 방증해준다. 식민지의 이름은 벗어났지만 일제 식민지의 성격을 규정하는 재산제도와 소유질서, 그것의 보호 수단인 법질서와 이데올로기는 미국식 민주주의라는 가상(假像) 아래 본질적으로는 그대로 유지되었던 것이다.

식민지적 재산질서를 반영한 지주계층과, 식민지 교육으로 '지식인'이 된 '식민지적 엘리트'가 모든 분야의 지배질서의 상층부를 그대로 장악해버렸다. 국내외에서 민족해방을 위해 싸운 애국·독립 지사들이 적지 않게 있기는 했지만, 그들에게는 국내의 대중적 기반이 없었다. 친일·수구·반민족적 세력에 대항하기 위해서는 그들은 너무도 분열돼 있었다. 시대적·역사적 상황에서 수세에 선 친일·수구·반민족적 세력은 기득권의 보존이라는 공통적 이해 문제로 단결했지만, 개혁을 앞세운 시대적 세력은 대중을 조직화하지 못했고 지도층도 분열되어 있었다.

그 결과는 어떤 것인가? 당시 우리의 사회적·국가적 실태를 살펴보도록 하자.

식민지 통치와 억압의 물리적 힘이었던 일제의 경찰·검찰·법원·형무소·정보기관의 잔재가 해방된 나라의 바로 그 권력과 기관을 차지한 채 오늘에 이르렀다. 새 나라의 군대는 진실로 민중의 군대여야 한다. 시대역행적이고 대재벌의 앞잡이이던 일제 '황국군'의 정신과는 아예 인연이 없어야 하는 법이다. 그러나 사실은 어떠했나? 제국주의·식민주의·전제주의적 일제가 쥐어준 총을 메고 일제가 채워준 칼을 찬 채, 침략과 민중 탄압의 제국 군대의 정신에 젖은 적지 않은 사람들이 그대로 이 나라의 신성한 군대의 기틀이 되지는 않았던가?

새 나라의 교육은, 노예를 만들기 위한 것이 아니라 인간과 주인으로서의 긍지와 지식을 위한 것이어야 한다. 그런데도 바로 전날까지 '일선동조동근(日鮮同祖同根)'을 외친 자들, '황국신민(皇國臣民)' 되기를 '무상의 영광'이라고 가르친 자들, 황국군대에 들어가 무고한 이웃 백성들을 학살하는 행위를 조선인의 의무라고 선전했던 자들이 그대로 둥지를 틀고 앉지 않았던가. 이것은 그에 해당하는 개개인이 문제가 아니라 그 일반적 사실이 문제다.

엄숙히 반성할 때, 우리 사회는 스스로 해방을 거부한 셈이다.

치안과 질서유지의 신청도 있었을 것이다. 행정과 관리의 필요가 있었다는 것도 부인할 수는 없다. 그렇지만 한 민족이 노예에서 번신(飜身)하는 순간에 거쳐야 할 작업은 일시적인 혼란과 사회의 정체(停滯)를 수반하게 마련이다. 그리고 사실 그러했다. 그러나 그것은 당연히 지불해야 할 희생이 아니었던가. 그 당시 '내 나라'를 꾸리기 위해서 몸과 목숨을 바치려고 한 정열이 2천만 민중의 가슴을 끓게 했던 감격을 생각한다면 혼란과 정체의 고통은 단시일 내에 극복되었을 것이다.

당시의 사회적 혼란과 무질서를 여러가지 요소와 이유에 돌릴 수도 있을 것이다. 그러나 해방된 민족이 요구하는 개혁을 하지 않은 데서 온 민중의 반발과 매국·친일·기득권 세력이 해방된 사회를 일제를 대신해서 유지하고 군림하려 했던 데서 오는 민중적 반항도 지극히 중요시할 필요가 있다. 사회적 혼란과 정체는 그후의 사태의 원인이 아니라, 번신에 필요한 쓰라린 작업을 기피하고 거부한 데서 생긴 결과라고 보는 것이 옳을 것이다.

허구와 환상 그리고 진실과 현실

주인과 노예의 관계를 청산한다는 한·일 국교 정상화 노력의 과정에서 일본의 식민지 통치의 합법·정당·유익성을 주장하는 구(舊)주인 측의 많은 발언이 있었다. 최근에는 1974년 타나까(田中)라는 일본의 총리대신이 식민통치시대의 식민교육을 찬양하고 한국인에 유익한 교육이었다는 발언을 해 두 나라 사이에 크게 말썽이 되었다. 그리고 이 나라의 모두가 이에 항의하고 시위를 하고, 손가락을 잘라 혈서를 쓰는 사태가 벌어졌던 것을 기억한다(그 손가락 자른 사람들이 어떤 사람들이었는가에 관해서는 외국의 특파원이 놀라운 사실을 폭로한 일이 있지만).

이와 같은 모욕적인 말이 해방된 지도 30년이나 지난 대한민국에 대해서 어째서 지금도 끊임없이 나오게 되는가를 곰곰이 생각해볼 필요가 있다. 그런 문제에 대한 근원적인 책임과 잘못이 과연 일본인들에게만 있는 것일까? 일본인들이 져야 할 책임 못지않은 양의 잘못이 우리 자신에게는 없는 것일까?

일본인의 오만을 규탄하고 그들의 정신적 자세를 윽박지를 때, 우리는 그들에 대한 것에 못지않은 분노와 회한으로 우리 자신의 과거와 현재를 파헤쳐 반성해야 할 필요가 있다. 앞서 검토했듯이, 우리가 해방 이후 일본이 남기고 간 인물, 제도, 사상 등을 철저히 청산했다면 어떻게 그들이 지금도 그런 말을 할 수 있겠는가?

과거에 지배자의 우리에 대한 부정이 철저했을수록 이 민족은 그만큼 철저하게 유물적(遺物的) 잔재를 부정하고 청산함으로써 독립한 국가를 긍정해야 했던 것이다. 그 작업은 되풀이되지만 고통을 수반하는 작업이다. 그렇지만 그 고통을 겪지 않은 우리가 구지배자와 긍지를 가지고 대등하게 상대할 수 있으리라고 생각한다면 그것은 큰 착각이 아닐 수 없다.

지금 일본과 미국을 비롯한 많은 나라에서 우리에 대한 망언이 서슴없이 계속되고 있다는 것은, 그것을 허용하는 근거가 이 민족·사회·국가의 내부에 존재하는 탓도 있다고 생각된다. 하나의 민족이 스스로의 존립과 생존을 정당화하는 원리, 또는 정기나 가치관, 이상과 세계관 같은 것이 얼마나 준엄하게 확립되었는가의 문제다. 눈앞의 편의와 당장의 안일, 일시적인 효율을 추구한 나머지, 민족 생존을 위한 그와 같은 제반 기본 원리를 닦아 올리지 못한 민족이나 국가나 정부에 대해서 구 지배자나 남의 나라가 존경심을 품으리라고 기대할 수 있을 것인가? 우리의 해방 이후 현재까지의 내적 근거와 내적 정신에 눈을 돌리지 않고 남의 나라만을 규탄한다면 근본적인 문제는 해결되지 않을 것이다.

이런 문제점을 보는 시각으로 애버럴 해리먼이라는 사람의 견해는 하나의 시사(示唆)를 준다. 해리먼은 20세기 미국 정치의 한 거물이며, 베트남전쟁이 절정에 달했을 때 그 전쟁을 종전으로 이끈 빠리평화회담의 한 단계의 미국 수석대표였다. 미국의 대재벌이며 대통령 입후보 경력을 가진 해리먼이 어떤 뜻에서건 호찌민(胡志明)이나 공산월맹이나 남베트남 민족해방전선(베트콩)을 편들 사상의 소유자는 결코 아니다.

그 해리먼이, 본국 정부의 정권교체로 2년여의 빠리협상 미국 수석대표직을 사직하고 나온 직후 기자회견에서 대체로 다음과 같이 자기의 경험에 입각한 견해를 밝혔다. 즉 북베트남(월맹)이나 남베트남의 민족해방전선의 지도자들 가운데는, 과거 프랑스 식민지 시대에 식민권력에 앞장섰거나 협력한 인물이 없을 뿐만 아니라, 그 대부분은 식민통치 권력·행정·군대에 대항해서 민족해방 투쟁을 해온 사람들이다. 그와는 반대로 남베트남(월남)의 정부·군대·종교·사회·문화의 지도자들이라는 사람들 가운데는, 식민통치 권력에 대항해서 베트남 민족의 해방과 독립을 위해 투쟁한 사람이 거의 없다. 그뿐 아니라, 월남의 지도층 인물은 거의가 프랑스 식민정권의 관리나 군대의 장교·하사관으로서 자기 동포에 대해 적대적 입장에 섰던 사람들이다. 이렇게 분석하고 나서 해리먼은 미국인의 한 사람으로서는, 그것도 적과의 협상을 이

끌어온 당사자로서는 지나치게 대담할 정도로, "그러니까 베트남의 대중이 어느 쪽을 더 존경하고 믿을 것이냐는 문제와, 어느 쪽 지도자들이 진정으로 베트남인과 민족을 위해서 일할 것인가는 자명한 것으로 보인다"는 뜻의 결론을 내렸다. 그러고는 베트남전쟁을 '지는 전쟁'이라고 예언했다. 해리먼의 이 예언은 그로부터 불과 몇해가 지나지 않아 무서울 만큼 정확히 현실화됐다. 어떤 형식으로건 사회혁명을 하려는 사회와 그것을 거부하는 사회의 본질적 측면을 말해주는 것이다.

해리먼의 예언은 그러나 그 한 사람만의 예언이었던 것은 아니다. 세계 대부분의 국가, 정부, 국민 그리고 역사의식과 시대정신에 대한 웬만한 교양이 있는 사람이라면 거의가 같은 현실 분석과 예언을 하고 있었다. 우리나라의 경우는 그 대세와는 너무도 대조적이었다. 그러기에 베트남 사태의 경과와 결말을 놓고 이 나라에서 공식적으로 강조된(되고 있는) '교훈'이, 많은 나라에서 강조된(되고 있는) 교훈과 아주 다르다는 것은 흥미 있는 일이라 할 것이다. 우리는 우리대로의 '교훈'을 해석하고 활용할 권리가 있다. 누구나가 모든 일을 동일하게 대하고 파악하는 것은 아니기 때문이다. 그렇기는 하지만 개인생활에서 자기의 견해나 신조나 판단이 주변의 많은 사람과 다를 때에는 일단은 남들의 말도 들어볼 가치는 있다. 자기가 전적으로 잘못은 아니라 하더라도 적어도 그렇게 함으로써 배우는 바가 크기 때문이다. 그런 마음가짐이 있고 없고는, 그 사람이 이웃 속에서 살아가는 어려움의 도(度)를 결정해주는 조건이 된다는 것은, 우리의 경험이 말해주는 바다. 국가나 민족이나, 정부나 국민이나 국제사회를 살아가는 데 그와 같은 마음가짐은 그 국제사회 속에서의 생존의 어려움의 도를 결정해줄 것이다. 그런 뜻에서 베트남의 교훈이라는 것을 많은 다른 국민은 어떻게 받아들였는가를 종합하고 요약하면 다음과 같은 이야기가 되는 것 같다. 즉 식민지에서 해방된 민족(국가)이 제1차적 사업인 정치·경제·문화 및 사회개혁을 하지 않았거나, 그 지도층이 식민세력과 협력한 사람들로 주성분을 이루거나, 따라서 그들의 세계관이 반(反)민족 외세 의존적이거나, 분단된 나라(전후의 베트남)의 통일보다 분단 상태에서 더 이익을 얻는 세력이 지배적이거나, 하층 대중의 시급한 이익과 염원보다 소수의 '가진 자'의 더 많은 이익을 우선하거나, 외국과의 관계에서는 그와 같은 여러가지 요소에 중점을 두어서 동맹관계를 유지하려는 강대국의 비호를 받거나 세계적 사조와는 유리 또는 역행하면서 전후 얼마 동안의 한 시기의 사상이었던 냉전의식으로 만사를 규정하려 하거나…… 이러한 나라나 국민은, 20세기 종반부의 현대를 살아가기가 무척 어렵다는 식으로 교훈을 받아들이는 경향이다.

　해방 이후 30년간, 이 사회를 지배해온 유일한 가치관은 민주주의가 아니라 반공주의다. 이대통령과 그후의 모든 지도세력이 오늘날까지 30여년간 '유일무이(唯一無二)'하고 '절대적'이며 '시간을 초월한' '성스러운' 이념으로 삼아온 결과는 이제 그 이념의 수호신으로 믿었던 미국마저 경원하게 되었다. 미국에 새 정부가 들어서면서 대한정책(對韓政策)의 전환이 공언되고 주한미군의 철수가 기정 방침으로 밝혀졌다. 당황한 정부가 일본에 군사적 동맹관계 형성의 뜻을 비치자 일본정부는 '그것은 되지도 않는 말'이라는 냉담한 반응을 보였다(1976년 말에서 77년 1월 초 사이의 신문 보도에서). 그러나 최근에는 그렇지도 않은 움직임이 나타나고 있다. 무엇인가 근본적인 잘못이 있지 않은가? 우리는 어떤 허구와 환상을 진리와 현실로 믿고 살고 있지는 않은가?

　한창 한일회담이 진행되고 그에 대한 찬반운동이 치열하던 1965년인가, 그 당시 영국의 『이코노미스트』지가 실은 저명한 평론가의 말이 생각난다. 그 요지는 "한국의 정부나 국민이 국가의 존재이유를 융통성 없는 반공주의에만 고정시켜버리는 한, 일본 경제에의 예속은 불가피할 것이다. 어느 모로 보나 자기 힘만으로 현재와 같은 국가이념과 노선을 추구하기에는 힘이 부족한 한국으로서는 양자택일밖에 길이 없어 보인다. 남·북한 사이의 화해로서의 반도적 자존이냐, 아니면 일본에의 재예속이냐의 길이다." 정확한 문구 인용은 아니지만 뜻은 그런 것이었다. 해리먼의 베트남 예언만큼이나 투시력 있는 판단이 아닐 수 없다. 그후 10년간의 현실 전개가 그것을 증명했다. 그 일본마저도 지금 한국관계에 어떤 중요한 수정을 가하거나 재고하려는 움직임을 보이고 있다.

이대통령과 그 시대의 이 나라의 지도자·지식인·대중의 세계관과 이데올로기가 이승만이라는 자연인의 생명과 함께 끝났다고 생각하면 그것은 큰 잘못이다. 그후의 현실은 오히려 이대통령적 세계관의 편협성과 완고성을 확대·재생해왔다는 감이 있다.

남·북한 관계의 '진정한' 개선 노력으로 일본에의 재예속을 거부하느냐, 일본에의 재예속을 댓가로 남북 민족 간의 진정한 융화를 계속 거부할 것이냐의 두갈래 길을 놓고, 1977년의 해가 우리에게 선택을 요구하고 있는 듯이 보인다.

박정희 정권의 김 아무개 국무총리는 "일본 기업체 하나가 한국에 들어오는 것은 1개 사단의 일본 병력이 들어오는 것과 같은 효과가 있다"는 뜻의 말을 한 적이 있다. 그냥 넘겨버리기에는 너무도 중대한 뜻이 담긴 발상이다. 이 나라의 국민 가운데 일본과의 현재와 같은 관계 실태를 걱정하는 사람들 가운데도 일본의 힘이 우리 자신의 반대와 저항을 무릅쓰고 일방적으로 그들의 의사를 강요하고 있다고 생각하는 경향이 있다. 사실은 그 반대일 것이다. 구식민모국(舊植民母國) 일본의 힘은 오히려 이 나라의 지도세력이 위에서 본 바와 같은 세계관과 발상법으로 '끌어들인 것'이라고 말하는 것이 타당하지 않을까.

상대적으로 압도적인 경제력을 가진 나라의 자본을, 그것도 세계에서도 가장 수탈적 성격으로 이름난 일본의 자본에다 나라의 '근대화'와 '공업화'를 전적으로 의탁하는 국가 기본전략이라면, 오늘과 같은 경제·정치·사회·문화적 상태를 초래하지 않으리라고 생각하는 것부터가 우스운 일이 아닐까. 나라의 운명을 일본에 밀착 일체화시켜놓은 당사자들이, 어쩌다가 지엽적이거나 일시적인 갈등이 발생할 때 국민에게 반일·배일사상과 실력행사를 선동함으로써 자신의 '민족·국민적 주체성'같은 것의 발로로 호도하려는 일이 혹시라도 있다면 자가당착도 이만저만이 아닐 것이다. 실제로 1973년을 전후한 몇해 사이에 우리는 이런 것을 목격했던 것이다. 사실은 반대일 것이다. 현재와 같은 일본 경제와의 일체화로 큰 덕을 보는 친일세력은, 해방 후와 현재 '부정을 부정'하는 것을 거부한 세력으로서, 실제로는 국민대중이 하루속히 모든 측면에서 일본화되기를 바라고 있다고 보는 것이 옳을 것이다. 그렇지 않고서야 이 사회와 개개 국민의 의식을 마비·혼동시키는 그 많은 일본의 쓰레기 같은 문물이 이 나라를 뒤덮도록 방치하고 있는 세력을 설명할 길이 없다. 한때 미국이나 미국과 관련된 어떤 구체적 사실을 비난하거나 비판하는 행위가 마치 무슨 반국가적 행위나 되는 것처럼 여겨지던 정책과 풍조가 지난 몇해 사이에 일본에 대한 것에서 적용되고 있는 감이 있다. 일본과 한국 두 나라와 국민의 상호관계에서 일본의 사디즘과 우리 자신의 마조히즘 같은 것을 느끼게 된다. 혹시라도 달러만 벌다면 이 나라 여성의 품성이야 어찌 되든 상관없다는 식의 일인유치(日

人誘致) 관광 철학이나, 바다가 썩건 남성의 덕성이야 어찌 되든 상관없다는 식의 쓰레기 처리장화(化)의 경제관계가 된다면 이것은 한가지 뿌리에서 나오는 발상이라 할 것이다.

국가와 민족과 사회와 국민의 자립정신

일본이라는 나라를 지배하고 있는 인물들과 그들의 사상·세계관을 살펴보면 우리는 많은 것을 알게 된다.

패전 이후 오늘날까지 일본의 각 분야를 지배해온 세력은 집권 정치세력인 자유민주당으로 수렴되는 정치·경제·문화·사회의 지배층이다. 일본에서 우익·보수세력을 구성하는 이들 사이에서는, 지난 얼마 사이에 '대동아전쟁 긍정론' '조선·만주 식민지화 필연론', 과거와 현재를 두고서의 일본의 '아시아 주역론' '한·일 일체론'…… 따위가 공공연히 횡행하고 있다. 이 세력을 대표하는 것은 자민당의 노령층이다. 정치계에서, 경제계에서, 그리고 사상계에서 자민당을 움직이고 있는 것이 그들이다.

이들은 대개가 과거, 조선·만주·중국을 비롯해서 동남아시아의 지역 민족에 대해 침략의 선봉에 섰거나 그 후위(後衛)로서 이른바 '대일본제국'의 의지를 충실히 집행해온 사람들이다. 키시 노부스께(岸信介), 카야 오끼노리(賀屋興宣), 야쯔기 카즈오(矢次一夫), 코다마 요시오(兒玉譽士夫) 등등은 그 일례에 지나지 않는다. 이들이 바로 아시아 특히 우리 민족에 대한 식민정책을 담당했거나 관련된 자들이다. 그런데 이상하게도 현재 일본의 지도층 가운데서도 특히 이런 패거리들이 소위 '친한파'로 알려져 있고, 사실이 그러하다.

이들을 핵심으로 하는 세력이 한·일 양국 간의 정치·경제 면에서와 민족관계의 많은 협력기구의 일본 측 대표로 되어 있다는 사실은 문제가 아닐 수 없다. 어째서 하필이면 그와 같은 군국주의·침략사상·식민정책, 그리고 현재는 부정과 타락행위의 중심 인물들인 그들이 이 신생 독립국가인 대한민국을 양으로 음으로 떠받들어주는 역할을 하게 되었을까, 생각하면 참으로 흥미 있는 일이 아닐 수 없다. 그들의 왕년의 행적과 사상은 이 민족의 노예화와 문화 말살을 위한 것이었다. 이 민족의 사형 집행자였거나 그 공모 하수자였던 바로 그 인물들이 지난 10여년간 우리와 가장 친밀한 관계를 맺고 있는 상대자들이다. 이런 과거를 가진 사람들은 한국의 은인처럼 여겨지고 있는 반면, 한·일 간의 그와 같이 기이하게 밀착된 인맥관계를 비판하는 많은 일본인 지식인들에 대해서는 우리 정부나 언론계나 각계 지도자들은 '반한적(反韓的) 친공분자'이거나 '무책임한 진보주의자'라는 악담으로 대하고 있다. 과연 그런 분류가 옳은 것일까? 우리의 판단기준에 잘못은 없는가?

많은 일본인 지도층 인물들 가운데서, 하필이면 그런 인물들이 주로 한국에 대해서 호의적이라는 데는, 뒤집어 말하면 우리 국가 사회의 내부에 그런 것을 불가피하게 만드는 어떤 '내적 근거'가 있다는 뜻은 아닐까. 이 내적 근거가 무엇인가는 앞에서 검토했다고 생각한다.

그들이 한국의 안전과 발전을 돕는 일본의 주역들이라고 한다. 그러한 과거 배경과 사상의 소유자들만이 주로 열성을 기울여서 이루어지는 안전과 발전이라면 거기에도 문제가 없지 않을 것이다. 경제발전이란 그것을 이룩하는 민족이나 국민의 위대성의 일부일 뿐이지 '큰 일부'도 아니며, 더군다나 그 위대성의 전부는 아닐 것이다. 그럼에도 불구하고 그런 부류의 일본 지도층과의 일체화로 추진되어온 공업화·근대화는 그 질이나 '윤리성' 또는 장기적인 결과에 문제점이 있다. 이 사회의 많은 측면과 분야에서의 그 '일그러짐'이 이런 발전원리와 내용에 큰 원인이 있다는 사실을 알 필요가 있다. '경제는 몰가치적이다'고 해버린다면 그만이다. 그러나 오늘날 선진 자본주의 공업국가들이 경험하고 있는 위기감은 그 반대임을 말해주고 있지 않은가.

'질'과 '덕성'을 무시한 공업화와 근대화의 '물질주의적 사상'에는 여러가지 문제가 많지만 특히 일본과의 문제에서는 중대한 한가지 각성을 우리에게 요구한다. 일본은 경제대국을 자랑하지만 서양과 서양인에 대해서는 열등의식에서 헤어나지 못하고 있다. 그것을 집약적으로 표현한 것이 메이지의 선각자 후꾸자와 유끼찌(福澤諭吉)의 탈아입구(脫亞入歐) 이론이다. 즉 "동양(아시아)의 일원임을 거부하고 유럽화한다"는 사상과 국가정책이다. 그같은 모방으로는 영원히 유럽의 '아류(亞流)'의 지위를 면할 수 없다. 실제로 100년간 그래왔고 지금도 그렇다.

우리로서 중요시해야 할 점은 따로 있다. 일본의 공업화·근대화 작업의 이념과 내용이 서양의 그 과정과 내용의 모방이었던 탓에, 서양인은 일본의 경제·생산력이 아무리 발달해도 인간·문화·정신적으로 일본에 대해서 인간적·민족적 우월감을 갖는다. 마찬가지 이유로 언제까지나 일본(인)은 서구(인)에 대해서 열등감을 갖게 마련이다. 이 관계는 지난 10여년과 현재의 한국(인)과 일본(인) 사이에 그대로 적용될 것으로 보인다. 우리가 국가 목표로 추구하는 이른바 '조국 근대화'의 모든 작업이 일본 경제의 모방이고 하청작업이라면 이 민족과 국민이 앞으로 일본을 대등하고도 독립적인 자격으로 대할 수 있을까 의심스러워진다.

이것은 일본(인)이 중국(인)을 대하는 태도와 한국(인)을 대하는 태도의 현저한 차이를 보면 알 수 있다. 그 차이는 국토·인구의 크기에 기인하는 것만도 아니다. 중국문화와 한국(조선)문화의 우열의 차이에 근거한 것도 아니다. 문화적 영향에 관한 한, 중국과 한국의 문화적 우열과는 관계없이 압도적으로 우리 조상의 혜택을 받지 않았던가. 또 중국을 침략하고 반(半)식민지화했던 과거에 대한 속죄감에서도 아닌 것 같다. 그렇다면 조선 식민지정책도 같은 범주에 속하는 것이지만, 일본에게는 (특히 우익적 사상적 사람들에게는) 한국이나 중국에 대해서 그런 죄책감 같은 것은 희박해 보인다.

그럼에도 불구하고 일본(인)은 한국(인)을 대하는 태도와는 달리 오늘의 중국(인)에 대해서는 일반적으로 우월감은커녕, 경탄과 찬사에 인색하지 않다(우리에 대해서 왜 그렇게 되느냐는 것은 부정을 부정하지 못한 국민이라는 데서라 함은 이미 언급한 바다). 그것은 주로 현재의 중국이 추진하는 공업화·사회발전·경제발전이, 후진적 위치에서 시작했으면서도 서양의 모방도 아니고 더군다나 서양을 모방한 일본의 모방이 아닌, 어디까지나 중국 독자적인 이념·내용·방법 때문이다.

개인관계에서와 마찬가지로 국가 사이에서도 자기를 모방하는 자에 대해서는 쓰다듬어주고 싶은 마음은 갖게 될지언정 존경심은 생겨나지 않을 것이다. 그와는 달리 자기를 모방하지 않고 나름대로 독특한 삶의 내용과 방향을 추구하려고 애쓰는 자에게는 설사 두려움이나 경쟁의식은 품을지 몰라도 존경심을 갖게 마련이다. 존경심은 아니더라도 적어도 대등한 상대라는 의식을 품을 것은 당연하다. 일본 지식인들이 같은 민족인 남·북한을 각기 대하는 태도에서도 우리는 이런 감정 표시를 보게 되는 것이다. 그것은 일본 지식인이 좌경적이라거나 그밖의 여러가지 표현으로 우리 정부와 언론기관이 비난하는 것만으로는 충분히 해명될 수 없다. 모든 것을 그런 식으로 단순화하고, 감정적으로, 조건반사적으로 대응하는 우리의 편협한 독단론의 위험성도 반성할 필요가 있다.

일본은 지난 30년 사이에 분명히 많이 변화했다. 이 객관적 사실을 무시하고 과거 식민지시대의 일본을 오늘의 일본과 동류시하는 것은 위험스러운 일이다. 물질적인 발전 면에서뿐 아니라 사상·제도적 측면에서도 크게 민주화되었고 평화에의 의지도 일반적으로는 국민의 가슴에 정착되었다고 볼 수 있다. 그런 객관적 변화를 충분히 인식하면서도 이와 같은 소론(所論)이 필요한 이유는, 대한민국과의 관계만은 일본 국민의 일반적 염원이나 지향과는 달리 식민지적 과거 배경과 경제지배적 현실적 이익을 동기로 하는 세력이 압도적으로 좌우하고 있다고 믿기 때문이다.

많은 분야에서 현재 일본의 정점에 앉아 있는 사람들은 후꾸자와 유끼찌의 사상을 현대에 살리고 있는 그의 제자들이라는 인상이다.

지나(支那)와 조선은 일본과 협력하여 서양세력의 동점(東漸)을 막아야 한다. 조선인이 문명의 지식에 어두워, 생활의 안정을 이룩하지 못하는 한, 일본이 조선인을 대신해서 그것을 수행할 의무가 있다.

정치·경제·군사적 면에서 한국과 일본의 일체화 같은 것을 주장하는 일본인 중에는 어쩌면 일단은 선의로 그러는 사람도 있을지 모른다. 그들이 대체로 친한파라는 사람들로 보이며, 우리 지도자들은 그 선의를 믿고 있는 듯하다. 그러나 메이지유신 이래로 일본의 침략이 언제나 도착(倒錯)된 지도자 의식과 개발 원조를 가지고 진행되었다는 것, 무엇인가를 언제나 반대하기 위해서라는 명분과 이데올로기를 앞세우면서 들고나온 지역협력론이 침략을 미화하는 이론에 이용되어왔다는 사실을 우리는 가볍게 잊어버려서는 안 될 것이다. 그것을 생각할 때, 몇해 전에 있었던 사실 한가지는 소름 끼치게 하기에 충분하다.

토오꾜오에서 한·일 국회의원 친목간담회가 있었는데, 육군참모총장을 역임한 모 국회의원이 이렇게 말했다는 것이다.

대한민국의 군대는 일본을 보호하기 위한 역할을 하고 있으니 일본은 마땅히 한국의 군사비를 부담할 의무가 있다. 그렇지 않으면 우리는 한국군을 해산해버릴 것이다.

의원단이 돌아온 뒤에 이 발언을 에워싸고 국회에서 논쟁이 벌어졌음은 당연하다. 본인이 그런 소리 한 적이 없다고 부인하자, 야당 의원들이 일본 신문에 난 그 발언 기사를 낭독하게 되었고, 그러다가 유야무야되고 말았다. 경제적 의존이 정치의 의존관계를 형성하고, 더욱 나아가 군사적 의존관계로까지 미치게 될 가능성을 누가 자신 있게 부인할 수 있을까. 이 육군참모총장의 중책을 거친, 그리고 국가의 군사적 노선 결정에 중요한 지위를 차지하는 국회 국방분과위원장이라는 지도자의 그 말썽난 발언과 착상이 사실이라면 문제는 심각하다 아니할 수 없다. 어째서 우리가 국가적으로건 국민적으로건, 또는 군사적 차원에서건, 일본을 보호하는 목적과 역할을 자청해야 하는 것일까. 누구와 겨누고 싸우기 위해서 앞에서 살펴본 바와 같은 과거 행적과 세계관의 주인공들이 지배하는 일본에 군사적으로마저 의존하려는 것일까. 그런 발상법은 곧 민족분열의 항구·고정화를 전제로 해서만 해석이 가능하다. 군사적 의존은 정치·문화·경제적 의존의 종착점임을 역사는 우리에게 가르쳐준다.

광화문 네거리에 이순신 장군의 동상을 세운 것은 좋은 일이다. 그것을 본떠서 최근에는 갑자기 전국의 학교들에서 그 모형의 상을 세우는 운동이 있는 것 같은데 그것도 좋은 일이다. 충무공의 생지(生地)를 성지(聖地)로 모시는 발상에도 찬성한다. 그러나 현실적으로 이 나라가 일본 일색으로 덮어버리게끔 조장하면서 충무공 동상이 전국 방방곡곡에 세워진들 무슨 뜻이 있을까. 실제에서는 일본화를 호도하기 위한 의도적인 것이거나 그렇지 않다면 국가적 정신분열증의 표시가 아닐까.

요컨대 국가와 민족과 사회와 국민의 진정한 '자립정신'이라는 것은 그런 기념비적인 외면적 표시를 말하는 것은 아닐 것이다. 그런 것으로 주체적인 민족주의가 확립되는 것도 아니다. 그런 것은 모두 '부정을 부정'하지 못한 우리의 제반 '내적 근거'의 자기현시(自己顯示)의 형태라고 생각된다.

자신에 대한 냉엄한 성찰

우리가 30여년간 미국과의 관계 양식에서 진정 떳떳하고 명예스러운 위치에 섰던가 의심스럽다. 그것은 일본과의 관계에서와는 많은 차이점이 있지만 그렇다 하더라도 강대한 외국과 관계를 맺고 사는 작고 약한 나라의 입장에서는 생각해야 할 적지 않은 공통적 고려사항이 있는 것도 사실이다.

많은 변화가 나라의 앞날에 일어나려는 듯 보이는 서른두번째의 광복일을 맞으면서 생각하게 되는 것은, 남의 나라가 취하는 태도에 대해서 못마땅하게만 여길 것이 아니라 자신을 냉엄하게 성찰하는 슬기와 용기가 필요하다는 것이다. 어째서 코리아라는 말이 그들 나라에서 혐오감을 불러일으키게 되었는가, 그 책임이 어디에 누구에게 있는가를 찾아내는 노력을 게을리해서는 안 될 것이다. 그래야만 남의 멸시를 받지 않고 또 외톨이가 되지 않으면서 살아남을 수 있는 지혜를 발견하게 될 것이다. 오늘의 결과는 지난 32년의 해방 후 역사에서 청산할 것을 청산하지 않고 지나온 그 잘못된 내적 근거 때문이라고 생각한다. 그에 대한 명확한 인식을 가지고 민족적·국가적 그리고 국민적 자세를 바로잡을 때, 비로소 가깝게는 우리 자신의 내일과 길게는 우리의 후손들이 남의 모욕과 열등감에서 진정 해방될 것으로 믿는다. 그것은 식민지주의와 제도가 우리를 부정했던 그 부정을 지금부터라도 다시 우리의 의지로 내부적으로 부정하는 데서 시작되어야 할 것이다.

──『대화』1977년 8월호;『우상과 이성』, 한길사 1977

2
국가보안법 없는 90년대를 위하여

　이달로서 1989년이 가고 또 80년대도 간다. 올해는 이른바 '공안정
국'이라 하여 국가권력이 이성을 상실하고 폭력화한 한 해였다. 그 포악
성이 박정희 정권하의 어느 해보다 더했고 전두환 정권하의 어느 시기
보다도 광적이었던 사실은, 올해 들어 하루 평균 정치범·양심범 구속이
과거 최악의 시기의 두배를 훨씬 넘었다는 정부 발표의 공식 통계가 웅
변으로 말해주었다. 지금 이 시간에도 민주사회의 시민의 권리와 자유
는 전국 도처에서 '법률'의 이름으로 무참히 유린당하고 있다. 비명소
리가 땅과 하늘에 가득 차 있다.

　1989년은, 잠시나마 88년 '민주화의 겉치레'를 경험한 직후인 만큼 그
포악성과 포악상이 두드러진다. 군인 독재의 27년 동안 민주주의를 위
해서 땅에 뿌려진 그 많은 피와 하늘로 흩날린 목숨과 사무친 원한은 88
년의 몇달 동안만 위안을 받았을 뿐이다. 본질적으로 89년은 88년의 연
속이고 1988년은 80년 광주민중항쟁으로 상징되는 억압과 자유를 위한
투쟁의 긴 연속선상의 한점에 불과하다. 민중의 손에는 긴 민주화 투쟁
의 과정에서 획득했던 꽃 한송이, 열매 한톨 남아 있어 보이지 않는다.

88년의 한순간만 해도, 서양의 격언대로 피를 먹고 자란 허약한 민주주의의 가지에 몇송이의 꽃이 피고 몇개의 열매나마 달리는 것같이 보인 때도 있었다. 그러나 그 꽃송이와 열매는 '국가보안법'이라는 광풍에 의해서 땅바닥에 날리고 짓눌리고 말았다. 슬픈 일이다.

국가보안법이라는 '법률'은 1949년 12월에 공포되고, 정권이 바뀔 때마다 폭력정권 유지를 위해 개악을 거듭한 끝에 오늘과 같은 흉악한 것이 되었다. 프랑켄슈타인은 인간의 머리에서 나온 무생명의 피조물이다. 그러나 이 피조물은 햇볕을 쐰 순간 추악한 속성과 포악한 힘을 갖게 되어, 선하고 아름다운 것은 무엇이든 골라가며 시기하고, 비틀고, 꺾고, 깨고, 부수고, 찢고, 그리고 피를 빨아 죽여버려야만 만족한다. 그것은 용서하는 것이 없다. 죽음을 먹고 사는 괴물이다. 아, 법률의 프랑켄슈타인!

대한민국이라는 나라에서 이런 속성의 '법률'이 폭력을 일삼고 있던 1980년대에 외부세계는 어떠했는가?

훗날 역사는 1980년대를 '죽음(死)'으로 달려가던 인류가 '삶(生)'을 찾은 시대로 기록할지 모른다. 증오와 살육의 '미침(狂)'에서 이해와 껴안음의 기쁨을 알게 된 '합침(和)'의 시대로 회상될지 모른다. 적어도 제2차대전 종전 이후, 자본주의와 공산주의는 서로가 상대방의 죽음으로써만 자신의 삶을 확인할 수 있다고 믿었던 프랑켄슈타인적 이데올로기가 허구였음을 처음으로 깨달은 제2의 사상적 르네상스로 기록될지 모른다. 지구상의 인간은 지금 '사고의 대전환'을 요구당하고 있는 것이다. 세상을 새롭게 인식하는 '새로운 생각'(또는 '새로운 사상') 없이는 대한민국의 국민은 어쩌면 80년대와 질적으로 다를 90년대의 시대에서 정신적·도덕적 낙오자가 될지도 모른다. 세계는 이미 '국가보안법'의 시대가 아니다.

쉴 새 없이 움직이던 우리의 눈동자를 잠시 멈추고 크게 역사와 세계를 살펴보자. 이달로 '역사' 속으로 물러가는 80년대는 전쟁이 평화의 대치물일 수 없다는 사실을 인류에게 깨닫게 했다. 힘과 군사력과 전쟁의 광신자였던 미국 대통령 레이건조차 그것을 깨닫고 마침내 정치의 무대에서 사라졌다. 소련과 사회주의를 '영원의 악'으로 선전하고 믿었던 자본주의와 냉전사상이라는 '정치종교'도 그의 뒤를 따라서 사라졌다(아직도 그 종교를 믿는 소수의 광적인 신도들이 한국을 비롯한 세계의 도처에 있는 것은 사실이지만). 그와 함께 그 반대쪽 신전에 모셔졌던 공산주의의 우상도 쇠퇴했다. 개인의 창의와 자유보다 당의 영원함과 지도자의 불가류성(不可謬性)을 신으로 모셨던 공산주의 혁명의 종교도 80년을 넘기지 못하고 그 신통력을 상실하고 있다. 우리는 이 역사적 대변혁의 증언자들이다. 80년대는 인류가 이성(理性)을 회복한(하는) 시대다.

이성을 상실했던 현대의 종교전쟁인 이란-이라크 10년전쟁에서 수억의 아랍인들은 '광신(狂信)'의 무익함을 깨달았다. 이란에 대한 미국의 제국주의적 군사간섭이 베트남에 이어서 실패한 뒤를 이어, 소련은 아프가니스탄에서 패권주의의 무모함을 깨달았다. 작은 패권주의자로 화했던 베트남은 캄보디아에서 그 비싼 댓가를 치르고야 정신을 차렸다. 중국의 동남아 간섭주의는 80년대에 끝나는 단막극을 연출했다. 노선과 정세는 당분간 좌·우로의 진동을 계속하겠지만, 중국 인민은 80년대의 막바지에서 체험한 국가적 폭력의 상처에서 90년대를 살아갈 지혜를 터득했을 것이다.

40년간 종교전쟁·민족전쟁을 거듭해온 아랍 세계와 유대인 국가 이스라엘의 분쟁도, 팔레스타인 문제의 해결도 80년대의 폐막을 장식할 것으로 보인다. 20세기 인류 양심에 꽂힌 가시인 소수 백인지배주의 남아공화국도 예외가 아니다. 30년 가까운 투옥에도 굴하지 않은 흑인해방운동 지도자들이 석방되고 있다. 최고지도자인 만델라의 석방이 예상됨과 동시에 악명 높은 남아공화국의 소수 백인 지배체제도 90년대의 문턱을 넘으면서 정의의 길을 모색할 것으로 보인다. 아프리카 대륙에 남아 있는 유일한 미해방 흑인 식민지 나미비아에서는 연말로 닥친 독립선거로 80년대의 종막을 장식하는 세계적 희소식을 전해줄 것이다.

소련이 동유럽 세계에 대한 오랜 패권주의의 폐기를 공식 선언함으로써 동유럽 사회주의 국가들에서는 진정한 민족자결, 민주주의, 자유…… 등의 거센 물결이 일고 있다. 우리는 90년대에 유럽 문명·문화의 역동적인 변화를 목격할 마음의 채비를 해야 할 것 같다. 동유럽 세계에 대한 소련의 역사적 정책 전환과 대담한 '새로운 사고'에 대응하지 않는 낡은 정책과 '낡은 사고'가 그림자를 드리우고 있는 지역이 있다. 미국의 지배하에 있는 라틴아메리카다. 아직도 미국은 세계적 시대정신에 역행하면서 라틴아메리카를 북미합중국의 '뒤뜰'로 착각하고 있다. 인민의 증오의 대상인 군인독재체제를 노골적으로 부추기다가, 그 효용에 한계가 왔다고 판단하면 문민정부로 민주화를 가장하면서 시간을 벌고 있다. 80년대는 미국의 그같은 낡은 사고와 낡은 정책에도 이제 한계가 왔다는 증거들을 라틴아메리카의 인민들이 보여준 10년간이었다. 칠레, 니까라과, 온두라스, 엘살바도르, 꾸바, 꼴롬비아, 빠나마, 그레나다…… 등에서 그것이 보인다. '소련제국'의 해체 과정과 병행하는 '미국제국'의 해체를 1990년대가 보여줄 것인가? 그에 대한 답변은 다음 달 막을 열 90년대에나 기대해야 할 것 같다.

아직도 무력숭배 사상과 패권주의를 완전히 청산하지 못한 미국의 국가정책으로 말미암아 세계적 불안의 요소가 말끔히 사라지지 않고 있다. 그러나 소련을 비롯한 공산주의자들이 군사예산·군사력 및 군사행동을 자발적으로 그리고 미국과 그 자본주의 동맹국가들의 대응 조치 없이 일방적으로 감축하고 있는 '새 사고'는 평화의 기회를 증대하고 있다. 국가와 계급이 사고의 기준이었던 사회주의도 국가보다 시민과 사회의 가치를 추구하고 있다. 즉 추상적인 '국가'에 두었던 가치를 구체적 존재인 '인간'에게 옮기고 있다. 그 새로운 사고는 당연히 '국가주의적 세계관'에서 '전인류적 세계관'으로의 전환을 수반한다. 국가보다 시민 개인의 권리와 행복이 우선되는 인간관·사회관……, 이것이 90년대에 꽃필 새 사고며 새 사상이다. 권위주의적 국가관과 국가 지상주의 사상의 장송곡이 울리고 있다. 시민 개인의 희생 위에 존재하는 국가를 거부하는 '새 시대'다. 실체 없는 '무슨무슨 주의'를 보호한다는 허구의 명분으로 문명사회가 공인하는 인간의 자유를 감옥에 가두는 국가주의자들의 논리가 부정당하는 시대다. 이것이 우리가 눈앞에 보는 1990년대의 정신이다. 이데올로기적 광신이 아니라 이성을 회복하는 시대다.

그와 같은 새 정신, 새 사고, 새 가치관의 시대의 개막을 배경으로 할 때 '국가보안법'이라는 법률의 존재가 문제된다. 국가보안법의 기능이 기존의 여타 법률들로 충분히 대치·집행될 수 있다는 법 이론에는 유력한 근거가 있다. 국가보안법은, 허물어져가는 이승만 독재정권의 명맥을 유지하기 위해, 입법에 반대하여 농성하는 야당의원들을 국회의 사당에서 물리적으로 끌어내고 경호권을 발동한 속에서 통과시킨 악법이다. 30년 전의 악명 높은 '2·4파동'의 사생아다. 이 법률의 성격과 목적은 그 입법 후의 이력서가 스스로 말해준다. 1960년 4월혁명으로 독재정권이 무너지자 이 법률은 간신히 폐기의 운명을 모면했다. 무난한 골격으로 개정된 채 유지되었다.

'반공을 국시의 제1'로 삼은 구호를 앞세운 박정희 정권은 1962년 9월, 죽어가던 이 법률을 본래보다도 더 흉악한 얼굴로 개악해 소생시켰다. 악명 높은 '반공법'과 쌍둥이 악법으로 개인의 자유와 시민의 권리를 부당하게 유린하는 수단이 되었다. 80년대에 들어와 전두환 독재정권은 '반공법'이라는 이름의 법률을 가진 국가의 대외적 체면을 생각하게 된다. 두꺼운 눈까풀에도 세계의 시선이 따갑게 느껴진 까닭이다. 세상이 그만큼 달라진 것을 조금은 깨달은 것이다.

올림픽을 치른다는 '문명국'으로서 낯이 간지러워진 정권은 '반공법'을 슬그머니 국가보안법 속에 묻어버린다. 내용은 하나도 달라진 것이 없다. '반공법'이 없어진 국가에서 그뒤 더 많은 '공산주의자'가 생겨났다. 관제(官製)의 요술이다. 20년간의 반군사독재 투쟁의 결과로 1988년 민주주의와 인권과 자유의 시대가 열리려 하자, 이 법률은 폐기될 운명에 직면했다. 그러나 오로지 이 악법의 폭력 하나에 자신의 생존을 의탁하는 반민주적 개인과 집단들은 국가 내부와 전세계에서 진행되는 민주화와 자유의 물결 앞에서 공포에 질려버렸다. 1989년의 '공안정국'이 바로 그것이다. 그것은 90년대를 향해서 도도히 흐르는 세계사와 시대정신에 대한 반역이다.

국가보안법이 박멸하겠다고 외치는 세계의 공산주의 사회들에서는 지금 그에 대응하는 악법들이 저항과 지도자들의 '새로운 사고'에 의해서 휴지처럼 폐기되고 있음을 본다. 그곳에서는 오랫동안 인간의 자유와 시민의 권리 위에 군림했던 그밖의 악법들이 불살라지고 있다. 80년대 인류사에 길이 남을 거대한 진보다. 그런데 동북아시아 반도의 일각에서는 인류의 진보와 발걸음을 함께하려는 아무런 기운도 움트지 않고 있다.

그러면 국가보안법의 대전제는 무엇인가? 무엇으로부터 무엇을 보호하겠다는 것인가? 그 법률이 상정하는 존재(상대자)의 성격은 무엇인가? 뒤집어서, 이 법률은 법률 효과의 대상을 어떻게 성격화하고 있는가? 우리 사회에서 상상할 수 있는 온갖 그리고 모든 인간활동·사회활동은 물론 심지어 법률의 촉수 대상 밖이어야 할 머릿속의 생각까지 단죄하려는 이 법률의 대전제는 무엇인가?

그것은 모든 국가보안법 사건의 공소장 본문의 첫머리에서 규정된다. 즉 "북한 공산집단은 정부를 참칭하고 국가를 변란할 목적으로 불법 조직된 반국가단체"라는 것이다. 정말 그런가? 온갖 인간행동을 이 서른네 글자의 규정에 결부시키기만 하면 가벌적 '국가사범'이 된다. 얼마나 무서운 일인가? 국가권력의 대행인이 '그렇다'고 기소하기만 하면, 지난 40년 동안 어떤 재판관도 '안 그렇다'고 반론을 제기할 수 없었다. 얼마나 많은 무고한 시민이 이 비논리의 희생물이 되었던가!

나는 최근 『한겨레신문』이 북한을 취재보도하기 위해 기자단을 보내려고 구상했던 일과 관련된 이른바 방북취재기획사건의 법정심리 과정에서, 국가보안법 전문(前文)의 그 대전제가 객관적 진실 검증에 견딜 수 있는 것인가를 반박했다. 모든 국가보안법 사건의 열쇠는 그 해명에 달려 있다. 여러가지 측면에서 차례로 규명해보자.

가. 휴전선 이북 지역의 정치적 성격 규정

휴전선 이북의 지역을 "정부를 참칭하고 국가를 변란할 목적으로 불법 조직된 반국가단체가 지배하는 지역"으로 규정하려면, 그 단체가 활동하거나 지배하는 지역에 대해 대한민국이라는 국가의 통치권 또는 행정권이 행사되었던 실적이 있어야 한다. 그런데 1945년 8월 15일 광복과 동시에 한반도는 북위 38도선으로 분할됐기 때문에 불행하게도 '반국가단체'가 지배한다는 그 지역에 대해 대한민국은 통치권을 행사해본 역사적 사실이 없다.

나. 승계국가 여부 문제

헌법이나 그밖의 선언적 문서에 그렇게 기술했다는 것만으로는 그 효과가 없다. 대한민국은 한반도 전국토를 통치했던 조선 왕조의 '계승국가'도 아니고 일본 식민지하의 조선총독 통치를 계승한 국가도 아니다. 따라서 반도 전토에 대한 주권 행사의 역사적 실적이 없다(물론 북쪽도 마찬가지다).

다. 유엔 결의의 '유일합법정부' 해석의 문제

국가보안법의 대전제의 근거로 주장해온, 또는 과거에 일반적으로 그렇게 믿어져왔던 이른바 '유엔 총회 결의에 의한 한반도에서의 유일합법정부'론은 유감이지만 사실과 다르다. 그 결의는 유엔 총회 결의 제195호 Ⅲ(1948. 12. 12)으로서, 그것은 일본 식민지에서 광복한 KOREA — '한국'도 '조선'도 아닌 하나의 지역과 민족으로서의 '코리아' — 의 독립 문제에 관한 1947년 11월 14일 유엔 총회 결의 제112호 Ⅱ에 입각한 것이다. 결의 195호 Ⅲ의 제2항이 핵심 내용인데, 그것은 다음과 같이 되어 있다.

 "(유엔)임시위원단이 감시 및 협의할 수 있었고, KOREA 인민의 과반수(majority)가 거주하고 있는 KOREA의 그 지역에 대한 효과적인 행정권과 사법권을 갖는 합법적인 정부가 수립되었다는 것, 이 정부가 KOREA의 그 지역 유권자의 자유의사의 정당한 표현이며 (유엔)임시위원단이 감시한 선거에 기초를 두고 있다는 것, 그리고 이 정부가 KOREA의 그 지역에서의 그와 같은(such) 유일한 정부임을 선언한다."

 이 유엔 총회 결의 제195호 Ⅲ은 그 정식 명칭이 '대한민국의 승인 및 외국 군대의 철수에 관한 결의'다. 그 제2항의 내용은 1947년 11월 14일 총회 결의 제112호 Ⅱ에 의거해서, 미국의 주동하에 KOREA 반도에 통일·독립정부를 수립하기 위한 유엔 감시하의 선거를 실시하기로 한 결의에 따라 1948년 5월 10일(5·10) 선거가 '실제로 실시된 그 지역'을 두고 말한다. 유엔 감시위원단은 결의에 따라서 KOREA에 왔으나, 위임 사항인 독립정부 수립을 위한 '정치단체·지도자들과의 협의'는 북위 38도선 이남에서만 이루어졌다. 그에 따르는 선거도 북위 38도선 이남에서만 실시되었다. 그 결과로 탄생한 정부는 그같은 지역에서의 유일 합법정부가 되었다. 선거가 실시되지 않은 38도선 이북 지역은 유엔 결의에 관한 한 '공백 지대'로 남겨진 것이다.

라. 유엔 결의의 '권고 사항'

 그 유엔 총회 결의 제195호 Ⅲ의 제9항은 그 사실을 강조하면서, 유엔 회원국들에게 다음과 같이 권고했다. "회원 국가와 그밖의 국가는 대한민국 정부와의 관계를 수립함에 있어서 본 결의 제2항에 적시된 제 사실을 참고하도록 권고한다." 이 권고 조항에 따라서 그뒤 대한민국과 국교수립을 하는 국가들은 38도선 이남 지역에서의 유일합법정부라는 전제에 서고 있다. 일본정부도 최근 남·북한 문제와 북한 정권과의 정치관계를 예상하면서 유엔 총회 결의의 그같은 성격을 내세우고 있다.

마. 북한의 '국가'적 자격 문제

'국가'는 유엔(총회)이나 타국가의 승인을 필요치 않는다. 국제법에서나 현실 문제로서나, 인민·영토·정부(정치조직)의 '국가 구성 3요소'를 갖추면 국가가 된다. '국가'의 자격·권리…… 등의 근거로서 가장 널리 원용되는 1934년 발효의 '제7차 아메리카 지역 국가국제회의'의 국가의 권리와 의무에 관한 조약이다. 그것은 다음과 같이 규정하고 있다.

제1조: 국제법상의 인격으로서의 국가는 다음의 자격, 즉 ㄱ. 영구적 인민(주인), ㄴ. 명확한 영토, ㄷ. 정부, ㄹ. 다른 나라와의 관계를 체결할 수 있는 능력을 갖추어야 한다.

제3조: 국가의 정치적 근거는 다른 국가에 의한 승인과는 무관하다(……행정권·사법권·독립보위권…… 등등에 관한 규정 생략). 위의 제반 권리의 행사에 대해서는 국제법에 의한 다른 국가의 권리행사 외에 아무런 제한도 존재하지 않는다. 따라서 남·북에 존재하는 정치적 실체는 각기 대등한 독립·주권국가가 된다.

바. 북한 지역에 대한 대한민국의 통치권 유무 문제

유엔 총회 승인이 '한반도 전역에 대한 유일합법정부'라는 한국의 주장은 유엔 자신에 의해서 부정되었다. 6·25전쟁에서 유엔군이 반격·북진해 북위 38도선 이북 지역의 태반을 장악하자, 이승만 대통령은 그 지역에 대한 '유일합법정부로서의 행정권 행사'를 위해 대한민국 정부의 '민정장관'을 평양에 임명·파견했다. 이 조치에 대해 유엔은 이같이 결정했다.

"대한민국 정부는 유엔 KOREA 임시위원단이 협의 및 관찰할 수 있었던 선거가 실시된 KOREA의 그 부분에 대하여 효과적인 통치를 하는 합법정부로서 유엔이 인정했고, 따라서 KOREA의 나머지 부분 지역에 대해서는 합법적인 통치를 하도록 유엔이 인정한 다른 정부가 없음을 상기하고……" 유엔이 그 지역에 대한 행정을 직접 임시로 담당했던 것이다. (더 상세한 사실과 내용에 관해서는 대한민국 국회도서관 입법조사국 발행 『국제연합 한국통일부흥위원단 보고서 1951·1952·1953』 입법 참고자료 제34호, 특히 그중 '제2부 정치 문제, 제3장 유엔의 북한 통치 A. 한국임시위원단의 조치', 35~46면을 참조하기 바란다.)

사. 100개 이상의 국가에 대한 교차승인

"대한민국 정부를 참칭하고 국가를 변란할 목적으로 불법 조직된 반국가단체로서의 북한 공산집단"을 독립·합법·주권국가로 승인한 국가들을 대한민국 정부가 승인하고 있는 사실의 모순. 대한민국 정부는 '조선민주주의인민공화국'을 정식 승인하는 국가와의 상호승인, 국교 수립을 1960년대 말 무렵까지 거부했다. 국가보안법 같은 대전제에 입각한 당연한 정책이었다. 그 원칙을 '할슈타인 원칙'이라 한다. 서독이 국가로 인정하지 않는 동독을 승인하는 국가들에 대해서 취했던 외교 정책의 기본 원칙으로, 그 원칙의 입안자인 할슈타인 외무차관의 이름을 따른 것이다. 1989년 10월 말 현재 대한민국 정부는 북한을 독립·합법·주권국가로 승인하고 있는 102개 국가 중 73개국과 수교관계에 있다(전체 수교국가 수는 132개).

아. 한국전쟁 휴전협정의 조인 당사자 지위 문제

3년 2개월에 걸친 한국전쟁을 끝맺은 휴전협정의 정식 명칭은 '국제연합군 총사령관을 일방으로 하고 조선민주주의인민공화국 인민군 총사령관 및 중국 인민지원군 사령원을 다른 일방으로 하는 KOREA(조선) 군사정전에 관한 협정'*으로 되어 있다.

협정의 서명 부분인 '제5조' 부칙 제63조는 다음과 같이 되어 있다.

국제연합군 총사령관
북미합중국 육군 대장 마크 W. 클라크

조선민주주의인민공화국
인민군 최고사령관 김일성

중화인민공화국
인민지원군 사령원 팽덕회

참석자
국제연합군 대표단 수석대표
북미합중국 육군 중장 윌리엄 K. 해리슨 II세

---

* 한국전쟁 정전협정의 명칭과 협정 당사자 등에 관한 내용은 국가기록원의 기록을 참고해 수정했다.

조선민주주의인민공화국 인민군
중화인민공화국 인민지원군 대표단
수석대표 조선 인민군 대장 남일

대한민국은 조인하지 않았다.

자. '7·4남북공동성명'의 상호 국가승인

박정희 대통령에 의한 7·4남북공동성명(1972. 7. 4)은 "정부를 참칭하고 국가를 변란할 목적으로 불법 조직된 반국가단체"를 처음으로 대등한 정부로 인정한 정치적 결정이다(교섭과 서명은 중앙정보부장 이후락 명의지만 실제 효과에는 변함이 없다). 북한이 국가보안법의 전제인 그와 같은 집단이라면 군사력을 포함한 모든 수단·방법으로써의 타도가 정당화된다. 그런데 반란집단에게 서로 무력을 행사하지 말고 평화적 방법으로 민족통일을 합의하고, 사상과 제도 및 이념의 차이를 초월하자는 데 합의한 것이다.

휴전선 남·북에 존재하는 두 정치적 실체 사이의 최초의 '실제적' 상호 승인 선언이다(정부는 그에 대해 구구한 단서를 사후적으로 발언했지만 그것은 대국민 홍보용이었다).

차. 김일성 (국가)주석 호칭의 공식화

전두환 대통령은 남북 최고책임자 회의를 갖고자 '김일성 주석'에게 거듭 제의했다(1981. 1. 6. 그리고 1985. 1). '반국가단체'의 '괴수'를 어떻게 '주석'으로 정식 호칭할 수 있는가? 평화통일정책자문회의 개회사

(1981. 6. 5)에서 한 대한민국 대통령의 제의는 다음과 같이 시작되었다.

"본인은 이 자리에서 김일성 주석에게 아무런 부담과 조건 없이 서로를 방문하도록 초청한 지난 1월 12일자 제의의 수락을 다시 한번 강조해두는 바입니다."(1월 12일에도 같은 호칭을 사용했다.) 국가원수가 주석이라고 공식화한 호칭을 국민이 사용하면 처벌돼야 하는가?

카. '한미방위조약'의 남한 행정권 지역 제한 규정

대한민국 정부가 대한민국의 국가적 운명을 의탁하고 있다고 강조하는 중대한 '대한민국과 북미합중국 사이의 상호방위조약'(한미방위조약)은 대한민국의 합법적 영토에 관해서 언급하고 있다. 이 조약을 비준할 때(1954. 11. 17) 미국 상원이 일부러 조약 말미에 추가한 '북미합중국의 양해 사항'은 다음과 같이 제한하고 있다.

"(…) 이 조약의 어떤 규정도 대한민국의 행정적 관리하에 합법적으로 존재하기로 된 것과, 북미합중국에 의해서 결정된 영역(영토)에 대한 무력 공격의 경우를 제외하고는 대한민국에 대해 원조를 공여할 의무를 지우는 것으로 해석되어서는 안 된다."

이 추가 조항은 미국이 한반도에서의 전쟁 개입 또는 무력 행위의 의무를 제한하려는 의사표시다. 그러기 위해서 대한민국의 행정권이 미치는 범위를 사실상 1953년 7월에 조인된 휴전협정에 따르는 '휴전선 이남'으로 제한하고 있다. 그것이 '대한민국의 행정적 관리하에 합법적으로 존치하기로 된' 지역(영토)이다. 또 그것은 '미국에 의해서 결정된', 즉 미국이 휴전협정 조인 당사자로서 수락한 휴전선 이남 지역을 뜻한다.

바야흐로 막이 오르려는 1990년대는 어느 모로 보나 국가보안법이 비정상적 방법으로 태어난 1940년대가 아니다. 40여년 동안 많은 것이 변했다.

첫째, 국가보안법을 폭력으로 탄생시킨 정권과 그것을 폭력으로 휘두른 정권들이 폭력으로 몰락했다는 교훈이다. 지금의 정권은 과거의 어느 정권보다도 국민적 지지를 누린다고 주장하고 있다. 어느정도는 진실이라고 믿어진다. 그럴수록 모든 상식에 어긋나는 국가보안법을 역사에 묻어버릴 때도 되었다고 생각한다. 정부의 권위 문제다.

둘째, 국민의 지적 수준과 법적 생활의 성숙은 국가보안법 없이 민주주의적 질서와 발전을 유지할 수 있다. 정권의 주장과는 반대로 자유민주주의가 국가보안법에 의해서 유지되고 있는 것이 아니다. 국가보안법의 폭력적 집행으로 인해서 자유민주주의가 파괴되고 있는 것이다.

셋째, 이른바 공산주의자, 용공분자, 좌익·극좌, 의식화 등의 낱말로 표시되는 현상에 겁을 집어먹는 태도는 옳지 않다. 지금 세계의 눈앞에서 전개되고 있듯이 공산주의, 사회주의 국가·사회에서는 오히려 자유·인권·민주주의를 회복하는 대변혁이 일어나고 있다. 어째서 '공산주의, ……의식화'를 두려워하는가? 두려워한다는 것은 그 이론과 사상에 대항할 만한 이론과 사상을 갖지 못했다고 패배를 자인하는 말이다. 극우사상·국가 절대주의·반공이데올로기 등으로 해결될 수 있는 문제가 아니다. 굳이 이분법적으로 말하자면, 오늘의 문제는 새로 '의식화'하는 '좌'적인 것보다는 차라리 과거 40여년 동안 친일파들에 의해서 부추겨져온 '극우'적 사상과 그것에 의거해서 이익을 얻고 있는 기득권자 측에 있다 할 것이다. 생물체와 마찬가지로 사회도 새로운 자극과 조건 변화와 도전을 능동적으로 수용하는 작용을 통해서 진화하는 것이다.

최근에 김수환 추기경이 적절히 말했듯이 "좌적인 것을 수용하지 못하는 우는 패배"하고 말지 모른다. 새도 우와 좌의 날개(우익과 좌익)를 평형으로 발육시킬수록 잘 날 수 있다. 우주만물의 생존원리와 인간 및 인간사회도 마찬가지다.

넷째, 반공법이나 국가보안법으로만 북쪽의 위협에 대처할 수 있다고 생각했던 지난날의 남·북 역량 관계는 지금 전도되었다. 우익과 정부 당국은 국민생활의 모든 면에서 북쪽보다 우월하다고 자랑한다. 그러면 '인간의 생각'에서는 열등하다고 주장하는가? 국가보안법이라는 악법을 놓지 않기 위한 궤변이 아니라면 논리적 착오다.

다섯째, 국가보안법을 휘둘러야 할 필요성이 많다는 것은, 이 국가사회에 대중적 공감을 줄 수 없는 모순이 심각할 만큼 존재한다는 반증이다. 정치·사회·문화면에서는 물론, 무엇보다도 경제면에서 부정의(injustices)가 너무 많다. 이에 대한 정의의 요구가 기득권의 입장에서는 모두 좌로 보일지 모른다. 그것은 중대한 착각이다. 라틴아메리카 국가들 사회의 경제·정치구조는 이런 인식착오에 대한 좋은 각성제가 되어줄 것이다.

여섯째, 세계의 전반적 정세는 분명히 전쟁 반대·군축·평화·협조·민주화·인권·악법의 폐지 쪽으로 가고 있다. 이것은 이제 돌이킬 수 없는 거대한 관성을 지니고 '세계화'하는 중이다. 이에 대한 관찰은 이미 앞에서 끝난 바 있다. 이 나라·국민·정부·지도자들도 세계적 조류와 시대정신에 역행하는 어리석음을 범하지 않을 만큼은 정치적 식견을 갖추었으리라 믿는다.

일곱째, 바로 이 세계적 대변혁은 남한에 미쳤듯이 북한에도 작용하고 있다. 북한의 변화가 소련과 동유럽보다 더디더라도 전인류의 대열에서 초연할 수는 없다. 실제로 상당한 '생각의 변화'를 우리는 보고 있다. 정책의 수정도 분명해 보인다. 남·북한 문제에 대한 노선도 유연성을 띠게 되었다. 우리가 이 글을 통해서 충분히 고찰했듯이, 휴전선 이북에 존재하는 정치적 실체를 '정부를 참칭하고 국가를 변란할 목적으로 불법 조직된 반국가단체'라는 짙은 색안경을 벗고 보자. 그러면 많은 새로운 발견에 스스로 놀랄 것이다. 역대 대통령·역대 정부·국회·총리·장관·재벌 등은 이미 그 안경을 벗어버린 지 오래다. 어째서 국민에게만 '색맹'이기를 계속 강요해야 하는가? 어째서 국가보안법이 계속 필요한가?

이달이 지나면 1980년대는 과거 속에 흘러간다. 80년대는 인류사적 차원과 세계적 규모에서 대변혁이 발동한 기간이었다. 1990년대는 그 동력이 더욱 가속화하고 확대될 것이 확실해 보인다. 우리는 국가보안법 없는 90년대와 21세기를 맞기 위해 '새로운 사고'를 가져야 할 때가 오지 않았는가를 자신에게 물어보자.

──『사회와 사상』 1989년 12월호;『自由人, 자유인』, 범우사 1990

3
동북아지역의 평화질서 구축을 위한 제언[1]

　서구의 산업국가들에서 이제 냉전은 끝났다고 하는 일반적인 동의
가 있다. 그러나 동아시아를 포함한 다른 지역들에서 진정으로 동서갈
등이 사라졌는지는 면밀히 검토되어야 할 문제로 아직 남아 있다. 한편,
전세계적인 차원에서의 동서대결의 종식과 다양한 지역들에서 장기간
지속되어온 냉전들 사이에는 명백한 차별성이 있다.

　여기엔 시간적인 공백 이상의 것이 있다. 첫째, 그것은 서구의 국가
들과 한국과 같은 비서구 국가들 사이의 구조적인 격차를 반영하는 것
으로, 전자는 중심국이고 후자는 주변국이다. 냉전은 유럽에서 발생해
다른 지역으로 확산되었다. 그리고 유럽에서의 '평화'는 주변국들, 특
히 한국과 베트남에서처럼 수천만명의 희생자와 국토의 무참한 황폐화
를 수반한 대리전쟁이 일어났던 아시아 국가들의 희생을 댓가로 유지

---

1 이 글은 서울대학교 신문연구소·문화방송 공동 주최, "동북아 방송질서 변화와 대책" 국
　제 학술심포지엄(1992. 4. 7~4. 9, 서울 신라호텔)에서 한국 측 기조강연의 하나로 발표
　했던 "A Contribution toward the Formation of New International Order in North-East
　Asia"라는 제목하에 영문으로 작성한 논문의 한국어 번역이다.

되었다.

둘째, 이러한 시간상의 공백은, 비록 국제적인 동서갈등과 그 결과로 일어난 한반도의 분단이 한민족 외부에서 부과된 것이라고 할지라도, 그러한 갈등으로 말미암아 그후 두개의 한국이 서로 적대시하게 되었다는 사실을 반영한다. 한반도에서 지역적으로 강화된 갈등구조는 그 자체의 동력을 갖추게 되었는데, 이로 인해 세계적 수준에서의 냉전의 종식과는 별도로 지속되는 경향이 있다. 이러한 '내면화된 독자적 갈등구조'(internalized independence)는 전세계적인 이데올로기적 갈등에 의해 부과된 것임과 동시에 한반도가 주변국으로 종속된 결과다.

이러한 구조적 공백과 격차에도 불구하고, 전세계적 냉전의 종식은 분명히 두개의 한국 사이에 지속되어온 갈등과 분단 상태를 극복할 수 있는 기회들을 제공한다. 이러한 맥락에서 오늘날 세계에서 국가 간 갈등은 새로운 지역적 틀을 만들어 이전에 갈등하던 국가들이 한두개의 틀 속에서 통합됨으로써만 해소될 수 있다는 주장이 있을 수 있다.

같은 맥락에서 한반도의 분단은 단순히 두개의 한국이 공존하는 것이 아니라, 화해와 긴밀한 협조를 위한 새로운 틀거리를 만들려는 능동적 노력을 통해서만 해소될 수 있을 것이란 주장이 있을 수 있다. 사실, 1991년 12월 13일에 조인된 남·북한 합의서에서 화해와 불가침에 대한 조항뿐만 아니라 상호 교환과 협력에 관한 조항을 담게 된 것은 이러한 요구가 반영된 것으로 볼 수 있으며, 이는 결코 우연한 일이 아니다. 이제 새로운 지역의 창조에 직면해 있는 것이다.

우리는 보통 아시아가 그 자체의 정체성을 가지고 있는 것처럼 말하지만, 아시아는 다양성과 복잡성 그리고 이질성의 정도가 매우 높은 지역이다. '아시아'라는 관념이 강력한 반식민주의적이고 반서구적인 민족주의의 상징적 역할을 했음에도 불구하고, 아시아의 정치적 정체성은 그 자체의 긍정적인 정치적 정체성의 명확한 상이 없어 대체로 부정적인 방식으로 정의될 수 있었다. 이러한 면은 동아시아에도 어느정도 적용된다. 예를 들면, 최근에 과거의 '동아시아'는 일본에 대한 반식민주의적 상징이 아니라 반서구적인 상징으로 사용되었다. 반대로 그것은 일본 식민주의의 영향을 위장하는 가면으로도 사용되었다.

이것은 결코 동아시아를 한 지역으로 취급할 수 없다는 것을 의미하지는 않는다. 이러한 점은 아래와 같은 주장이 서구 지향적인 인사들에 의해 종종 주장되어왔기 때문에 강조되어야 한다. 그 주장이란, 유럽과는 달리 동아시아는 지역적 동질성이 매우 작기 때문에 유럽의 평화 정착 노력인 유럽안보협력회의(Conference on Security and Cooperation in Europe, CSCE)나, 지역적 틀로서 고르바초프가 말하는 "유럽인들의 집"(European Home)과 같은 지역적 구조는 동아시아에서 동일하게 적용될 수 없다는 것이다. 두 지역 사이에 어떠한 차별성이 없는 것은 아니다. 그러나 우리 지역에서의 새로운 질서를 추구한다는 측면에서 이러한 주장은 보다 세밀히 검토되어야 한다.

유럽의 동질성은 종종 공통적인 문명, 즉 유대교-기독교 문명 때문으로 여겨진다. 동아시아가 그러한 공통적인 문명으로 특징지어질 수 없을지라도, 이 지역의 문화는 유교문명에서 연유하는 지배적인 특징을 가지고 있다. 동아시아가 사회주의 국가들인 중국, 북한 대 남한, 일본과 대만 등과 같이 쉽게 대별될 수 있는 상이한 정치적·경제적 체제를 가진 국가들로 구성되어 있기 때문에 다양하다는 것은 사실이다. 그러나 CSCE도 처음에는 상이한 또는 심지어 반대되는 유형의 체제들을 망라하는 지역적 틀로서 만들어졌다는 점을 알아야 한다. 그러므로 유사한 착상이 동아시아에서는 취해질 수 없다는 것을 받아들일 만한 이유는 없다. 동아시아가 다양한 경제발전 수준의 국가들로 구성되어 있다는 것 또한 사실이다. 그러나 대체로 지금 유럽이 당면하고 있는 것, 그리고 유럽공동체(EC)에서조차 유럽의 '남부'국가들과 관련되어 주된 이슈로 떠오른 것은 중심국들과 주변국들(또는 준주변국/반주변국들)을 어떻게 하나의 공통된 틀로 통합하느냐의 문제였다.

그러므로 유럽의 경험이 동아시아에 관련되지 않음이 자명한 것은 아니다. 반대로 유럽의 경험들 중 지역적 특수성을 고려해서 동아시아적 지역 틀을 모색하는 것이 중요하다는 것을 말해준다.

그러나 필연적으로 과거의 유산이, 문화적·인종적 유사성의 정도가 이 지역의 다양한 민족들로 하여금, 그들이 넓은 의미에서 공통된 지역적 정체성에 기반한 공통의 미래를 공유한다는 것을 납득시킬 만큼, 충분히 창조적이고 고무적인 전망을 제공할 수 있는지에 관한 문제는 여전히 남아 있다.

오늘날 우리는 긍정적인 지역적 정체성이 창조될 수 있다는 보편적 사고를 단지 참고적인 것으로만 받아들일 뿐이다. 지역주의는 만약 그것이 배타적인 민족주의라면 긍정적인 역할을 수행할 수 없다. 지역주의는, 그것이 만약 국수주의적인 과거의 유산에만 전적으로 의지한다면, 오히려 후퇴하는 요인이 되고 말 것이다. 지역적 정체성은 이미 주어진 어떤 것이 아니다. 그것은 보편적이고 초국가적인 민주주의를 달성하기 위해 우호적·비우호적인 공통의 지역적 조건들의 공유를 통해 창조되어야 하는 것이다. 분명히 지역적·세계적 규모의 문제에 대처하기 위해 우리에게는 새로운 지역적·세계적 틀이 몹시 필요하다. 그러나 보편적으로 적용가능한 단일한 모델은 있지 않으며, 또 있을 수도 없다.

모델은 다양하고 모델의 다양성은 새로운 세계질서에 대한 기회와 도전을 제공할 것이다. 우리는 아세안(ASEAN), 베트남, 캄보디아(인도차이나), 중국, 대만, 한반도 그리고 이 지역의 다른 영역들에서 파생되는 고무적인 발전상들을 목격하면서 기쁘게 생각한다. 이러한 모든 변화는 새로운 질서를 위한 지역적 틀의 몇몇 가능한 형태들을 나타낸다.

이러한 측면에서 정보와 커뮤니케이션의 영역에 종사하는 개인들과 조직들은 이 지역의 국민들 간의 상호이해를 낳을 수 있는 지속적인 협력 시스템과 네트워크를 설립하는 데서 중요한 역할을 요구받고 있다. 이것이 우리가 여기에 모인 이유다.

새로운 지역질서를 위한 이론 구성이나 이론의 실제적 적용에서 일본은 촉진제로 작용하기보다는 오히려 방해적인 것으로 보인다. 이전의 소련은 이제 초강대국이 아니며, 10개의 독립공화국으로 분열되었다. 그들은 민주주의, 평화, 비패권주의에 적합한 체제를 재구축 중이다. 다시 말해 그들은 동북아시아의 안정, 평화와 발전에 어떠한 위협도 될 수 없다.

중국은 기본적으로 닫힌 사회인데도, 외부세계와 체제에 적응하는 방향으로 빠르게 움직이고 있다. 중국사회의 변화는 명백한 것이고 돌이킬 수 없는 것처럼 보인다. 아시아, 특히 동북아시아와 관련된 중국의 대외정책 또한 협조적이고 반패권주의적(또는 적어도 비패권주의적)이다.

이 지역의 다른 국가들도 지엽적인 규모에서 때때로 평화를 방해할 수 있을지는 몰라도 지역적 패권의 추구자는 될 수 없다.

미국은 명백히 다른 범주다. 지리적 의미에서 과외 지역인 미국은 '세계경찰'임을 자임하며 지구의 어느 구석도 범(汎)미국주의 제국의 바깥에 놓아둘 마음을 가지고 있지 않다. 소련이 붕괴된 지금, 미국은 국제적·지역적 삶의 유일한 조정자가 되기를 열망한다. 그것은 오랫동안 미국의 확고한 정책과 목표가 되어왔으며, 지난해(1991) 이라크와의 전쟁보다 이것을 보다 잘 설명해준 것은 없다.

소련 다음으로 중동의 작은 지역적 패권주의자가 굴복한 지금, 단일한 지배체제를 강화하려는 미국의 의도는 1994~2000년 회계연도의 방위계획 지침에서 마지막 남은 가면을 벗어던졌다. 미국은 확실히 동아시아에서의 지역적 강대국으로 남아 있으며, 그것의 함의는 모든 관련 국가들에 잘 알려져 있다. 동북아지역의 국가와 민족의 일치된 노력은 아시아, 특히 동북아시아에서 미국의 패권주의적 역할과 경향을 감소시키기 위해 더욱 긴요한 것이 되고 있다.

이 지역이 초강대국들에 의해 지배되던 이전의 '냉전질서'와 구별되는 새로운 지역질서를 실현하고자 열망한다면, 미국의 영향력이 줄어들수록 그 가능성이 커진다는 사실은 의심의 여지가 없을 것이다.

아시아지역의 국가들은 그들 지역 내의 새로운 위험 요소에 직면해 있다. 그것은 일본이다.

과거에서 현재까지 일본은 다른 아시아 민족들의 희생 위에서 줄곧 패권주의자로 자리해왔다. 일본에 대한 그들의 의심과 불신을 낳은 데에는 몇가지 특별한 문제가 있다. 이러한 문제를 극복하지 못한다면 이 지역의 진보, 복지와 평화에 대한 일본의 기여는 부정적인 형태로 남을 것이다.

이전의 서독과는 뚜렷하게 대비되게, 일본의 지배 엘리트와 국민의 대부분은 결코 침략전쟁이나 식민지 지배에 대해 심각하게 책임감을 느끼지 않고 있다. 이같은 책임감의 회피를 조장하는 데에는 외부적 요인이 존재한다. 예를 들면, 일본은 반식민지 투쟁을 일으킨 식민지 민족들에게서 직접적으로 식민지를 포기하지 않았다. 그 대신 일본제국은 그 스스로에게도 식민지 제국인 서방 강대국들(미국, 영국, 프랑스 등)에게 자신의 식민지를 넘겨주었다. 그리고 이들 서방 강대국들, 특히 전후 일본에 대해 배타적인 영향력을 행사했던 미국은 소련을 포함한 제2차 세계대전 전승연합국 사이의 동의를 파기한 채, 즉시 일본을 이전의 적국이 아니라 냉전 동맹국으로 재생시켰다.

이러한 외부적 요인 외에 일본의 정신에 내재하는 더욱 근본적인 조건이 있다. 집단주의적인 일본의 정신과 정치적 문화에 따르면 전쟁과 식민지 착취에 대한 책임은 천황을 제외한 모든 일본인들에게 지워져야 한다. 그러나 이처럼 모든 일본인이 책임이 있다는 말은 실제로는 어떠한 일본인도 사실 책임이 없다는 의미다. 이러한 전쟁 책임에 대한 내부적 회피는 외부적 회피의 근원이다. 그것의 명백한 증거는 일본의 과거 성취를 찬미하는 것인데, 이것은 한국, 중국, 베트남, 필리핀, 인도네시아, 싱가포르, 말레이시아, 그리고 아시아의 다른 국가들에서 일본에 의해 저질러진 국제적 범죄와 과오들의 중요성을 체계적으로 깎아내리는 것이다. 일반적으로 일본의 전후 젊은 세대들은 정치화된 민족주의에 민감하지 않으며, 보수 반동주의자들도 극적으로 진압되었지만, 그들 또한 일본의 전후 책임에 대해서는 똑같이 무관심하거나 잊어버린다.

여러분은 1985년 제2차 세계대전의 패배 40주기에 즈음해 독일 대통령 폰 바이츠제커(Von Weizsäcker)와 나까소네 일본 수상에 의해 발표된 정반대의 견해를 경험하고 받은 충격을 아직도 생생하게 기억할지 모른다. 독일 지도자가 모든 나치 잔악행위의 희생자에게 진심으로 사과하고 독일 국민에게 독일의 이름으로 저질러진 잘못을 잊지 말고 과거 역사로부터 교훈을 얻자고 요청한 것에 반해, 일본의 지도자는 1985년을 관련 국가에 대한 일본 식민지와 전쟁의 정신적·물질적 빚의 '청산의 해'로 당당하게 선포했다.

일본은 지금 유엔 평화유지 활동이라는 이름하에, 그리고 다른 나라에 있는 일본인의 재산과 생명을 자위한다는 명분 아래 일본 자위대의 해외 군사활동을 합법화했는데, 이는 일본 헌법을 명백히 위반한 것이다.

이미 1990년에 460억 달러에 이르는 일본의 국방비 예산은 영국의 340억 달러, 서독의 350억 달러, 프랑스의 359억 달러를 훨씬 초과해 세계적 초강대국인 미국에 이어 두번째가 되었다.

일본의 군사력은 이미 '방어적인 방어'(defensive defense)라는 자세로부터 훨씬 벗어났다. '강대국'(Big Power)의 위치로 부상하기 위한 주도면밀한 노력은 최근 유엔 안보리의 상임국에 대해 관심을 밝힌 일본 정부의 정책에 의해서도 보여졌다. 이러한 행동들은 일본의 "국제적 공동체에 대한 공헌"이라는 이름으로 합리화되어왔다. 또 이러한 정책은 다른 아시아 국가들, 특히 일본 식민주의와 침략전쟁의 주요한 희생국이었던 남·북한과 중국에 의해 표명된 반대나 주의에도 불구하고 채택되어왔다.

일본정부의 주장에서 결정적인 점은 그들이 '국제적 공동체'라고 부르는 것에는 실제로 아시아 국가들이 제외된다는 점이다. 모든 지표로 판단하건대, 대부분의 일본인들은 그들이 가지고 있는 왜곡된 세계지도를 제대로 인식하고 있지 못하는 것처럼 보인다. 그것은 '국가적 공동체'가 부지불식간에 아시아 국가들과는 상관없이 미국이 주도하는 서구와 거의 동등하게 된 그런 지도다.

동북아시아에서 새로운 질서를 건설하려는 노력의 성공 여부는 거의 숙명적으로 일본의 태도와 정책에 달려 있다. 그러므로 이 지역의 국가들뿐 아니라 매스커뮤니케이션 미디어와 미디어 담당자와 같은 영향력 있는 대중교육 수단들은 그들의 모든 잠재력을 새로운 질서에 대한 건설적인 역할에 일본을 참여시키는 데 모아져야 할 것이다.

새로운 동아시아의 지역적 틀이 건설되어야 하는 첫번째 차원은 한반도다. 한반도에 하나의 지역도 아니고, 동질성을 지닌 한민족이란 단일민족이 분명히 존재하고 있는 상황에서, 이러한 말은 부적절한 것으로 들릴지도 모른다. 그러나 현실적으로 국가적 통일에 대한 한민족의 강렬한 열망에도 불구하고 두개의 적대적인 국가는 존재해왔다. 그리고 이들은 단순한 국가가 아니라 굴복하지 않는 자본주의와 사회주의를 대표하는 '강력한 국가들'이다.

이것은 특히 두개의 한국 사이의 관계에도 마찬가지인데, 이전의 두개 독일의 경우와는 달리 이들 사이에는 우편, 상품, 사람 정보의 교환이 남한의 반공법과 국가보안법과 같은 지극히 가혹한 법 아래 국가에 의해 금지되어왔고, 이는 북한도 마찬가지다. 바꾸어 말하자면 국가로부터 상대적으로 자율적인 시민사회의 수준에서의 상호작용과 의사교환은 지난 반세기 동안 존재하지 않았다.

우리 모두가 알다시피 두개의 독일의 경우에는 제한적이긴 하지만 교환과 상호작용이 국가와 사회 수준에서 여러해 동안 진행되었다. 두 사회 사이의 상호작용은 마침내 국가와는 독립적으로 진행되었으며, 두 국가 체제를 유지해왔던 제한된 상호작용을 압도하게 되었다.

지난 반세기 동안에 한반도에서는 각각이 다른 편을 소멸시킬 능력을 가지고 있다는 의미에서, 오직 남·북한 사이의 군사적 관계만이 존재해왔다. 각각의 안보는 거의 전적으로 상대의 결정에 의존해왔으며,

각각은 '어리석은 국가'로 보일 만큼 소비적이고 비이성적인 정치 선전과 경제적·기술적 경쟁의 상태에 놓여 있었다. 또 각자의 발전 계획은 상대편의 발전 계획에 의존하게 되었다. 각 정권은 상대편에 의해 취해진 이데올로기적 도전에 직면해 있었다. 각 정권의 정통성은 상대편의 대항적 정통성에 구속되고 종속되었다. 모든 가치는 부정적인 형태를 띠었다.

한국은 동질적인 민족, 즉 한(韓)민족의 나라다. 그리고 제2차 세계대전 말의 미·소 대결의 산물로서 국가가 분단되기 이전까지 천년 이상 단일국가로 지내왔다. 한국에서 40년간 지속된 일본 식민지 지배(5년간의 보호국 상태를 포함하여)는 1945년 일본의 패망으로 끝이 났다. 미국과 소련은 일본의 항복을 받아내고 한국에서 정치적 기구를 재구축하기 위해 38도선에서 국토를 분단하는 데 합의했다. 그 결과 한반도에는 두개의 전적으로 다르고 적대적인 정치적·경제적 질서가 출현해, 여태까지 지속되었다.

미국과 중국의 직접 개입을 초래한 두 질서 사이의 전쟁은 수백만의 한국인과 외국 참전군 사상자, 그리고 천만 이산가족과 국토의 황폐화라는 결과를 남겼다. 이 한국전쟁은 1953년 휴전(평화협정은 아직까지도 체결되지 않고 있다)으로 종결되었는데, 이러한 휴전은 양측으로 하여금 이전보다 서로를 더욱 적대적으로 만들었으며, 영속적인 분단을 남겼다. 남한과 북한 사이의 인위적 경계인 비무장지대는 40년 이상 봉쇄되어왔으며, 민간인들 사이의 어떠한 의사소통(편지, 전화, 텔레비전이나 라디오 방송, 여행)도 이 경계선을 지나가지 못한다.

비밀접촉으로 궁극적인 통일에 대한 선언을 조인하게 된 1972년 이후, 남한과 북한 사이에는 때때로 공식적인 대화가 전개되었다. 최근에는 국토의 분단과 관련된 다양한 이슈들에 관해 두 정부 간 직접적인 대화가 있었고, 주로 천만 이산가족과 관련된 남·북 적십자 간의 대화도 있었다. 이러한 대화에서 남한은 상품·무역·문화·인적 교류 형태의 신뢰 구축 수단에 대한 필요성을 주장해왔다. 반면에 북한은 미군의 철수, 특히 수백개로 보고된 핵탄두를 남한에서 철수할 것을 포함해 즉각적인 정치적·군사적 이슈를 언급할 필요성을 강조해왔다. 이렇게 상이한 접근과 계속된 깊은 불신은 실질적인 진전 없이, 계속적인 상호비난 그리고 대화의 빈번한 중단을 야기시켰다.

남북 대화에서의 새로운 국면은 1990년 총리 차원으로 대화를 격상시키는 데 동의함으로써 시작되었다. 북한이 공식적인 정부 대 정부 차원의 대화를 수용하는 것은 그들이 한반도를 둘러싼 세계의 극적인 변화로 인한 심각한 정치적·경제적 압력을 경험하고 있다고 믿어졌기 때문에 필요하게 되었다. 오랜 기간 북한의 동맹국이었던 이전의 소련은 남한의 동맹국인 미국과 일본의 편에 서서 북한과 교류하는 동시에, 남한과의 외교적 유대도 확고히 하고 있다. 중국도 남한과의 무역관계와 기술교류를 크게 확장시키고 있다.

동유럽의 정권들은 서방국들과 동맹을 맺자마자 곧 남한과의 전면적 수교도 확립했다. 그러므로 북한은 격변하는 세계질서에서 외교적 고립에 직면하게 되었다. 여러해 동안 북한은 소련과 중국 그리고 동유럽으로부터 석유와 몇몇 식량 그리고 다른 필수자원을 경화나 물물교환 협정을 통해 세계시장 가격보다 낮은 가격으로 구입할 수 있었다. 이것은 북한이 태환화폐를 벌어들일 수 있는 수단이 거의 없었기 때문에 중요한 것이었다. 지난해 초 소련은 석유, 군수품 그리고 다른 물품에 대해 경화로 그리고 세계시장 가격으로 지불해줄 것을 북한에 요구했다.

중국도 이와 같은 방향으로, 그러나 보다 느린 속도로 움직이고 있는 것처럼 보인다.

북한과 남한이 통일이라는 민족 목표의 평화적 수단에 의한 달성에 합의했는데도, 어느 편도 완전한 통일국가에 대한 다른 쪽의 정치적·경제적 체제의 건설 방안을 받아들이려고 하지 않는다.

현재의 남북 협상 수준에서 북한은 현재의 사회적·정치적·경제적 체제 유지에 대한 남한의 보증을 요구하는 것처럼 보인다. 현재 남한의 1인당 수입(6000달러)은 북한의 1인당 수입(대략 1300~1500달러)의 거의 네다섯배에 달한다. 남한의 전체 국제교역량은 최소한 북한의 20배에 이른다. 경제적·사회적·정치적 영역뿐만 아니라 인권과 같은 영역에서도 정부의 간섭이 많은데도, 남한은 개방된 사회, 의회민주주의, 시장경제의 방식으로 운영된다. 반면에 북한은 여전히 모든 것에서 매우 빨리 사라져가고 있는 체제에 의해 완고하게 운영되고 있다.

북한에 대한 남한의 점증하는 자신감은 한반도에서의 새로운 질서를 위한 청사진에서도 반영되어 있다. 독일식의 민족통일, 다시 말해 남한이 북한을 흡수하는 방식이 머지않은 미래에 실현될 수 있다는 것이다.

그러나 남한은 너무 빠르고 갑작스럽게 통일한 독일의 교훈을 최근 이해할 수 있게 되었다. 만일 그러한 일이 한반도에서 일어난다면 남한 정부만으로는 미리 예측될 수 있는 결과를 통제하기 힘들 것이다. 남한 정부가 북한을 막다른 골목으로 밀어 넣던 이전의 대결정책을 새로운 정책으로 수정한 것도 이러한 이유에서다. 남한정부의 정책은 상대편과의 협조와 협력 그리고 상대방에 대한 원조이지만, 이것은 몇몇 북한 정책 입법자들이 2000년 이전까지 자립력을 갖춘 나라로 만들려고 하는 북한을 그 이전에 점진적으로 해체하려는 의도를 갖고 계획된 것이다.

남·북한 사이가 이처럼 불균형적인 상황으로 접어들면서, 지난해부터 핵 문제가 제기되었다. 1992년 봄에는 미국과 북한의 군사적 위기가 미국이 이라크를 공격한 것과 유사한 방식으로 폭발할 것 같았다. 그 이전부터 북한의 핵시설에 대해서 가능한 모든 수단을 취하겠다는 미국의 계속된 위협이 있었는데, 이 핵시설의 '기폭제'(explosive) 취득 능력은 1년에서 10년에 걸치는 것으로 다양한 미국 군사전문가들에 의해 추정되었다.

한국은 1970년에 핵무기 생산계획에 착수했으나, 한국이 미국의 핵계획에 참가하는 조건으로 미국에 의해 중지되었다. 만약 북한이 핵무기 생산능력을 추구한다면, 미국과 일본이 가만히 방관하고 있지 않을 것이다. 그들도 (매우 복잡한 핵에너지 계획에 기초한) 이에 대처하기 위한 독자적인 핵무기 계획을 세우거나, 남한 국방장관이 이미 경고한 것처럼, 북한의 핵시설을 공격할 것이다. 또한 북한이 걸프전에서 이라크가 당한 것과 같은 결과를 초래할 것이라는 노골적인 위협도 있었다. 몇주 전에 미국 군부는 '1개월 전쟁'이라는 평가서를 내놓기도 했다!

표면적으로는 이 부분에서도 많은 진전이 있었다. 북한은 남한으로부터의 미국 핵무기 철수를 오랫동안 요구해왔고, 서울에서 지난(1991) 12월에 이 철수가 완료되었다고 발표했을 때, 평양은 이 소식을 환영했으며 국제원자력기구(IAEA)로 하여금 북한의 핵시설을 사찰할 수 있게 하는 '핵안전협정'에 서명했다(북한은 1985년에 핵확산금지조약에도 서명했다). 예정대로 올해(1992) 6월에 북한에서 IAEA의 사찰이 실시된다면, 아마 남-북한, 일본-북한, 미국-북한 관계의 완화도 낙관적일 것이다.

불행하게도 좀 덜 명백한 많은 이슈들이 아직까지 한국에서의 진정

표 1 남·북의 군사비 지출   (단위: 100만 달러)

연도	남한	북한
1974	558	770
1975	719	878
1976	1,500	1,000
1977	1,800	1,030
1978	2,600	1,200
1979	3,220	-
1980	3,460	1,470
1981	4,400	-
1982	5,173	1,700
1983	4,470	1,916
1984	4,494	4,086
1985	4,550	4,196
1986	5,100	3,870
1987	6,970	4,450
1988	8,150	4,625
1989	9,886	4,154
1990*	9,970	5,440
1991*	11,000	5,130

• 런던에서 발간된 연간 군사력 비교에서 집계함(*는 한국 국방부 『방위백서』).

한 평화의 실현을 가로막고 있으며, 기껏해야 조심스러운 낙관주의이고, 최악에는 더욱 심각한 대결국면의 가능성마저도 경고하고 있다. 미국과 일본을 번갈아가면서 갈등의 폭을 증폭시킨 핵 문제와 공산주의의 몰락에 따른 북한의 취약성 등이 그것들이다.

한반도는 몇세기 동안 이웃 강대국에 의한 침략전쟁의 장소가 되어왔는데, 최근에는 1950년 6월에서 53년까지 계속되어 수백만의 사상자와 막대한 재산 손실을 남긴 한국전쟁이 있었다. 한반도는 세기의 전환

점에서 일본의 승리로 끝난 현대 제국주의와 식민주의의 4각 갈등의 와중에서 한세기 동안 '태풍의 눈'이었다. 이 승리는 일본 군국주의에게 중국 본토의 광대한 부분을 포함해 전체 아시아를 정복하는 모험의 도약대를 제공했다. 이러한 도식은 한반도에서 패권을 행사하려 한 중국과 영국, 미국, 러시아, 또는 구독일제국에까지 동등하게 적용될 수 있을 것이다.

한반도는 과거 그곳이 동북아시아와 서남아시아의 수억 민족에게 전쟁과 불행의 출발점이었다는 점에서 미래엔 오히려 그와 반대로, 그곳에 살아야만 하는 한민족뿐만 아니라, 동북아시아지역의 민족들과 국가들의 평화·협력·진보 그리고 행복을 위한 시험장이 될 수 있을 것이다.

이제 우리는 한국의 문제가 동북아시아 전체의 문제이고, 동북아시아에서의 새로운 지역질서를 실현시키고자 하는 어떠한 시도도, 한반도에서 그리고 한반도에 대한 문제로부터 시작해야 한다는 점을 이해할 수 있을 것이다.

— 서울대학교 신문연구소·문화방송 공동 주최, '동북아 방송질서 변화와 대책' 국제 학술심포지엄 기조강연, 1992; 『반세기의 신화』, 삼인 1999

4
북한-미국 핵과 미사일 위기의 군사정치학
: 위기의 주요인은 미국에게 있다

북한과 미국의 새로운 미사일 대결 위기

1999년 초반에 들어서부터 핵무기와 미사일 문제를 놓고서 한반도의 위기가 1994년 초반과 같은 수준으로 가열되고 있다. 1994년의 위기는, 미국이 북한으로 하여금 미국의 조건대로 핵시설 해체를 수락하게 하기 위해서, 소위 '북·미 핵협상'의 막바지 단계에서 1991년 초의 대(對) 이라크 전쟁과 같은 규모의 군사공격을 북한에 대해서 개시하려 했던 전쟁 준비 상태다. 새로운 '한반도 전쟁' 순간의 위기 상황이었다. 현재의 조선-미국 간 군사 위기의 중심적 쟁점은, 5년 전의 쟁점이 핵 문제였던 것과는 달리 주로 미사일 문제다.

여러해 동안 국가적 존립의 위기에 몰린 북한이 그 군사적 위기 상황을 '정면 돌파'하기 위해서 선택한 핵 대항력 구상과 계획은 유일한 핵 초강대국으로서 세계적 핵무기 질서를 지배하려는 미국의 노여움을 샀다. 결과는 북한의 군사적·정치적 후퇴로 끝났다. 북한이 제2의 선택, 그리고 어쩌면 마지막이 될 선택인 미사일 발전 계획에 대해서 미국은 역시 세계의 미사일 무기 질서의 단독 심판관으로서 북한의 굴복을 요구하고 나섰다. 북한은 북·미 핵협상(1991~94)의 전과정 동안 세계 최강의 핵 군사국가에 의해 제2의 이라크 또는 '제2의 후세인'이 될 뻔했다.

모든 불길한 징후들로 미루어 이제 다시 북한은 미국이 지구상에서 끈질기게 찾고 있는 미국 군사력의 실험 대상인 제2, 제3의 이라크가 될지도 모르는 전쟁 위협에 직면한 듯이 보인다. 북한이 1994년의 핵 위기에서 미국에 굴복한 형식으로, 이번에도 미국이 내미는 약간의 물질적 보상의 약속을 믿고 미사일 무기 보유의 주권적 권리를 포기할 것인지, 아니면 결과적 귀결을 상상하기만 해도 소름 끼치는 군사적 대결을 선택할 것인지 예측불허의 상황이다. 그만큼 위급한 정황이 급속히 진전되고 있다. 20세기 100년의 마지막 몇달을 넘어가는 현재의 한반도의 전쟁 위기가 5년 전의 북·미 핵 위기 때보다도 위급해 보이는 까닭은 그간의 몇가지 중요한 정세 변화 때문이다. 그것들은 다음과 같다.

미국의 세계 미사일 무기 질서 단독 통제권 강화

미국은 1997년, 세계의 많은 국가들의 반대와 비난을 억누르고, 미국에게 압도적으로 유리하고 미국의 세계적 핵무기 질서의 사실상의 단독적 결정권을 확립하는 이른바 '포괄적 핵실험금지조약'을 실현시키는 데 성공했다. 그다음 단계가 세계 미사일 통제체제의 완전한 장악인데, 이것이 미국의 압력으로 수립된 '유도무기기술이전금지조약' 체제다. 이 체제가 자체적 미사일 보유의 권리를 주장하는 보잘것없는 '5등국가' 북한의 도전을 받고 있다고 미국은 판단하고 있다.

북한 미사일의 대일본·남한 미사일 경쟁 촉발 위험성

5년 전이나 지금이나 유일 초강대국 미국의 논리는 북한의 핵무기화의 가능성이 일본·한국의 독자적 핵무기 개발로 연결되고, 중국과 대만 관계의 핵 대결 상황까지 확대된다는 것이다. 이제 미국이 내세우는 주장은 동북아시아지역의 핵 불안정성에 미사일 무기 경쟁이 추가·중복될 위험성이다. 김대중 대통령의 한국군 500킬로미터 사정 미사일 보유 권리 주장은 그 초보적 대응이며, 일본의 기존 기상·통신용 위성 외에 군사용 스파이위성 2기를 2~3년 내에 북한을 포함한 동북아 궤도에 올려놓으려는 계획의 확정이 그것이다.

미국의 핵 및 미사일 보호체제로부터 일본과 한국 이탈

북한의 핵 및 미사일 개발에 대한 일본과 남한의 독자적 대응은 필연적으로 일본과 남한에 대한 미국의 핵·미사일 '보호 우산'의 무력화를 초래한다. 그것은 일본과 한국에 대한 미국의 거의 영구적인 군사적 (내지 정치적) 지배권의 자동적 붕괴를 뜻한다. 21세기에 과거의 소련과 맞먹을 만한 정치·경제·공업·군사 초강대국이 될 중국과의 필연적인 대결을 예상하는 미국은, 일본과 남한에 대한 군사(정치)적 지배권을 확고히 유지하려는 장기 전략을 세워놓고 있다. 그 목적을 위해 북한의 독자적 미사일은 중대한 장애물이 된다(라고 미국은 주장한다).

미·일 동북아지역 전쟁 협력체제 완결

미국이, 단기적으로는 대북한 군사공격시의 필요성과, 장기적으로는 중국과 러시아에 대한 군사적 압력체제의 일환으로 오랫동안 추진해온 미·일 합동 전쟁 시나리오로 알려진, 이른바 '미·일(일·미) 방위협력

지침' 또는 '뉴 가이드라인'이 마침내 금년(1999) 5월 일본 국회를 통과했다. 이 지침은 주로 북한을 대상으로 한 미국의 군사행동에 일본 군사력이 거의 전면적으로 협동할 뿐만 아니라, 미국이 북한과의 교전 상태에 들어가면, 심지어 그 준비 단계에서 일본은 사실상의 국가 총동원령을 발동하여 일본 군대는 물론 일본의 국가 사회 기능과 국민생활을 미국 군사작전 지원체제로 개편·가동시키는 전쟁 수행 행동계획이다.

전쟁권 포기와 군사력 보유를 금지한 세계 최초의 '평화헌법' 개헌도 미·일 양국의 다음 수순에 올라 있다. 일·미 두 나라 사이에서 다년간 준비돼온 순서대로, 1999년 8월 초에는 천황주의와 제국주의·군국주의의 상징이었던 애국가 '키미가요'의 국가(國歌)화, 그 시각적 상징인 일장기 '히노마루'의 국기(國旗)화가 일본 국회에서 법제화되었다. 이와 때를 같이하여 일본 육·해·공군의 군사비의 비약적 증가와, 여태까지의 '방어'적 군사체제 및 무기의 공격형으로의 재편·증강 계획이 급속도로 추진 중에 있다. 앞서 지적한 바와 같이, 일본은 이미 몇개의 고성능 로켓 발사에 성공했고, '인공위성'을 가탁한 막강한 탄도로켓 미사일의 본격적 개발 및 발사 계획이 총력적으로 추진되고 있다.

패전 이후 일본의 군사대국화에 가해져온 정치적·헌법적·법적·국민 감정적·행정적 및 재정(국가 예산)적 제약들이 금년 6, 7월을 기해서 일제히 배제되었다. 미국·러시아에 이어 중국·영국과 함께 350~370억 달러의 군사비로 이미 세계 제3, 4위의 현대적 군사력을 다투는 일본 군대가 마침내 미국의 대북한 및 동북아지역 전쟁 계획에 제한 없는 동반자로 등장한 것이다. 반공·강경 우익·대국주의·천황주의·군사대국·유엔 상임이사국을 목표로 하는 세력이 틀어쥔 일본은, 여태까지 '평화헌법' 규정 때문에 마지못해서 그들이 입은 뿔 달린 '카부또'(사무라이의 투구)와 '요로이'(사무라이의 갑옷) 위에 걸치고 있던 '하오리'(일본 남자의 전통 웃저고리)를 벗어던지고 일본도를 빼어들고, 두 발을 탕탕 내딛고 나선 것이다. 미국은 이제 세계 제4위의 막강한 일본 군사력을 직접 그 통제하에 거느리게 된 것이다. 미국의 대북한 정책과 군사전략은 1991~94년의 핵협상 시기와는 비교도 할 수 없을 만큼 입지가 강화되었다. 미국(그리고 일본)은 온갖 반대와 난관을 물리치고 이룩한 제한 없는 이 '미·일 전쟁협력체제'의 효율성을, 가공할 미국의 신무기 체계를 주력으로 바로 2개월 전에 끝난 유럽에서의 코소보 공격 전쟁 같은 실전으로 시험해보고 싶은 강한 유혹을 받고 있다.

미국 강경 보수 정치권력의 압력

공화당이 지배하는 미국 의회와 미국 내의 군부를 비롯한 강경 우익·반공 세력은 1991년의 제1차 및 1998년의 제2차 대이라크 전쟁 이후, '제2의 이라크'로서 다음의 전쟁 목표를 노스코리아에 맞추어왔다. 미국은 북한의 국가와 당과 권력이 북·미 핵협정에 따르는 국제적 압력과 핵무장의 좌절로 쉽게 굴복할 것으로 예상했다. 설상가상으로 닥친 1995년 이래의 거듭된 대홍수 피해 및 식량난으로 단시일 내에 붕괴할 것으로 예상하고 또 그렇게 기대했다. 공화당 지배하의 의회는 민주당 클린턴 정권의 북·미 핵협정 이행을 방해하고자 협정상 합의사항의 집행을 가로막는 수없이 많은 조건과 제한을 입법화했다. 연락사무소 설치, 연간 50만 톤의 대체 에너지 공급, 경제·무역 봉쇄 조치의 해제 내지 완화, 동결된 북한 자산의 해제, 경제 교류의 확대, 상호 국가승인, 외교관계 수립, 대사관 개설 등 합의사항은 주로 이같이 미국 측의 거부로 계속 지연되었다. 냉전시대 미국의 핵심이었던 이 세력은 지금도 북한에 대한 '이라크식' 전쟁을 집요하게 요구하고 있다.

북·미 핵협정을 협상하고 조인한 클린턴 민주당 정부 내의 민·군·정 보 관련 최고위 수뇌부들 자신도 크게 다를 바 없었다. 그들은 온갖 구실을 만들어서 협정 합의사항의 이행을 끌다보면 북한은 제풀에 지쳐서 붕괴할 것으로 예상하고 기대했다.[1] 그렇게 되면, 미국은 북한의 핵시설 철거와 교환으로 약속했던 아무런 댓가도 보상도 지불할 필요 없이, 미국의 군부와 정치적 강경파들이 멸시적으로 일컫는 "마지막 남은 불한당" 국가를 지구상에서 쓸어버리게 되는 것이었다. 그런데 그들의 예상과 기대는 빗나갔다. 적어도 현재로서는 실현되지 않았다. 1994년에 체결한 타협적 북·미 핵협정을 폐기하기 위한 절호의 구실로 만들어냈던 것이 이른바 '금창리 핵 지하시설'설(設)이다. 금년 초 일단의 미국 전문가단에 의한 금창리 '핵 의혹 지하시설' 현지사찰(북한 측은 '현지방문'이라고 표현) 결과는 "핵시설 의혹 없음!"으로 밝혀졌다. 그 결과, '금창리'를 가지고 북한을 굴복시키려고 벼르던 미국 내 강경·보수권력의 체면만 손상하고 말았다. 그들은 이제 북한의 미사일(또는 인공위성, 1998년 8월 31일 발사·실패?)에서 새로운 희망을 찾으려고 대북한 압력을 군사적 위기의 수준까지 몰고 가고 있다. (미국 군부는 이미 1991년 3월, 이라크에 대한 미국의 전쟁 '사막의 폭풍 작전'을 개시한 직후, 대이라크 전쟁은 바로 대북한 전쟁의 예행연습임을 강력히 내비쳤다. '사막의 폭풍 작전'에는 각별히 지적돼야 할 중요한 측면이 있다. ······미국과 유엔의 이번의 강력한 의지의 과시를 김일성이 간과했

---

1 이에 관해서는 당시 미국 의회와 정부 내부의 생각과 언동을 소상하게 묘사한 돈 오버도퍼의 *The Two Koreas: A Contemporary History* (Basic Books 1997)의 12절, 13절을 보라.

을 리가 없다.[2]

미국 대선과 국회의원 선거의 대북한 함의

서기 2000년은 대통령 선거와 의회의 부분적 선거의 해다. 미국의 대통령 선거에서 전쟁은 언제나 집권정당과 여당 대통령 후보에게 더할 수 없이 유리한 당선 보증서 구실을 해왔다. 1991년 이라크를 공격한 부시 대통령의 국민적 인기는 단숨에 97퍼센트까지 치솟았다. 대이라크 전쟁의 사령관이었던 슈워츠코프 대장은 마치 제2차 세계대전 당시 유럽지역 연합군 최고사령관이었던 드와이트 D. 아이젠하워 원수와 비길 만한 영웅으로 떠받들어졌다. 그리고 유권자들과 양당에 의해 대통령 후보의 물망에 오르기까지 했다. 제2차 대이라크 공격으로, 클린턴 대통령은 성추문 사건으로 의회의 탄핵 국면에 몰렸던 개인적·정치적 위기를 극복했고, 금년 4월의 유고슬라비아 코소보 공격 전쟁은 의회의 탄핵안으로 실추됐던 클린턴의 개인적·공적(정치적) 위신을 감쪽같이 원상으로 복구해주었다. 역사적으로도 현대에서 일본의 진주만 공격으로 시작한 태평양전쟁과 제2차 세계대전은 1939년 이래의 대금융공황과 경제위기에 처했던 민주당 정권을 구출했고, 제2차 세계대전 종결로 인한 탈전시 경기·경제 위축·군비축소의 위협은 한반도 전쟁의 발생으로 구제받았다. 1960~75년 사이의 미국의 베트남전쟁도 같은 효과를 발휘했다. 전쟁 또는 군사적 침공과 정당의 선거 승패 사이의 직접적 함수관계는 두드러진 미국적 현상이다. 이 사실의 인식이 없으면 북한-

---

2 주한미군 사령관 겸 유엔군 총사령관 겸 미·한 연합군 최고사령관 로버트 W. 리스카시 대장이 본국 상원 군사위원회에 제출한 정세 보고서, 1991년 3월 1일, 19면.

미국 간의 핵 또는 미사일 문제 대결의 의미는 이해하기 어렵다.

미국 국민은 전쟁 영웅을 좋아한다. 그것이 장군이건 제독이건 대통령이건 마찬가지다. 미국 군대가 공격한 전쟁의 상대가 멀리 아랍세계의 인구 2100만의 중급 군사 강국 이라크이건, 미국의 소도시보다도 작고 가난한, 중앙아메리카에 있는 인구 9만 6000명의 그레나다(1983~85)이건 그 효과는 마찬가지다. '미국의 뒤뜰'인 라틴아메리카(중남미)에서 까스뜨로의 꾸바, 아옌데의 칠레, 노리에가의 빠나마, 싼디니스따의 니까라과를 비롯해서 크고 작은 10여개의 나라들이 번갈아서 미국의 대통령 선거가 가진 이 신묘한 효능의 증인이 되기를 강요당해왔다.

클린턴 대통령이나 민주·공화당과 그 대통령 입후보자, 그리고 상·하의원 입후보자들에게, 동북아시아의 한구석에 있는 노스코리아와 그 미사일(또는 인공위성)은 그들의 당선을 보증하는 군사행동을 일으키는 데 최적의 제물로 비치고 있다. 북한의 자기주장이 정당하고 빳빳할수록 그것은 용납될 수 없다. 미국정부의 국무장관, 국방장관, 대통령 북한문제조정관(페리 전 국방장관)이 워싱턴에서 북한에 대한 대이라크 침공전쟁 가능성을 위협하고도 부족해서 번갈아 서울과 일본에 들러 군사적 위기설을 강조했다. 그 뒤를 이어서 주한미군 사령관(존 틸럴리 육군 대장)은 전쟁의 예비적 최고지휘관답게 서울에서 기자회견을 자청하여 "한·미 양국은 북한의 위협이 어떤 방식으로 닥쳐오더라도 이에 대처할 계획과 태세를 갖추어놓고 있다"고 으름장을 놓았다 (1999. 8. 10). 미국은 선거의 해를 맞아 새로운 전쟁 영웅의 탄생이 필요해진 것 같다.

표 1 미국과 세계 각국의 군사비 비교(1998) (단위: 10억 달러)

국가	군사비	국가	군사비
미국	281	이란	6
러시아	64	북한	5
중국	37	그리스	4
영국	37	쿠웨이트	4
일본	35	폴란드	3
프랑스	30	파키스탄	3
독일	26	벨기에	3
사우디아라비아	18	노르웨이	3
이딸리아	17	덴마크	3
남한	15	이집트	3
대만	14	시리아	2
브라질	14	뽀르뚜갈	2
인도	10	리비아	1
터키	8	이라크	1
오스트레일리아	7	베트남	1
네덜란드	7	체코	1
이스라엘	7	꾸바	0.7
스페인	6	헝가리	0.6
캐나다	6	수단	0.3

• *The Defense Monitor*, Washington, D.C.: Center for Defense Information 1999.

미국 군사예산 지속 증대 위한 전쟁 분위기 조성

미국은 압도적으로 군사적 성격의 국가다. 세계 180여개 국가의 군사비 비교에서도 그렇고, 국민 세금의 용도별 쓰임새(지출)의 비중에서도 그렇다. 1990년을 고비로 일어난 소련과 공산 진영의 붕괴로 과거 미국의 진상 또는 가상 '적국'들과 그밖의 세계 국가들의 군사예산은 모두 급격하게 그리고 대폭적으로 감축되는 추세와는 대조적으로 미국의 군사비 지출은 증가하고 있다. 고르바초프의 소련이 일방적으로 군비축소·군비삭감을 선언한 1985년 이후 세계의 군사비 지출은 1997년 8040억 달러까지 감소되었다. 그러나 러시아·중국을 포함한 38개 주요 국가들의 총군사비 지출에서 미국 한 국가가 차지하는 비율은 30퍼센트에서 34퍼센트로 증대했다(8040억 달러 중 2810억 달러).

미국정부는 2000~2005년의 군사예산으로 약 1조 9000억 달러, 연평균 약 3000억 달러(2005년도분 3314억 달러)를 의회에 요청하고 있다. 그밖에도 우리는 위의 표에서 다음과 같은 사실을 알게 된다.

• 미국 1국 군사비는 러시아와 중국의 군사비 합계의 약 3배다(러시아의 약 4.6배, 중국의 약 8배).

• 미국과 그 동맹국(한국 포함)의 군사비 합계는 러시아와 중국의 군사비 합계의 약 5배다.

• 미국의 군사비는 미국의 앞으로의 제1차적 공격 대상국인 북한의 56배다(많은 군사연구소와 군사전문가들이 북한 군사예산을 22억~30억 달러 선으로 계산하고 있어서 100 대 1의 비교가 가능하다).

• 미국이 '불한당 국가'(정권)로 간주해 군사 침공의 대상으로 삼고 있는 5개국(북한, 꾸바, 리비아, 이라크, 수단)의 군사비 합계 80억 달러는 미국 1국의 35분의 1에 못 미친다〔미국 대 꾸바(까스뜨로)=400:1, 미국 대 리비아(카다피)=281:1, 미국 대 이라크(후세인)=281:1, 미국 대 수단=997:1〕.

이같은 가공할 군사력과 군사비인데도 공화당 의회와 주전론(主戰論) 세력의 연합전선은 (클린턴) 행정부가 요청한 군사예산에 신무기(한 예로 F-22 전투기, 국가미사일방어체제(NMD)) 개발·제작 계획으로

5년간 해마다 평균 100억 달러의 군사비를 자진해서 예산 책정하고, 법안을 만들고, 여론을 조성하고, 지지표를 동원, 가결해 추가로 얹어주기까지 하고 있다. 미국 의회 의원이 출신구의 군수 및 군대 관련 산업 유치와 육성을 유권자 지지의 중요한 요인으로 여기고 있는 것은 주지의 사실이다. 미국은 낡은 무기와 장비를 지속적으로 소모함으로써 신무기와 신장비의 질적·양적인 발전·보충을 끊임없이 확대 재생산해야 하는 체제다.

이같이 해서 연구·개발·제조·대량생산·실전배치된 신무기들은 그 성능이 입증되어야 한다. 신무기 성능 검증을 위한 최고의 시험장은 미국 내의 모의 시험장이 아니라, 지구상 어느 나라엔가에서의 전쟁이다. 전장에서의 실전 실험의 성공은 미국의 군비증강과 무기 개발을 주장한 강경 우익·주전세력(소련 붕괴 이전에는 극우 반공)의 주장과 입지를 강화해준다. 그 작용은 다시 새로운 무기의 개발, 그에 필요한 예산 증대 결의안에 권위와 설득력을 부여한다. 그것은 그들 상·하 의회 의원의 재당선을 보장한다. 이런 개인과 세력이 노려온 것이 다름 아닌 동북아시아의 소국 노스코리아다.

미국 군사 패권주의가 미국사회에 끼친 영향

미국이 단독으로 '세계의 헌병' 또는 '국제적 경찰'로 군림하려는 국가적 의지는 미국의 국민생활과 사회 성격에도 그 그림자를 드리우고 있다. 국민이 낸 세금이 어디에 어떻게 쓰이는가를 알면 그 국가의 성격과 의지, 그리고 사회의 특징을 짐작할 수 있다. 인간(시민)의 물질적 생활과 정신·문화적 행복(생활의 질)을 중요시하는 국가냐, 아니면 결과적으로는 그같은 인간 복지와 역행할 수밖에 없는 '힘의 조직' 또는 군대를 중요시하는 사회냐를 알려면, 통치집단 또는 통치권력(행정부, 국회 등)이 국민이 납부한 세금을 배분하는 방식, 즉 정부 예산구조를 먼저 살펴보면 된다.

클린턴 대통령 정부가 의회에 제출한 21세기를 여는 2000회계연도의 정부 지출 구성은 다음의 표와 같다. 국민생활의 각 분야에 배분된 인간·사회복지 예산들이 필연적으로 소모적이고 폭력숭배적 집단인 군대의 유지에 쓰이는 비용에 비해 얼마나 미미한지 알 수 있다. 관점을 바꾸면 미국의 군대와 군사력과 군사적 패권주의가 얼마나 미국 시민의 인간적 행복을 희생으로 해서 유지되고 있는지 알 수 있다.

전체 예산 5550억 달러 중 2810억 달러가 군대를 유지하기 위해서 쓰인다. 예산의 51퍼센트가 군사비다. 이것은 진정으로 세계의 평화를 희구하고 사랑하는 문명국가들에서는 볼 수 없는 예산 유형이다. 예산 배분표의 밑바닥에 깔려 있는 상업, 사회보장 및 의료지원, 경제개발, 기타 생활보장 등의 예산 항목은 군사비에 눌려서 질식할 것만 같아 보인다. 물론 그같은 국민생활의 가치(價値) 서열에서는 군사적 패권주의가 나올 수밖에 없다.

미국의 안전과 세계적 패권 경쟁에 도전했던 소련과 세계 공산주의 동맹세력이 소멸한 탈냉전시대에, 미국의 안보를 넘나볼 국가나 정권은 지구상에 존재하지 않는다. 그럼에도 상상을 초월하는 이같은 미국 군사예산은 미국의 방위적 안전보장을 위해서라기보다 소련과 공산세계가 소멸한 직후인 1991년 이라크전쟁으로 미국의 의도를 선언했던 (부시 대통령) 미국의 '신세계 질서', 즉 미국 단독의 세계 지배체제 'Pax-Americana'의 확립과 항구화를 목적으로 하고 있다. 이같은 '유일 초강대국' 미국의 뜻에 유일하게 반발하는 존재가 보잘것없는 노스코리아

표 2 클린턴 정부가 의회에 제출한 2000회계연도 예산(단위: 10억 달러, 총 5550억 달러)

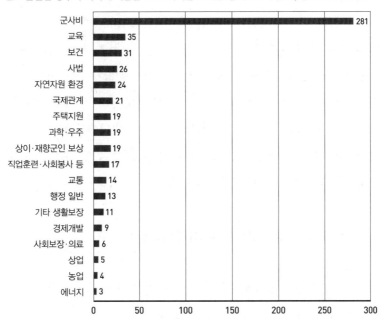

군사비	281
교육	35
보건	31
사법	26
자연자원 환경	24
국제관계	21
주택지원	19
과학·우주	19
상이·재향군인 보상	19
직업훈련·사회봉사 등	17
교통	14
행정 일반	13
기타 생활보장	11
경제개발	9
사회보장·의료	6
상업	5
농업	4
에너지	3

• *The Defense Monitor*, Volume XXVIII, Number, 1999.

인 것이다.

전쟁을 부채질하는 미국의 무기 판매

미국은 1994~2000년에 이루어진 세계 무기시장에서의 계약액 총 1065억 달러 가운데 63퍼센트를 독차지했다. 미계약분은 포함되지 않은 숫자다. 클린턴 대통령은 무기 판매는 미국의 중요한 '국가적 정책 사업'이라고 선언하고, 미국 내 무기 제조 관련 산업의 이익에 맞추어서 해외 무기·장비 판매정책을 결정해야 한다고 강조했다. 미국 의회는 심지어 1996년의 경우, 무기 판매 수출을 용이하게 하기 위해서 외국 무기 수입자들에게 제공할 150억 달러의 정부 보증 무기 수출 차관을 자진 승인했다. 이런 조치들에는 물론 핵 부속품·장비와 미사일도 포함된다. 미국은 핵 관련 장비나 미사일 또는 미사일 구성 부분 장비를 판매·수출할 수 있지만 다른 약소국이나 북한은 그럴 권리가 없다. 미국의 그 수출 판매는 '세계 평화를 위한 것'이고 다른 나라들과 북한의 미사일 또는 부속 장비의 수출은 '세계 평화를 파괴하는 범죄행위'인 것이다.

미국의 세계정책연구소(World Policy Institute)는 1995년도 보고에서 다음과 같이 미국의 무기 판매를 표현했다.[3]

"미국의 무기 장사: 전쟁의 불길을 부채질한다."

• 지난 10년간 발생한 45개의 분쟁 대결의 적대적 당사자들이 420억 달러 이상의 미국제 무기를 제공받았다.

• 1993~94년에 있었던 50개의 상당한 규모의 분쟁 중 45개의 경우에 분쟁의 어느 한쪽 또는 양쪽이 전투 개시 이전에 미국산 무기나 관련 기술을 입수했다.

• 미국은 50개의 무력충돌 중 26개의 분쟁 당사자들에게 5년 이상에 걸쳐서 적어도 5퍼센트의 무기를 제공했다.

• 미국은 50개의 무력분쟁 중 18개의 분쟁에서 최근 5년간 한쪽 당사자가 수입한 무기의 25퍼센트 이상을 제공했다.

이상의 사실은 수많은 무기상인 국가들 중에서 미국 하나가 차지하

---

3 *The Defense Monitor*, Washington, D.C.: Center for Defense Information, December, 1995.

는 비율과 분량이 그렇다는 점을 말해줄 뿐만이 아니다. 국가를 대표하는 대통령 자신이, 무기 장사가 국가의 주요 정책이라고 선언하는 미국에게는 전쟁과 무력분쟁이 없는 세계는 불안한 세계임을 말해주는 것이다. 이 사실의 현재의 제1목표가 북한이고 한반도다. 그것이 한반도의 핵 문제이고 미사일 문제다.

미국 재래식 무기·장비 해외 판매정책의 목적과 효과

미국 군산복합 권력을 대표하는 대기업가 출신이며 베트남전쟁의 주도자였던 맥너마라 국방장관과 상원의원 조셉 클라크의 다음과 같은 공식 성명은, 바로 한반도에서 미국의 그와 같은 목적과 상황이 현실화하는 것을 두려워하고 거부해온 북한에 대한 미국의 정책과 전략을 이해하는 데 도움이 된다. 미국의 '정치·군사·자본·산업·두뇌' 복합체의 이 이념은, 이 책의 다른 글에도 인용한 바 있지만, 현재의 미국-북한 위기의 본질을 이해하는 데도 필수적인 지식이기에 중복을 무릅쓰고 다시 인용한다.

(…) 미국은 라틴아메리카나 극동 및 유럽의 군대에게 미국 무기를 증여하거나 판매함으로써 그들을 미국 국방성에 비끄러매었다.

미국은 6억 이상의 인구를 가진 1500만 평방 마일의 영토에 걸친 40개 이상의 국가에 대한 '보호권'을 장악한 것이다. 이 '보호령'들의 위성 군대(satellite army)를 조종함으로써 미국 체제에 비우호적인 정부를 타도할 수 있다.

이들 '보호국'들을 세력권에 매어두기 위해서는 예외적 경우를 제외하고는 '점령'을 할 필요가 없다. 대외 원조, 차관 공여, 군사 및 무기 원조를 통해서, 그리고 '위성 군대'를 조종함으로써 같은 결과를 달성할 수 있다.

이들 국가를 지배하에 두기 위해서 미국 군대를 파견한다면 미국인 병사 1명당 연간 4500달러의 비용이 필요하다. 하지만 미국의 전초 군사기지망의 유지전략에 결정적으로 필요한 500만명의 동맹국 군대는 병사 1인당 연 540달러로 유지할 수 있다. (…) 우리는 미국인 병사 1인분 비용으로 '보호국'의 '위성 군대' 병사 8명을 고용하고 있는 셈이다.[4]

그러기에 냉전 위기의 퇴조로 세계적으로 무기 구입의 열기가 식어가는 데 대해 미국정부와 무기(군수)산업 이권집단은 초조해하고 있다. 어떤 학자들은, 북한의 핵개발과 원시적·초보적 미사일의 생산이 미국의 국제적 무기 판매시장에 미칠 불리한 작용을 염려하기 때문이라고 풀이하기도 한다. 미국 내 무기 생산기업과 판매상들이 미국정부에 압력을 가해서 북한을 핵·미사일 개발 저지의 모델로 삼아, 다른 잠재적 핵·미사일 개발 계획 국가들에 경고하기 위한 본보기를 만들려는 것이라고 해석한다.

잠재적 분쟁 요소를 지닌 민족이나 국가가 북한의 본을 따라서 독자

---

4 Sydney Lens, *The Military-Industrial Complex*, Pilgrim Press 1970, 제2장 '미국 군산복합체의 기원과 목적'.

적 미사일을 개발하거나 북한제 미사일을 공급받으면 재래식 무기·장비의 구입에 대한 필요성이 그만큼 감소한다. 핵이나 미사일의 개발은 기초 내지 중간 단계까지의 개발·제작 비용이 크지만, 일단 개발하고 나면 하나에 수천만 또는 수억 달러씩 하는 수백가지의 선진국의 첨단 재래식 무기를, 모델이 바뀔 때마다 새로 구입해야 하는 장기적 비용보다 훨씬 경제적이라는 계산이다. 미국의 무기·장비 생산업자와 상인들이 세계의 이같은 재래식 무기시장의 지속적 축소를 막기 위해서 그 본보기로 북한의 미사일을 표적으로 삼았다는 견해다.

미국의 새 '별의 전쟁' 계획과 북한의 미사일과 핵

평화를 두려워하는 미국 군부와 공화당을 중심으로 하는 주전론 세력은 1980년대의 미·소 대결의 절정 시기에 구상했던 이른바 '별의 전쟁'(star wars) 또는 '우주 무기전쟁'의 꿈을 버리지 않고 있다. 수천억 달러의 돈을 들여도 실효성이 의심스럽다는 유력한 과학자들의 비판과 전략가들의 반대 때문에, 그리고 탈냉전시대의 도래로 그들의 망상은 일단 퇴색한 감이 있었다. 그러나 탈냉전과 '소련제국'의 붕괴로 부득이 포기해야 했던 레이건 대통령의 낡은 '우주전쟁'의 꿈은, 1990년대 초의 몇해 동안 당시 군사예산의 감축 경향에 겁을 먹은 군부와 공화당 의원들, 그리고 무기 생산자본과 그들에게 협력하는 교수·학자·과학자 들의 집단에 의해서 되살아났다. 그들의 주장은 미국이 새로운 미사일 공격의 목표가 되었다는 것이다. 군사예산의 지속적인 증액으로 지위를 누리고 이익을 얻는 이 '군부-무기산업 자본-반공 우익 정치가-무기 개발 두뇌(이론가, 과학자)' 집단은 '미국 본토'를 미사일로 위협하는 새로운 '적'을 찾아내야 했다.

전략미사일을 보유한 영국과 프랑스는 미국의 동맹국이다. 일본의 '비군용' 로켓 세력은 미국의 통제하에 있다. 구소련의 퇴색한 러시아는 그 전략무기(핵과 미사일)의 해체 계획을 미국의 예산과 미국 핵·미사일 전문가·군 감시관들의 지휘하에 진행해왔다. 미·소 전략무기 감축 계획과 미·소 간 대륙간탄도미사일요격망협정(ABM) 등으로 소련은 다량의 장거리 폭격기와 핵탄두, 그 핵탄두가 장착된 전략탄도미사일, 그리고 사용된 핵물질의 해체와 그 수송 및 안전 저장에 필요한 자금(비용)을 미국 예산에서 제공받고 있다. 즉 러시아의 핵·미사일 전략무기는 미국의 통제하에 있다 해도 과언이 아니다. 이 목적의 예산 지출을 그 법안 공동 제출자인 리처드 루거 상원의원(공화당)과 샘 넌 상원의원(민주당)의 이름을 따서 'Nunn-Lugar 계획'으로 약칭하는 그 정식 법안명은 '미·러 협동 위기감소계획'(The Cooperative Threat Reduction Program)이라고 한다.

1991년부터 시작된 러시아와 지금은 독립한 구소련 공화국들의 전략무기 해체 작업비용으로 미국정부는 1991~99년에 약 31억 달러를 지출했다. 클린턴 정부는 이 사업의 2000~2005년간 후속 계획 예산으로 금년에 새로이 42억 달러를 요청하고 있는 상태다(합계 73억 달러의 미국정부 돈으로 러시아의 핵무기·탄도미사일 군사력이 실제적으로 미국 관리하에 들어간 것이나 다름없다).

중국이 미국 본토를 핵미사일로 공격할 이유도 조건도 없다. 50~100년 후라면 모르지만, 지금으로서는 중국이 직접 미국과의 전쟁을 구상할 이유도 없고 능력도 없다. 지구상에는 감히 미국 본토를 핵미사일로 공격할(또는 할 수 있는) '적'은 존재하지 않음이 분명하다. 그럴수록 미국의 '군부-무기 개발·생산 자본-군수산업 지원 정치인-무기 개발

이론가·과학자·기술자'들의 이익 연합집단은 기어이 잠재적 또는 심지어 현재적 적대자를 어딘가에서 찾아내야 한다. 그렇게 해서 그들의 눈은 동북아시아의 조그만 반도의 북쪽 절반에서 'North Korea'라는 '괴물' 또는 '불한당' 국가를 찾아낸 것이다. 미국의 연간 군사예산과 이 동북아의 작은 나라의 군사예산은 실제로 거의 100 대 1이다. 그리고 이 나라는 생명을 유지하기조차 급급한 실정이다. 됐다! 미국의 이 집단은 돈을 챙길 수 있는 기회와 권력과 지위를 계속 누리고 높일 수 있는 구실을 찾아내는 데 성공한 것이다. "노스코리아가 대포동미사일로 미국 본토를 공격하려 한다!" 바로 그러고 있을 때에 북한은 인공위성 로켓(미사일)을 발사한 것이다. 그 2단계가 일본을 넘어가서 떨어졌다. 이것을 구실로 30년간 억제되어왔던 일본의 군사대국화의 꿈을 단숨에 실천할 '북한 미사일 위기론'이 동북아시아의 공기를 진동시키기 시작했다.

그들의 계획은 2중 구조의 미사일 요격망 구축이다. 하나는 북한을 상대로 한 일본·남한·대만·오끼나와……가 가입하고, 그 땅을 기지로 하는 이른바 '지역미사일방어체제'(TMD, Theater Missile Defense)이고, 미국 본토에 설치하려는 것이 '국가미사일 방어체제'(NMD, National Missile Defense)다. 이 미국의 세력은 의회에서 금년 초에 제1차적 목적을 달성했다. 한반도 주변과 미국 본토에 설치할 그 두 '환상적' 계획을 추진할 예산안을 통과시키는 데 성공한 것이다. 2000회계연도 1년간의 예산으로 NMD 비용 12억 8660만 달러, TMD 개발착수비로 29억 6250만 달러, 합계 42억 4910만 달러. 이뿐이 아니다. 그들은 ① 해군용 광역 및 지역용 ② 육군 지대공 ③ 공군 및 우주궤도 정착용 등과 같은 미사일 요격망 개발비로 합계 22억 80만 달러를 예산에서 따내는 데 성공했다. 사실, 이같은 새로운 '우주전쟁' 계획은 1972년에 체결된 미·소 간 '탄도미사일요격협정'(ABM)이나 그후의 '전략무기제한협정'(SALT)이나 '전략무기감축협정'(START) Ⅰ 및 Ⅱ의 국제적 합의에도 위반되는 것이다. 그러나 '노스코리아'라는 나라는 이런 모든 우주전쟁 군사계획을 정당화할 만큼 미국의 운명에 치명적 타격을 줄 수 있는 미사일 위협이라는 것이다.

이상이 한반도 핵·미사일의 군사정치학의 절반의 진실이고 진상이다.

한반도에서의 핵·미사일 위협의 역사

남한의 핵·미사일 무장 계획

북한은 1965년에 소규모의 기술자 연구 및 훈련용 원자로 1기를 도입하고, 86년에는 시험용 원자로(5메가와트급)를 소련으로부터 제공받아 건설·운영해왔다. 그후 원자로 운영 과학자 및 기술자 집단의 양성에 따라서 발전용 원자력발전소(50메가와트급)를 1980년대 말에 건설 중에 있었고, 90년대 말에 준공 예정으로 건설을 시작한 발전소(200메가와트급)가 착공단계에 있었다. 그밖에 70년대에 소련 과학기술자들의 도움으로 5메가와트급 원자로를 건설한 노하우의 축적으로 1987년에는 자체 기술로 30메가와트급 흑연 감속형 원자로를 준공시킨 것으로 알려져 있다. 한국에서는 현재 12기의 원자력발전소가 가동 중이며, 건설 중인 것이 6기나 있다. 1980년대에 장차 16기 또는 19기의 원자로 증설을 계획했으나, 계획의 수정으로 확실치 않다.

국제원자력기구(IAEA)의 사찰 조건을 전제로 핵확산금지조약에 가입한 것은 남한(한국)이 1975년, 북한이 1985년이다. 한국의 조약 가입 년도가 75년인 데는 이 글의 내용과 관련이 있다. 뒤에서 상술하겠지만, 박정희 대통령은 미국이 베트남전쟁에서 핵무기를 사용하지 못한 채 '참패'해 휴전협정에 조인하고 미군 철수를 시작한 1972년경부터, 미국의 핵무기 사용을 포함한 확고한 한국 보호의 능력과 의지를 의심하게 되었다. '닉슨 독트린'으로 미국정부가 앞으로의 한반도 군사분쟁에 6·25전쟁식으로 직접 군사개입을 할 의사가 없음을 천명한 것이 한국의 의혹을 더욱 확고히 했다.

미국의 베트남전 패전, 닉슨 독트린의 불개입정책, 주한미군 1개 사단의 철수, 북한의 종합적 국력과 국가적 위상에 비해서 거의 비교할 수도 없이 허약한 한국(남한)의 극단적인 열세와 패배의식 등…… 요인이 복합적으로 작용해서, 박정희 대통령의 정치적 유신체제(1인 군사독재)와 군사적 '자주국방' 정책이 발동했다. '자주국방'의 핵심은 남한 독자적으로 핵무기와 미사일을 개발해 압도적으로 우월한 북한에 대항하려는 전략이었다.

그러기 위해서 박정희와 군부는 급히 무기 개발 연구기관들을 설립하고, 1972년에는 프랑스로부터 2300만 달러 가격의 우라늄 재처리시설 도입 계약을 비밀리에 체결했다. 박정희의 계획은 그 시설의 운영으로 나오는 플루토늄을 가지고 최초의 핵폭탄을 1975년에, 그리고 북한의 평양을 사정거리에 두는 사정 300킬로미터 수준의 최초의 미사일을 76년에 완성하는 것이었다.[5] 이 구상과 계획은 미국정부가 프랑스와의 비밀 계약을 탐지하고 박정희에게 핵·미사일화 계획의 폐기를 강요함

5 박정희 대통령 비서실장, 외무장관 이동원.

으로써 일단 백지화되었다. 그러나 그는 그후에도 여러가지 민간 연구 기관의 이름으로 설치한 핵무기·미사일 개발계획을 계속했다. 그 결과로서, 1978년 9월 박대통령이 "국방과학연구소가 추진 중인 핵개발이 95퍼센트 진전됐다는 보고를 받았다"고도 알려져 있다.[6]

그밖에도 박대통령은 1981년의 국군의 날 행사에서 핵폭탄과 미사일의 독자적 생산에 성공했다는 사실을 전세계에 공표하고, 동시에 대통령직에서 물러나겠다는 말을 79년 1월에 측근에게 했다고도 한다.[7] 박정희는 그 꿈을 실현하지 못하고 측근에게 총살당했다. 그의 후임자인 군인 출신 대통령 전두환 대장도 캐나다와의 비밀협정으로 독자적 핵·미사일 군대의 창설을 시도했다. 그러나 이 역시 미국의 압력으로 백지화되었다.

한국의 군부와 통치자가 1970년대에 독자적 핵·미사일 군사력 확보를 서두른 이유는 다음과 같다.

• 베트남전쟁으로, 하위 동맹국을 위해서 미국이 핵무기 사용(보호)을 할 수 없다는 사실이 입증되었다. 남베트남의 운명이 이를 입증했다.

• 남한의 경제력과 물적 생산력이 북한보다 크게 열악하다.

• 공업·과학·기술면에서 북한보다 열등하다.

• 따라서 남한의 재래식 군사력은 북한의 그것보다 취약해, 재래

6 1993년, 국방과학연구소에 대한 국회 국정감사에서 당시 민주당 의원·전 보안사령관의 발언.
7 당시 청와대 공보비서관 선우연의 말. 조재길 『한반도 핵문제와 통일』, 삼민사 1994, 66면에서 재인용.

식 무기의 생산·강화로 북한 군사력을 따라잡기에는 오랜 시간이 걸린다.

• 국민의 정치적 결속과 사회적 응고력이 취약하다. 독자적으로 전쟁에 대처할 만한 정치·사회적 기반이 약하다.

• 북한에 비해 국제사회에서의 지원세력이 약하다. 북한은 당시의 국제 정치세력이었던 제3세계와 비동맹국가 진영의 한 영도적 국가였고, 그 세력의 강력한 지지를 받고 있었다. 그에 반해 남한은 미국에 반예속적이어서, 그렇기 때문에 국제적 위상이 허약했고, 고립 상태에 있었다.

• 그 모든 요소의 종합적 차이로 북한에 의한 남한의 흡수통일의 위험이 크다.

이상의 모든 사실을 종합하면 다음과 같은 중요한 결론이 논리적 귀결로 도출된다. 즉 한반도의 남·북은 그 어느 쪽이건, 배후적 강대국에게 버림받고, 국제사회에서 고립되고, 그런데다가 국내적 제반 생명력이 쇠퇴하면 상대방에 대해서 흡수통합의 위협을 느끼게 된다. 압도적 열세 상태에 몰린 한쪽은 국가적 존립의 위기를 타개하거나 극복하기 위해서 최후의 '자위적' 선택을 하게 된다. 핵무기와 미사일이 그것이다. 남한의 박정희 정권이 1970년대에 놓였던 내외적 조건과 상황이 그랬고, "죽지 않기 위해서" 손을 댄 것이 핵무기와 미사일이었다. 그것은 남한이 죽지 않기 위해서 취할 수밖에 없었던 당연하고 정당하고 합법적인 선택이었다.

북한의 국가 실정과 생존전략

1990년대에 북한이 처한 국내외적 처지는 한마디로 요약해서 1960~70년대에 남한이 놓여 있던 비참한 상황과 같다. 정확하게 반대의 입장에서 똑같은 정도의 위기, 아니 20여년 전에 남한이 놓였던 위기 상황보다 몇배 내지 몇십배 더 심각한 위기 상황에 놓여 있다. 북한의 군부와 국가 통치집단은 20년 전에 박정희 남한 통치자가 두려워했던 바로 그 위기 상황에 처했고, 위기에서 살아남기 위한 최후의 자위적 선택을, 남한의 상대방이 취했던 바로 그 선택을 하게 된 것이다. 역시 핵무기와 미사일이다.

남·북한은 그 대치적 조건·환경이 너무나 흡사하기 때문에 문제해결을 위한 사고·행동·선택의 체계가 거의 일치한다.

이에 관해서는 이미 충분히 많은 정보와 사실들이 공개되었다. 북한에 대한 극단적 적대심을 품은 광적 극우·반공주의자도 이제는 북한의 위기 상황에 대해서는 거의 정확히 인식하고 있다고 믿어진다.

그 인식을 이성적으로 일보 전진시키면 다음의 상황판단에 도달한다. 즉 ① 남·북한은 동일한 상황 조건에 대해서 동일한 행동을 한다. ② 남·북한은 어느 쪽이건 국가의 존망이 위태로워진 조건에서는 자위의 최종 수단으로 핵무기와 미사일 개발에 착수한다. ③ 남한, 박정희 대통령 정권은 1970년대의 그같은 조건에서 핵과 미사일 무장 계획을 추진했다. ④ 박대통령의 자체적 핵·미사일 군사계획은 그 국가적 위기 환경에서 남한 국민으로서는 유일하고 정당할 뿐 아니라 합법적인 주권 행사였다. ⑤ 당시에 만약 소련이나 중공이 남한 핵·미사일 보유화 계획에 전쟁으로 협박했다면 남한 정권 역시 당연히 저항했을 것이다. ⑥ 북한은 20여년 전 남한이 직면한 것보다 몇배 심각한 국가 존립의 위기 상황에 처해 있다. ⑦ 북한의 김일성 주석이나 통치집단은 20년 전 남한의 통치집단이 선택했던 핵·미사일 군사력으로 위기를 정면 돌파하려 하고 있다. ⑧ 1970년대 초의 위기 상황에서 남한의 핵무장 계획이 정당한 주권 발동이었다면, 90년대의 상황에서 북한의 핵무장 계획도 정당한 주권 행사다. ⑨ 70년대 상황에서 소련이나 중공이 남한의 핵·미사일 계획에 군사공격을 해온다면 불법·부당하듯이, 90년대의 북한 계획에 대해서 미국이 전쟁으로 위협하는 행위 역시 불법·부당하다.

한·미 방위동맹과 조·소, 조·중 군사동맹의 특징과 차이

북한은 1961년 7월 6일 소련과, 그리고 1주일 뒤인 7월 11일에는 중공(중국)과 '우호협력 및 상호원조에 관한 조약'을 체결했다. 북한의 그 배후 강대 동맹국들과의 군사동맹 협정 날짜가 지니는 특별한 의미에 주목해야 한다. 남한(한국)은 1954년 10월에 미국과 '상호방위조약'(한미방위조약)을 체결했으나 북한 정권은 1961년 중반까지 소련과 중공과의 군사동맹 체결을 거부해왔다. 소련은 북한의 항구를 소련 극동함대의 기지로 제공할 것을 북한 정권에 끈질기게 요구했지만, 북한은 이를 역시 끈질기게 거부했다. 북한 지도자와 정권의 철학 때문이었다. 즉 약소국이 강대국의 (그것이 아무리 이데올로기적 우방이라 하더라도) 군사적 예속 또는 주종관계에 들어가면 국가적 자주성, 즉 국가의 정치적 주권을 상실하게 된다는 생각과 두려움에서였다. 북한 정권은, 소련이 1970년대에 세계의 소련의 하위 동맹국가들에 대한 합법적 지배권을 강화하기 위해서, 브레즈네프 당서기장이 제창한 약소 동맹국가들의 '제한주권론(制限主權論)'의 패권주의적 의도를 경계하고 배격했다. '제한주권론'은 미·소 초강대국이 각기 그 지배하의 하위 동맹국들의 주권 행사를 미·소에 제한적으로 위탁케 하려는(사실상 해온) 것으로, 동유럽 공산국가들은 이를 수락했다.

그런 강한 주권의식을 고집했던 북한 지도자가, 소련과 중공과의 군사동맹 조약을 1주일의 간격을 두고 서둘러 체결하기로 정책을 바꾼 까닭은, 그 직전에 남한에서 일어난 중대한 사태 변화 때문이다. 그해 5월 16일 남한의 군부가 "확고한 반공을 국시의 제1로 삼는다"는 구호를 내걸고 쿠데타로 문민정부를 타도하고 군부독재정권을 수립했다. 북한 정권은 5·16군부 쿠데타와 강경 반공주의 군사독재정권의 수립을 북한에 대한 군사공격을 준비하는 미국과 남한의 협동적 의사표시로 해석했다.

한미방위조약은 그 제4조에서 다음과 같이 규정하고 있다.

체약 쌍방은 합의에 의하여 대한민국은 그 영토 내와 주변 해·공역에 미합중국이 그 육군·해군·공군을 주둔·배치하는 권리를 허여(grant)하고 미합중국은 이를 수락(accept)한다.

이 조약으로 대한민국의 영토·영해·영공은 어떤 단서나 제한이나 조건 없이, 미국(군대)의 뜻대로 이용할 수 있는 군사적 예속국가가 되었다. 게다가 한국군 작전통제권(작전지휘권)은 주한미군 사령관의 손에 들어가 있다. 미국 연방정부가 주(州)에 연방군 부대를 이동·배치할 때에는 주정부와의 협의와 동의가 필요하다. 대한민국의 영토·영해·영공은 미국 군대의 사용에 관한 한 미국의 주(州)보다 하위의 위상이고 무권력이다.

이런 '한미방위조약' 군사동맹의 특성에서 5·16 반공 군부독재정권의 수립이 북한 정권에 주었을 충격은 상상하기 어렵지 않다. 김일성은 즉각 모스끄바와 북경을 1주일 간격으로 달려갔다. 그는 초강대국과의 군사동맹 관계는 약소국의 정치적 주권을 댓가로 해서만 유지된다는 평소의 신념을 접고서 두 강대국과의 군사조약을 체결했다. 그렇지만 조·소, 조·중 상호원조조약과 한미방위조약과의 사이에는 중요한 차이가 있다. 그들 조약에서는 소련이나 중공이 당연한 권리로서 북한(조선민주주의인민공화국)의 영토·영해·영공에 군사기지를 마음대로 설치하거나 군대를 배치하는 권리가 인정되지 않은 사실이다. 북한의 군대가 소련군 사령관이나 중공군 사령관에게 그 작전지휘권을 반영구적으로 넘겨버리는 조항도 없다.

한국전쟁에 참전했던 중공군은 전쟁이 끝난 5년 뒤인 1958년 10월 1일까지 사이에 완전히 철수했다. 북한은 군사동맹의 존재와는 무관하게 양 강대국에 대해서 국가의 군사적 및 정치적 주권을 지키는 데 성공한 듯이 보인다. 그러나 주권을 지키기 위해서 바쳐야 했던 댓가는 크다. 즉 국가방위를 위한 군사비는 거의 자체적으로 부담해야 했다. 그 부담은 마침내 1990년대 전반에 북한 경제의 붕괴를 초래하기까지 된다. 이 군사적 부담에는 러시아나 중국에 의존하지 않기 위해서 선택한 핵과 미사일의 독자적 개발비도 큰 몫으로 포함된다. 그 이유는 소련의 북한 포기다.

북한 핵·미사일 독자 개발 결정의 계기

소련의 고르바초프는 1986년 7월 28일, '신 아시아·태평양지역 노선'을 발표한 직후(10월 22일), 평양을 방문해 미국과의 협력·우호관계 수립, 남한(대한민국)에 대한 국가승인과 정식 외교관계 수립, 북한과의 과거 동맹관계의 청산 의사를 직접 김일성에게 확인했다. 북한과의 군사 동맹 조약의 사실상의 폐기 의사가 통고되었다. 맹렬하게 저항하는 김 일성과 북한 군부를 달래기 위해서 1988년에 고르바초프는 28대로 알 려진 MIG-29 첨단 전투기를 북한에 제공했다. 그 직후(1988. 9. 16)에 소 련정부는 남한과의 국교수립 의사를 공개적으로 발표했다. 고르바초프 의 특사인 셰바르드나제 외상이 다시 1990년 9월 말 평양을 방문하여 러시아-한국 국교수립 결정을 공식 통고함과 동시에 조·소(러) 군사동 맹의 사실상의 해체를 통고했다.

김일성 주석은 셰바르드나제와의 면담을 거절했다. 김일성을 대신한 김영남 외상은 소련 외상에게 러시아정부의 '배신 행위'를 규탄하고 러 시아 측에 두가지 결심을 전달했다. 소련에 의존했던 "'일부 무기'를 독 자적으로 개발하기로 결정했다"는 것이었다. 이 '일부 무기'는 미사일 을 뜻한 것으로 해석된다. 그는 또 "독자적 핵무기 제조의 권리를 보유 한다"고 강조했다. 정확하게 20년 전에 미국의 '닉슨 독트린'에 따르는 대한국정책 수정에 대응해서 박정희 대통령과 한국정부가 선언한 독자 적 핵·미사일 군사력 보유 결정의 북한판이라고 할 수 있다(북한의 경 우는 그보다 몇십배 더 심각한 위기였다).

이때에 남한에는 약 700개로 추산되는 미국의 각종 유형과 용도의 핵 무기가 북한을 공격 목표로 언제나 발사 준비 상태에 있었다(미국 국방 정보센터 소장 라로크 제독, 1976년, 661~686개; 『뉴욕타임즈』 1983년 11월 15일 보도, 250개; 『워싱턴포스트』 1983년 10월 19일 보도, 346개, 괌도 포함; 기타 많은 정보 원천들 도 대동소이했다). 북한의 결정은 이같은 상황 배경에 비추어 보아야만 공 정한 이해가 가능하다. 북한이 이 위기 상황을 완화하고 그 진행을 지연 시키려는 계산에서 택한 결정이, 그때까지 반대해온 남·북한 동시 유엔

가입(1991. 9)과 「남북합의서」 조인이다(1991. 11).

정전협정과 핵·미사일 무기의 관계

북한 영토 내에 소련이나 중공의 군사기지도 주둔부대도 없고, 그들의 핵무기나 미사일도 없던 1958년에 주한유엔군 사령부는 주한미군의 유도탄(마타도어) 보유 사실을 발표했다. 이에 앞서서 한국전쟁의 정전협정 체결 3년 후에 이미 미국은 남한에 '신무기'를 배치했다고 발표했다(1956. 8. 3, 레드퍼드 미국 합참본부 의장). 미국이 남한 내에 핵폭탄과 핵미사일을 반입·비치한 사실은, 미국정부의 '시인도 부인도 하지 않는 정책'의 허위성을 입증했다. 한국인들 중에는 1992년에 미·소(러) 합의로, 미국의 한국 비치 중거리 핵·미사일 철거 사실이 미국정부에 의해서 공식 발표될 때까지도 미국의 핵무기와 핵미사일이 한국에는 없다고 믿고 있던 순진난만한 사람들이 대다수였다.

사실은, 미국정부는 미국의 핵·미사일 무기의 남한 배치를 추진하기 위해서 정전협정이 발효된 지 4년 뒤인 1957년(5월 22일), 정전협정 제2조 12 (d)항을 일방적으로 폐기한다고 선언했다. 이제 2조 12 (d)항은 무엇인가? 그것은 이렇게 규정하고 있다.

정전협정 발효 후 Korea의 국경 밖으로부터 반입이 허용되는 무기는 정전 기간에 파괴·파손·손모 또는 소모된 작전용 비행기·장갑차량·무기 및 탄약, 동일한 유형(類型)의 것으로 하여, 그 수는 1 대 1로 교환하는 기초 위에서 교체할 수 있다. (…)

한국전쟁 중에 핵무기와 (핵)미사일은 쌍방 간에 사용된 바 없다. 코

리아의 남·북 어느 쪽에도 들어온 일이 없다. 미국이 정전협정 제2조 12
(d)항의 일방적 폐기를 공산 측 정전위원회에 통고한 것은 핵폭탄과 핵
미사일을 아무런 제약 없이 남한에 배치하기 위한 선행조치였다. 북한
과 중공 측은 이것이 미국의 정전협정 위반임을 규탄했다.

정전협정 제4조 6항은 다음과 같이 규정하고 있다.

본 정전협정에 대한 수정과 증보(增補)는 반드시 적대(敵對) 쌍방 사
령관들(미국·북한·중공)의 상호합의를 거쳐야 한다.

미국은 협정 조인 3년 뒤부터 북한을 공격 목표로 하는 핵폭탄·핵탄
두·핵지뢰·핵배낭, 핵미사일 등 각종 핵무기 수백개를 배치한 것으로
알려졌다. 소련과 중공의 핵·미사일은 북한에 없었다. 이 치명적인 무
력의 질적 불균형과 그 무기 배치의 정전협정 위반 사실도 한반도(특히
북한과 미국)의 핵 및 미사일 문제를 보는 시각 속에 공평하게 넣어야
한다. 미국이 정전협정을 어기고 핵·미사일을 도입하기 시작한 1956년
부터 30년간 북한은 중·소의 핵·미사일 없이 비핵정책을 지키다가, 소
련의 핵우산 포기(1991) 통고를 받고 총력을 투입해 본격적인 자체적 핵
·미사일 군사화에 돌입했다. 미국은 이 사실을 어떻게 평가해야 할 것
인가?

핵 불보유국에 대한 미국의 핵 선제공격권 문제

미국은 과거 세계의 45개국과 군사적 방위협정을 맺고 있다. 이들 피
보호국들에 대한 보호 의무는 최종적으로 그들의 가상적(과거에 소련
과 동유럽 공산국가들, 중공, 북한, 꾸바……)에 대한 핵무기 사용을 포

함하고 있다. 그러나 이들 가상적국들에 대한 미국 핵무기 사용의 일반원칙은 '핵무기 대 핵무기'였다. 소련을 정점으로 하는 바르샤바동맹군과의 일반원칙도 '재래식 무력 대 재래식 무력'이었다. 특히 1972년에 북대서양조약기구(나토)와 바르샤바조약기구 간에 안보협력협정이 체결된 후는 미국의 핵무기와 전략미사일은 사실상 그 용도를 상실한 셈이다.

그런데 이 핵 일반원칙에서 유일하게 제외된 국가가 북한이었다. 미국은 이란·이라크·꾸바·수단·리비아 등 미국이 규정하는 '불한당 국가'들 중에서도 유일하게 북한에 대해서 '재래식 무기 대 핵무기', 즉 핵무기의 '선제공격 사용권'을 고수해왔다. 이것은 미국의 횡포와 '힘의 오만'의 표시였다.

'노스코리아'에 대해서만은 미국은 언제나 핵공격을 할 권리를 갖는다는 미국의 오만은 미국 육군참모총장 에드워드 마이어 대장의 공개적 발언에서 잘 드러났다. 마이어 육군참모총장은 그의 공개발언 장소를 서울로 택한 기자회견(1983. 1. 23)에서 다음과 같이 밝혔다.

• 북한에는 우리가 아는 한 소련이나 중공 또는 자체 핵무기·미사일이 없다.
• 북대서양조약기구(나토) 국가들에 배치된 미국 핵미사일의 발사는 그 국가들 정부와의 사전협의가 필요하다.
• 그 때문에 유럽에서의 미국 핵미사일의 사용에는 제약이 있다.
• 그러나 한국에 배치된 핵미사일 발사 여부의 기본적 판단과 권리는 주한미군 사령관에게 있다. 주한미군 사령관은 그 판단과 결정을 미국(과 한국) 대통령에게 보고하면 된다.

북한을 핵공격하겠다는 주한미국군 사령관 겸 한국군 작전지휘권자의 판단과 결정에 이의를 제기할 남한의 대통령이 있겠는가? 이의를 제기할 정치적 독자성이나 군사작전상의 여지나 있겠는가? 이것은, 미국이 중동지역 석유자원의 독점적 확보를 위해서 중동지역에서 아랍국가들을 상대로 전쟁을 개시할 때 소련의 군사적 대응 압력을 분산시키기 위해 아시아에서 전개할 '제2전쟁'(제2전선)에 한국군은 지상공격으로, 미국은 핵미사일로 북한을 공격한다는 와인버거 미국 국방부장관의 이른바 '2개 전선 전쟁'(Two Front War)과 함께 나온 대북한 협박이었다. 핵무기 없는 약소국 북한에 대해 미국이 세계에서 유일한 '핵 선제공격권'을 가지고 끊임없이 협박할 때 북한으로서는 '죽는 권리'밖에 없는 사정이었으리라는 것은 상상하기 어렵지 않다. 이 공포감을 현실적으로 표현한 것이 한·미 공동 팀스피리트 훈련이다. 1991년에 미국의 대이라크 전쟁 규모의 핵군사력을 그대로 휴전선 바로 남쪽 육지와 바다와 공중에 전개한 연례적 핵전쟁 훈련을 하면서, 그 상대방에게 핵무기도 미사일도 용납할 수 없다는 논리와 주장은 아무리 너그럽게 해석하려는 사람에게도 상식을 벗어난 것이었다. 북한의 입장에서는 어떠했겠는가? 어느 모로 보나 그것은 힘의 논리가 아니었을까?

미국-한국 팀스피리트 훈련의 '위험성'

'팀스피리트' 미국-한국(미·한) 3군 합동 군사훈련은 1976년 6월에 시작하여 25년간 해마다 실시되어온 대북한 핵공격·상륙작전 훈련이다.

'팀' 훈련은 미국이 1972년 이후 전세계에서 실시하는 동맹국가(들)

와의 군사 합동훈련 중 그 규모에서 최대·최상급이며, 이라크 공격전 (1991) 같은 실제 전쟁을 제외하면 유일한 '전쟁급' 핵합동 군훈련이다. 1975년에 바르샤바조약기구와 북대서양조약기구의 동·서 진영 35개국이 군사대결 체제의 해체를 의미하는 전유럽안전보장협력회의(CSCE)를 헬싱키에서 발족시킨 선언(헬싱키선언) 이후, 미국이 그 동맹국과 평화시 상황에서 1개 사단 이상의 병력을 동원하는 군사훈련(그것도 매년 고정적으로 실시하는)은 지구상에서 없어졌다. 그 때문에 미국은 지구상 어딘가에서 미국 육·해·공군의 전쟁 규모의 합동 핵 군사훈련을 매년 실시할 수 있는 구실과 장소와 대상이 필요하게 되었다. 이것이 '미·한 합동 팀스피리트' 훈련이다. 북한을 대상으로 하는 '팀' 훈련이 유럽 공산국가들의 바르샤바조약기구를 상대로 한 북대서양조약기구(NATO)의 전쟁 규모 훈련을 할 수 없게 된 1976년부터라는 시기의 일치를 주목해야 한다.

그런데도 미·한 '팀' 훈련은 해마다 미국의 공격형 핵항공모함 2척을 중심으로 20여척의 핵장비 함대, B-52 핵폭격기 편대와 각종 핵공격 전폭기 편대를 주공격력으로 해 평균 20만의 미·한 육군 지상병력이 참가하는 세계 최대·최강력급의 대북한 공격훈련이다(참가 병력은 첫회인 1976년 4만 6000명, 1978년 10만 4000명, 1979년 16만명, 1980년 14만 5000명, 1985년 이후는 최고 수인 20만 9000명으로 급증했다. 이 시기가 대북한 핵공격 전쟁을 상정한 '5027 90일 작전' 계획의 수립과 일치함을 유의할 필요가 있다). '팀' 훈련은 바로 이라크 공격 미국 육·해·공군의 실전 규모다. 그 훈련 기간은 세계 군사훈련에 유례가 없는 60~90일이다.

북한은 '팀' 훈련이 시작되는 순간부터 국가비상사태를 선포하고, 공

표 3 팀스피리트 훈련 개요 (1976~87)

기간	병력*	미군의 주요 참가부대*	주요 훈련 내용
1976. 6. 10~20	46,000명 미군 6,000명 한국군 40,000명		상륙작전
1977. 3. 28~4. 13	87,000명 미군 13,000명 한국군 74,000명	오끼나와 주둔 제18전술전투항공단, 오끼나와 주둔 제9수륙양용여단, 제1해병항공단, 제7함대(항공모함 미드웨이)	상륙작전, 지상공격훈련
1978. 3. 7~17	104,000명 미군 45,000명 한국군 59,000명	제25보병사단, 랜스미사일대대, 괌 주둔 B-52편대, 제7함대(항공모함 미드웨이), 오끼나와 주둔 제3해병사단	해군기동훈련, 긴급출격훈련, 상륙작전, 비상활주로 이착륙훈련, 도하작전, 랜스미사일 발사훈련
1979. 3. 1~17	160,000명 미군 56,000명 한국군 104,000명	오끼나와 주둔 해병대, 제1해병항공단, 랜스미사일대대, 제7함대, 괌 주둔 B-52편대, 제25보병사단	상륙작전, 대잠수함작전, 랜스미사일 발사훈련, 출격훈련, 공지합동훈련
1980. 3. 1~4. 20	145,000명 미군 42,800명 한국군 102,000명	제25보병사단, 오끼나와 주둔 해병대, 알래스카 주둔 공군, 제7함대(항공모함 미드웨이)	도하작전, 해군기동훈련, 지상공격훈련, 상륙작전, 출격훈련
1981. 2. 1~4. 10	156,700명 미군 56,700명 한국군 100,000명	제25보병사단, 제7보병사단, 오끼나와 주둔 제3해병사단, 괌 주둔 B-52편대, 제7함대	상륙작전, 도하작전
1982. 2. 13~4. 26	161,600명 미군 61,600명 한국군 100,000명	제25보병사단, 제7보병사단, 오끼나와 주둔 제3해병사단, 괌 주둔 B-52편대, 필리핀 주둔 미 공군, 제7함대(항공모함 미드웨이)	항공모함 기동훈련, 상륙작전, 도하작전, 화력시범훈련
1983. 2. 1~4. 16	191,700명 미군 73,700명 한국군 118,000명	제7보병사단, 제25보병사단, 제7함대(항공모함 미드웨이, 엔터프라이즈), 괌 주둔 B-52편대, 팔리핀 주둔 미 공군	도하작전, 해상작전, 기뢰전훈련, 야외기동훈련, 상륙작전, 화력시범훈련
1984. 2. 1~4월 중순	207,150명 미군 59,800명 한국군 147,300명	제25보병사단, 제7보병사단, 오끼나와 주둔 해병대, 알래스카 주둔 공군, 제7함대(항공모함 키티호크), 괌 주둔 B-52편대	상륙작전, 기뢰전훈련, 전략공수공중투하훈련, 전투기 전투훈련, 도하작전
1985. 2. 1~4. 30	209,000명 미군 62,000명 한국군 147,000명	제25보병사단, 오끼나와 주둔 해병대, 제7함대(항공모함 미드웨이), 괌 주둔 B-52편대, 알래스카 주둔 공군, 오끼나와 주둔 특수부대	상륙작전, 전략공수공중투하훈련, 기뢰전훈련, 도하작전, 화학전훈련

1986. 2. 10~4. 25	209,000명	제25보병사단, 제9보병사단, 오끼나와 주둔 해병대, 필리핀 주둔 미 공군, 괌 주둔 B-52편대, 제7함대(항공모함 미드웨이)	상륙작전, 공격작전, 해상작전, 비상이착륙훈련, 지상공격훈련
	미군 70,000명		
	한국군 139,000명		
1987. 2. 19~5월 상순	한·미군 합쳐 약 20만명	제25보병사단, 제9보병사단, 제7보병사단, 오끼나와 주둔 해병대, 필리핀 주둔 미 공군, 제7함대(항공모함 레인저)	상륙작전, 비상이착륙훈련, 해상훈련, 해상군수지원훈련, 화학전훈련

• 『군사민론』 52호; 강성철 『주한미군』, 일송정 1988, 91~92면에서 재인용. * 표시된 참가부대와 병력은 한반도 밖에서 증파된 것뿐이다. 참가한 주한미군을 합하면, 그 부대와 병력은 여기 표시된 것보다 훨씬 많다.

업 생산기관·광산·농업·수산 기능이 국토방위태세로 전환한다. 국가의 생산 기능이 정지되고, 전인민이 무장배치된다. '팀' 훈련이 끝날 때까지 60일 또는 90일 동안 국가의 경제·사회·문화적 활동은 정지된다. 미국이 해마다 20여년간 계속한 팀스피리트 미·한 공동 군사훈련은 바로 이같이 북한의 국력을 소모시키고 북한의 군사적 대응능력과 기능을 점검하기 위함이었다. 지구상의 어느 다른 국가에 대해서도 미국이 감행하지 않는, 오로지 북한에 대해서만 25년간 계속해온 핵공격 협박인 것이다. 핵군사력을 갖지 않는 약소국가에 대해 세계 최강 핵군사력이 일방적으로 핵전쟁 위협을 25년이나 계속하는 행위는 어떤 구실이나 변명으로도 합리화할 수 없는 사실상의 공격행위라 할 것이다.

만약 블라지보스또끄에 기지를 둔, 소련 해군 극동함대의 공격형 핵항공모함 2척을 중심으로 20여척의 핵공격 함정과 소련의 가공할 '베아' 핵폭격기 편대와 순항미사일 발사용 전폭기 편대를 해상과 공중에 전개해, 1986년의 미·한 '팀' 훈련의 경우처럼, 소련군 7만명과 북한 인민군 13만 9000명이 동원된 '소련·북한판 팀스피리트' 공격 합동작전을, 휴전선 바로 북쪽, 동해안의 강원도 간성과 서해안의 강화도 북쪽에서, 하루 이틀도 아닌 60일 또는 90일씩, 핵무력이 없는 (게다가 미군기지도 주한미군도 없는) 허약한 약소국 남한에 대해서 25년 동안이나 해마다 계속한(했)다면, 한국 국민과 정부는 그것을 어떻게 평가할(했을) 것인가? 세계는 핵 초강대국 소련과 북한의 그같은 드러내놓은 핵전쟁 협박 행동을 뭐라 해석할(했을) 것인가? 북한에 소련군이나 중공군의 군사기지도 그 주둔 군대도 없는 것처럼, 가령 주한미군도 미군기지도 없이 고립무원에 처했다면 비핵 약소국인 한국도 그같은 소련·북한 합동의 '소·북 팀스피리트' 핵공격 군사훈련의 협박을 25년간이나 당하는 동안, 독자적 핵무장과 미사일 무기 개발을 구상하지 않았겠는가? 게다가 세계 제4위의 군사대국인 일본(북한에 대해서 철저한 적대적 태도로 일관하고 있는 과거의 식민제국주의)이 미·한 '팀' 훈련의 실제적인 제3의 합동훈련군으로서 '미·한·일 팀스피리트' 핵전쟁 훈련을 25년간 계속해오고 있다면 어떠할까? 입장을 바꾸어 한번쯤 북한의 처지에 서서 생각해보는 이성적 태도가 아쉽다.

한국 국방부가 국내의 정보를 종합·분석한 결과에 의하면, 1986년부터 소규모로 동해에서 이루어진 소련-북한 해군 합동기동훈련은 89년을 끝으로 종식되었다. 소련이 붕괴했기 때문이다. 북한은 83년 이후, 군사훈련을 대폭 축소했고, 92년에는 단 한건의 훈련도 실시하지 않은 것으로 발표되었다. 특히 해상훈련은 1982년부터 91년까지 78퍼센트가 감소하고, 공군훈련은 1972년 이후 최저 수준을 기록했으며, 1982년부터 91년까지를 보면 64퍼센트 감소했다. 공군조종사 비행훈련도 최소한의 유지 비행 수준으로, 모의 탑승훈련과 지상 학습훈련으로 대치하고 있다. 공군과 육군의 공·지 합동훈련도 91년 이후 단 한번도 실시하지 않았다. 특히 해군과 공군의 해·공 합동훈련은 1987년 연간 4회 실

표 4 북한군의 해·공군 합동훈련 감소 실태

구분＼연도	1983	1984	1985	1986	1987	1988	1989	1990	1991	1992
횟수	3	2	2	3	4	2	3	2	1	0
참가함정(대)	132	176	89	118	99	39	81	58	18	0
참가항공기(대)	709	542	185	193	169	35	182	116	12	0

시하던 것을 91년부터는 1회로 대폭 축소해오다가, 그후 그것마저 실시하지 않고 있다(한국 국방부가 국회에 제출한「북한군사 분석상황 보고」,『중앙일보』 1992. 9. 3). 주한미군 사령관 겸 유엔군 총사령관 겸 한미연합군 사령관 로버트 W. 리스카시(Robert W. Riscassi) 대장은 이미 1991년 미국 상원 군사위원회에 제출한「북한 군사력 평가보고서」에서, "북한 군대는 사실상 군사력이라고 할 수 없으며, 북한군 병기창의 첨단무기인 MIG-29 전투기는 부속품과 연료가 없어서 조종사의 비행훈련을 1년에 겨우 4시간 하고 있을 뿐"이라고 밝힌 바 있다(『뉴욕타임즈』1991. 6. 6). 같은 기간 남한(한국) 공군 전투기 조종사의 1인당 평균 연간 비행훈련은 약 130시간으로 알려져 있다.

미국군 최고 현지 사령관과 남한의 국방부가 이처럼 공개적으로 확인한 무력화한 북한에 대해서, 25년간 계속해온 팀스피리트 핵전쟁 훈련 협박의 결과가 바로 북한의 핵과 미사일의 독자적 개발 계획으로 나타났다고 해서 조금도 놀라울 일도 아니며 이상할 것도 없다.

북한의 이같은 생존적 위기보다 훨씬 안전했던 1970년대 초의 상황에서 박정희 정권의 한국이 핵과 미사일의 독자적 개발을 시도했던 사실을 생각한다면, 북한의 핵과 미사일의 의미는 명백해진다. 위기의 원인은 북한에 있는 것이 아니라, 거의 전적으로 미국의 북한 말살정책에 있다고 함이 옳을 것이다.

미국의 대북한 '책임 불이행' 문제

북한의 독자적 핵 또는 미사일 개발을 예방할 수 있었을 뿐 아니라, 그 개발이 애당초 불필요하게끔 만들 수 있었던 미국 측의 이니셔티브가 없었던 것은 아니다. 군사적 측면에서 미국의 압도적 위협에 노출되어 있던 북한은, 한반도상의 군사적 대결구조를 정치적 일대 정책 전환으로 해결할 수 있다는 주장이었다. 그 정치적 방안의 구체적 방법은 두 가지였다. 하나는, 한국전쟁 정전협정 제4조 60항에서 합의한 대로, "정전협정이 발효한 후 3개월 내"에 참전국의 정부를 대표하는 정치회담을 소집하여 정전협정을 대체할, 종합적 관계정상화를 그 목적과 기능으로 하는 정치적 '평화협정'(또는 강화조약)을 체결하는 일이었다. 정치회의는 많은 우여곡절 끝에 정전 후 3개월이 훨씬 지난 1954년 4월 27일부터 6월 15일까지 제네바에서 열리다가 결렬되고 말았다. 전쟁 당사 쌍방(미국과 북한 및 중공)은 여러가지 최종안을 내놓고 흥정했으나 합의를 보지 못하고 말았다.

쌍방이 각기 내놓고 주장한 평화협정안 초안의 많은 항목들에는 의견 접근이 있었으나, 결정적 대립점은 두가지였다. 하나는 북한의 입장으로서, 인구비례식·비밀투표에 의한 남·북 총선거에는 동의하면서도 유엔의 총선 참여 또는 감시는 거부한 것이다. 유엔은 한국전쟁의 일방 직접 당사자이기 때문에 총선 운영이나 감시의 자격이 없다는 것이 북한·중공·소련 등의 주장이었다. 둘째는, 미국의 반대다. 정전협정 제4조 60항의 문장은 그 정치회담에서 코리아반도에 참전해 남·북 각기에 주둔하고 있는 외국 군대의 전면 철수를 결의하라고 '권고'하고 있다. 미국은 미국 군대의 남한 철수와 남한의 미국 군사기지를 제거하기를

그림

끝까지 거부한 결과, 정치회담은 결렬되고 '평화협정'의 체결은 1999
년 현재까지 실현되지 않고 있다. 그 당시 전세계에 걸쳐 소련·중공·북
한 포위공격망을 구축하고 있던 미국은, 전쟁의 댓가로 획득한 남한의
미국 군사기지화와 미국 군사력의 영구적 주둔이라는 기득권을 포기할
생각이 없었다. 이것이 북한의 핵·미사일 군사화 구상을 초발단계에서
예방할 수 있었던 가능성의 상실이다.

　다음은 미국의 북한(조선민주주의인민공화국) 국가 불승인정책이
다. 한반도 위기의 성격은 한국전쟁 당시와 냉전시대의 동북아시아지
역의 2대 정치·군사동맹체의 첨예한 대립적 역관계 구조다. 소련과 중
공을 배후로 북한이 형성하는 중·소·북 '우호협력 및 상호원조조약'
과, 미·일·한 3국이 미국을 정점으로 형성하는 미·일, 미·한 상호방위
조약 군사동맹체제가 그것이다. 이 군사동맹체제는 이른바 북방 3각 동
맹과 남방 3각 동맹의 형태로 한반도에서 분단국가인 북한과 남한을 접
점으로 하여 구성되어 있다.

　이 적대적 군사적 대립구조를 해체하는 방법은 정치적 일괄타결밖에
없다. 그것은 미국과 일본이 북한을 국가 승인하고, 중공과 소련이 남한
을 국가 승인함으로써 군사적 적대관계를 정치적 선린관계 내지는 일

반적 국가관계로 해소·발전시키는 것이었다. 중공과 소련은 이 방식을 꾸준히 요구했다.

미국도 베트남전쟁을 종결한 이듬해인 1976년(7월 22일), 드디어 또 하나의 지역 내 군사위기를 해소하는 방안으로, 키신저 국무장관이 유엔 총회 연설을 통해 중공과 소련의 대한민국 승인, 이에 대응하는 미국과 일본의 조선민주주의인민공화국 승인(교차승인), 남·북 국가의 유엔 동시가입을 제안했다. 관련 강대국들의 동시적 교차승인과 남·북한의 유엔 동시가입은 남·북한의 감정적 '별개 국가화', 즉 한반도의 2국가체제를 고착화할 것이지만, 군사적 적대관계와 전쟁 위기를 해소해, 6·25전쟁의 정치적 일괄타결을 실현할 평화협정이 체결될 때까지 한반도상과 주변 지역의 평화적 환경을 조성할 수 있을 것이었다. 그리고 그렇게 환영받았다. 그후 러시아(소련)는 1991년, 중국은 92년에 대한민국을 승인하고 전면적인 국교관계를 발전시키고 있다. 그러나 그 정치적 해법의 제안자인 미국은 북한 승인을 완강히 거부하고 북한에 대한 끊임없는 전쟁 위협을 증대해왔다.

북방 3국 군사동맹체의 일방적 해체와 그로 말미암은 핵보호우산의 상실, 미국의 남·북한 교차승인 거부, 대북한 전쟁 위협……이 북한의 독자적 핵·미사일 계획의 동기적 배경을 이룬다. 따라서 북한으로 하여금 핵과 미사일의 독자 개발을 재고하게끔 할 수 있는 이니셔티브는 전적으로 미국에 달린 문제라 하겠다.

미국 핵·미사일 정책의 이중기준과 도덕성 문제
미국-북한 핵·미사일 분쟁의 특징을 가장 명쾌하게 말해주는 것이 세계의 다른 현재적 또는 잠재적 핵 및 미사일 보유국들에 대한 미국의 대응과 북한에 대한 태도의 너무나 대조적인 성격이다.

미국이 핵확산금지조약에 가입하고 있는 북한에 대해서 핵전쟁 위협으로 원자로와 핵 재처리시설의 해체를 강요하던 1991년 현재, 세계에는 핵금지조약에 서명도 하지 않았고 조약의 비준도 하지 않은 국가가 28개국이나 있었다.[8] 미국은 이 28개국 중 어느 한 국가에 대해서도 강력한 이의를 제기하지 않았다. 북한에 대해서와 같이 핵전쟁 위협을 함부로 한 나라도 없다.

그뿐이 아니다 아랍지역에서의 미국의 대리인 격인 이스라엘은 미국, 영국 등에 직간접적 지원으로 1980년대 초에 이미 아랍국가들을 공격 목표로 하는 중거리미사일 약 200기와 핵탄두 약 100개를 완성, 보유하고 있는 사실이 여러 경로로 확인되어 있었다. 아랍국가들의 맹렬한 비난과 제재 요구에도 불구하고 미국은 이스라엘에 대해서 단 한마디 비난도 경고도 한 일이 없다. 그 이유는 세계가 아는 대로다.

남아프리카공화국은 소수 백인이 압도적 다수의 흑인 원주민을 동물처럼 격리·차별·박해해온 최악의 반인권·반윤리적 정권·국가였다. 그 범죄적 반인간성은 근현대 역사에서 미국 백인에 의해 저질러진 수백만 인디언 원주민 대학살과 히틀러 나치독일 체제의 유대인 대학살 다음가는 것이었다. 그러나 이 잔인 극악한 소수 백인 지배의 남아프리카공화국은 남부아프리카의 20여개 사회주의 경향의 흑인 국가들을 압도적으로 우세한 경제력과 군사력으로 '디바이드 앤드 룰'(분열시켜 통치함)

---

8 알바니아, 알제리, 앙골라, 아르헨띠나, 브라질, 버마(미얀마), 칠레, 코모로, 중국(5대 핵 강국의 하나), 꾸바, 지부티, 프랑스(5대 핵 강국의 하나), 기아나, 인도, 이스라엘, 모리타니, 모로코, 모잠비크, 나미비아, 니제르, 오만, 파키스탄, 남아프리카공화국, 탄자니아, 아랍에미리트, 바누아투, 잠비아, 짐바브웨.

하는 냉전시대 서방 자본주의(특히 미국)의 대행 국가였다. 세계의 경제·금융·사회·문화·정치, 심지어 각종 스포츠협회……의 장에서 남아프리카공화국에 대한 수많은 제재결의안이 제출되었을 때, 한번도 예외없이 남아공 정권의 제재에 반대표를 던진 것이 미국이다. 미국에게 남아공은 아프리카 대륙 지배의 전초기지이자 후방기지였던 것이다(아랍세계의 이스라엘과 함께).

그 남아공에서 1992년 8월 초, 미국의 일단의 CIA·군·핵 부문 전문가들이 남아공 정권의 상대방과 협동해 6개 반(2분의 1)의 핵탄두를 해체했다. 실전화할 수 있는 핵탄두가 6개, 절반 정도의 조립 과정에 있는 것이 하나였다. 이 미국-남아공 합동 핵무기 해체작업 개시에 앞서서 남아공 정부는 1980년에 최초의 '히로시마'형 규모의 핵폭탄 제조에 성공해 그것들이 90년 2월까지 사이에 생산된 사실을 처음으로 시인했다. 미국이 그 제조에 관여한 사실도 밝혀졌다. 남아공화국의 이 핵폭탄들은 미국의 간섭을 거부하는 아프리카 국가에 대해서 미국을 대신·대리해서 남아공화국이 사용하는 군사정치학을 설명한다.

미국과 남아공 인종격리주의 정권은 어째서 미국의 지원하에 제조된 그 핵무기를 1992년 8월에 와서 갑자기 해체했을까? 답변은 간단하다. 그 2년 뒤에는 소수 백인 독재체제가 종말을 고할 정치적 수순이 예정되어 있었다. 다수 흑인이 권력의 중추를 장악하는 새 체제와 정권이 등장하게 되어 있었다. 그리고 그 새 체제와 권력의 정상에는 사회주의적 경향이 있는 만델라 흑인 정치지도자가 예정되어 있었다. 미국은 미국의 이익 수호에 충실한 대리인인 반아랍적 이스라엘과, 히틀러 나치에 버금가는 극악한 인종격리주의자인 백인 통치하의 남아공화국이 핵무기와 핵미사일을 제조하는 것은 지원·묵인할 수 있지만, 미국의 일방적 힘의 논리와 명령에 고분고분 굴복하지 않는 보잘것없는 국가나 정권이 핵무기와 미사일을 갖는 것은 용서할 수 없는 것이다.

맺는 말

이것이 지난 50여년간 특히 구소련이 미국에 대한 핵 대 핵 국가의 자리에서 물러난 결과 미국의 '단독 세계 지배질서'가 확립된 1990년 이후의 미국이라는 나라의 지배 권력의 핵·미사일 철학이고 그 행동규범이다. 지금 우리는 그 철학과 행동규범의 실제적 전개를 우리 민족의 땅에서 목격하고 있는 것이다. 한반도의 핵·미사일 위기의 주요인은 미국에 있다. 이 위기의 해법을 어디서 찾아야 할까? 그것도 미국에 달려 있다고 해야 할 것이다.

──『당대비평』 1999년 가을호 ; 『반세기의 신화』, 삼인 1999

5
통일의 도덕성
: 북한의 변화만큼 남한도 변해야

민족분단, 역사의 악마가 던져놓은 시련

오랜 세월 분단됐다가 남·북이 다시 하나되는 통일국가는 마땅히 현재의(또는 해방 이후 누적된 현실로서의) 북한보다 월등히 우월하고 자유로운 민족공동체여야 한다. 하지만 그와 동시에, 그리고 그에 못지않게, 통일국가는 해방 이후 누적된 현실로서의 남한, 현재의 남한과도 다른 인간다운 삶이 구현되는 민족공동체여야 한다. 해방 이후 반세기 동안 진행되어온, 남·북한의 국가적·사회적 존재 양식 중 그 어느 쪽이 일방적으로 다른 쪽을 덮치는 방식의 재통합은 도덕적 파탄을 초래하지 않을까 두렵다.

지금 비록 IMF 위기에 처했다고는 하지만, 남한의 물질적 토대와 역량은 몇해 안에 복구될 것이다. 21세기를 내다보는 장기적 추세로서 남한의 국가적 위상을 고려했을 때, 언젠가는 남한이 우월한 위상에서 북한과의 재통합을 이룩하게 되리라는 데는 의심의 여지가 없다.

남·북한 통일 문제에 관한 여태까지의 논의와 현재의 연구가 그러하듯이, 통일의 정책과 접근 방법도 주로 남·북한 간의 '물질적 역량'의 압도적 우열을 토대로 추진되고 해석될 것이 분명하다. 즉 일방적인 물질적 생산력과 경제적 풍요가 통일문제를 푸는 방정식의 항수, 거의 유일한 그리고 절대적인 항수로 여겨지고 있다. 현재 무력으로의 통합은 일단 배제되고 있지만, 군사력 또한 남한이 압도적으로 우월하고 또 앞으로 더욱 그러할 물질적 요소다(미국 군사력을 제외하더라도 그렇다).

남한의 우리들은 이같은 압도적으로 우월한 '물질적' 위상에 올라앉아서 통일문제를 바라본다. 그런 까닭에 통일까지의 과정·수순·방법의 종류와 가치판단은 물론, 통일된 국가와 사회 속의 사람들 삶의 '도덕적 모습'이 어떻게 될 것인가 하는 문제는 시야에 들어오지 않는 것 같다. 남한의 물질적 역량은 언젠가는 재통합된 나라에서 북한 지역 주민의 물질적 생활을 향상시키고, 나아가 국가적 경제통합을 이룩하는 데는 성공하리라 믿는다. 이른바 '통일비용'의 장기적 배분을 전제로 한다면, 부담은 적지 않겠지만 이루지 못할 일도 아니고 또 반드시 이루어야 할 과제다.

남한의 물질적 통합 속에 들어온 북한 지역 동포들은 통일 후 10년, 20년, 또는 30년, 50년의 시간이 흐르는 사이에 차츰 만성적인 가난에서 벗어날 것이다. 하지만 그들의 물질적 생활을 향상시켜주겠다며 국가의 권력과 제도로 그들에게 수락을 강요하는 남한의 경제체제·관습·가치관이 과연 그들을 진실로 행복하게 해줄 것인가? 나아가 현재 남한식의 경제적·물질적 생활방식과 가치관이 한라산에서 백두산까지 지배하게 된 국가·사회·사람들의 삶의 내용과 모습은 과연 행복할 것인가? 다시 말해서, 남한의 해방 후 누적된 국민생활의 사회적 경험과, 그 틀 속에서 형성되고 굳어진 인간형의 제반 특성이 남한식 물질문화 생

활과 일체적으로 북한 지역 주민들에게 강요될 때, 그들은 과연 정신적
·도덕적 그리고 인간적·정서적으로 '통일'을 감사할 만큼 행복해질 수
있을 것인가? 통일문제를 생각할 때마다 늘 이 질문은 마음에서 떠나질
않는다. 그래서 나는 남들처럼 통일된 국가는 무조건 좋을 것이라는 확
신이 없다.

민족의 분단은 역사의 악마가 우리에게 풀 것을 요구하면서 던져놓
은 시련이다. 그것은 악마가 예수를 유혹하기 위해, 40일간 광야에서 단
식하며 굶주린 예수 앞에 나타나 돌을 들어 보이면서 "너의 믿음이 굳
거든 너의 하나님에게 이 돌을 빵으로 만들도록 하라"고 시험하는 것과
같다. 이 민족은 분단되고, 피흘려 싸우고, 광야에서 고통의 50년을 힘
겹게 살고 있다. 그러다보면 통일은 지상과제이고, 그에 대한 믿음은 돌
을 떡으로 만들 수도 있을 것이다. 지금 우리는 그 유혹 아닌 시련에 직
면해 있다. 운명의 악마에게 어떻게 답변할 것인가?

예수는 바로 통일 달성의 시련에 직면한 이 민족을 대신해서 답변했
다. "사람은 떡으로만 사는 것이 아니라, 하나님의 말씀으로 사는 것이
다."

남한은 '떡과 밥'으로 북한을 통합할 수 있을 것이라고 자신하고 있
다. 집과 옷을 주어서 북한 주민들을 순치시키려고 하고 있다. 주로 '물
질주의적 발상'과 가치관이며 방법론이다. 북쪽 주민들이 그것을 받기
를 망설인다면 또 하나의 물질적인, 가장 순수하고 노골적인 물질력인,
'무력'을 써서라도 받기를 강요할 것이다.

나는 비록 예수교 신자는 아니지만, 예수의 말씀 속에 우리의 통일문
제에 대한 태도와 통일된 국가와 사회의 삶의 본질이 어떠해야 하는지
에 대한 가르침, 모든 진리가 담겨 있다고 생각한다. 하나님의 '말씀'은

단순히 물질적인 돈이나 빵이나 옷이나 집과 대립하는 개념이 아니다. 그것들보다도 더 소중하고 가치 있는 것들을 말한다. 우리의 남북통일에 비추어서 하나님의 '말씀'은, 남한이 북한에 주는 것이 밥이나 떡이나 집이나 옷이기에 앞서, 또는 적어도 그것들과 함께, 사회구성원인 사람과 사람이 사는 모습의 특성이 '주로' 범죄적이거나 부패·잔인·반인간적이 아닌 것이어야 한다는 뜻이다. '하나님의 말씀'은 사랑, 믿음, 나눔, 동정심, 형제애, 이웃 사랑, 동포애, 정직, 착함, 청렴, 협동, 검소, 책임감, 희생심 등으로 해석된다. 이것은 예수교에서만이 아니라, 어느 시대 어느 인간 집단에서나 '인간다운 삶'이기 위해서 요구되는 최소한의 도덕적·윤리적 규범이며 그런 가치들이 이행되고 지배하는 상태를 말한다. 그것이 바로 '하나님의 말씀'의 뜻이라고 해석해본다.

만약에 앞으로 통일된 국가·사회의 인간관계가 주로 부패·탐욕·빼앗음·속임수·부정·사기·뇌물·퇴폐·이기주의·착취에 근거해 이루어지고, 잔인하고 무제한적 약육강식의 경쟁이 당연시되고, 속임수에 능한 자가 정직한 사람보다 잘살기를 보장받는다면, 그것은 '하나님의 말씀'이 실현된 통일국가가 아닐 것이다. 한 나라 한 사회에서 함께 살아가는 사람들이 현재의 남한사회에서처럼 주야로 이기주의·불법·부정·사기·절도·강간·폭력·강도·납치·살인을 일삼고, 부모형제가 몇푼의 돈 때문에 서로 목숨을 빼앗는 도덕과 윤리의 총체적 부재인 사회라면, 그리고 그런 것을 일상적으로 걱정하면서 살아야 하는 제도나 재산관계나 소유·분배 상태나 정신풍토라면, 그것은 '하나님의 말씀'과는 너무나 먼 사회다. 혹시라도 통일된 사회가 사람과 사람 사이에 두려움이 앞서고, 서로 믿을 수가 없고, 정직이 비웃음의 대상이 되고, 물질적 소유의 다과가 인간적 덕성보다 존경과 선망의 표적이 되고, 형제·시민

·동포적 유대가 단절되고, 개개인이 자기 이익만을 좇는 분자화(分子化)된, 사람이 나눔과 협력의 대상이 아니라 오로지 빼앗음의 대상으로만 일반화되고, 또 그래서 일상의 생활에서 공포와 두려움이 마음에서 떠나지 않는 상태라면, 그래서 모든 인간이 소외(疎外)된 상태라면, 이같은 사회상과 인간관계라면, 그토록 염원하고 추구한 통일의 의미란 무엇이란 말인가?

예수는 우리가 인간 생활에서 밥과 떡만을 앞세우는 것처럼 우리들의 통일 논의와 방법에서 물질적 요소들만을 앞세우는 것에 대해 우리의 잘못을 경고하는 것 같다. 물질적 생산력과 수출액, 경제규모와 값싼 노동력과 협력이 아니라, 만인이 만인을 상대로 하는 무한경쟁, 합작투자와 증권과 주식과 GNP라는 빵만으로 통일의 과정과 통일된 국가의 모습을 생각하는 그 발상을 나무라는 것 같다. 북한 지역 동포에게 '떡' 밖에 줄 것이 없는 남한의 위정자와 국민에게 남한이라는 국가와 사회, 그리고 그 속에서 나날이 펼쳐지고 있는 사람들의 '삶의 모양'을 똑바로 들여다보라고 가르치는 것 같다. 밥과 떡 외에 북한의 국가와 사회와 주민들에게 줄 것이 무엇이 있느냐고 우리에게 묻는 것 같다. 스스로 '하나님의 말씀'으로 살고 또 북한 주민에게 그 말씀을 나누어주어야 보람있는 통일이 되는데, 돈 몇푼이 사람의 생명보다 소중히 여겨지는 남한의 국가와 사회, 사람들에게 무슨 도덕적 가치가 남아 있는가를 우리에게 물으시는 것 같다.

통일은 '빵과 떡'으로 오지 않는다

통일된 단계에서는 현재 북한의 정치적 통치이념이나 체제와 방식은 대부분 청소되어야 한다. 이 점에서는 이론의 여지가 없다. 그것들은 이미 20세기의 역사적 유물들로서 폐기돼야 한다는 판정이 난 것이다. 이것은 통일을 생각하는 모든 사람의 합의사항이고 나 자신의 신념이기도 하다.

그렇지만 그 전제하에서라도, 현재 남한의 정치형태가 그대로 북한 지역에 확대 재생산되고, 남한의 해방 이후 반세기 동안 누적된 정치적 작태가 통일국가의 그것으로 일반화될 것을 생각하면, 그 밑에서 과연 북한 주민이 통일을 기쁨으로 받아들일 것인지 적이 의심스럽다. 50년간 누적되어온 현재와 같은 남한의 정치실태를 북한 주민들에게 그대로 강요하는 통일은 너무나 가혹하지 않을까? 남한의 정치적 진실을 총체적으로 그리고 집약적으로 체현하고 상징하는 역대 대통령과 국민의 관계양식, 그리고 그들의 행동과 종말을 생각하면 그 이상 물을 필요가 없을 성싶다. 정치(政治)란 '바르게 다스리는 것'이다. 남한에 해방 이후 '정치'가 있었는가를 물어봐야 한다.

일곱명의 대통령 중에서 권좌에서 쫓겨났거나, 몰려났거나, 부하에게 암살당했거나, 국민 대학살의 범죄자로 투옥됐거나, 대통령 집무실에 외국제 초대형 금고를 들여놓고 돈만 챙긴 파렴치범으로 단죄됐거나, 국가를 파산시켰거나, 대통령만 되면 자식과 일가친척, 사돈의 팔촌까지 들러붙어 나라의 돈을 훔치고 치부하는…… 그래서 국민의 저주를 받고 퇴임 후의 안위를 예측할 수 없거나…… 이런 따위 '국가원수' 외에 북한 주민의 사랑이나 존경을 받을 만한 정치적 지도자가 있었는

지를 물어볼 일이다. 한마디로 그들은 '부도덕'이 아니라 차라리 '반도
덕'이었다. 그것은 '부도덕'을 넘어서 '범죄'였다.

한국 정치의 범죄성과 부도덕성에 관해서는 여기서 설명할 필요가
없다. 어떻게 이런 정치를 북한 땅에 들씌우는 것이 통일이라고 말할 수
있을까? 인류 역사상 어떤 인간 집단도 '이상향'을 건설한 일이 없고,
이는 영원히 불가능하다. 내가 말하는 것은 다만 최소한 내지 '웬만큼'
의 도덕성이나마 통용되는 정치형태다. 도덕성을 완전히 상실한 정치
로서의 통일은 행복이기보다는 재난이며 비극일 수 있다는 우울한 마
음을 지울 수가 없다.

사회적으로는 어떨까? 우리 사회는 부패·부정·타락·범죄·비인간화
가 극에 달한 사회임이 분명하다. 기성세대들의 사회는 거의 구제불능
의 '반도덕' 상태다. 국가는 드디어 '극약처방'으로 '청소년보호법'이
라는 것까지 발동해 어린이들의 만화, 영화, 가곡, 소설, 음반은 물론 컴
퓨터까지 국가권력으로 통제해야 할 상황에까지 이르렀다. 법적으로는
미성년자인 어린것들에게 구속영장을 발부하고 형무소에 끌어넣기도
하는 '범죄와의 전쟁'을 선포하고 나섰다. 하지만 이런 말은 참으로 하
고 싶지 않지만, 그같은 극약처방으로도 대한민국의 인간들을 도덕적
으로 순화하는 것은 별로 효과가 없어 보인다. 그것은 다음의 사실이 웅
변으로 말해준다.

이 나라의 역대 정권과 대통령들은 '청소년보호법'보다도 몇십배 가
혹한 각종 극약처방을 써보았지만 모두 실패했다. 27년 전인 1970년, 이
나라의 총범죄사건은 인구 10만명당 933건이었다. 그것이 1986년에는
1943건, 91년에는 2843건이다가, 95년에는 3119건으로 증가했다. 범죄
를 퇴치한다는 군부독재정권들의 온갖 강압조치들이 무색하게, 인구는

1.4배 증가했는데 범죄 발생은 3.3배나 급증했다. 그리고 그 죄질은 일관되게 잔인 흉악해지고 있다. 정부의 공식 조사로 드러난 통계이지만, 이 나라 국민의 78퍼센트가 "일상생활에서 공포감을 느끼며 산다"고 답변하고 있다(『한국의 사회지표』, 통계청 1993, 318면). 이것은 '인간다운 사회'가 아니다. 어른들과 어른들 사회의 범죄성에 관해서 새삼 설명이 필요하지 않을 것이다.

몇해 전부터 우리 사회에서 십대 소년·소녀들, 중·고등학교 학생들의 범죄는 공포의 대상이 되어버렸다. 십대 학생·학동 본인들은 물론, 전국의 학부형들은 어린 아들딸의 생명과 안전을 걱정하면서 공포감 속에서 살아가고 있다. 기성세대와 어른들이 닥치는 대로 속이고 훔치고 뺏고 죽여서 토막을 내면, 어린아이들도 어른들에게 질세라 강도질하고 강간하고 살인하고 생매장해버린다. 나라의 최고통치자(들)에서부터 정직해야 할 국가기관 공무원들, 청렴해야 할 군대·경찰·검찰…… 등의 권력집단들, 자본주의적 규칙을 지켜야 할 자본가·기업가·상인, 도덕과 윤리를 가르친다는 교육 기관 종사자들……에 이르는 사회구성원의 밑바닥까지 부패하지 않은 곳이 없고 범죄화하지 않은 곳이 없는 사회! 도대체 어떻게 된 사회인가? 분명히 '병든 사회'다. 그것도 보통의 병이 아니라 '중병이 든 사회'다.

이 나라의 각종 매스컴은 매일같이 이른바 '덕망 높은 사람', 유식자, 전문가 들을 불러서 이 병의 원인 구명과 처방 및 대책에 관해서 토론을 벌이고 있다. 그것을 듣고 읽고 보고 있노라면 해방 후 반세기 동안 듣고 읽은 그 이야기의 되풀이다. 원인을 분석한 각종 이론도 해방 후 50여년간 한가지도 달라진 내용이 없어 보인다. 그들이 해법이라고 내세우는 학교도, 교육도, 또는 경찰도 형무소도 무효임이 분명하다. 전통적으로 사랑과 인간됨의 보금자리였던 가정도 부모도 속수무책임을 자인하고 있다. 도덕과 윤리는 이 나라의 성인 사회에서 거덜난 지 오래인데 어찌 그것을 아들 손자들에게 요구할 수 있겠는가!

종교는 어떤가? 유감스럽지만 종교도 물신숭배의 병이 들어서 그런 기능과 역할과는 동떨어진 모습을 보여주고 있다. 남한의 각종 종교 신도는 국민 총인구의 51퍼센트다. '종교국가'라고 말할 수는 없지만, 그만하면 '종교적' 국가라고 말할 수는 있다. 한 예로서 기독교의 경우 다음 사실이 그것을 입증한다. 세계 160여개 나라의 기독교 사회에서 규모가 특별히 큰 '거대 교회' 50개 가운데 남한의 교회는 1·2·7·9·10·11·13·15·16위 등으로, 세계 '거대 교회'의 제1, 2위를 비롯, 10위권 내에서 절반인 5개가 남한의 교회이며, 전체 50개 중에서도 절반에 가까운, 자그마치 23개를 남한 기독교가 독차지하고 있다(『크리스천월드』, 1993). 부처님과 하나님의 말씀대로 살겠다고 서약한 종교인이 인구의 절반을 넘고, 하나님을 모신다는 교회의 크기와 수는 세계 160개 나라 중에서 으뜸가는데, 인간과 사회는 더욱 위선적이고 탐욕스럽고, 잔인하고 사악해지고, 부패하고 이기적이고, 범죄화하고 있다. 그렇다면 할 수 없이 처방은 종교가 아닌 다른 곳에서 찾아야 할 것 같다. 똘스또이의 말이지만, "사람의 선악은 그(그녀)가 종교를 갖느냐의 여부에 앞서 그가 도덕적이냐 아니냐에 있다." 사회도 마찬가지다.

어떤 사회의 도덕적 평가에서 종교의 유무는 결정적 기준일 수 없다. 적어도 나는 그렇게 생각하고 있다. 북한에 종교가 없으니까 인간이 타락하고 사회가 부도덕하리라고 믿고 북한을 '구제해야 한다'고 외치는 종교인들이 많다. 서양 윤리학이나 기독교의 윤리관에서 말하는, 도덕은 종교를 토대로 해서만 성립한다는 이론이다. 서양인이나 기독교 신도들이 북한에는 기독교(종교)가 없으니까 북한사회는 비윤리적 사회일 것이라고 단정하는 경향이 바로 그 이론에 근거한다. 그렇다면 종교 신자가 인구의 50퍼센트를 넘는 남한은 어째서 비윤리적이고 도덕이 파탄 난 사회일까? 그렇게 생각하는 사람은 자신이 어떤 착각에 빠져 있지 않은지, 한번쯤 똘스또이의 말을 거울삼아서 자신의 얼굴을 들여다볼 필요가 있다. 지금의 한국 종교들을 그대로 가지고 통일 후 북한을 '하나님 나라'나 '부처님의 극락'으로 '인도하겠다'고 주장한다면 그것은 분수를 모르는 오만이 아닐까 싶다. 남한의 종교와 종교인들이 몇해 동안 홍수와 기근에 시달리고 있는 북한과 북한 동포들에게 지금 하고 있는 것처럼 빵과 국수와 떡을 제공하는 선행은 확실히 예수와 부처님의 가르침을 따르는 사랑과 자비의 표현이다. 하지만 그런 착한 종교인은 전체 종교인구 중 극소수다. 압도적 다수의 '종교신자'들은 지금도 '반공'을 외치면서 동포의 재난을 외면하거나 심지어 소리 높여 구호사업을 반대하고 있다. 그들에게는 굶어 죽고 있는 동포에게 먹을 것을 주는 사람은 모두 '빨갱이'들이다! 공산주의를 대치할, 빵보다도 더 중요한 '하나님의 말씀', 즉 도덕적으로 우월한 사회와 사람의 생존을 북한 동포에게 전달하고자 한다면, 무엇보다도 먼저 남한의 종교와 종교인들이 달라져야 하리라고 본다. 사회와 사람의 생존이 조금쯤은 부처님과 예수님의 가르침에 합당하고, 웬만큼은 종교의 이름에 부끄럽지 않도록 도덕성이 회복되고, 그것을 북한에서 입증하기에 앞서서 바로 당장 남한 내에서 입증하는 일이 더 시급한 과제가 아닐는지, 이렇게 생각한다.

물질적 풍요와 높은 도덕성이 함께하는 나라

남한의 우리들은 정치적·개인적 자유와 물질적 풍요와 대량소비의 수준에 정비례해서 사회와 인간의 도덕성이 높아질 것으로 믿는 경향이 있다. 빵이 풍부해질수록 그에 비례해 '하나님의 말씀'도 충족될 것이라는 견해와 희망을 갖고 있다. 왕년에 사회주의와 소련 등 국가와의 경쟁에 몰두했던 자본주의 총본산인 미국의 정치가·경제학자 들이 이른바 '풍요한 사회'(Affluent Society)를 자랑했던 논리다. 다시 말해서, 물질적 생산력의 우월성을 입증한 자본주의가 도덕성에서도 사회주의에 우월하리라는 믿음이다. 이 논리에서, 남한의 물질적 우월성이 통일 국가의 북한 주민들에게는 물론, 통일국가 판도를 통튼 자본주의적 민족공동체의 사회와 사람들에게 자동적으로 높은 도덕성을 실현시킬 것으로 낙관하는지 모르겠다. 유감스럽지만 '자유+물질+종교=행복'이라는 방정식이 반드시 성립되지 않는 본보기가 미국이다.

많은 한국인들이 마치 낙원처럼 착각하며 우리의 미래 생활의 목표처럼 여기는 자본주의 종주국인 미국의 사회는 어떤가? 금세기 미국의 역대 대통령은 예외없이 취임연설에서 기독교 정신을 강조하고 '범죄와 마약과의 전쟁'을 선포했다. 그러나 미국이라는 자본주의 사회제도는 어떤 방법으로도 범죄를 줄일 수 없다는 사실을 재확인했을 뿐이다. 가장 대표적인 경우가 레이건 정권 시대다. 모든 사회주의적인 것을 악(惡, Evil)으로 매도한 미국식 '극우-반공-자본주의적 도덕'의 화신이었던 레이건은 미국이 소련이나 사회주의 국가들보다 범죄가 많다는 사실을 모르지 않았다. 그는 취임 첫날에 '범죄와 마약에 대한 전쟁'을 선포하고 그의 임기 중 최대 업적을 위해 특별예산 300억 달러와 특별경찰 20만명의 증원을 단행했다.

그렇다면 성과는 어땠을까? 제로, 아니 오히려 범죄와 마약과 폭력이 더욱 늘어났다. 예컨대 플로리다주의 범죄 발생률은 10만명당 8228건, 뉴욕주는 5776건을 기록했다. 물질적으로 가장 풍요한 미국이라는 사회의 범죄율이 세계 최고인 것이다. 이는 물질(돈, 사유재산)이 '신'으로 숭상되어 인간(가치)을 우선하는 사회의 일반 현상이다.

클린턴 대통령 치하의 현재의 미국도 다름이 없다. 클린턴도 레이건과 마찬가지로 취임 초인 1994년, 야심적인 범죄·마약퇴치정책을 개시했다. 그 계획을 위해서 302억 달러의 예산이 드는 '범죄방지법'을 국회에서 승인했다. 미국사회의 각종 범죄를 예방하기 위해서 순찰경관만 10만명을 또 증원하고, 19가지 종류의 각종 무기를 불법화했다. 또 많은 수의 교도소를 증설했다. 그리고 사형을 선고할 수 있는 범죄의 종류를 50가지 이상 새로 추가하는 등, 무시무시한 반범죄 태세를 강화했다. 물질적 생산력은 인류 역사상 최고이고, 총체적인 경제적 풍요는 어느 국가도 따를 수 없는 미국이 그 물질적 토대 위에서 총력적인 반범죄 계획을 전개했다. 이만하면 미국사회의 인간성과 도덕성은 단시일 내에 순화될 것으로 기대되었고, 정부도 그렇게 장담했다.

국가와 체제의 총력을 투입한 반범죄 계획이 집행된 6개월 후의 미국 정부 공식 통계는, 전국 형무소에 수용된 범죄자 수가 오히려 4만명이나 증가, 101만 2851명에 달해 미국 역사상 최고 기록을 세웠다. 그 수치는 레이건 정부가 총체적 반범죄 전쟁을 추진한 1985년과 비교했을 때 정확히 두배나 많은 수치였다. 물질주의 철학과 사상의 소유자들이 으레 그러하듯이 레이건은 자본주의 제도와 사회 그 자체의 범죄 경향적 성격을 인식하지 못했음이 분명하다. 물질적 풍요와 법률적 강제로써 미국 자본주의 사회와 인간의 도덕성이 고양될 것으로 믿었던 것이다.

불행하게도, 소련과 그밖의 모든 사회주의 국가와 모든 사회주의적인 것을 통틀어 '악(惡)'으로 규정하고 매도했던 미국 자본주의의 영도자 레이건의 임기가 끝나던 1989~90년 1년간의 통계를 보면, 범죄는 오히려 증가했고, 형무소의 수용인원은 8만명이나 늘었다. 이는 미국 역사상 12개월 동안에 발생한 범죄자의 최고 증가치였다. 클린턴 대통령의 미국도 마찬가지다. 302억 달러의 예산과 특별경찰 설치, '사형'법의 강화를 비웃듯이, 클린턴 정부 12개월 동안에만 범죄자가 7만 1000명이나 증가, 미국 근현대 역사상 레이건 시기에 이어 두번째 증가 기록을 세웠다. 국가 공권력을 총동원해 '범죄와의 전쟁'을 전개한 레이건 정부와 클린턴 정부에 이르는 1994년의 청소년 범죄자는 10년 전보다 오히려 1년 만에 자그마치 260퍼센트나 증가했다. 그후에도 범죄는 계속 증가하고 있다. 이 모든 사실은 우리에게 무엇을 말해주는 것일까?

세계에서 가장 부유한 미국이라는 자본주의 나라에서 인구 10만명 이상의 200개 도시 중 청소년범죄 문제와 기성세대의 범죄로부터 보호를 위해 18세 미만 청소년의 야간 통행금지 제도를 실시하고 있는 도시가 146개나 된다. 전국의 카운티(郡) 내의 소도시를 합할 경우, 통금제도를 실시하고 있는 지역은 1000개도 넘는다. 이런 사실을 아는 한국인은 많지 않다. 물질적 소유(돈)를 인간 행복의 척도로 삼고, 이기심의 충족을 동기와 목적으로 하고 사회 운영의 기본원리로 삼는 생존양식에서는 불평등한 소유로부터 소외된 사람은 '빼앗는 행위'로 물질주의적 사회 운영원리와 일체화하려는 강한 유혹을 받게 마련이다. 즉 그런 사회는 범죄가 체제의 불가결한 요소일 수밖에 없다. 그 사회에서는 사람(개인)의 가치가 금전적으로 계산되고, 사람과 사람의 관계가 궁극적으로는 상호간의 물질적·금전적 이해득실의 계산으로 처리되는 관계 양식, 즉 철저한 '게젤샤프트'적 사회일 수밖에 없다. 그런 본질의 사회에서는 아무리 종교가 사회의 '소금'이 되고 '촛불'이 되려고 해도, '범죄와의 전쟁'에 아무리 큰 예산을 들여도 패배할 수밖에 없다. 진정으로 부패와 범죄와 이기주의적 잔혹성을 줄이려 하거든, '돈'이 지고(至高)의 가치판정자가 아닌, 어느정도나마 '게마인샤프트'적인 사회원리를 채택해야 한다.

중공의 당산과 미국 뉴욕시의 교훈

1976년, 중공의 주요 공업도시의 하나인 인구 70만의 당산(唐山)은 중국 역사상 최악의 규모라는 지진으로 마치 핵폭탄 세례를 받은 도시처럼 완전히 폐허가 되어버렸다. 그런데 그런 참변 속에 놓인 시민들이 행동하는 모습을 세계의 보도진이 다투어 전한 뉴스는 진한 감동을 전세계에 던졌다. 현장을 찾아서 목격한 어느 외국 대사의 목격담을 들어보자(일본 대사가 귀국한 뒤 쓴 글).

"땅이 흔들리고 건물은 계속 허물어진다. 화재는 연옥같이 건물을 태워나간다. (…) 그런 속에서 중국인들은 질서정연하게 행동하고, 난동을 부리거나 남을 해치는 일이 없다. 진동과 파괴와 화재가 계속되는 속에서 불행을 당한 이웃을 위해 달려나가고, 자신의 위험을 무릅쓰는 행동은 바로 자기 가족을 위하는 것과 같아 보였다. (…) 누구나가 공동체속에서 자기희생으로 남을 위하고 전체를 위해 행동했다. 우리나라의 도시에서 이런 대지진이 일어날 경우, 우리나라 사람들이 어떻게 행동할 것인가를 상상해보면서 나는 너무나도 큰 충격과 감동에 말없이 숙연하게 서 있을 뿐이었다."

공교롭게 몇달 뒤에 미국의 뉴욕시에서 12시간의 정전이 있었다. 세계에서 제일 부자 나라의 대도시에서 전깃불이 꺼진 가운데 인간들이 행동한 모습을 미국의 신문들은 한마디로 '연옥'(inferno)이라고 표현했다. 남이 자기 얼굴을 확인할 수 없다는 생각이 든 순간, 모든 인간이 밖으로 뛰어나와 혼란·무질서·약탈·파괴·방화·강간·난동·살인을 일삼았다. "1000만 미국인이 1000만가지의 행동을 했다"고 한다. 유명한 사건이다. 세계는 그 모습에 전율했다. 하나는 천재지변의 불가항력적 사태이고, 다른 하나는 다만 사람의 실수일 뿐인 일시적 정전 상태다.

미국의 뉴욕 시민과 중공의 당산 시민의 물질적 부는 비교도 되지 않는다. 기독교 없는 중공 도시의 시민들은 예수의 십계명대로 행동했다. 기독교 사회임을 자랑하는 미국 도시의 시민들은 예수의 십계명을 배반했다. 부자 나라의 시민들은 남의 것을 빼앗고 강간했다. 세계에서 어쩌면 제일 가난한 사회의 당산 시민들은 자기 것을 버리면서 이웃을 도왔다. 그것은 너무나도 엄청난 인간행동의 규범적(질적) 차이였다. 같은 종(種)에 속한 인간들의 행동양식이라고 하기에는 그 차이가 너무나 대조적이었다고 한다.

무엇이 그 차이를 만든 것일까? 이기주의를 원리로 삼는 자본주의와 공동의 이익을 원리로 삼는 사회주의 도덕의 차이일까? 아무리 풍요해도 불평등할 수밖에 없는 재산 소유제도와 가난하지만 평등 위주의 소유제도의 차이일까? 상부구조인 종교·법률·교육·가치관의 체계는 하부구조인 물적 생산과 소유형태의 반영일 수밖에 없는 것일까? 동양과 서양의 차이일까? 미국과 중공의 차이일까? 아니면 다만 당산과 뉴욕

시민들에 국한된 차이일까?

그로부터 십수년이 지난 지금까지 나는 그 의문에 대한 해답을 찾지 못했다. 그래서 고민한다. 중국은 지금 미국식의 자본주의를 도입해 물질적 풍요를 이루려고 안간힘을 쓰고 있다. 시민들은 코카콜라에 입맛을 들였고, 지식인들은 더 절묘한 자본주의식 이윤 극대화의 기업경영을 위해서 MIT 대학 경영학 교과서를 들고 밤을 새운다. 자본원리와 물질주의의 신이 도덕주의와 평등사상을 추방했다. 지금 중국사회는 타락과 부패, 사기와 횡령, 온갖 범죄와 인간소외의 깊은 늪으로 빠져 들어가고 있다. 소련과 동유럽에서도 같은 현상을 본다.

나는 그런 관점과 관심에서 몇해 전 통합된 통일독일의 구동베를린 시와 구동독 지역을 제법 널리 여행했다. 그때 노상에서 판을 벌이고 동포를 상대로 사기 치는 사기꾼, 네다바이꾼 들을 무수히 목격했다. 대도시뿐 아니라 읍·면급 거주자들도 그랬다. 외국인의 눈에는 보이지 않는 부패와 범죄의 일반화를 직감할 수 있었다. 그래서 나의 관심을 질문으로 표현했다. "통일 전 사회주의 시대의 동독에서도 이랬냐?" 며칠 동안 여행 안내를 맡아준 서독연방재판소 판사 B씨는 이렇게 답했다.

"사회주의 동독은 자본주의 서독보다 물질적으로는 뒤떨어지고 1당 독재하에서 정치적 자유는 억압됐던 반면에 인간과 인간의 관계는 한결 선량했다. 서로 속이고 뺏고 강간하고 죽이는 일은 극히 예외적인 사건이었다. 자본주의는 구동독인들에게 오른손으로는 자본주의적 자유와 풍요의 보증서를 넘겨주는 것과 동시에 왼손으로는 인간적 부패와 타락, 사회적 범죄의 보증서를 넘겨주었다."

B씨의 개탄은 잠시 나를 깊은 생각에 잠기게 했다. B판사의 소개로 나와 함께 하루 동안을 대화한, 구동독 판사였고 현재도 로스토크시 지

방 판사인 크링크 씨는 B판사의 이 지적을 시인했다. 그리고 사회주의 치하에서 몰랐던, '돈'이 매개하거나 돈이 행위의 목적인 각종 범죄의 급증을 심각하게 개탄하고 걱정했다. 이같은 사실은 구소련과 동유럽 국가들, 중국 등 자본주의 세례를 받은 나라들에서 한결같은 현상으로 나타나고 있음을 세계는 목격하고 있다. 중국정부는 자본주의에 문호를 개방한 이후 10년 사이에 범죄사건이 37배나 증가했다고 발표한 적이 있다. 이는 '돈'과 '재물'을 '신'으로 모시게 되는 과정에서 인간과 사회의 공통적 현상인 듯하다.

형제의 눈 속의 '가시', 내 눈 속의 '들보'

이른바 '이질화(異質化)'도 통일의 도덕성과 밀접하게 결합된 문제다. 남한에서는 북한의 생존양식이 총체적으로 '이질화'됐다고 비난한다. 북한에서는 남한의 가치관과 생활양식이 자신을 상실해 전적으로 '양키화'·'비인간화'됐다고 개탄한다. 우리는 북한의 이질화만을 나무라는 나머지 우리 자신의 이질화된 모습에 눈이 멀지는 않았는지 한번쯤 생각해볼 일이다. '형제의 눈' 속의 가시는 보면서 자기 눈 속의 대들보는 보지 못하는 우리가 된 것은 아닌지.

우리는 남·북한을 비교하면서, 남한은 하나도 이질화된 것이 없는 것처럼 북한만이 이질화됐다고 주장한다. 말이 달라졌다, 행동이 다르다, 먹고 노는 것이 남한과 다르다, 그래서 북한은 이질화됐다고 한다. '이질화'라는 것은 무엇인가? 어디서 어떻게 달라지는 것이 달라지는 것이고, 또 이질화의 판정 평가의 기준은 무엇일까? 이것도 우리는 생각해본 일이 없다.'다만 남한과 같지 않으면 '이질화'되었다고 단정한다. 피자나 파이를 안 먹고, 코카콜라를 안 마시고, 양키식 섹스 노래를 안 부르니까 이질화됐다고 생각한다. 물론 저 사회가 1인 숭배, 1당 독재로 공산당이 모든 인민대중의 선택권과 자율성과 결정권을 대리하고 행사한다. 이런 것은 정치적·체제적 이질화이며, 마땅히 파기되어야 한다.

그 전제하에서 남한의 체제와 정치와 지도자·권력자 들은 어떤가? 해방 후 오늘날까지 우리의 정부와 지도자와 정권이 인민·국민의 권리와 자유를 존중하고, 제대로 된 정치(바르게 다스린다는 뜻의 '政治')를 해보고, 제대로 물러나고 제대로 들어온 일이 있는가? 남한 국민이 가장 혐오하고 멸시하고 증오하는 대상이 정치가와 한국의 정치다. 총체적으로 이질화된 것이다. 우리의 생활양식, 옷 하나 입는 것만 보더라도 우리의 한복은 예식장이나 가야만 한두 사람 찾아볼 수 있다. 또 1년에 한두번 설날이나 추석 때 밖에는 볼 수 없다. 그러나 북한은 「북한의 창」 등 우리의 중앙정보부(안전기획부)가 검열하고 편집해서 선택적으로만 보여주는 텔레비전 상영물에서 볼 수 있듯이, 우리의 민족의상을 상용하고 있음을 볼 수 있다. 언어는 소련(러시아)어나 중국어로 더럽혀진 잡탕이 된 일상어가 아니라 우리의 순수한 조선말을 유지하고 있다. 우리 남한의 언어문화는 어떤가? 오히려 북한은 민족문화의 순수성을 지나치게 고수하려는 이념 때문에 잘못 가고 있는 것이다.

같은 이치로 우리는 우리 민족주체적인 언어문화와 사상과 긍지와 주체성, 도덕과 습관 등 모든 것을 너무 쉽게 버리고 오로지 미국화·서양화한 것을 발전으로 착각하고 있다. 한때 미국과 미국적인 것을 비판하거나 반대하면 반공법으로 감옥에 가야 했던 것이 남한의 실정이다. 지금도 그런 언행은 '좌경'이니 '반미'로 규정되고 있다! 이것은 민족

얼의 '이질화'가 아닐까? 남한의 총체적인 부패·부정·타락·범죄화, 나눔과 서로 도움보다 서로 속이고 빼앗음이 일상생활화한 사회, 보험금 몇푼을 타먹기 위해 남편이 아내를 청부살인하기를 서슴지 않고, 아비가 어린 자식의 손가락을 자르고, 자식은 유흥비를 위해서 부모를 때려 죽이고도 양심의 가책을 안 느끼는 사회풍토는 이질화되지 않은 사회인가? 아무런 이유도 없이 사람을 죽이고, 시체를 토막 내고, 생매장하기를 다반사로 여기는 사회, 젊은 여성은 언제나 어디서나 강간의 공포에 시달려야 하는 인간관계와 이런 생존양식은 '이질화'된 것이 아니라고 할 수 있을까?

우리가 남·북한의 이질화 문제를 논하려면 먼저 냉엄하게 자기비판과 자기반성을 하고, 그러고 나서 상대방의 허물을 찾아야 공평하고 공정한 답변이 나오리라고 생각한다. 마찬가지 이유와 근거로, 북한은 자유를 상실한 자신들의 인간 생존의 이질화를 철저히 반성하지 않고는 남한의 이질화를 나무랄 자격이 없다.

어떤 사회의 일상적 생활양식과 문화의 내용이 주로 섹스와 관능적 쾌락주의와 허영과 사치가 지배적일 경우, 이것은 '이질화'된 인간과 문화라고 불러야 할 것이다. 수없이 많은 현상 중에서 한가지 생활 주변의 실례를 보자. 우리 사회의 30여종의 여성 월간잡지들은 한결같이 600페이지 내외의 부피인데, '문화'의 이름에 합당한 내용이 얼마나 될까? 아무리 눈을 씻고 찾아봐도 진정으로 교양, 취미, 인간 덕성, 가정, 교육, 육아 등 '문화'라고 이름할 만한 글을 찾아보기 어렵다. 최고의 종이에 최고의 인화술로 촬영된 호화찬란한 사진으로 꾸며진 내용의 대부분이 사치와 섹스와 관능적 쾌락과 사치와 낭비를 선동하고 자극하는 소비문화이고 상업주의다. 한마디로, 철두철미 '물질주의'적인 성향과 내용이다. 이런 '여성문화'로 통일국가의 전체 여성의 삶이 물들여진다면 이것을 우리가 바라는 통일이라고 말할 수 있을까?

1997년 여름, 우리는 정부 당국이 '범죄 퇴치' 정책의 일환으로 서울 시내의 길음동, 화양동, 신길동…… 그밖의 여기저기 지역에서 성업 중인 사창(아니 차라리 공창)가를 강제로 폐쇄하는 장면을 텔레비전을 통해서 목격했다. 조물주와 부모가 피창조물 중 으뜸가는 아름다운 예술품으로 빚어준 여성의 육체와, 진정한 사랑의 매개와 성스러운 종의 보존을 위해서 갖추어준 생식기를 돈벌이 수단으로 삼는 부도덕하고 파렴치한 반인간적 직업을 숙정하겠다는 뜻에서였다(어쩌면 그렇게 순수하고 고귀한 동기가 아니었는지도 모른다).

그런데 놀라운 것은, 그것을 업으로 삼는 포주들이, 그런 행위를 "자본주의 경제의 떳떳한 영업행위"라고 주장하면서, "사유재산 침해"라고 항의하는 장면이었다. 더욱 놀라운 것은 백주에 반나체로 대로상에 뛰어나온 사창가 여성들이, 자신들의 "직업 선택권에 대한 침해"라느니, "인권탄압"이라고 거세게 항의하는 장면이었다. 물론 처해 있는 입장의 차이에 따라서는 한마디로 비난할 수 없는 문제이기는 하다.

그런데 그보다도 중요한 사실이 있다. 행정 당국이 그 사창(공창) 구역 철거시책을 단행하면서 '비공식적 숫자'라는 전제하에 신문에 제시한 바로는, 철거 대상의 '창녀'들처럼 육체의 성적 매매를 돈벌이의 수단으로 삼아 살고 있는 젊은 여성이 전국에 250만명 정도라는 사실이다. 보건 당국은 지금까지 성매매와 관련된 직업 및 준직업적 여성들에게 실시해온 정규 성병검사제도를 인권침해라는 이유로 1999년 7월 1일부터 폐지하기로 했다고 발표하면서, 그에 해당하는 여성이 190만명이라고 공식 발표했다. 이 공식 수치에서 누락된 여성들이 적지 않다고 믿을 만한 상황 증거가 유력하니 250만이라는 숫자가 과장된 것이 아닌 성싶다.

나는 호기심에서, 정부에서 발행한 인구통계 자료집에서 '연령별 인구'란을 찾아보았다. 육체의 성적 기관, 그 기능으로 남성을 상대할 수 있는 연령을 20세에서 39세까지로 어림잡으면, 이 연령대에 드는 한국 여성의 총수가 815만 1000명이다(1995). 이 인구는 전체 여성 인구 2218만명의 36.74퍼센트가 된다(『한국의 사회지표』, 통계청 1996). 신문에 보도된 것처럼 '매춘' 내지 그에 준하는 성행위에 종사하는 여성을 250만이라고 가정하자. 그러면 젊고 꽃다운 한국 여성 약 815만명의 31퍼센트에 해당하는 여성들이 이른바 넓은 의미의 '윤락' 여성이라는 얘기다. 현실적으로는 십대 미성년 여성의 그런 행위가 자못 사회문제화하고 있음을 감안하면, 그 연령대에서 점하는 비율은 감소하겠지만 그런 여성의 절대수는 200만을 훨씬 넘을 것이 분명하다. 우리의 사회생활 감각으로 판단하건대 이것은 확실히 과장된 숫자인 듯하다. 그러나 그런 여성이 '굉장히 많다'는 사실만은 부인할 수 없는 일이다. 이렇게 '돈'을 위해서 '몸'을 파는 비인간화된 여성들이 많은 사회가 건전한 사회일 수 없다는 사실은 누구도 부인할 수 없다. 이 현실은 남한 여성의 소외의 차원을 넘어서 '비인간화'의 문제다. 바로 이질화된 여성상이다.

문제는 또 있다. 1961년 5월, 박정희 육군 소장 등이 '반공을 제1의 국시'로 삼아서 일으킨 군인 쿠데타 직후, 그들은 한국사회의 부패를 척결하겠다고 대대적인 '사회정화'운동을 전개했다. 그중의 하나가 전국의 '사창굴'을 청소하는 일이었다. 그들에 의해서 '성적 매매로 생활한다'는 이른바 '윤락여성들'이 군대와 경찰에 의해 강제로 수용·구속 또는 귀향 조치되었다. 그때 쿠데타 당국은 그런 여성의 수가 전국에서 37

만명이라고 발표한 바 있다. 얼마나 정확한 숫자였는지는 확인할 길이 없다. 아마도 군인들의 행위를 합리화하기 위해서 과장되었을지도 모른다('보릿고개'가 냉혹한 경제적 현실이었던 1961년 당시에는, 호구지책이 없는 많은 여성이 살기 위해서 그런 행위를 택한 것이 사실이었다). 어쨌든 1961년 당시의 전체 여성 인구 약 1300만 중 그런 여성이 37만(2.84퍼센트)이었던 것에 비해, 1995년 현재의 총여성 인구 약 2200만 중에 200만이 '몸을 파는' 여성이라면 그 비율은 9퍼센트, 만약에 비공식 추산의 250만이라고 한다면 11.4퍼센트가 된다.

나는 이같은 숫자들이 정확한 통계학적 진실이라고 받아들이지는 않는다. 이 나라의 여성 10명 중 1명이 그런 부류의 여성이라고 믿고 싶지도 않다. 다만, 우리나라 여성(사회)의 실태와 도덕적 성격의 일면을 설명해주는 자료로서, 남·북 사회의 '이질화' 문제를 생각할 때 북한 쪽만을 비난하는 우리의 일반적 경향에 대해 주의를 환기시키려는 것뿐이다. 젊은 여성이 고귀한 육체를 상품으로 해 남성에게 성적 쾌락의 수단으로 제공함으로써 하룻밤에 정직한 직장여성의 한달 수입보다도 많은 돈을 벌 수 있는 사회는 인간소외와 이질화의 극치일 뿐만 아니라, 경제제도로나 사회도덕으로나 완전히 가치가 전도된 사회다. 남한의 국민과 북한의 인민이 각기 상대방과 다른 차원(측면)에서 '보편적 소외'의 상태에 빠져 있는 사실을 말해주는 것이다.

결론적으로 말하면, '이질화'는 남·북한이 피장파장이라고 해야 한다. 굳이 어느 쪽이 더 이질화됐는가를 따지는 것은 어리석고 무의미할 뿐만 아니라, 상대방 얼굴에 침을 뱉으려 하다보면 그 침이 제 얼굴에 떨어지는 수치를 당할지 모른다. 남·북 쌍방이 각기 자기반성을 하고, 각기가 '인간의 얼굴'을 한 자본주의와 사회주의가 되어야 동·서독처럼 무리 없이 하나 될 수 있을 것으로 생각한다. 남한과 북한은 둘 다 '인간의 얼굴'을 한 사회주의와 자본주의가 아니다. 그리고 그 추악함에서 우열을 가리기 어려울 정도다.

남·북한 경험의 변증법적 융합으로서의 통일

북한사회는 오랫동안 1인 숭배, 1당 독재, 폐쇄적 사회통제, 개인적 사유의 억제 등 어느 모로나 우리가 수용할 수 없는 체제와 제도임이 틀림없다. 게다가 국민총생산의 단순 비교에서도 분명히 드러나듯이, 경제적·물질적 생활은 현대적 문명사회의 모습이 아니다. 최근의 대홍수가 아니더라도 그렇다. 물질적 생산력에서 사회주의는 자본주의를 따를 수 없다.

그런 반면, 북쪽 사회에서는 사람과 사람 사이의 삶의 모습이 우리가 생각하는 것과는 크게 다른 면이 있는 것으로 알려져 있다. 북한을 버리고 온 귀순자들조차 북한사회의 인간적 순수성, 도덕성, 정직성, 순박함 등에 대해서는 남한사회와 대조를 이루고 있음을 지적하고 있다. 비교적 가난하지만 나눔의 미덕, 이웃과의 협동심, 지금도 일반적 생활형태인 대가족적 생활에서 오는 혈육적 윤리 등이 그 사회 사람들의 삶의 특징으로 지적된다. 그들은 겨레 고유의 문화와 관습을 아끼고 가꾸어가려는 민족문화적 긍지가 뚜렷하다. 이런 정신은 분명히 남한이 따를 수 없다.

우리가 선입감을 버리고 겸허한 마음으로 살펴보면, 남한사회가 잃어버렸거나 잃어가고 있는 여러가지 아름다움을 그쪽에서 애써서 가꾸고 간직하고 있음을 알게 된다. 조금 단순화해서 말하면 물질적으로 우월하고 종교를 자랑하는 남한사회는 '인간의 물질화' 경향이 심화되는 반면, 물질적으로 가난하고 종교가 없는 북한은 '인간의 종교화'를 지향하는 것처럼 비치기도 한다. 달리 표현하면 남한사회를 '물질적 풍요 속의 인간적 가난'이라고 한다면, 북한사회를 '물질적 가난 속의 인간적 풍요'라고 말할 수 있는 일면이 없지도 않다.

나는 어쩐지 많은 사람들이 사회주의와 역사적 경쟁에서 일방적으로 승리했다고 주장하는 자본주의가 사실은 절반은 이기고 절반은 지지 않았나 생각한다. 마찬가지로 어떤 사람들에게는 일패도지한 것으로 폐기되는 사회주의가 자본주의에게 절반은 지고 절반은 이기지 않았나 싶은 장면들을 본다. 이런 인식과 관점은 남·북한의 통일 형태와 앞으로의 남북관계에서 설 자리가 없는 것일까? 어떤 사회의 물질적 생산구조 양식과 정신·문화·도덕 양식을 각기 독립된 것으로 서로 떼어서 생각하는 사고는 비변증법적이고 비과학적이다. 하지만 남한의 자본주의적 물질적 생산력의 우월성과 정치적 및 개인적 자유에 북한의 사회주의 인간학적 공동이익 우선주의 도덕과 민족문화 생활양식에 대한 강렬한 긍지와 '자존(自尊)'의 가치를 지혜롭게 배합하는 방식에서, 통일방법과 통일국가의 최선은 아니더라도, 차선의 해답이 얻어지지 않을까 하는 생각을 버릴 수가 없다.

그렇다면 앞으로 긴 통일의 과정에서, 남한적 경험과 북한적 경험의 변증법적 융합으로써 물질적 충족과 도덕적인 인간-사회 가치가 어울리는 통일민족공동체를 기대할 수는 없는 것일까? 그것은 북한의 제반 개혁과 버금가는 남한사회의 자기개혁을 전제로 해서 비로소 가능하리라고 믿는다. 그러기에 나는, 남한의 우리가 할 일은 북한 동포들을 "공산주의 지옥"에서 구해주겠다고 중세기의 십자군을 자처하는 것도 좋지만, 그것보다도 먼저 남한의 우리 사회와 인간을 자본주의의 악덕에서 구해내는 일이 아닐까 생각해본다.

——『당대비평』1998년 봄호;『반세기의 신화』, 삼인 1999

제2부

국제관계

해설

　제2부는 국제정치 비평에 해당하는 글 4편을 거두었다. 여기에 드러
나는 현실 비판과 이에 기초한 미래 기획은 "탈식민·탈패권·탈분단을
지향하는 국제정치이론" 곧 '비판적 실천으로서의 국제정치이론'으로
평가되기도 한다.(구갑우)

　「대륙 중국에 대한 시각 조정」은 선생의 중국론의 원형이라 할 만하다.
이 글이 처음 발표된 1971년은 미·중 화해가 막 시작되어 냉전질서에
균열이 벌어짐으로써 충격을 준 말 그대로 '전환시대'였고, 중국 대륙
을 어떻게 볼 것인가는 그때의 핵심 쟁점이었다. 냉전논리에 지배되어
중국은 곧 중화민국(대만)이고 중국 대륙은 불법적 공산당 집단이 지배
하는 '중공'으로 부르는 고정관념에서 벗어나야 할 시점이었다.
　선생은 중국을 보는 "고정관념의 굴레"(192면)에서 벗어나려는 "기초
작업이 선행"(같은 곳)되어야 한다고 판단한다. 그래서 1949년 이후의 중
국의 성취를 '기적'으로 보는 시각과 거꾸로 '파멸'로 보는 시각 둘 다
를 독자에게 제시하는 논술방식을 택해 '있는 그대로의 중국'을 살펴보

는 시각 조절을 기대한다. 이같은 글쓰기 전략은「대륙 중국에 대한 시각 조정」등에 두루 구사되는데, 이 글에서는 구체적으로 중공 정권의 정통성 문제, 개인숭배 문제, 강제노동수용소, 모택동사상, 언론과 문예의 자유 등에 대한 엇갈리는 여러 평가와 실상을 제시하면서 냉전의 흑백논리에서 벗어나 사유의 자유를 얻기 위한 연습을 권유한다.

이 글에서 선생은 양면을 "독자에게 제기하는 정도에 그치려고"(163면) 했지만, 중국 대륙을 '파멸'로 보는 냉전적 시각에 길들여진 당시 독자에겐 그 정도만으로도 세계관의 전환을 느끼는 충격을 주었다. 여기에 중국근현대사를 혁명운동이라는 시각에서 구성함으로써 근대화를 달성해야 할 과제인 동시에 비판과 극복의 대상으로 간주한 글들(예컨대「사상적 변천으로 본 중국근대화 백년사」등)도 가세해 더 큰 효과를 거두었다.

그런데 이 글이 대상으로 삼은 기간은, 중국이 1978년부터 개혁·개방으로 전환한 이후 공산당에 의해 '10년 동란' 또는 '10년 내란'의 시기로 규정되었다. 그때부터 전면 부정당하고 상층의 파벌투쟁, 권력투쟁이 일상생활에 가져온 상처가 부각되면서, 선생의 중국관은 논쟁에 휘말렸다. 그러나 지금 중국 안팎의 일각에서 문화혁명의 전면부정론을 비판하는 동시에 문혁의 실패도 인정하는 조류가 대두하고 있다. 그 기간에 아래로부터 출현한 사회적 자율·자치의 가능성이나 문혁 초기의 (직접 민주주의라 할 만한) 대중적 정치운동의 고양에 주목하는 것이다. 이런 변화도 염두에 둬야겠지만, 최근 홍콩 사태와 코로나19에 대응하는 중국에 대해 반중감정이 높아지는 세계적 분위기에서 고정관념의 굴레에서 해방되어 '있는 그대로의 중국'을 보는 사유의 자유를 일깨운 이 글의 근본적 의미는 곱씹어볼 만하다.

「베트남 35년전쟁의 총평가」는 1975년 베트남이 막 통일된 시점에 씌어졌다. 1975년 5월 1일 베트남공화국(남베트남) 정부 대통령이 민족해방전선 대표에게 무조건 항복함으로써 35년간에 걸친 전쟁이 끝난 충격이 생생한 상태였다. 이 와중에 독자에게 그 역사적 맥락과 성격을 냉정하게 짚어볼 기회를 제공한 것이다. 그 이전에 발표된 「베트남전쟁」 1·2에 이은 총괄편으로 주목받았다.

선생은 중국에 대해서와 마찬가지로 베트남 사태에 대한 편견과 선입견을 배제할 것을 권유한다. 그 대신에 갖춰야 할 자세는, 기본적으로 베트남 국민의 역사와 현실적 입장과 이해를 고려하는 것이다. 이에 입각해 보면, 베트남전쟁의 성격은 베트남 국민의 민족해방과 분단된 민족의 재통일이다. 이 사실을 받아들이기 위해서는 역시 시각 조절이 요구된다. 이를 설득하기 위해 이 글은, 두개의 협정을 분석하는 논술방식을 구사한다. 먼저 30여년에 걸친 긴 전쟁 과정의 인과관계를 찾기 위해 제네바협정(1954년 7월 20일 조인)에 주목한다. 이는 베트남의 종주국이었던 프랑스와 베트남 인민의 '적대행위'(전쟁)를 끝맺는 휴전 절차적 성격의 협정이다. 그리고 정전 뒤의 정치적 해결(즉 평화의 회복)에 대해서는 별도로 '최종 공동선언'의 형식으로 합의가 이뤄졌으나 미국과 남베트남(당시 프랑스 보호국)이 협정 조인을 거부해 정전에는 성공했으나 정치적 해결에 실패하고 말았다. 그뒤 프랑스를 대신해 미국이 개입해 오랜 전쟁이 지속되었는데, 통일되기 2년 전 작성된 것이 빠리휴전협정(1973년 1월 27일 조인)이다. 군사적 해결과 정치적 해결을 유기적으로 결부시킨 구조였고, 미국과 남베트남 정부가 조인함으로써 제네바협정보다 실효성이 강화되었다. 그럼에도 불구하고 전쟁은 계속되었다. "결론적으로 말하면 협정 위반의 책임을 밝히기란 어려운 것이고, 더욱이 어느 한쪽만의 책임으로 단정할 수는 없는 혼란한 상태가 계속되었다." (218면) 선생은 베트남 사태는 무력에 의한 흡수통일이라는 "그 종말의 형태에서보다 남베트남의 내부적 특수성·인과관계에서 더 많은 참된 교훈을 주는 전쟁이었다"(238면)고 결론 맺는다.

한국 역사상 가장 큰 규모의 병력을 파견해 큰 희생을 치르고도 그 파병의 경제적 효과만 내세울 뿐 전쟁에 대해 본격적인 성찰도 평가도 하지 않은 데 대한 선생의 우려가 짙게 배어 있는 글이다. (1985년에 베트남 관련 글들만으로 엮은 『베트남전쟁: 30년 베트남전쟁의 전개와 종결』이 처음 출간되었다.) 지금은 우리 학계와 시민사회에서 반성과 평가가 어느정도 이뤄진 셈이지만, 널리 공유되었다기보다 논란을 야기하는 단계이다. 이런 현실 조건에서 베트남전쟁에 대한 한국사회의 기억을 바로잡는 작업을 수행할 때 선생이 놓은 주춧돌을 돌아보면 든든한 뒷배를 얻게 된다.

「다시 일본의 '교과서 문제'를 생각한다」는 1982년에 교과서 문제가 폭발한 직후인 1983년에 발표된 글이다.

선생은 1982년이라는 시점을 중시하며 이때 교과서 문제가 터진 것은 우연이 아니라고 분석한다. 멀리 거슬러올라가 1950년대 초 샌프란시스코조약과 미일방위조약 체결에 따라 평화헌법 아래에서 군사대국화로 전환하는 기점을 맞은 이후 일본은 30년간 군비증강을 계속해왔고 이렇게 강화된 물리적 군사력이 각종 제약 조건을 제거하는 데 목표를 두고서 진행된 일련의 작업의 일부이다. 특히 1982년 시점에 패전 후 출생한 사람이 일본 인구의 55퍼센트를 넘게 되자 이들 전후세대에 대해 취해진 "치밀하고 조직적이고 장기적인 일대 '세뇌'정책"(260면)이 바로 교과서 사건이라고 규정한다.

역사교과서를 둘러싼 분쟁은 이후 일본 우익 지도층의 망언과 더불어 단속적으로 되풀이되고, 우리는 그에 대해 시정과 사과를 요구하는 패턴이 되풀이되어왔다. 1982년 우리 정부가 일본 측의 '반성각서'를 받고 '외교적'으로 해결되었다고 분쟁을 마무리짓는 한편 국민의 들끓는 반일감정을 독립기념관 건립으로 해소하려고 한 것은 그 단초이다.

이 글에서 주목할 것은 교과서 문제의 본질에 대한 우리의 대응이 극일의 이념과 행동강령을 제시하는 데 머물러서는 안 된다고 경고한 대목이다. 지배층의 역사관과 학술계 주류의 견해가 집약적으로 표현되기 마련인 역사교과서 문제는 그들의 군사대국화를 위한 노력의 일부이다. 이에 대해 한국이 부국강병해야 한다는 주장도 나왔는데, 선생은 이런 유의 극일론은 국민을 오도하는 것이라고 비판한다. 왜냐하면 일본의 교과서 왜곡과 거듭되는 망언은 결코 경제력이나 군사력의 비교에 그 근거가 있지 않기 때문이다. 이 글이 제시하는 해법은 "남·북한 동포 간에 평화적 생존양식을 민족 내부적으로, 민족 주체적으로 형성할 수 있느냐"(272면)에 달려 있다는 것이다. "일본 군대가 북한에도 남한에도 들어올 필요가 없는, 이 반도상의 민족 내적 조건을 확립하여, 자주적으로 평화적 통일을 지향하는 것이 일본 교과서 문제의 한국적 의미"(같은 곳)라고 읽는다.

지금 한·일 관계가 일본 기업의 조선인 강제징용에 대해 일본 기업의 자산 압류를 허용한 한국 대법원 판결 이후 무역갈등으로 최악의 상태에 이르렀다. 이런 시점이기에 더욱더 절실히 이 글을 사유의 원점으로 돌아보게 된다.

「극단적 사유재산제, 광신적 반공주의, 군사국가」는 1987~88년 미국 버클리대학에 초빙교수로 가 있던 시절에 국내 월간지(『말』)에 연재한 글의 한회분이다. 이 글은 귀국 직전인 1988년 2월에 발표되었다. 그때 미국은 무너지기 직전의 구소련 등 공산권의 변화를 지켜보는 중이었고, 한국은 1987년 6월항쟁 이후 민주화의 기대가 높던 시점이었다.

이 글은 미국 자본주의와 미국사회의 문제점에 대한 선생의 종합 평가라 할 수 있다.

미국을 파악할 때도 우리의 인식능력이 중요한 것은 물론이다. 미국에 대한 선입견을 털어버리고 예리한 관찰력과 넓은 수평의 지식을 동원해야 한다. "관찰자의 인식능력의 성장에 따라서, 그에 비례해서 미국사회는 속을 드러내 보인다"(273면)는 대목은 선생 자신의 미국 견문체험에 바탕한 것이기에 그만큼 더 설득력 있다.

1959년 처음 방문했을 때는 '미국 찬미론자'였는데, 1961년 두번째 방문 때는 미국이란 달의 반이 어둠이고, 그 절반의 밝은 면에도 그림자가 끼어 있음을 발견한다. 처음 방미에서 30년 만인 1987년 세번째 방미를 했을 때는 미국이 자유·평등·정의 사회는 아님을 확인하게 된다. 그리고 미국의 지(地)의 세(勢) 곧 자연환경과 자원은 변함없으나 시(時)의 세는 쇠퇴하고 있음을 관찰한다. 넘치는 물질적 풍요와 무한정인 듯싶은 개인적 자유가 미국의 매력으로 일컬어지나, 풍요가 낭비로 되면 자연의 파괴에 다름 아니고, 풍요의 혜택이 고루 누려지지 않으면 부도덕 내지 죄악임을 간파한다. 후자의 산 증거로 흑인 빈민 비율은 백인의 25배란 수치가 제시된다. 그리고 개인의 자유는 원자화된 개인을 조장하고, 이기주의와 물질추구만 남으니, 이게 바로 인간소외이다. 요컨대 미

국이 앓고 있는 질병은 세가지 뿌리, 곧 극단적 사유재산제도, 광신적
반공주의, 군사국가화에서 나온 것이다.

이와 같은 미국 질병론 내지 '미국 패권의 종말'의 가능성을 거론하
는 논의는 1980년대에는 주로 비판적 지식인들의 '이론적인' 논쟁의 범
위에 머물렀던 것 같다. 그러나 트럼프 행정부의 파행, 특히 코로나19
사태의 대응방식 및 플로이드(George Floyd) 사망에 대한 항의시위(반
인종주의 투쟁)를 지켜보는 지금은 그 실감의 범위가 훨씬 넓어진 감이
든다.

백영서

1
대륙 중국에 대한 시각 조정
: 중국 본토 사회의 실제와 판단

두개의 신화

새로운 대약진이 마련되고 있다. 집단경제는 모든 시련을 넘어 인
민공사(人民公社)는 반석 위에 놓이게 되었다. 이 모든 기적을 나에게
보여준 이 나라 인민에게 축복 있어라.

(인민공사에 대해) 인민의 뿌리 깊은 개인경영사상과 집단수용소
에 대해 느끼는 환멸감은 자본주의적 요소가 끊임없이 성장되도록
부채질할 것이며 공산독재체제의 멸망을 촉진하는 요인이 될 것이다.

위에 예시한 두 평가는 모두 중국 대륙에서 이루어지고 있는 그 사
회의 정치·사회·경제·문화의 기초적 구조이며 기본단위인 인민공사
에 대한 것이다. 전자는 꾸바의 한 특파원의 현지 보도(Anna Louise Strong,
Letters from China, New World Press 1963, 제9편 1963. 7. 3)이고 후자는 안경준(安
慶濬) 한국외국어대학 강사가 「인민공사와 그 체제 변천에 대한 고찰:

중공 경제체제의 본질을 해부한다」(『정경연구』 제72호, 1971년 1월호)의 맨 끝에서 내린 결론이다.

우리는 여기서 중국 대륙에서 일어나고 있는 사실과 현상에 대해 정면으로 상반된 견해를 볼 수 있다. 하나는 1963년의 것이고 하나는 1971년의 견해라는 것은 그리 중요한 문제가 못 된다. 현재 이 시간에도 이와 같은 상반된 견해는 세계적으로 그대로 계속되고 있기 때문이다. 하나는 현지에서 본 것이고 하나는 간접적으로 연구한 견해라는 것도 문제가 되기는 하지만 본질적인 이유는 못 된다.

문제는 오히려 중국 대륙에서 중국 공산사회가 추진하고 있는 '인류 사상 초유의 일대실험'에 대해서 처음부터 그 사람이 갖고 대하는 선입관과 입장인 듯하다.

중국의 사회주의적 '실험'에 대해서 호의를 가진 외국인은 처음부터 감격하여 웬만한 허물은 덮어놓고 전면적으로 찬양하는 경향이 있다. 그런가 하면 반공적 입장에 서는 외국인은 중공이 이룩한 어떤 성공과 업적은 덮어놓고 그 사회를 전면적으로 비방 규탄하는 경향이 없지 않다. 같은 사실과 현상을 놓고 하나는 '기적'으로 보고 하나는 '파멸'로 보는 까닭은 선입관과 입장 때문인 것 같다.

왜냐하면 그 두 사람이 모두 어떤 사실과 현상에 관한 자료·숫자·내용의 통계적 고찰은 세밀히 하면서도 결론이 다르게 나온다는 것은 1차적으로는 그 사람의 개인적 가치관의 차이와 2차적으로는 중국 역사 속의 중국 인민의 입장에서 보지 않고 자기 사회 역사 속의 자기 입장에서 보려 하기 때문이 아닌가 싶다. 이와 같은 평가의 상반은 인민공사뿐 아니라 중공사회의 전면에 걸쳐 그러하다.

이와 같은 '주관'적 입장에서는 한 예를 들면 미국사회조차 전적으로

'풍요'일 수 있고 반면 전적으로 '빈곤'일 수 있다. 또 소위 사실이라는 것과 숫자의 요술도 문제된다. 예를 들어 우리 사회를 평가하는 데도 다 같이 정부나 한국은행 발표 자료를 토대로 하면서도 하나는 세계에 유례없는 발전이라 하고, 하나는 외차파산(外借破産)과 비인간화의 표본이라고 결론짓는다. 통계적 숫자나 소위 객관적 사실이라는 것도 다루는 사람의 입맛에 맞게 선택되고 엮어지고 이론화된다는 것을 부인할 수 없다. 그렇지 않고서는 기적과 파멸 사이의 이론적 해석이 불가능해진다.

이 문제는 우리 사회에서는 더욱 그렇다. 대륙 중국이 사회주의 또는 공산주의 체제인 이상 일단은 우리 사회의 법률적·사상적 요구로 해서 그것을 부인하고 들어가야만 하게 되어 있다. 과연 이같은 입장에서 학문적이고 양심적인 연구가 가능하며, 상대적인 규율 및 차원에서나마 어느 정도의 보편성 있는 평가와 결론을 내릴 수 있는가가 문제된다.

우리가 어떤 정치적 데마고기를 하려는 것이 아니라 현실을 있는 대로 보면서 보다 긴 역사적인 안목과 좀더 넓은 세계적 전망을 통해 우리 사회 자체의 영원한 발전과 행복을 찾으려 한다면, 일단 '기적'과 '파멸' 사이에서 중국을 살펴보는 자세가 아쉽다.

더욱이 직접적 관찰이 불가능한 우리가 그 사회와 인민의 실정을 간접적 방법을 통해서만 관찰해야 하는 현실에서는 고정관념에서 일단 벗어날 필요가 있다.

우리와 체제가 다른 공산주의와의 국가적 관계에서 이 나라가 전후 27년 동안 그리고 최근 몇해 사이에 얼마나 고정관념의 피해를 받고 있는가 하는 것은 우리가 다 아는 바다.

우리(남한)의 97배의 국토와 7억 5천만의 인간이 그 위에서 수행하고 있는 대혁명은 헤아릴 수 없이 거대하며 또 복잡한 내용을 지니고 있다. 민주주의니 자유니 하는 개념부터가 다르게 실천되고 있다. 그러기에 상이한 체제의 연구나 평가에는 표현과 기술(記述) 수단인 용어의 개념부터 재음미하지 않으면 안 된다. 용어는 역사적 산물이기에 그 경제·문화 조건의 내용과 성격을 지니고 있다. 중공사회의 관찰에 앞서 우리는 고정관념의 장애적 요소를 항상 명심할 필요가 있다.

대립적 '신화'의 타파

이와 같은 몇가지의 기본적이고 전체적인 의식을 가진다면 중공 문제의 관찰은 이미 그 반은 이루어졌다고 해도 좋을 것이다. 그런 작업을 거쳐 양극단적인 신화의 정체를 벗겨보기로 한다.

여기서는 최근 갑자기 우리의 관심을 끌게 된 중공과 세계 각국의 급변하는 관계변화, 중공의 대외정책 또는 사회 각 분야의 세밀한 해부학적 기술은 피하기로 한다. 중공사회의 여러 분야에 걸친 그와 같은 연구는 긍정적인 방향에서건 부정적인 방향에서건 이미 우리 신문이나 잡지에서도 낡은 것이 되었을 만큼 빈번히 다루어졌기 때문이다.

따라서 여기서는 중국 본토 사회를 밖에서 들어가 살펴보는 식으로 우선 들어가는 문제부터 시작하여 그 사회의 낯선 몇가지 독특한 행동과 사상을 검토하면서 파악해보는 방법을 택하기로 한다.

이 지상(紙上) 여행은 어디까지나 대표적인 측면을 골라 그에 대한 긍정·부정의 여러가지 엇갈린 견해와 평가를 들면서 '어떻게 보아야 할 것인가' 하는 문제를 독자에게 제기하는 정도에 그치려고 한다.

'죽의 장막'이라는 신화

우리는 중국 대륙을 대나무의 장막을 드리운, 들여다볼 수 없는 나라라는 신화적 용어로 일컫는다. 중공 정권이 그 장막 밖으로 모든 정보나 소식이 흘러나가는 것을 막고 있다는 주장도 있다. 더욱이 미국의 보도기관이나 여행자들에게는 이 정책이 고수되어온 것이 사실이다.

그러나 이와 같은 주장과는 반대로, 중공은 미국이나 그에 충실한 몇몇 동맹국을 제외하고는 거의 모든 나라의 신문·방송·잡지 등 기자들에게 문호를 상당히 개방해왔다는 것도 사실이다. 사회주의 국가뿐 아니라 심지어는 미국과 군사동맹 관계에 있는 일본·서독·영국·프랑스를 비롯해 아시아의 거의 모든 국가의 기자들이 비교적 자유롭게 드나들고 보도해왔음을 지적하는 측도 있다. 그들이 얼마나 자유롭게 보고 싶은 것을 맘대로 볼 수 있었느냐는 것이 문제이지만.

하여간 중공은 완전히 장벽에 싸인 나라라는 관념은 주로 미국의 주장이라는 일면이 강하다. 최근 탁구외교를 계기로 처음으로 미국 기자들의 입국이 허용됨으로써 이제는 미국도 그와 같은 신화를 그대로 유지하기는 어려워졌다.

우리나라의 대중공관은 대체로 미국의 대중공관을 그대로 반영하고 있는 듯하다. 실제로 미국 쪽에 중공에 관한 정보가 안 나오는 이유는 상호적인 것이지 미국의 일방적인 기피증 때문은 아니다. 선전을 넘어서 진실을 추구하려는 미국 언론·보도계의 노력이 사실은 미국정부의 방해로 저지되어온 일면도 있다.

미국 국무성은 미국인의 중공 방문을 저지하고 있는 것은 북경 정부에 책임이 있다고 늘 발표했다. 그러나 문제는 그렇게 간단하지는 않아 보인다.

본래 중공 정부가 신문기자나 작가들을 포함한 많은 미국인에게 사증(査證)을 발부하려 했던 사실은 별로 알려지지 않고 있다. 대만해협의 위기가 가신 50년대 후반에 들어서부터 중공 정부는 중국 입국을 희망하는 미국인에게 일반 여행자로서의 사증을 내겠다는 입장을 분명히 밝혀왔다. 그러나 아이젠하워 대통령 정부는 중공의 입국동의를 얻은 애버럴 해리먼이나 엘리너 루즈벨트 부인 등 저명인사는 물론 각종 보도기관의 중공 특파원 파견요청을 거부했다. 반중공정책으로 유명한 덜레스 국무장관은 중공 방문은 법률위반이라고 우겼다. 해리먼은 중공 측의 사증을 받았지만 국무성의 여권발행 거부에 부딪히고 정부의 압력을 받았다. 그러자 그는 자기의 방중(訪中) 자격을 일반 시민 또는 정치인이 아니라 국무성에 불법조항이 없는 특파원 자격으로 신청했으나 그것도 기각당했다.

중공 방문을 뒤에서 운동한 몇몇 신문사와 출판사는 덜레스 장관의 요청으로 아이젠하워 대통령이 직접 불러 압력을 가했다. 미국정부는 중국 본토 안에서 이루어지고 있는 대혁명에 관해서 미국인들이 직접 또는 미국 기자들의 보도를 통해 미국의 충실한 반공 동맹국가의 시민들이 뉴스를 듣게 되는 것을 두려워했다는 견해가 여기서 나온다.

'죽의 장막'이라고 미국정부가 부르는 장벽을 넘어서 들어가보려는 미국 언론계의 압력이 날로 강해지자 덜레스 국무장관도 1957년에는 마지못해 중공에 특파원을 보낼 자격이 있다고 생각하는 소수의 보도기관 명단을 만들었다.

이 조치에 따라 그 보도기관들이 중공 정부에 사증을 요구했다.

중공 정부는 그들을 언제라도 환영한다는 입장을 밝히고, 미국인 특파원의 수만큼 중공 특파원의 미국 방문을 허가하라고 미국정부에 제의하기까지 했다. 덜레스 국무장관은 이 호혜적 제의를 일축했다. 그는 미국의 이민법은 공산주의자에 대한 사증 발급을 금지하고 있다는 이유를 내세웠다. 그러나 그때 소련이나 동구공산국가의 특파원들은 미국을 취재하고 있었던 것이다.

그후 케네디 대통령은 1961년 초 이민법 규정을 우회하여 일정수의 중공 기자의 입국허가를 고려하겠다고 말했으나 그것은 이미 중공 측이 미국정부의 호혜적 기자 교환 거부 때문에 기자 교환은 불필요하다는 발표를 하고 난 뒤였다.

최근 갑자기 미국과 중공 관계의 '해빙'과 급속도의 '접근'을 이룩하는 데 막후 역할을 담당한 유명한 중국통 에드거 스노우조차 중공 정권 이후 중국 대륙을 두번 방문하는 데 미국정부의 온갖 방해와 압력을 받고 한번 신청한 후 정부의 마지못한 허가가 나올 때까지 몇해씩이나 걸렸던 사실을 실토했다(Edgar Snow, *The Other Side of the River: Red China Today*, Random House 1962, 서문).

그러고 보면 외국인에게 중국 본토를 들여다보지 못하게 하려 한다는 주장은 대부분의 국가에서는 사실과 멀고, 미국과의 경우는 적어도 어느 한쪽만의 책임이 아니라는 것을 알 수 있겠다.

중공이 스스로 국제사회에서 '고립'하려 한다는 신화도 이와 비슷한 일련의 역사적 사실을 파헤쳐보면 반드시 사실이 아님을 알 수 있다.

대륙 정권의 '합법성' 여부 문제

'죽의 장막' 시비를 넘어서 대륙에 들어온 외국인은 중국혁명이라는 사실에 직면하게 마련이다. 싫건 좋건 20여년간의 혁명을 통해서 1949년 10월 1일에 수립된 '중화인민공화국' 정권하에 들어온 것이다.

이 정권에 대해서는 특히 긍정·부정의 양론이 여태까지 들끓어왔다. 한쪽에서는 이 정권이 그 당시 5억 중국 인민을 폭력과 사기술과 대량학살 등 온갖 불법적·비인도적 방법으로 장악하고 국민의 지지를 받던 장개석 총통의 중화민국을 전복했으므로 불법 정권이라고 주장한다.

이에 대한 반대론자들은 "모택동의 공산혁명은 5천년 역사를 통해 중국 대륙에 반복되어온 농민혁명의 최종적 결실이며, 폭군적으로 통치하던 장개석 정권의 철저한 부패와 무능, 그리고 인민 지지의 상실 때문에 필연적으로 이루어진 결과"라고 설명한다.

혁명에 '합법성' 여부의 시비 자체가 우스운 일이지만, 하여간 시비는 지금도 그치질 않는다(최근에는 전자의 입장은 미국을 제외하고는 급속히 그 이론적 타당성을 상실해가고 있지만——하기는 미국 대통령조차 금년 들어서부터는 종래의 공식 용어이던 '중공'이나 '대륙 중국' 대신 '중화인민공화국'이라고 부르게 되었으니 일단 이 시비는 고비를 넘긴 듯하다).

현 중공 정권 지도자들이 어떤 신념과 희생과 행동으로 방대한 영토와 인민을 통일하게 되었는가 하는 긴 세월의 투쟁 과정을 알기 위해서는 대립적 신화의 어느 한쪽 신자(信者)들의 말만으로는 부적당하다. 중국의 역사를 알아야 하고, 그 속에서 수천년을 두고 빈곤과 억압만을 알고 살아온 중국 인민의 생활상을 살펴봐야 이에 대한 해답이 나올 수 있다.

무엇보다도 위험한 것은 자기가 사는 체제나 자기가 믿고 있는 이념과의 원근(遠近)관계에서 무작정 긍정하거나 부인하는 태도이겠다.

그러기에 우리의 입장에서는 차라리 이 혁명을 불신하고 싶은 경향이 있는 미국의 권위있는 학자·전문가 들의 다음과 같은 견해를 들어보는 것이 좋겠다.

중국의 공산주의 혁명이 성공한 이유와 그것이 딴 곳에 미칠 영향을 우리가 이해한다는 것은 극히 중요한 일입니다.

1930년대와 40년대에 걸친 중국 공산주의자들의 성공을 설명할 이유는 무수히 있습니다. 그중 가장 두드러진 그리고 가장 중요한 이유를 몇가지만 든다면 다음과 같습니다.

하나는 중국 대륙에 혁명조건을 만들어내는 데 결정적인 도움이 된 중·일전쟁입니다.

또 하나는 중국을 좀먹고 있던 봉건지주제, 인플레이션 또는 부패와 같은 기본적인 문제를 해결하거나, 인민대중의 굳건한 지지를 받을 만한 기틀을 마련하기 위한 효과적인 정책·계획을 창조하고 실천하거나 그럼으로써 국민대중과 그들 세력 자체 내의 단결을 이룩하는 데 비공산세력의 지도자들(장개석 등)이 실패했다는 사실입니다. 바로 비공산주의자들의 이와 같은 실정(失政)이 공산주의자들이 활동할 진공상태를 조성했던 것입니다.

그리고 더욱 중요한 사실은 공산주의자들은 역사상 일찍이 볼 수 없을 만큼 기강과 도덕적 무장이 확고하고 강력한 혁명조직을 구축하는 데 성공했다는 사실입니다. 이와 같은 토대에서 내셔널리즘의 시대적 요구에 호응하고 특히 항일전쟁 기간 중 민중의 숙원인 사회개혁에 성의를 다했을 뿐 아니라, 유능한 혁명전략을 발전시키고 모든 개혁을 단호하게, 만약 필요하다면 무자비하게라도 추진·성취시킨 점에서 공산주의자들 스스로의 성공을 들어야겠습니다. (미국 상원 외교위원회 '본토 중국에 대한 미국 정책' 청문회 의사록, 617면, 1966. 3. 8, 컬럼비아 대학 동아시아연구소장 도크 A. 바넷 교수 증언)

이와 비슷한 견해는 미국 의회사상 최대의 학술적 청문회라고 알려진 이 중공관계 청문회에 나온 거의 모든 저명한 미국 학자·전문가 들이 표명하고 있다.

다음과 같은 견해도 있다.

중화인민공화국은 중국의 긴 역사에서 어떤 위치를 차지하며 어떤 의미를 가지는 것일까. 나의 생각으로는 1921년 소수의 당원으로 출발한 중국공산당이 국민당의 강압과 일본 제국주의의 침략을 물리치고 30년의 고투 끝에 마침내 중화인민공화국의 성립에 이르는 역사는 두말할 것도 없이 중국 역사에서 미증유의 사건이다. 모택동의 중국공산당은 진승(陳勝)·오광(吳廣)의 봉기로 시작되는 중국 역대의 무수한 농민봉기의 전통을 계승하는 것으로 생각하고 있다. 특히 1851년 광서(廣西)의 한 귀퉁이에서 거병하여 53년 남경(南京)을 점령하여 도(都)를 설(設)하고, 한때는 북경에까지 이르러 청조(淸朝)에 대충격을 주고 64년까지 11년간 장강(長江) 이남의 지구를 지배했던 태평천국(太平天國)과는 직접적으로 피를 통하고 있다.

중국의 농민은 언제나 농민폭동으로 왕조를 쓰러뜨리기는 했으나 그뒤에 농민 스스로의 힘에 의한 정권을 세우거나 중국을 영속적으로 통치하는 정부를 만드는 데는 언제나 실패했다. (…) 농민들은 언제나 얼마 안 가서 본래의 통치계급에 자리를 물려주고 말았다. 농민의 아들이며 중국의 사서(史書)를 애독한 모택동은 농민 정권을 지키고 그와 같은 역사를 다시는 되풀이해서는 안 된다고 깊이 믿고 있는 듯싶다. (貝塚茂樹『中國の歷史』下卷, 巖波書店 1970, 184면)

이와 비슷한 견해는 역시 아이작 도이처가 그의 『미완의 혁명: 소련혁명 50년』의 '소련혁명과 중국혁명' 장에서, 그리고 오언 래티모어가 그의 유명한 저서 『중국사 개관』(China: A Short History)의 제4부 '중국과 근대사회' 제2장에서 피력하고 있다.

새로운 인간형: 중국인?

이와 같은 지도자들이 수년 전에 시작해 아직 완전히 끝을 내지 못하고 있는 대소동을 벌였다. '문화혁명'이라는 이름으로 불린 이 대중운동은 우리나라에서도 지난 약 5년 동안 신문과 잡지에서 거의 매일같이 다루어졌기 때문에 모두가 어렴풋이 기억하고 있다.

그러나 문화대혁명이 중국 8억 인민의 정치·경제·사회·문화의 활동 전면에 걸친 대수술이기 때문에 그에 대한 해석과 평가는 걷잡을 수 없이 엇갈려 있다. 워낙 외부사회의 체제나 이념 및 관념과는 다른데다가 중공에 대한 호의와 혐오의 입장에서 아전인수 격으로 해석하려는 경향이 많았다.

그 긍정적 의미와 성공을 믿었던 것은 모택동과 그의 철학을 따르는 '조반(造反)'파밖에 없었다. 같은 사회주의 국가들도 고작 해야 회의적 태도를 보여왔으며 이것으로 해서 중공은 소련을 비롯한 공산주의 국가 사회 속에서도 고립·배척되었다. 반공주의적 국가나 학자·전문가들은 문화혁명이라는 소용돌이가 중공 정권과 중공식 체제의 파멸을 뜻하는 것으로 해석하고 또 그렇게 되기를 희망한 것이 사실이다.

우리나라뿐만 아니라 전세계에서 홍위병(紅衛兵)으로 대표된 문화대혁명은 대체로 중공 지도자들의 권력투쟁, 인간성 파괴, 야만적 문명말살, 정치적 반동, 강제된 개인숭배 등으로 받아들여졌다. 그 각각의 측면도 있고 그 전부일 수도 있겠다.

그것은 너무나도 큰 인간의 실험이며 아직도 끝나지 않은 대운동이기에 역사적으로 정확한 평가를 내리기에는 아직도 시기상조라는 감이 있다. 긍정적인 입장도 부정적인 입장도 뭐라고 단정하기에는 너무도 전례가 없는 크고 복잡한 실험인 것이다.

한마디로 말하면 그것은 ① 자본주의적 역사와 조건에서 만들어진 인간을 개조하여 새로운 사회주의적 인간을 만들자는 것과 ② 계급분화의 여러 요인을 근본적으로 제거함으로써 평등한 인간 생활을 보장·발전시키는 사회구조를 창조하자는 것. 이 두 목적을 모택동은 강조하고 있다.

맑스-레닌주의의 발전적 전개라고 주장하는 모택동과 맑스-레닌주의와는 아무 관계도 없는 바바리즘이라고 비난하는 소련 공산주의자들의 대립은 바로 이 운동을 보는 대표적 견해다. 그 대표적 측면을 살펴보자.

인간개조적 실험의 측면

공산주의 권력으로 이루어진 경제발전과 그것으로 인해서 변화한 여러 조건 사이에 생긴 새로운 모순 또는 갈등에서 '인간의 문제'가 생겼다. 중국의 대명사였던 기아가 없어지고 일반적 생활수준의 향상, 문맹의 제거 그리고 그 토대 위에 이루어진 생산의 근대화, 과학·공업기술의 생활화, 급속한 공업화에 수반하는 도시인의 증가 등은 현재의 지도자들이 이상으로 삼는 연안(延安) 게릴라시대의 인간형과 현대적 생산의 현실과의 사이에 모순을 가져왔다.

연안시대적 인간형의 기본적인 강점은 철저한 평등·우애·동지애·자기희생·전체에 대한 봉사 그리고 극단적인 절약이었다.

또 중국은 관료주의와 대가족주의 사회로서 그것은 그 전까지는 중국사회의 안정 요소이면서 동시에 극단적인 부패 요소이기도 했다. 모택동은 이 자기중심적인 가족주의의 탈피를 새 중국의 토대로 삼으려 하고 있는 듯하다.

또한 이기주의·출세주의·특권의식의 토대인 관료 및 특권계급화의 요소를 없애버림으로써, 이른바 소부르주아적 사상을 8억 인민 하나하나의 머리에서 절멸시키려는 노력인 듯도 하다. 그것이 성공할지 실패할지는 누구도 모를 일이다.

물질제일주의와 인간제일주의

이것은 사회주의 사회의 실현을 위해서 생산이 우선하느냐 정치가 우선하느냐의 오랜 과제에 대한 모택동의 답변이라고도 할 수 있다. 이것은 소련 사회주의운동을 대표하는 스딸린과 중국의 그것을 대표하는 모택동의 기본적인 철학적 대립을 말해주기도 한다.

스딸린은 소련혁명 19년 만인 1936년, 신헌법을 발표하면서 "이제 소련에서는 완전히 계급이 사라졌다"고 호언했다. 스딸린 사회주의의 특징은 기본적으로는 생산수단의 사회적 소유가 이루어지면 계급은 없어진다고 생각한 점이다. 그는 생산수단의 사회적 소유에 절대적 신뢰를 두었고 그 토대 위에서 생산력의 급속한 발전을 확신했으며, 생산력의 발전은 인간의 의식을 변화시킨다는 물질우선주의를 믿었다. 그에게 인간의 사상혁명은 부수적이고 자동적인 것이었다. 즉 스딸린은 기구개혁론자였다고 할 수 있다.

모택동은 이 점에서 스딸린과 기본적으로 대립한다. 그는 자본주의에서 사회주의로 옮겨 앉은 사회의 인간은 생산수단의 사회적 소유나 생산의 증가로 자동적으로 개조될 수 없는 구사회의 사상과 습관과 타성을 그대로 장기간 지니게 마련이라고 주장한다.

특히 이기적 욕구는 뿌리 깊은 것이어서 노동자와 농민의 사상적 혁명을 기구적 혁명과 별도로 거치지 않고서는 자본주의로의 역행충동이 우월해질 위험이 있다고 본다. 이것은 무산계급의 계급적 독재를 그 내부에서 붕괴하는 힘이라고 그는 경계한다. 이것이 현재 악화하고 있는 중·소 대립의 밑바닥에 깔린 기본적 사상의 차이이기도 하다.

유소기 대 모택동의 권력투쟁

생산이 우선하느냐 인간혁명이 우선하느냐의 양자택일적 문제에서 유소기는 스딸린에 따라 전자를, 모택동은 후자를 택함으로써 급기야 문화대혁명은 유-모의 권력투쟁으로 확대된 것이다.

물질제일주의의 입장에 선 유소기는 생산력 발전으로 인간의 사상개조가 촉진된다는 이유와 중공의 급속한 공업발전 그 자체의 긴급성 때문에 농촌에서는 사유지·생산이윤 등의 물질적 자극 방법을 확대했다. 공업 분야에서는 전문가와 기술자 대우, 노동자의 종속, 관리인 중심의 경영제도, 41종에 달하는 보너스제의 도입 등 바로 현재의 소련식 방법을 취했다. 그 결과 단기적으로는 생산증가에 도움이 되었으나 노동자 농민의 자본주의적 이기사상이라는 역행현상을 심화하는 과정을 촉진했다고 모택동은 비난했다. 이에 대항한 모택동은 혁명=인간개혁을 촉진하는 것으로 문화대혁명이라는 4년간에 걸친 소용돌이를 겪으면서도 장기적으로는 이기심이 동기가 되지 않는 새로운 사회주의적 인간으로 하여금 혁명과 생산이라는 과제를 양자 통일해보려고 했다.

그러나 인간의 사상혁명으로 현대적 공업에서 어느 만큼의 생산력 향상을 기대할 수 있느냐는 것은 두고 봐야 할 숙제이겠다.

또 생산의욕이 높아진다 해도 그것이 과연 영속할 것인가를 서방 학자들은 회의하고 있다. 작년 말 에드거 스노우의 이와 같은 회의에 대해서 주은래 수상은 그 긍정적인 결과를 강조하면서 혁명의 선행이 옳다는 것이 생산의 증가로 입증되었다고 말하고 있다(에드거 스노우 「중국방문기」, 『아사히신문』 4월 11일).

사회와 인간과 사상

"레닌은 최초의 사회주의 혁명을 수행했으나 공업화를 못 했다. 스딸린은 공업화는 했으나 인간혁명은 못 했다. 모택동은 공업화와 인간혁명을 아울러 하고 있다"는 말을 한 서방세계의 평자가 있다.

앞서도 말한 바와 같이, 그것은 두고 봐야 할 문제로서 이 시점에서 가부를 속단하는 것은 위험할 것 같다.

그러나 급격하고 웅장한 변화가 이루어지고 있다는 것은 사실이다.

최근 중공 방문을 마치고 나온 영·미·호주·서독 등의 탁구 선수들 또는 기자들의 방문기는 그 엄청난 변화를 보도하고 있다. 사실인즉 그와 같은 변화와 개혁은 미국 기자들만이 못 보았을 뿐이지 그외 세계에는 이미 널리 알려진 지 오래다.

그러면 어떤 변화가 있었으며 그것은 어떤 뜻을 가지는 것일까.

한국과 같이 작은 나라를 견문하고 돌아간 외국 특파원이나 관광객의 글에서도 견해는 여러가지로 나타나고 있다. 정치적으로 같은 서방 사회에 속하고 경제·문화적으로 자본주의체제의 국가에서 왔다간 경우도 그렇다. 하물며 문화가 다른 동·서의 양(洋)을 격하여 정치·경제적으로 완전히 이질적인 체제하의 특파원이나 관광객이 중공사회의 변화를 보고 느끼는 시각과 결론은 같을 수가 없다. 그러기에 중공이라는 거대한 사회와 국가와 국민의 현실을 종합적으로 일반화하려는 시도는 무의미하고 또 무익하겠다. 차라리 그 속에 들어가서 직면하게 되는 몇 가지 분야에서 전형적인 가치관을 골라 상이한 평가와 견해를 통해서 어떤 포인트 오브 뷰(관점) 같은 것을 가져보라고 시도함이 유익할 것이라 생각된다.

교육과 인텔리

최근 중공 시찰을 마치고 돌아온 미국 탁구선수단이 북경의 명문 청화(淸華)대학을 살핀 방문기 가운데 학생들이 스스로 전자계산기를 조립하고 있는 광경이 나온다. 자기 자신이 미국 대학의 전자공학 기술자인 이 선수는 미국에서는 학생들이 그런 것을 학교 실습 과정에서 만들었다는 말을 들어본 일이 없다고 말하고 있다.

중공의 대학은 대학인가 공장인가라는 회의와 비판이 많다. 또 중공의 대학은 "정치 선전·선동과 교육 사이에 구분이 없다"는 평도 있다. 반면 중공 지도자들은 "사람의 마음과 생각에 영향을 주는 것은 모두 교육의 일면이라고 생각해야 한다"는 입장이다.

중공의 대학은 이 양자가 각각 일면씩만을 강조하는 측면을 종합한 '지식교육·정치훈련·육체노동'의 3자를 통튼 형식과 기능이다. 청화대 학생들이 문화대혁명의 첫 봉화를 올려 홍위병운동의 막을 연 것이 그 정치적 실천이고, 중공사회 각 분야의 지적 지도자로 양성되는 것이 그 본래적 교육이고, 책을 통해 얻은 지식으로 공장에서 전자계산기를 직접 만드는 것은 '실습'이기보다는 '육체노동'으로서 3자가 결합되는 중공 대학교육의 내용이라 한다.

교육의 목적은 이론만 아는 인텔리나 이론적 전문가를 만드는 데 있지 않고, 정치적 실천자가 되고 대중과 유리되지 않고 노동을 통해서 노동자와 인텔리의 사상적·계급적 차별을 해소하는 데 있다고 그들은 주장한다.

소학생은 1주 3시간에서 6시간 학교의 작업장이나 농장에서 노동을 배운다. 중학생은 1주 8시간에서 10시간 노동하며, 대학생은 전공에 따라 3분류 되지만 대체로 1년에 1개월 휴가, 4개월 현장노동, 7개월 교실 수업의 제도다.

4개월 노동 기간 중 공학과 학생은 댐·교량·발전소 등의 기계 제작 또는 건설현장에서 일하고, 지질학과 학생은 광산에서, 의학부 학생은 농촌의료소 또는 공장병원에서 노동한다. 그밖의 학과도 마찬가지라고 한다.

교수들도 역시 노동의 의무가 있어 전문 분야에서 학생들과 같이 노동해야 하지만 이론만 아는 인텔리를 사상적으로 개조하기 위해 가장

천한 노동으로 돌려지는 수도 있다. 가령 미생물학자가 농촌에 가서 변소를 푸는 일 따위다. 이런 노동이 얼마만한 성과를 가져오느냐에 대해서 서방학자들은 비웃고 비판적이다. 반대로 중공 학자들은 이렇게 함으로써 노동을 존경할 줄 알게 되고 육체노동을 비천한 것으로 생각하는 '선민적 인텔리' 사상을 없애며 특권계급 의식을 뿌리뽑게 된다고 주장한다.

'지식인은 노동자가 되고 노동자는 지식인이 된다'는 것이 중공 교육의 구호다. 목표와 목적은 지식인을 노동자의 수준으로 내리려는 것이 아니라 노동자의 지적 수준을 끌어올림으로써 '두뇌지식인'과 '육체노동자'를 정신적·사상적으로 융합하게 한다는 것이다.

그 방법으로 공장·농촌의 노동자와 농민들 그리고 군대의 병사들 가운데서 선발된 사람이 대학에 들어갈 수 있으므로 실제로 대학생은 노동자나 병사나 농민들이라는 말이 된다.

한 예로 미국 탁구선수들이 방문한 청화대학의 학생 직업성분은 노동자 45퍼센트, 농민 40퍼센트, 병사 15퍼센트라고 한다(ヤコブイエツロ アルベルト「中華人民共和國での6週間②」, 『世界週報』 52巻 8號, 1971. 2. 23).

말하자면 등록금을 내고 강의실을 직장으로 삼는 '직업적 학생'이라는 것은 존재하지 않고 대학생은 바로 노동자이고 대학은 바로 노동자의 고등교육 역할을 한다는 뜻이다.

이 노동자·농민·병사의 3종류 학생이 이른바 '3결합'을 형성하고 이들과 교수 및 혁명위원회로 구성되는 '3결합'이 학교를 운영한다.

학업 평점도 답안을 쓰는 시험제도가 아니라 전인격적 활동을 학생들끼리 상호평가한다. 졸업장 같은 것은 없으며 그 대신 학생의 정치적 능력, 노동에 대한 태도, 여러 작품의 질 등에 관한 일종의 증명서를 받게 된다.

　직업선택, 즉 취직선택의 권리가 학생들 자신에게 있지 않고 그 지역 사회의 요구에 응한다는 점을 들어 그 폐단을 강조하는 서방세계의 평도 있다. 반면 모든 교육이 무료이며 생활비까지 지급받는 이상, 그리고 사회에 대한 적극적인 공헌을 모든 개인의 의무와 기쁨으로 여기는 사회에서는 그것이 아무런 문제도 되지 않는다는 논자도 있다.

전문가의 권위주의와 과학적 신비주의

　모든 사회활동은 현대화에 따라 필연적으로 분업·전문화하게 마련이다. 여기서 또 필연적으로 전문가가 생기고 그것은 과학·기술을 독점하게 됨으로써 전문가의 권위주의를 낳고 일반 노동자나 농민에게는 과학·기술에 대한 신비주의를 갖게 한다. 모택동 일파의 주장은 다음과 같다.

　"이윤추구·출세주의가 질서를 이루는 사회에서는 전문가는 과학과 기술을 독점함으로써 노동자나 농민의 전문적 향상을 저지하여 권위주의와 신비주의에 올라타고 특권적 지위를 영속화하려 한다."

　중공의 직장제도는 능력과 자질이 있는 하급노동자를 상부 교육·훈련기관에 추천, 고등기술의 습득을 장려함으로써 일부 사람들에 의한 과학과 기술의 독점을 깨고 높은 과학과 기술 및 관리 지식을 대중화하려는 정책을 쓰고 있다.

　이것은 전문가와 노동자의 종속적 관계를 타파하고 관료주의 직장에서의 상하위계질서를 해체하려는 노력으로 나타나고 있다. 이것은 또 그 필연적인 결과인 소수의 지식인과 대중의 사회적·문화적 대립을 해소하려는 노력으로 알려져 있다.

단기적 견지에서 생산능력을 올리기 위해 자본주의 경영방식으로 극단적인 전문화와 기술적 위계질서의 강화, 전문가와 노동자의 보수계층 확대 등 조치가 유소기 시대에 촉진되었다고 한다.

모든 실권은 고급관리인·전문가 들에 집중되고 하급노동자들은 생산수단이 사회화되었음에도 그 운영이나 결정권에 참여할 수 있는 기회가 극히 제한되었다고 모택동 일파는 주장한다.

문화혁명은 이와 같은 과학·기술적 특권화를 타파하기 위해 유소기 방식에 대한 반격을 했다. 대비판운동을 통해서 당·행정·공장·인민공사 등 모든 분야에서 간부와 노동자 대중을 밀착시키는 기능이 설치된 것으로 알려졌다.

기구적으로는 한 예로, 공장관리자가 노동자와 격리된 독방 사무실을 쓰고 있던 것을 폐지, 관리자실을 폐쇄해버리고 소음으로 귀가 찢어질 듯한 공장의 한구석에 책상을 놓고 나와 앉아 있더라는 목격기가 있다(菊池昌典, 『朝日ヂャ-ナル』1968. 5. 5).

이렇게까지 해서 이루어지는 특권화·관료주의화의 타파가 실제로 사상적 향상만큼 생산적 향상에도 도움이 되겠는가 하는 것을 회의하는 견해가 강하다. 그러나 중공에서는 소련의 혹심한 관료주의화의 폐단에서 교훈을 얻었다고 주장한다. 노동자를 깔고 앉는 특권화·관료화는 그것이 설사 생산에는 일시적으로 도움이 된다 해도 모든 인민을 직장·사회·국가의 진정한 주인으로 참여시키며, 인간적 평등의 계급 없는 사회를 건설하려는 장기적인 목표에서 후퇴하는 것이라고 주장한다.

소련에서는 같은 공장의 미숙련 공장노동자와 최고기술자·관리인의 봉급이 최고 13배의 차가 있다고 한다(Alexander Werth, *Khrushchev Phase: Fear and Hope*, 1968). 스딸린도 이 특권화·관료화에 대해서는 30년 전 이미 고

심한 듯하며 제1차 공산당대회(1934)에서 그 문제를 중시, 특별보고서를 제출한 바 있다. 그의 대책은 자기비판, 노동자의 당강령 실행운동 동원, 경제기관 정원의 감축 등으로 나타났다.

그러나 스딸린은 "인물을 잘 고르면 해결된다"는 인간적 차원에서 머물렀고, 흐루쇼프 이후의 현재 소련에서는 그 현상이 해소되기는커녕 심화 또는 계획적으로 촉진되고 있는 경향도 있다(같은 책). 밀로반 질라스가 『새 계급』에서 비판한 것이 바로 이것으로 믿어진다.

생산우선주의 · 물질제일주의는 필연적으로 이 경향을 낳게 마련이며 모택동이 소련사회를 자본주의화 또는 수정주의로 규탄하는 이유도 여기에 있다.

모택동은 '인물의 선택'보다 사회적 조건의 개혁으로 근본적인 해결을 시도하고 있다.

전문가 · 관리인 들에 대한 하급노동자의 자유스러운 공개비판, 노동자의 고급 과학 · 기술 습득을 통한 과학신비주의의 타파, 전문가 · 관리인들의 육체노동을 통한 권위의식 제거, 노동자의 집단적 경영정책 결정 등으로 그것을 보장하려 하고 있다.

인간우선과 물질우선이라는 두개의 가치관은 중공사회의 그밖의 여러 측면을 파악하는 기본적 관점을 제공한다.

의학(醫學): 누구를 위한 것?

인간 생존의 기본문제로 의 · 식 · 주 문제가 해결된 인민에게 남는 것은 의료(醫療)와 교육이겠다. 교육은 앞에서 보았다.

중공을 방문한 유럽이나 아시아 공산국가의 의사 또는 특파원들은 파리 · 쥐 · 모기 등의 매개(媒介)는 물론, 거의 모든 전염병이 대륙에서 사라졌다는 보고를 하는 데 일치하고 있다. 그들의 글은 엄청난 의학과 의료시설의 발전을 말한 뒤에 반드시 중공의 의료제도가 '질보다도 양에 치중하고 있다'는 점과 서양의학에 못지않게 '이상한' 전통적 한방의학과 침술을 중시하고 있다고 지적하면서 그 과학성에 회의를 표시하고 있음을 본다.

이들 외부인사들의 회의는 중공 의료제도의 두가지 근본문제를 지적하고 있다.

하나는 '의학의 대중노선'이라는 것이고 또 하나는 '양의학(洋醫學)과 전통의학의 병진'이라는 독특한 사상이다.

① 의학의 대중노선

중공의 보도들은 끊어진 손목을 유착시켰다는 새로운 의학적 업적을 최근 자주 내보내고 있다. 반면 서방국가에서 그토록 발달한 뇌수술이니 인공심장이니 그밖의 고도의 의료수준과 엄청난 비용을 말해주는 특수의학은 거의 보잘것없다는 부정적 평가가 있다.

이에 대한 중공사회의 답변은 이렇다. 의학이란 소수의 부유한 사람들이 50세로 죽을 것을 51세까지 살 수 있게 하기 위해서 수많은 고귀한 두뇌와 거액의 돈을 쓸 것이 아니라 돈이 없어 어쩌면 51세까지 살지도 모를 생명을 50세에 버려야 하는 가난한 대중의 전반적 치료와 보건을 위한 인간의 기술이라고 그들은 주장한다.

중공 의학과 의료정책의 최고지도자인 마해덕(馬海德, 연안시대부터 혁명에 가담한 미국인 의사)도 시인하듯이, 중공의 의학과 의료는 8억 인민에게 만족스러운 치료를 다하기에는 아직 요원하다(Anna Louise Strong, *Letters from China*, 제13편).

그러나 한편 이미 1957년 중공을 시찰한 9명의 영국 의사들은 중공의 대중 의료·위생사업은 '대중노선'의 어떤 분야에서는 영국보다 앞서 있다는 사실을 구체적인 예와 숫자를 들면서 확인하고 있다.

즉 중공 의학과 보건정책은 소수의 부자(있는지 알 수 없지만)에게 봉사하기 위해서 존재하는 것이 아니라, 얼마 전까지만 해도 세계에서 가장 비참했던 중국 대중에게 현대적이고 기초적인 의학의 혜택을 무료로 제공하기 위한 것이라고 그들은 주장한다.

최근 중공 당국은 중국의 양의사 수는 40만명으로 도시와 농촌 인민공사에 고루 배치되었고 5만명의 의사가 전국의 담당지역에서 순회 의료사업에 종사하고 있다고 밝혔다. 이것은 미합중국 위생국의 윌리엄 Y. 체인 박사가 대륙 중국은 전인민을 위한 '최저 표준'으로서 인구 1500명당 의사 1명, 병상 5개를 기준으로 잡아 중국 전체에서 46만명의 의사가 필요할 것이라고 수년 전에 계산한 그 수준에 도달한 것으로 해석된다.

중공에는, 서방사회 일부에서는 웃음거리가 되고(예를 들어, 빈의 『쿠리어』지 주필 후고 포르티시Hugo Portisch의 중공방문기 *Red China Today*, Quadrangle Book 1966, 22장), 반면 중공은 세계에서 최초의 시도라고 하는 '맨발 의사'라는 것이 있다. 이것은 인민공사의 노동자이면서 2년 정도의 의학 교육과 훈련을 '노동하면서 공부하여' 또 '노동하면서 병을 고치는' 노동자와 의사의 통일체 같은 것이다. 그는 그의 공사(公社)에 사는 모든 대중에게 가능하면 자기 수준의 의료·보건지식을 교육하고 대중화해야 할 의무도 지니고 있다. 의학 지식과 기술도 누구의 독점물이나 이윤추구의 도구가 될 수 없으며 대중의 것이어야 한다는 사상이다. 이 목적을 위해 의과대학은 문혁(文革) 기간 중 4년 또는 5년 과정에서 2년으로 단축되고 농촌과 도시 복무를 마친 후 고등연구를 계속하게 되었다(모택동

「공중 보건에 관한 지시」, 1969. 6).

78세의 모택동이나 임표가 심장병 또는 뇌 고장을 일으킨다면 그들은 인공심장으로 1년은 더 살 수 있을지 모른다. 그러나 그 대신 그런 '특권적 의학'에 쓰여졌을지도 모르는 두뇌와 자원과 돈으로 이루어진 '대중노선 의학'은 8억 대중을 전염병과 일반적 질환에서 해방했다고 그들은 말할 것이다.

그들의 계급의식은 의학에서도 '계급투쟁'으로 나타나고 있다.

② 한방의학

중공은 모든 전통적·재래적 문화와 가치를 파괴하고 있다는 비난이 많다. 예를 들면, 사찰을 헐어 공회당으로 쓴다느니, 4천년 역사의 문화를 가진 한자(漢字)를 형태조차 알아볼 수 없이 약자화했다느니 하는 주장들이다.

서방의 많은 비평가들은 중국의 문화는 그들의 것이면서 동시에 전인류의 것이므로 마음대로 변형·파괴할 수 없다고 주장한다. 그러면서 중공은 모든 전통문화의 파괴자라고 낙인찍는다. 대체로 이렇게 주장하는 사람들은 중공을 직접 방문해보지 못한 사람들인 것도 공통적이다.

반면, 동·서양의 학자들이나 특파원들의 방문기는 중공만큼 전통적 문화와 유산을 보존하기 위해서 애쓰고 있는 국민은 아마 없을 것이라는 견해를 만든다. 다만 문화라는 것을 소수의 지배자나 특권계급의 독점·향유물적 성격에서 대중의 것으로 바꾸고 가꾸려는 새로운 문화노선이 다를 뿐이라고 그들은 주장한다.

전통을 살리는 한 좋은 예는 한방의학(한약·뜸·침술)의 발전이겠다. 이것은 '서양의학의 이론과 기술을 중국 전래의 그것과 결합·발전'시키려는 노력이다.

1958년 이후 양의학 전공 의사는 반드시 6개월의 한의학 연구를 하게 되었다. 한의학의 학술적 중심인 '북경 협화(協和)의학원'은 양의의 한의적 교육기관이며, 전국에는 그 지부연구원이 설치되어 있으며 현대적 양의 기술과 지식을 흡수·발전시킨 한방의학의 현대적 병원은 전국에 설치되어 있는 것으로 보도되어 있다.

양의학과 한의학을 '변증법적으로 결합·고양'시킨다는 중공의 의료제도와 의사의 기본사상이 서구 현대의학과 어떻게 비교될지, 그 과학적 공헌이 어느 정도일지는 아직 단정할 수 없다고 전문가들은 말하고 있다.

하여간 의학이나 의사는 환자를 위해서 있는 것이지 환자가 의학이나 의사를 위해서 있는 것이 아니라는 사상과 실천노선을 모택동은 다음과 같이 말하고 있다.

의사가 여태까지 교육과 훈련을 받아온 기본이념은 도시나 돈 있는 사람을 위한 것이었다. 그러나 중국에는 5억의 빈민농이 있다. 대중복지와 무관한 엄청난 인적 자원과 재력이 이른바 고등의학연구라는 이름의 사업에 낭비돼왔다. 중국의 의학과 의료의 과제는 앞으로 중국 대중 속에 발생하는 대중적인 질병을 예방하고 치료하는 것이다. (「대중보건사업에 관한 지시」, 1965. 6)

재미있는 것은 흔히 모택동사상이라는 것이 어떤 추상적인 이론이 아니라 대중과 대중 속에서의 실천적 관계 및 사상적 자세를 말하는 구체적인 것이라는 사실을 의사에 관한 다음과 같은 말은 보여준다.

또 한가지 우스운 일이 있다. 의사가 환자를 진찰 또는 치료할 때 그들은 마스크를 낀다. 이것은 의사가 자기의 질병이 상대방에 전염될 것을 두려워해서인가? 사실은 아마도 환자의 병이 자기에게 전염될까 두려워서라고 나는 상상한다. 이런 습관은 당장에 집어치워져야 한다. 의사가 마스크를 낀다는 것은 의사와 환자 사이에 장벽을 쌓는다는 것을 뜻한다. (같은 글)

비과학적이랄 수도 있고 정신우선주의일 수도 있다. 하여간 모든 문제에서 그 사회가 생각하는 것이 뭐냐 하는 하나의 관점을 제공한다.

개인숭배

중공사회를 밑바닥에서 꿰뚫고 흐르는 사상과 이념을 대충 훑어본 외국인에게 남는 가장 큰 불가사의는 소위 모택동 '개인숭배'라는 것이겠다.

우리가 개인숭배라는 표현으로 느끼는 감정은 무엇보다도 서구 민주주의의 정치·윤리·도덕 관념과 배치되는, 상대적인 '개인적 존재'의 부정 같은 것이다.

개인숭배는 숭배 대상의 '무류성'(無謬性, infallibility)을 전제하거나 수반하는 것으로 개인숭배악의 시조가 되어 있는 스딸린에 앞서 로마 교황의 초월적 존재가 있어왔고, 그것은 서양 사상과 생활에 당연한 것으로 받아들여졌다. 즉 종교적 측면이다. 스딸린은 정치적 의미의 최초의 신이었다.

주로 정치적 의미와 차원에서 개인숭배가 혐오되는 이유는 스딸린의 개인독재에 대한 연상 때문이라 하겠다. 스딸린 숭배는 소련혁명의 과정, 특히 레닌이 사망한 후 1930년대의 당 내 권력투쟁과 국제정세의 긴박화로 모든 국가적 권력을 바로 스딸린 자신 '한사람'이 장악하게 된 데서 그 가장 추악한 일면을 드러냈다. 지도자로서 그리고 개인으로서의 무류성이 권력을 가지고 조작되었다.

스딸린 사망 후 그의 시체가 묘지에서 파헤쳐져 어디론지 내동댕이쳐진 것은 조작된 개인숭배의 말로를 말해준다. 특히 스딸린으로 대표되는 세계 최초의 공산국가와 대립관계에 선 서구의 정치선전이 그 추악성을 더한층 소름 끼치는 것으로 일면화한 것도 사실이다.

모택동에 대해서도 같은 표현이 적용되고, 스딸린에게 쓰인 같은 표현으로 해서 바로 그와 같은 감정이 복사·재생되어 나온다. 그와 같은 역사적 경험을 토대로 중국 인민의 모택동에 대한 감정을 정치적으로는 스딸린식 개인독재, 도덕·윤리적으로는 인간성의 말살 현상으로 보는 부정적 견해가 있다.

한편 그와 같은 위험성을 전적으로 부인하지는 않지만 현재 중국의 정치와 생활태도를 서구식 일반 정치이념으로 일률적으로 단죄하는 것은 부당하다는 견해도 있다. 그 논자는 한 민족의 정치형태와 생활태도는 그 민족 스스로의 경험 속에서 이해하고 판단할 것이지 특수한 경험 없이는 이해조차 할 수 없다는 입장이다. 더욱이 중국처럼 장구한 세월의 정치적 억압과 빈곤과 인간적 비참의 역사를 살아온 민중에게는 생물학적·인간적 존재의 기본조건을 처음으로 해결해준 지도자와 그 인간에 대한 감정은 숭배에 가까운 '거의 절대적인 존경'이 있을 수 있다는 견해를 취한다.

서구 사고를 토대로 하는 견해와의 차이는 바로 중공의 경제체제와의 차이에서도 비롯된다. 서구 특히 현재의 미국식 사고는 "개인의 이익을 최대한으로 추구하는 가운데 사회 전체의 최대이익이 이루어진다"는 경쟁경제제도에 대응하는 개인주의 정치도덕 사상이다. 이 가치체계에서는 개인이 지상이며 그 개인을 딴 개인에 종속시키는 가치는 없다는 입장을 취한다.

중공 경제는 사회주의체제라는 것 이상으로 앞서도 살펴본 바와 같이 개인의 경쟁이 아니라 '전체의 협동'을 기본정신으로 하고 있다. 사회 속에서의 개인은 돈을 먼저 많이 차지하려는 적이 아니며, 상대방보다 먼저 출세하려는 이기적 경쟁상대가 아니라 전체의 복지 이상으로 개인복지가 있을 수 없다는 전체주의적 관계를 형성한다. 따라서 이와 같은 이질적 사회에 딴 이질적 사회의 윤리·가치를 적용한다는 것부터가 잘못이라는 견해가 있다.

중국의 역성혁명(易姓革命) 사상에서는 유덕(有德)한 인간이 천(天)의 명(命)을 받아 천하를 다스린다. 덕을 잃으면 왕은 혁(革, 革命)된다. 중국인은 이것을 실천해왔으며 덕치(德治)의 지배자에게는 마땅한 존경을 보낸다. 모택동이 과거 중국 역사상의 치자보다는 유덕자가 아니냐는 데 대해서는 사람에 따라 입장에 따라 평가가 다르겠다.

그러나 중국 대중이 그렇게 생각한다면 그 숭배나 존경은 중국인으로서 순수하고 자연발생적일 수 있다는 견해도 있다.

남은 문제는 모택동 자신은 어떻게 생각하고 있느냐는 것이다. 이것은 여태까지 그에게 직접 물어본 사람이 없었으니 알 길이 없다.

그런데 작년 10월, 외부세계에서 궁금히 여기는 이 문제를 에드거 스노우가 모택동 자신에게 물었다. 스노우가 10월 1일 건국기념일에 모택동의 거실에서 마주 앉아 이야기를 나누고 있을 때, 건물 밖 천안문 광장을 누비는 군중이 '모택동 주석 만세'를 외치며 끝없이 행진하고 있었다. 스노우가 "저것을 어떻게 생각합니까? 어떤 기분입니까?"라고 묻자 그는 극히 솔직하게 "번거로운 일"이라고 대답했다고 한다. 스노우는 중공이 처한 현 역사적 단계에서는 이것이 불가피한 하나의 '필요악'으로 그가 생각하고 있는 듯하다는 인상을 적고 있다. 물론 모택동의 심중은 그만이 아는 일이라 뭐라고 말할 수는 없을 것이다.

개인숭배라고 하지만 약간 다른 데가 있다. 스딸린은 당과 정부로 구성되는 관료화된 권력체제의 거대한 피라미드의 꼭대기에 앉아 관료적 방법으로 숭배를 강요했다. 모택동은 문화대혁명을 통해 스스로 지휘한 당 관료기구를 타파함으로써 민중과 자기를 직결시켰다. 차이는 이것이다.

강제노동수용소?

이밖에도 중공의 모습과 그 사상을 살펴보기 위해서는 다음과 같은 문제들을 검토하고 그에 대해 '어떻게 볼 것인가'의 시각 조절작업이 필요하다.

중공은 기본적으로 경제발전을 외부의 차관이나 원조에 의존하지 않고 중국 인민 스스로의 노력으로 달성하고 있다고 주장한다. 중공이 외부로부터의 차관·기술·물질 등의 원조를 거부하는 것은 아니다. 1960년 소련과의 이념대립이 격화됐을 때 흐루쇼프가 중공과의 협정에 의해서 중공에 파견했던 343건의 대규모 공장 및 건설공사의 모든 청사진과 물자 및 기계를 깡그리 철수시키고, 1390명의 과학자·기술자 들을 예고도 없이 소환해버린 보복 행위를 통해 외국에 의존할 수 없다는 것을 뼈저리게 자각했다. 그 결과는 대약진운동 실패의 중요한 원인이 되었다. 같은 사회주의 동맹국가가 그렇다면, 자본주의 국가들의 지원이나 협조는 중국의 민족적 자존심과 주권의 포기 없이 불가능하다는 신념을 갖게 되었다. 그들은 1966년, 한국전쟁 개입 시 전쟁비용으로 소련에게 빌렸던 원리금 합계 14억 600만 달러의 빚을 완전히 갚은 것으로 알려졌다.

이와 같이 외부의 의존 없이 자력으로 급속한 경제발전을 이룩하려는 데서 연안시대의 자기희생적인 혁명정신에 대한 강조가 이해된다. '강제노동수용소'라는 외부세계의 평(로베르 기랑)은 민중의 그와 같은 자각에 입각하여 별다른 현대적 기계설비도 없이 순전히 스스로의 창안과 절약과 집단적 노동으로 방대한 건설을 이룩해야 했던 초기의 긴박한 현실을 말해주는 것이다. 그리고 중공이 만족할 만한 수준의 현대화를 모든 분야에서 이룩하기까지 집단노동은 계속될 것이다.

이것을 '강제노동'이라고 봐야 하느냐 아니냐 하는 문제는 첫째는 중국 인민의 입장에 설 수 있느냐 하는 문제와 둘째는 자본주의와 사회주의 세계관의 문제겠다.

모택동사상

이와 같은 자력갱생의 정신적 토대로서, 때로는 방법론으로서 모택동사상이라는 것을 중공은 강조하고 있다. 이에 대한 평가 견해도 가지가지다.

일부에서는 그것은 모택동을 우상화하기 위한 '신학적 교리'로 우민 정책의 수단이라고 주장한다.

일부에서는 그것은 중국 인민들에게 혁명정신과 계급투쟁을 위한 기본적인 사상훈련 및 무장을 가르치고, 백지와 같은 경제적 상태에서 급속한 현대화를 독력으로 이룩하기 위해 창안·인내·협동으로 온갖 것을 생산해내려는 극히 구체적인, 때로는 우화적인 방법론이라고 주장한다. 이를 테면 소련 기술자들이 철수한 뒤에 청사진도 기계도 없이 남은 것을 긁어모아 소련 기술자가 예정했던 것보다 훌륭한 6000톤 프레스 기계를 마침내 생산했다든가 하는 그들의 주장은 실제의 생산과 사회 및 인간관계에서 민중을 그런 방식으로 교육하고 훈련하는 방법을 제시한 것이라고 말한다.

현대화된 공업사회에서 그것이 얼마만한 효과를 발휘할지는 회의적이기도 하다. 중공의 현실에서 20년의 짧은 기간에 세상에서 가장 몽매하고 게으른 민중을 불러일으켜 맨손으로 오늘의 공업화를 이룩하는 데는 그것대로 무시할 수 없는 힘을 발휘했다고 보는 사람도 있다.

언론과 문예의 자유 문제

아마도 중공사회에 관한 가장 혹심한 비난은 언론과 문예활동의 자유라는 문제가 아닌가 한다.

언론이나 의사표시 자유의 문제는 그 사회의 독특한 상하 간 및 상호 비판 방식의 차이나 일반적으로는 정치·경제적 부패의 존재 여부 및 성격에 따라 서구 '언론'의 개념을 그대로 적용해서 생각할 수는 없을 것 같다. 극단적인 예나 가정을 가지고 이 문제를 논하는 것은 어느 쪽의 신화를 믿는 사람에게나 무의미한 일이다. 문화혁명 과정에서 나타났듯이 일개 직공이 공장 최고책임자를, 한 학생이 대학총장을, 또는 일부에서는 모택동을 비판하는 대자보(大字報)도 있을 수 있었다는 것을 보면 이 문제도 '언론·사상표시의 자유'를 어떤 사회적 상황에서 어떤 기능을 예상하는 개념으로 생각해야 하는가라는 것이다.

서구 자본주의 사회의 언론자유 개념에 서는 사람은 중공에는 언론자유가 없다 하고, 반대로 그 사회의 정치적·사회적 개념에 서면 가장 훌륭한 언론과 의사표시의 자유를 가진 것은 중공의 민중이라고 반박한다. 이것도 의사표시의 수단에 대한 개념 차와 입장의 문제이겠다.

가장 문제되는 것은 문예 특히 창작활동의 자유가 아닐까 한다. 두말할 것도 없이 중공에서는 추상·형이상학적·관념적 문예는 그것이 객관적 유희를 사치로 즐기는 소수에 봉사하는 것이라고 배격하면서 민중의 생활과 무산자 혁명의 촉진에 도움이 되어야 한다고 주장한다.

이것은 인간의 무한한 정신적 향상과 창조의 무한한 가능성을 일단은 거부하는 것으로 문학론의 끊임없는 논쟁의 제목이 되어온 것이고 오늘의 소련이 그 진통을 겪고 있다.

중공 사회와 사상에 일반적으로는 동정적인 씨몬 드 보부아르 여사도 중공 방문기에서 이 문제는 중공 예술가들 일부에서도 진지하게 문제시되고 있다고 지적한다. 최근 소련에서 일반적 경제 및 생활수준의 향상과 국가 안전보장에 자신이 생김으로써 자유로운 예술활동의 문제가 심각한 문제로 대두되고 있는 것을 보면 중공에서도 앞으로 이 문제는 같은 현상을 보일 것이 아닌가 예상되고 있다.

다만, 그 사회의 예술가 자신들도 현재의 상태는 역사적 단계이며 항구·고정적인 것은 아니라는 견해를 보이고 있다 하니 어떻게 전개될 것인지 흥미를 가지고 바라봐야 할 문제이겠다.

이밖에도 문제는 많다. 그러나 그것이 어떤 것이든 인류사에서 일찍이 찾아볼 수 없는 '대실험'을 계속하고 있는 대륙의 사회·인간·정신을 보는 시각을 갖기 위해서는 우선 고정관념의 굴레에서 해방되려는 기초작업이 선행해야 할 것이라 생각한다.

—『정경연구』1971년 6월호;『전환시대의 논리』, 창작과비평사 1974

2
베트남 35년전쟁의 총평가[1]

"이게 어찌 된 셈인가? 어떻게 된 일인지 도무지 알 수가 없다." 남
베트남 정부의 한 고위 관리는 지난주 너무도 급작스러운 사태 발전
에 정신을 잃고 말았다. 그의 걷잡을 수 없는 당혹감은, 북베트남과
베트콩의 군사력 앞에 사이공(현 호찌민시) 정부군이 이렇다 할 저항
도 해보지 못한 채 순식간에 와해해버린 뒤에 세계의 거의 모든 사람
이 느끼는 감정이었다. 한둘, 국부적 예외는 있을지 모르지만, '베트
남공화국' 국군은 그들의 진지를 지키기 위해서 총을 들기는커녕, 완
전 궤멸 상태가 되어 세계의 전쟁사에 유래를 찾아볼 수 없게 패주해
버렸다. 무엇이 잘못되었는가? 거의 모든 일이 잘못된 것이다. (『타임』
1975. 4. 14)

1 이 글은 『창작과비평』에 실린 「베트남전쟁」 I, II에 이은 제3부다. 제1부는 1972년 여름호,
제2부는 1973년 여름호에 각각 발표되었다. 이 제3부는 제1부와 제2부를 합친 35년간의
베트남 사태의 총평가며, 특히 빠리휴전협정 조인(1973. 1. 27) 후부터 전쟁 종결(1975. 4.
30)까지의 사태 발전을 토대로 한 것이다.

1975년 5월 1일, '베트남공화국'(남베트남) 정부 대통령이 민족해방전선군 대표에게 무조건 항복함으로써 35년에 걸친 베트남 인민의 전쟁에 막이 내렸다. 베트남 사태는 그 긴 과정과 종결 형식에서 많은 '교훈'을 준다. 그러나 그 교훈을 올바르게 얻기 위해서는 우리의 인식을 정리할 필요가 있다.

기본적 인식

첫째는, 평가와 판단의 토대가 되는 베트남 사태에 관한 편견과 선입관의 배제다. 20세기에 들어와서만도 35년의 역사를 가지는 이 전쟁은 그 성격이나 요인이나 과정에서 누구도 한마디로 규정지을 수 없는 복잡한 내용을 띠고 있다. 판단의 토대는 정보다. 베트남 사태에 관한 보도가 너무도 많았다는 사실과 너무도 일방적으로 각색되어 전달되었다는 두 사실은 오히려 우리의 판단을 어렵게 한다. 사건마다의 단편적 정보에 압도된 나머지 본질적인 것을 파악할 수 없었고, 사태를 대하는 이해관계에 따라 한 측면이 강조되고 딴 측면은 애써 무시되는 보도 방식이 오랫동안 계속된 탓에 이성적이고 균형 잡힌 판단이 지극히 어렵게 되어 있다.

둘째는, 평가와 판단의 입장이다. 기본적으로 베트남 국민의 역사와 현실적 입장과 이해가 판단의 입장을 결정하는 조건이어야 할 것이다. 각기 어느 한쪽의 편에 섰던 미국이나 중국 및 소련의 입장이 건전할 수 없듯이, 한쪽을 지원한 관계자의 입장도 종합적일 수는 없다. 외부세력은 어차피 제3자일 수밖에 없다. 전쟁에 운명을 걸었던 전쟁 당사자인 남·북베트남 정부 및 민족해방전선 등의 세 입장도 다르고 보면, 그 어느 쪽의 입장에서도 객관적이고 공정한 평가는 실로 불가능하다. 심지어 각기의 정부 및 전쟁 지도층과 민중의 입장이 반드시 동일할 수는 없을 것이다. 한국전쟁의 정전(停戰) 방식이나 전쟁 해결 및 한반도 정세에 대한 최종적 판단자는 우리 자신이어야 하는 것과 같다. 만일 제3자인 대한민국 또는 우리의 입장에서 판단하는 베트남 사태의 종결을 가장 정확하고 최종적 판단이라 고집한다면 한반도의 사태에 대해 외부의 어떤 제3자가 최종적이고 가장 정확한 판단이라고 주장하는 것을 받아들여야 한다는 우리 자신의 입장의 논리적 모순을 드러내게 마련인 까닭이다. 베트남 사태의 종결은 베트남 인민의 역사와 현재 및 장래를 규정한 것이다. 미국, 소련, 중국의 그것도 아니고 한국, 필리핀, 오스트레일리아, 뉴질랜드 등 몇만 또는 몇천의 병력을 일방 당사자 편을 들어 일시적으로 파견 참전함으로써 잠시 당사자가 되었던 한 국가나 정부나 국민의 문제는 더욱 아니다. 역사적·현실적 의지의 최대공약수적 방향을 평가의 기준으로 삼아야 할 것이다.

셋째는, 베트남전쟁의 현대적 성격을 규정하는 노력이다. 그 본질적 성격의 규정이 가능하면, 그 토대 위에서 전쟁의 전체 과정, 각 국면, 그 종합적 종결의 형태에 의미를 부여하는 자세가 바로 세워질 수 있다. 베트남전쟁처럼 많은 성격과 이름으로 불린 전쟁은 역사상 없었다. 복잡한 제2차대전 후의 가치관이 각기의 입장에 따라 투영된 전쟁이라는 데서 더욱 그렇다. 공산주의 침략전쟁, 제국주의전쟁, 신식민지전쟁, 백인과 유색인종의 전쟁, 양대 정치이데올로기의 투쟁, 후진·저개발 민족 대 선진문명 민족의 전쟁, 강대국의 대리전쟁, 민족해방전쟁, 혁명 또는 반(反)혁명전쟁 등이다. 그 각기일 수도 있고, 몇 성격의 복합일 수도 있고 그 전부일 수도 있다. 그러면서도 폭넓은 연구와 깊은 구명을 하려고 노력한 세계의 많은 사람들은 긴 전쟁 역사를 통해 끊이지 않고 이어져 온 두드러지고 굵은 하나의 민족적 의지를 말한다. 베트남 국민의 민족 해방과 분단된 민족의 재통일이다.

베트남 사태의 결말에 대해 '비극'이라는 표현이 유행적으로 사용되고 있다. 민족의 통일보다 정치이데올로기의 투쟁적 측면에 높은 가치를 부여한 입장에게는 비극일 수 있다. 분단에서 기인하는 30여년의 고통이 하루속히 끝날 것을 갈구하는 사람이나 외국에 의존해서 살찌기보다는 차라리 통일민족사회 속에서 가난하지만 자신의 규범에 따라 살기를 원하는 사람의 입장에서는 비극이 아닐 수도 있을 것이다. 베트남의 내일이 비극일 것인지 그와 반대일 것인지를 단정할 자격은 제3자에게는 없을 것 같다. 또 그 어느 것일지는 오직 앞으로의 베트남 사태의 전개 양식에 달려 있다.

빠리휴전협정의 행방

베트남 사태의 급속한 결말은 빠리휴전협정이 이행되지 않은 데서 기인한다는 평가가 있다. 그리고 당사자들과 방관자들은 각기 자기에게 편리한 대로 그 불이행과 불성실의 책임을 상대방에게서 찾으려 했다. 이 문제에 관해서는 베트남 휴전협정의 특성과 항목별 내용 및 그 이행 여부로 나누어보는 것이 편리하다.

정치적 조항

빠리휴전협정(1973. 1. 27 조인)은 공식적으로는 '베트남에서의 전쟁 종결과 평화 회복에 관한 협정'이다. 제1차 인도차이나전쟁을 종결시킨 제네바협정(1954. 7. 20 조인)의 공식 명칭은 '베트남에서의 적대행위의 종결에 관한 협정'이다. 두 협정의 명칭 차이에서 알 수 있듯이, 제네바협정은 프랑스와 베트남 인민의 '적대행위'(전쟁)를 끝맺는 단순한 휴전 절차적 성격이었다. 실제로 정전 뒤에 필연적으로 따르는 정치적 해결, 즉 평화의 회복에 관해서는 별도로 제네바회의 참가국에 의한 '최종 공동선언'의 형식이 취해졌다. 그리고 미국과 남베트남(그 실태는 프랑스의 보호국)이 이 협정의 조인을 거부했기 때문에 휴전에는 성공했으나 그 뒷마무리를 해야 할 정치적 해결에는 실패하고 말았다. 빠리협정은 미국과 남베트남 정부가 조인함으로써 제네바협정보다 강화되었다.

형식상으로 말해도 제네바협정은 군사 위주였던 것에 비해, 빠리협정은 군사적 해결과 정치적 해결을 유기적으로 결부시킨 구조다. 구체적으로는 군사적 처리와 정치적 처리의 시기가 일치하지는 않지만, 군사적 휴전 조항의 이행 의무는 정치문제의 해결 또는 이행을 조건으로 했다. 이 정치문제의 가장 중요한 것이 사이공 정부, 남베트남 임시혁명정부(민족해방전선), 그리고 그 어느 쪽에도 속하지 않는 중도적 제3세력, 이 셋으로 '민족화합협의회'를 정전 후 90일 내에 구성하는 합의다 (제12조 B항). 이 3자 협의기구가 남베트남의 통합정부 수립을 위한 총선거를 준비 관리 실시하도록 쌍방은 합의했다. 이 정치적 해결의 주체가 될 3자 협의기구 구성에 선행되는 중도 제3세력의 형성에 어느 쪽이 적극적이고 어느 쪽이 소극적이었느냐, 또는 어느 쪽이 그 결성을 탄압으로 거부했느냐 안 했느냐의 판단은 군사 조항의 이행 여부의 책임 구명과 똑같이 중요한 것이다. 이 문제에 대한 인식은 우리나라에서는 거의 전무한 듯하다.

다음은 빠리협정의 해석이나 각 조항의 이행 여부의 구명은 20년 전에 체결되어 그대로 존속해온 제네바협정 체결의 정신과 배경 및 해석, 그리고 그 이행 여부의 책임 소재를 토대로 해서 보완된 사실이다. 빠리협정의 역사, 협정의 정신적 모체는 제네바협정이다. 바로 그런 뜻에서 베트남 사태의 이해는 협정 해석 면에서 미국 개입 이후, 즉 1964년 이후 사태의 진전에 비추어서만으로는 불가능하게 되어 있다.

셋째로, 중요한 사실은 사이공 정부와 임시혁명정부는 동등한 조인 주체라는 사실이다. 제3국이나 양자 사이의 승인 여부와는 관계없이 협정상 양자는 완전히 동격·평등이다. 따라서 협정 이행의 의무에 관한 한 어느 정권이 타방 정권의 존재를 무시하거나 일방적 권리의 주장을 내세웠다면 그것 자체가 협정 위반이다.

다음은 빠리협정이 남베트남에 거주하는 베트남인 '전체'의 정치적 해결을 규정한 것이지, 사이공 정부 관할권하의 베트남인이거나, 임시혁명정부 관할권하의 베트남인을 별도로 구분하지 않았다. 더욱이 어느 한쪽 정부가 상대방 정부 지역의 주민을 자기 정부하의 합법적 '국민'이라고 주장할 수는 없게 되었다. 협정의 '전문(前文)'은 다음과 같다.

베트남에 관한 빠리회담 참가자(複數)는 베트남 인민의 민족적 기본권(fundamental national right)과 남베트남 인민의 자결권 존중을 토대로 해 베트남에서의 전쟁을 종결하고 평화를 회복하며 또 아시아와 세계의 평화를 공고히 하는 데 기여할 목적으로, 아래와 같은 조항들에 합의하고 이를 존중 이행할 것을 약속한다.

이 전문의 'fundamental national right'를 우리나라에서는 정부 문서나 신문기사가 다 같이 '국민적 기본권'으로 번역하고 있다. 이것은 오역이며 사소한 듯이 보이는 이 번역의 차이는 남베트남의 협정상 해결 방식과 의무 이행 여부를 가리는 데 중대한 착각의 원인이 된다. 원문의 'national right'는 'people of Vietnam', 즉 남북을 가리지 않는 남·북 베트남 인민 전체의 '민족적 권리'(민주적 권리가 아님)를 말한다. 이것은 프랑스 식민지 전쟁을 승리로 끝낸 베트남 인민(전체)의 독립·통일을 규정했던 제네바협정의 표현을 그대로 빌린 것이다. 사이공 정부나 임시혁명정부 각기의 '국민'적 권리가 아니라, 하나의 '민족국가'를 형성하고 독립할 베트남 '민족'의 권리를 말한다. 우리나라에서는 'people of Vietnam'을 '월남 인민'으로 번역하고 있지만, 그것도 사이공 정부가 대표하던 '월남'이 아니라 민족으로서의 '베트남', 즉 남북을 통틀어 '베트남' 인민이다. '남베트남 인민의 자결권 존중'도 마찬가지로 사이공 정권이나 임시혁명정권이 각기 자결권을 갖는 것이 아니라, 그 양자의 인민을 합친 '남베트남 전체 인민'의 남베트남에서의 자결권을 존중한다는 뜻이다. 이런 용어 사용의 혼란과 고정관념으로 말미암아서 협정 이행 여부의 문제를 생각하는 우리나라 사람들의 능력은 극히 제약되어왔다.

미국: 빠리협정과 관계없이 미국은 앞으로도 베트남공화국 정부(사이공)를 유일한 합법정부로 계속 인정할 것이다.(닉슨 대통령 가조인 후의 연설)

베트남: 빠리협정은 베트남 인민의 기본적인 권리, 즉 남쪽 동포의

신성한 자결권을 보장하는 정치적 법적 기초다. 베트남은 하나의 국가, 하나의 민족이다. 남베트남에는 임시혁명정부와 사이공 정부, 이 두개의 정권이 존재한다. (노동당 중앙위원회 성명)

빠리협정 전문을 통해서 특기할 한가지 중요한 사실은, 경합하는 남베트남 두 '정권' 가운데 어느 쪽에 대해서도 '정부'라는 말이 한번도 쓰이지 않은 사실이다. 협정 이행과 관련해서는 어느 쪽도 '유일합법정부'를 주장할 수 없게 되어 있다. 정치적 발언이나 선전문구로서는 각기 상대방을 '괴뢰' 또는 '유령'정권이라 부르고 스스로 '유일합법정부'를 주장해도 좋다. 그러나 협정으로는 그렇지 않다. 유일합법정부를 주장하는 것은 상대방을 흡수하는 해결을 고집하는 것으로 협정 위반이다. 사이공 정부는 조인 후에도 이 주장을 버리지 않았다.

협정에 의한 정치적 해결의 토대는 '민족화합협의회'를 구성하는 것이었다. 사이공 정권과 임시혁명정권을 두 '당사자'로 하고, 그에 속하지 않는 중도 제3세력을 합쳐서 구성될 이 협의체에 남베트남의 단일합법정부를 구성하고 장차의 모든 문제를 해결하는 권리가 위임된 것이다. 협정 조인 후 90일 내, 즉 1973년 4월 말까지 협의체를 구성하는 데 쌍방은 합의한 것이다(제12조 B항).

민족화합협의회는 휴전협상 과정에서 그것을 '연립정부' 형식(라오스식)으로 하라는 북베트남 측과, 그것을 다만 남베트남의 단일합법정부 수립을 위한 일시적인 협의기구로 하자는 미국 측의 주장이 맞서오다가 북베트남 측의 양보로 미국안대로 된 것이다. 이 협의체는 모든 결정에서 제3세력의 '만장일치' 합의제 때문에(제12조 A항), 창설이 되었다 하더라도 실제로 협정이 위임한 단일합법정부 수립의 기능을 발휘할 수 있었을지는 의문이다.

그러나 그것보다도 문제된 것은, 그 설치를 용이하게 하기 위해서 규정한 남베트남 전역에서의 민중·정치인·단체·개인의 자유의사 표시와 시민적 권리의 보장 의무가 쌍방 정권에 의해서 이행되었는가 하는 문제다. 이 남베트남 시민의 자유와 민주적 권리는 협정에서 불필요하다고 느껴질 만큼 상세히 구체적으로 규정했다.

제11조: 종전 직후, 남베트남의 양 당사자는 다음의 사항을 실시한다.

민족의 화해와 일치를 이룩하고, 증오와 적의를 해소하고, 일방 또는 타방과 협력해온 개인 또는 단체·조직에 대한 모든 보복과 차별 행위를 금지한다.

인민의 민주적 자유, 즉 개인적 자유, 언론의 자유, 신문의 자유, 집회의 자유, 결사의 자유, 정치활동의 자유, 신앙의 자유, 이동의 자유, 거주의 자유, 노동의 자유, 재산 보유의 권리, 자유기업의 권리를 보장한다.

이렇게 상세히 규정한 자유와 권리는 '재산 보유의 권리'와 '자유기업의 권리'까지 들어 있어 자본주의(적) 체제에 아무런 제약도 가하는 것이 아니었다. 사이공 정부로서는 적어도 자유·민주·자본주의를 표방하는 한 이 조항에 반대할 이유는 없다. 그러나 사이공시에서는 1일 28일 휴전의 발효를 축하하는 모임도 시위도 금지했다. 쌍방에 다 같이 가해진 이 자유와 권리를 허용하지 못한다면 그것은 그 정부와 체제의 취약함을 뜻하거나 협정을 이행할 의사가 없는 것으로 풀이되었다. 전후 정치 해결의 핵심이자 토대가 되는 이 조항의 이행 여부에 관해서는 아무리 선의의 이해를 한다 하더라도 티에우 대통령과 사이공 정부가 비난을 면하기 어려운 사태가 벌어졌다. 주로 미국정부의 견해를 대변하는 한 미국 주간지는 정치적 자유 분위기가 보장되어야 할 휴전 직후의 상태를 이렇게 보도했다.

"티에우, 기선을 제압하다"

티에우 대통령은 자신의 자리를 보장하기 위해서 남베트남에서 새로운 큰 조치를 취했다. 전국에 걸친 강경한 비상조치를 명하고 이에 따라 군대와 경찰에서는 공산주의의 사주라고 생각되는 것은 무엇이든 가혹하게 까부술 수 있는 권한이 부여되었다. 종류 여하를 불문하고 시위대나 탈영병에 대해서는 발견 즉시 사살하라는 명령이 내려졌다.

남베트남에서는 더욱 강경한 경계조치가 취해졌다. 사이공과 그밖의 도시들에서는 처음으로 야간 통행금지가 엄격히 시행되었다. 사이공시에서는 밤 11시만 되면 일절 소리가 나지 않는다. 마치 어떤 보이지 않는 손이 모든 움직임의 원천이 되는 스위치를 꺼버리기나 한 듯이 모든 움직임은 정지한다.

치안 예방조처는 공산주의 동조자들이 베트콩 기(旗)를 만들지 못하게 하기 위해서 전국의 모든 상점과 창고에서 적·청·녹 세 색깔의 천을 모두 압수하는 데까지 이르렀다. 모든 양복점·양장점에 대해서는 남베트남 정규군의 신분을 증명하지 않는 사람에게는 어떤 모양이건 유니폼 식의 옷을 만들어주지 못하게 하는 명령이 내려졌다.

티에우 대통령은 특히 언론기관, 정치정당 또는 정치단체 그리고 전국적 선거, 이 세가지를 가장 싫어한다. 티에우 대통령은 그 세가지가 남베트남에서 공산주의 영향의 통로라고 생각하기 때문이다. 그는 휴전협정이 본격적으로 실시되기 전에 이 세가지를 철저하게 탄압하려 하고 있다.

휴전 조인 후 첫 몇주 동안에 전국적인 예비검속이 있을 것으로 보인다. 갖가지 새로운 비상조치가 발해졌고 이에 따라 성(省)장관에게는 누구든지 달갑지 않다고 생각하는 사람을 자유 재량으로 구속할 수 있는 권한이 부여되었다. 사이공의 외국인 전문가들은 반정부적 또는 정부를 비판하는 인사들이 갖가지 죄명으로 무더기 체포될 것으로 보고 있다. 정치범으로서가 아니라 각종 보통 법령의 위반자로서 투옥하는 이유는, 휴전협정이 정치범 석방을 규정하고 있기 때문에 정치범이 아니라는 구실을 만들기 위해서다. (*US News and World Report* 1973년 2월 첫호)

이렇게 해서 투옥된 사람의 수는 확인된 바 없다. 모든 정치범은 서로 휴전협정 발효 15일 이내에 석방하기로 되었던 것이다. 상호간에 민간인 억류자(정치범)의 명단·억류 장소·석방 방식을 교환하게 되어 있었으나 이것은 이행되지 않고 말았다. 사이공 정부는 민간 억류인의 수를 5081명이라고 발표한 데 대해 해방전선은 30만명에 달할 것이라고 주장했다. 해방전선이 억류하고 있는 수에 관해서 사이공 정부는 8622명(지방 관리)이라는 숫자를 제시하면서 그 석방을 요구했다. 티에우 대통령이 많은 민간인 억류자의 석방을 거부하면서 더 많은 민간인을 협정 발효 후에도 투옥한 것은 그들이 바로 해방전선을 지지하거나 민족화합협의회를 구성할 세력의 주축이 될 것으로 보았기 때문이다. 중립적 또는 정부 비판 인사를 공산주의자로 규정한 티에우 대통령은 휴전협정 체결이 거의 확실해진 1972년 10월 12일, "휴전이 성립되기 전에 전선 전후방의 공산주의자를 최후의 1인까지 죽여놓고 조인하겠다"고 선언했다(휴전반대 청년대회 연설). 사이공 정부의 민간인 석방 반대에 항의해서 북베트남은 미군 포로의 석방을 일시 중지했다(1973. 2. 27). 당황한 미국정부는 티에우 대통령에 대해 민간인 억류자 석방을 강력히 요구하는 압력을 가해야 했다.

결국 남베트남의 정치적 해결을 담당할 한 주체인 제3세력은 형성되지 못하고 말았다. 그 결과로 민족화합정부 수립을 위한 모든 절차는 거부당하고 휴전 후의 새로운 남베트남을 구상한 모든 정치적 조항은 조인 이전에 사실상 백지화된 셈이다.

끝으로, 그러나 가장 중요한 것은 어느 쪽이 외국(군대)의 주둔을 고집하고 통일을 지향하는 노력을 거부했느냐 하는 평가다. 협정 본문 제1조는 다음과 같이 규정하고 있다.

제1조: 미합중국 및 그밖의 모든 국가는 베트남에 관한 제네바협정에 의해서 승인된 베트남의 독립·주권·통일·영토 통합을 존중한다.

전문 부분에서 지적한 바와 같이 제네바협정으로 승인된 베트남 인민의 민족적 일체성·불가분성이 빠리협정의 기본정신이다. 제네바협정이 결정한 1956년 7월 예정의 통일선거를 거부하고 남·북베트남을 분리된 적대적·독립적 전정단위로 굳혀버린 외국, 즉 미국의 공작의 재판을 막기 위해서 6년의 협상 과정을 통해 북베트남이 일관되게 요구한 조항이다. 조항의 서두에서 구체적으로 미합중국을 지칭한 것이 그 과정과 동기를 말해준다. 미국이 미합중국을 이렇게 명시하는 데 동의한 것은 1954년 협정에 의한 총선거 실시의 거부 책임을 묵시적으로 시인한 것으로 해석된다. 따라서 남·북베트남의 분할 고정화나, 남베트남 일부의 분할·독립을 획책하는 기도는 이 협정 기본 원칙인 제1조 위반이 된다. 어느 쪽이 더 남·북 분할현상의 항구화·고정화 정책을 썼는가가 협정 위반의 평가기준이 된다. 또 남베트남 전역에 대한 지배 확대가 불가능하면 현 지배 지역의 고정화에 의해서라도 남베트남의 분할적·독립적 정부의 유지를 정책으로 추구했느냐도 협정 위반의 기준이 된다.

정치적 해결의 합의사항을 주로 사이공 정부가 위반한 것은 티에우 대통령의 주장이 협정에 덜 반영되었다는 데서 이해는 할 수 있다. 휴전협정의 골격으로 내세운 쌍방의 기본적 해결안을 비교해보면 분명해진다.

사이공 정부 입장

① 북베트남과의 대등한 직접 협상

② 비무장지대의 복원, 남베트남의 영토 보유, 남베트남의 불간섭.

③ 북베트남군과 파괴분자(민족해방전선을 가리킴─필자)의 북베트남으로의 철수 및 효과적 국제감시.

④ 북베트남군의 철수 후, 그리고 무력활동이 저하한 연후에, 미국과 동맹국 군대의 남베트남 철수.

⑤ 평화 회복 후 남·북베트남 재통일을 위한 남·북베트남의 협의.

(1968. 9. 4, 사이공 정부가 유엔 사무총장에게 보낸 「정치해결에 관한 입장」)

민족해방전선의 입장

① 조국독립·민주평화·번영 및 궁극적·평화적 통일의 신성한 권리.

② 미국 침략전쟁의 정지, 모든 미국 군대와 그 위성국가 군대의 철수, 군사기지의 철거.

③ 외부 간섭 없는 남베트남 인민 자신에 의한 민족·민주연합정권의 수립과 자유선거를 통한 해결.

④ 외부 간섭 없이 평화적 수단에 의한 남베트남의 협의와 협정을 토대로 한 단계적 재통일의 실현.

⑤ 남베트남이 여하한 군사동맹에도 가입하지 않는다는 보장.

(1968. 11. 3, 민족해방전선 중앙위원회의 「남베트남의 정치해결에 관한 성명」)

빠리협정의 정치적 해결 방식의 구조는 대체로 임시혁명정부의 해결안과 일치함을 알 수 있다. 그 이유는 1954년 제네바협정의 정치해결 구조를 따랐기 때문이다. 제네바협정에서 합의된 남·북베트남 통일을 위한 총선거가 미국과 남베트남의 거부로 실현되지 못한 점을 고려해서 미국은 빠리협정의 규정을 살리는 것에 동의하지 않을 수 없었던 까닭이다. 빠리휴전협정의 해석이나 위반 여부의 검토에서 제네바협정과 그것이 깨진 역사 배경 및 책임 소재를 반드시 참작해야 한다는 것은 바로 이 때문이다.

1954년 제네바협정이 결정적으로 깨진 것은 미국과 남베트남이 양베트남 통일정부 수립을 규정한 총선거를 거부한 데서 비롯한다. 아이젠하워 대통령이 만약 약속한 대로 선거를 실시하면 80퍼센트의 남·북베트남인이 호찌민을 지지할 것이라고 두려워했던 것이다(*Mandate of Change, 1953-1956* 참조). 빠리협정의 정치적 해결을 위한 전체 구상도 제세력의 형성 허용과 3세력에 의한 민족화합정부 수립을 위한 남베트남 선거의 반대로 깨졌다. 그러면 군사적 측면은 어떠했는가.

군사적 조항

당연한 일이지만 빠리협정 가운데 가장 깊고 세밀한 규정은 제6장의 군사조항이었다. 제네바협정에 의한 휴전 방식과 다르기 때문도 있었지만 제네바협정의 군사적 의무가 쌍방에 의해서 성실히 이행되지 않았던 사실 때문에 그 내용은 오해의 여지 없이 분명하게 짜여졌다.

그럼에도 불구하고 미국, 북베트남, 남베트남, 남베트남 임시혁명정부의 4자 사이에서는 상대방에 대한 협정 위반의 비난이 그치질 않았다. 그 전면적인 사실의 규정은 고사하고, 어느 한쪽이 주장하는 상대방의 위반에 관한 부분적 사실조차 확인하기 어려운 사태가 계속되었다. 휴전의 방식이 제1차 인도차이나전쟁을 끝맺은 제네바협정에 의한 휴전 방식과 몇가지 점에서 두드러지게 다르다는 사실도 그 사실의 적발과 책임 소재의 확인을 더욱 어렵게 한 한가지 중요한 이유다.

남베트남의 쌍방 당사자, 또는 미국과 북베트남을 합친 4당사자 사이에 가장 말썽이 된 위반 사항들을 골라 검토하면 대체로 그 윤곽이 드러난다.

(1) 휴전선 침범, 영토 확장

1954년 휴전과 다른 방식의 하나는 교전 당시 군대가 그리니치 표준시 1973년 1월 27일 24시(한국 시간 28일 오전 8시)를 기해서 있는 그 자리에서 모든 전투행동을 정지한 것이다(제2조). 이른바 '현상·현지' 휴전이라는 것이다. 1954년에는 프랑스군(그 속의 베트남인 식민지 용병군 포함)과 항불(抗佛) 독립 베트남군이 북위 17도선 남·북으로 이동·재집결하는 방식이었다. 그래서 교전군대 사이의 휴전선은 분명했고, 그것이 그후 통일총선 실시의 거부로 마치 남·북베트남 사이의 '국경'처럼 굳어버린 것이다. 전선이 분명한 정규전이기보다는 내란의 특색인 유격전이 13년이나 계속된 뒤의 전선은 이른바 '표범 무늬'처럼 걷잡을 수 없을 만큼 혼재하는 상태였다. 뒤범벅이 되어 있는 각 당사군대의 점령지역, 그 병력, 그 경계를 확인하기란 제네바 휴전 때보다 훨씬 치밀하게 조직된 몇 겹의 감시제도와 접촉으로도 쉬운 일이 아니었다.

정전 5개월 후인 1973년 8월 말에는 벌써 휴전이 지켜질 희망이 사라진 듯했다. 이 첫 5개월 사이에 사이공 정부 측은 민족해방전선 측의 휴전 위반이 1만 5000건이라고 주장했다. 해방전선 측은 같은 기간의 사이공 정부의 휴전 위반만 1만 2000건이라고 임시기구에 보고했다. 실제로 그후에는 쌍방의 휴전 위반은 집계할 수도 없는 상태가 되어버렸다. 감시기구의 기능은 사실상 정지해버렸다. 군사적 협정조항과 정치적 조항은 유기적으로 결부되어 있었기 때문에 정치적 합의 하나의 위반은 상대방에게 군사적 합의 하나를 위반할 수 있는 구실을 주었다. 상대방의 작은 군사적 위반으로 자기의 보다 큰 정치적 합의의 불이행을 정당화하는 사태가 되풀이되었다. 이에 대해서는 어떤 한쪽만의 비난은 성립될 수 없다는 게 공통된 견해다. 더욱이 어느 한쪽이 협정을 상습적으로 위반했다거나 어느 한쪽에 협정 위반의 '전적인 책임'이 있다는 식의 판단은 타당성이 없다. 그러면 협정이 발효한 직후의 현지 상황은 어떠했던가.

요란한 국제적 환호 속에 미국·남베트남·북베트남·임시혁명정부의 대표들은 1973년 1월 27일, 빠리에서 '베트남에서 전쟁을 끝맺고 평화를 회복하는 데 관한 합의 협정'을 체결했다. 그러나 사실은 전투는 끝난 일이 없다. 사이공과 공산주의자 쌍방은 사실 협정 내용의 몇가지 주요한 합의사항을 어떻게 이행할 것인지 그 방법을 모르는 형편이었다. 쌍방은 서로의 지배 지역을 명시한 지도를 교환한 일도 없다(이 각기의 지역에 대해서 각기 협정상의 '법적' 권리가 인정된 것이다). 남베트남 전역에 걸쳐서 각종 전국선거를 준비했어야 할 민족화합협의회도 창설되지 못했다. 그들은 군사보급의 대체를 위한 장소를 지정하지 않았다. 공산 측 지배 지역의 한 지점에 재집결하기 위해서 베트콩 군부대가 이동을 시작하면 사이공 정부군은 베트콩에 대해서 기습공격을 하는 일이 자주 있었다. 하노이 측에서 본다면 협정의 모든 합의사항은 다만 호찌민의 유훈(遺訓) —— '미국인이 사라질 때까지 싸우라, 그리고 괴뢰정부가 쓰러지는 날까지 다시 싸우라' —— 을 실천하는 또다른 방법으로 생각했는지 모른다.

어쨌든 모든 조인 당사자가 협정을 위반했다. 미국은 휴전협정이 발효되기 직전에 어마어마한 양의 무기를 단시일 내에 사이공 정부에 반입 양도함으로써 협정 문구 그 자체는 아니더라도 협정 정신을 위반했다. 휴전 후 1년 사이에 사이공 정부 군대는 군사행동으로 그 지배 지역을 20퍼센트나 확대했다. 그 결과 약 100만 이상의 주민이 사이공 정부의 깃발 아래 들어갔다. 그뿐 아니라 협정을 성실히 이행해서는 승리할 수 없다고 생각한 티에우 대통령은(거기에 전혀 근거가 없는 것은 아니지만), 협정이 여러 조항으로 규정한 남베트남에서의 공개적 정치투쟁에 관한 합의사항을 있는 힘을 다해서 저지했다.

（「붕괴의 사후진단」, 『타임』 1975. 4. 14）

휴전 성립 후 50일 사이에만 사이공 정부군 사망 5000명 부상 2만 5000명, 베트콩 사살 2만명, 부상 수만명이라는 전투가 계속되었다(사이공 정부 발표, 1973. 5. 17). 이와 같은 혼란이 계속된 첫 1년 동안에 20퍼센트의 점령 지역을 확대하는 데 성공한 사이공 정부 측은 74년 후반부터는 민족해방전선군의 반격으로 확장한 지역을 잃었을 뿐 아니라 군사 형세는 거꾸로 사이공 정부 측에 불리하게 전개되었다.

(2) 남베트남의 북베트남 군대

사이공 정부군의 치욕스러운 붕괴나 베트남 사태의 종말에 관해 가장 많은 논란의 대상이 되는 것은 '월맹군의 불법적 공격'설이다. 이 문제에 관해서는 우리나라의 경우 하나의 고정적 이론이 되어 있다. 휴전 발효 이후에 남베트남에 '월맹군'이 있다는 것이 협정 위반이라는 해석에 입각해 있다.

협정의 제2장 '전쟁행위의 정지 및 군대의 철수' 조항은 다음과 같이 규정하고 있다.

제3조: 모든 교전 당사자는 휴전을 유지하고 항구적이고도 안정된 평화를 보장할 것을 약속한다. 휴전이 발효되는 즉시, A. 미국 군대, 미국과 베트남공화국(남베트남)과 동맹하고 있는 모든 외국의 군대 및 베트남공화국 군대는 철수계획의 실시 기간 중 현상을 유지한다. B. 남베트남의 두 당사자의 군대는 현상을 유지한다. C. 남베트남의 양 당사자의 모든 병종(兵種)의 정규군과 부정규군 부대는 상호간 모든 공격행위를 정지한다.

제5조: 본 협정 조인 후 60일 이내에 기술군사요원 및 평정계획에 관련한 군사요원을 포함해, 미국 및 제3조 A항에서 규정한 그밖의 외국의 군대·군사고문·군사요원, 그리고 무기·탄약·군사자재는 남베트남에서 전면 철수한다. 또 이 기간 중에 상기 제국으로부터의 모든 민병조직에 대한 고문(顧問)요원과 경찰요원도 철수한다.

제6조: 제3조 A항에서 규정한 미국과 동맹국은 본 협정 조인 날부터 60일 이내에 남베트남 군사기지의 철폐를 완료한다.

이상이 빠리휴전협정의 남베트남에서의 '외국군, 그 유사·준군사적 요원, 무기·물자·기지 등'의 철수·철폐에 관한 조항이다. 그밖의 사항을 규정한 관련 조항에서도 남베트남에서 철수해야 할 군대 속에 북베트남(월맹) 군대는 포함되어 있지 않다. 철수해야 할 군대는 제3조 A항에서 규정한 '미군과 그와 동맹한 제외국의 군대'로 되어 있다.

휴전 당시 남베트남에는 약 14만 5000명의 북베트남 군대가 있는 것으로 알려졌다(미국 측 발표). 남베트남에서의 북베트남 군대의 존재 여부와 법적 또는 조약상 지위는 베트남전쟁이 미국 전쟁화한 이후부터 미국의 베트남에 대한 군사 개입을 정당화하는 근거로 주장되어왔다. 북베트남군 정규 부대의 존재는 확인되었고, 사이공 정부와 미국은 이것이 주권국가 베트남공화국(남베트남)에 대한 베트남민주공화국(북베트남)의 침략이라고 주장해왔다. 그리고 베트남에 대한 미국의 군사개입은 이 '침략'을 물리치고 '침략군'을 북베트남으로 추방 또는 철수시키기 위한 정당한 행위라고 주장해왔다.

그렇다면 그 침략과 침략군 격퇴 전쟁을 끝맺는 휴전협정에는 반드시 북베트남으로부터의 '침략군대'에 대한 규정이 있어야 하는 것이 조약상 상식이 아닌가? 빠리휴전협정은 북베트남 군대의 남베트남 잔류를 '적극적 권리'로 인정하진 않았지만, 일언반구의 언급 없이 전(全) 휴전구조로 짬으로써 소극적으로 그 잔류를 묵인한 것이다. 그 토대 위에 휴전 후의 모든 해결방안의 구조에 대해 조인 당사자들이 합의를 본 것이다.

이렇게 된 데는 몇가지 이유가 있다. 첫째는, 빠리협정은 제네바협정의 정신을 계승한 것으로 베트남(남·북)의 문제는 승리한(프랑스에 대해서) 베트남 인민의 민족자결권에 의한다는 원칙이다. 둘째는, 북베트남 군대가 남베트남에 들어온 것은 제네바협정을 위반해서 미국이 정치 군사적으로 개입한 '뒤'라는 주장을 미국이 오랜 거부 끝에 묵시적으로 인정한 것이다. 셋째의 논리는 다소 복잡하다. 1954년 제네바휴전협정이 규정한 '휴전선'의 법적 성격의 해석 문제다. 북위 17도선을 넘는 것이 한 국가와 국가 간의 '국경'을 침범하는 것과 같은 침략행위를 구성하는가 하는 문제로 연결된다. 이 문제야말로 베트남의 '침략' 여부를 가름하는 핵심적 문제가 되었다. 미국과 남베트남 측의 이론·주장·입장은 북위 17도선이 휴전선이 아니라 국경이라는 것을 토대로 구성되었다. 그러나 미국과 남베트남의 학자·전문가·정치인 들을 제외한 일반적인 견해는 그렇지 않다. 심지어 미국의 전문가·학자·정치인 들도 나중에는 미국 및 남베트남 정부의 공식 입장을 반대하는 것이 대세가 되었다. 즉 베트남전쟁은 '침략전'이 아니라 '내란'이라는 해석이 대세가 된 것이다.

어떻든, 북베트남의 주장과 이론은 이러했다.

제네바휴전협정과 최종 선언 제6항은 북위 17도선이 "일시적으로 프랑스 군대와 베트남 민족군대를 격리·재집결시키기 위해서 설치된 일시적 군사분계선이지, 여하한 경우에도 정치적 또는 영토적 경계선으로 해석돼서는 안 된다"로 규정하고 있다. 그런데 프랑스군에 승리한 베트남인 군대가 그와 같은 성격의 선 이북으로 이동한 것은 휴전 조인 2년 후인 1956년 7월에 협정이 결정한 남북통일 총선거를 준비하기까지라는 조건부였다. 그 총선거가 어느 쪽에 의해서 거부되었건 그것을 전제로 한 일시적 군사분계선의 설치 근거는 조약상·사실상 소멸되었다는 것이 북베트남의 시종일관한 주장이었다. 따라서 베트남의 전체 상황은 1954년 7월 20일 이전의 상태로 환원되며, 북으로 이동한 군대의 협정 체결 전 상태로의 복귀는 당연한 권리이며 이것을 막을 조약상 구속력은 아무것도 없다는 입장이다. 이것이 4년간의 열띤 휴전협상과 북베트남이 미국의 전면적인 폭격으로 '석기시대'화해버리는 속에서도 포기하지 않은 가장 큰 원칙이다.

　결국, 북베트남은 남베트남을 별개의 정치적 자결단위로 인정하는 양보(궁극적으로는 하나지만, 그러나 남베트남의 3개 세력이 그 정치적 장래를 결정한다는 조건부로)를 했다. 이에 대해서 미국은 북베트남 군대의 남베트남 잔류 권리를 인정하는 양보를 했다는 것이 빠리휴전협정의 독특하고도 복잡한 합의인 것이다. 이 30년에 걸친 배경과 1954년 제네바휴전협정의 정신, 그리고 미국이 그것을 대체로 그대로 승인할 수밖에 없는 내용이 빠리휴전협정의 전체적 정신과 원칙이다. 이에 대한 이해 없이는 협정 위반에 관한 정확한 이해가 불가능하다.

　티에우 대통령과 남베트남 정부는 휴전협정의 정치 조항과 북베트남군의 잔류를 승인한 휴전협정을 지키는 것이 자신에게 불리하다는 분명한 인식이 있었다. 계약이 충실히 이행될 때 이롭다고 인식하는 당사자와 불리하다고 인식하는 당사자 중 어느 쪽이 계약의 성실한 이행을 요구하고 어느 쪽이 그 이행을 거부할 것인지는 쉽게 알 수 있는 문제다. 티에우 대통령과 남베트남 정부는 미국의 이해관계만이 압도적으로 지배한 빠리휴전협정에서 불리한 계약에 도장을 찍은 셈이다. 더욱이 54년 이후 20년간 남베트남에서 유일 정부를 자처해온 입장에서 보면 그 불리한 계약의 이행에 성의를 다하기를 요구하기란 가혹할지도 모른다. 그러나 '협정'의 위반 여부 차원에서 문제가 논의될 때에는 불리한 계약도 계약이라는 일반적 원칙을 무시할 수 없다는 이야기가 된다(미국의 이해 계산을 앞세운 미국정부의 조인 압력이 사이공 정부의 협정 이행의무의 면책을 정당화할 수 있는지 의문시되었다).

(3) 병력·무기 증강

1975년 2월 사이공 정부군의 최북부 지방 철수로 시작된 대패주(大敗走)의 뒤에는 북베트남군 약 22만이 있다고 미국정부는 비난했다. 휴전 당시의 14만 5000보다 7만 5000이 증가된 병력이다. 북베트남군과 해방전선군은 합계 200~400대의 여러가지로 추산되는 탱크의 지원을 받은 것으로 알려졌다. 그밖에 각종 무기도 증강된 것이 확실하다. 휴전협정의 무기·장비에 관한 조항은 다음과 같이 규정하고 있다.

제7조: 휴전 실시 이후 본협정 제9조 B(정치적 제합의) 및 제14조(남베트남 화해정부 수립 후의 외국의 군사·경제원조 수락에 관한 규정)에서 규정한 정부의 구성까지의 기간 중, 두개의 남베트남 당사자는 부대·군사고문·기술군사요원을 포함하는 군사적 요원과 장비

· 탄약·군사물자를 남베트남에 도입하지 않는다.

남베트남의 두 당사자는 두개의 남베트남 당사자의 합동군사위원회 및 국제적 관리·감시위원회의 감시하에, 휴전 후에 파괴·손상·소모 또는 폐품화한 장비·탄약·전쟁물자를 1 대 1 기준으로 같은 특징과 성능을 가진 것으로 정기적으로 대체한다.

북베트남과 해방전선 측의 상당한 양의 무기가 사이공 정부군에게서 노획 또는 부패한 사이공군의 장병들이 팔아넘긴 무기·장비라는 것은 널리 알려져 있다. 그것을 고려하더라도 그들이 내린 무기의 정보 평가를 토대로 할 때 신종·다량의 장비가 휴전 후에 들어온 것임은 의심의 여지가 없다. 그들의 휴전협정 위반은 부인할 수 없이 명백하다.

그러면 남베트남 정부와 미국 측은 어떤가?

휴전에 앞서는 전쟁 마지막 해인 1972년 말 현재 사이공 정부군의 병력과 무기는 다음과 같다.

육군: 정규군 41만, 지방군 28만, 국민군 24만, 국민자위대 140만, 야전경찰군 3만 5000(계 236만 5000). 탱크(중·경형 합계) 240대, 장갑차 250대, 기타형 105대.

해군: 병력 3만 9000, 호위구축함 7척, 고속초계정 70척 및 하천초계정(100톤 미만) 500척.

공군: 병력 4만 1000, 전투용 비행기 275대, 각종 수송기 약 510대, 헬리콥터 480대, 연습기 465대. (영국 국제전략연구소 연감, 1972~73년의 군사력 비교, 남베트남 부분)

1972년 5월에 이미 레어드 미국방장관은 사이공 정부의 군사력, 특히 공군력은 미·소·중 3대국 다음가는 세계 제4위라고 자랑한 바 있다. 그런데 휴전 직전에 미국은 비행기, 탱크 등 기본 무기를 단시일 내에 급속히 증강시켰다. 이것은 『타임』지가 지적했듯이 문구상으로는 협정 위반이 아니지만 협정 정신의 위반이다. 소련·중국도 그랬던 것으로 보도되었다.

문제는 휴전 이후다. 미국 군대의 철수에 앞서 대부분의 중(重) 무기는 사이공 정부군에 이양되었다. 그 사실은 미국정부의 발표나 보도로 확인되었지만 숫자는 밝혀진 바 없다. 임시혁명정부 대표는 그 수를 탱크 및 장갑차 600대, 야포 600문, 함정 200척, 포탄 50만 톤이라고 주장했다(4자 군사합동회담에 대한 항의보고, 1973. 2. 1). 이 항의에서 혁명정부 대표는 "휴전 이후 40일 동안 사이공 정부 공군의 대(對) 지상공격 400회"라고 보고하고, 공군기의 폭격하에 지상 점령지의 잠식과 대규모 공격전을 계속했다고 주장했다.

전쟁요원의 잔류 또는 증강 문제도 있다. 앞에서 본 바와 같이 미국과 남베트남 동맹국의 각종 군사적 요원(협정 제2장 제3조 A항 규정)은 협정 조인 후 60일 내에 베트남에서 완전·전면 철수하게 되어 있다. 이 조항을 충실히 이행한다면, 베트남에는 정식으로 발표된 대사관 관계 직원 및 그 가족, 순수한 상인·민간인 기술자 등과 관광객이 있을 뿐이다. 이 조항은 남베트남에서의 미국의 군사관계의 '일절·전면' 정지·철수·철폐이므로 민간인의 자격으로도 잔류하거나 증강될 수 없게 되어 있다.

1975년 4월 28일 미국이 미국인의 긴급 철수작전을 완료했다는 발표에서 미국인은 6천명이라고 밝혔다. 실제로는 몇명인지 알 수 없으며,

현지에서 쏟아져 나온 미국 보도기관 특파원들의 기사들을 읽어보면 그보다 훨씬 많은 숫자인 것 같다. 이에 관해서 임시혁명정부 대표는 그 규정된 60일이 지나는 날, 미국이 '위장 군사요원'을 다량 투입하고 있다고 비난했다. 그들이 합동회의에 제출한 그 민간인을 가장한 수는 다음과 같다.

① 28성(省) 1시(市)(사이공)에 새로 영사관 부속 '성(省) 팀(team)'을 신설·배치. 평정계획 활동을 인계·수행.

② 사이공 주재 대사관 무관(武官) 사무소(DAO)를 확장. 육해공군 무관의 증강 외에 병참관계 국방성 요원 1200명 새로 부임.

③ 민간인 기술자의 민간사업계약을 가장한 병기·통신 보수 업무 요원 5000~6000명 배치.

④ 대사관 공보문화국 및 AID 관계 요원 1300명.

⑤ 그밖에 각종 명목 요원.

합계 8500명

임시혁명정부 측은 휴전 2년이 가까워지는 1975년 초에는 미국의 위장 군사요원의 수가 1만 9000명이 되었다고 여러차례 비난했다. 미국 국방장관 레어드가 이미 휴전 10개월 전 미국의 외교위원회 증언에서 남베트남군, 특히 공군이 세계 제4위의 막강한 군사력이라고 말했다. 게다가 베트남전쟁에서 사용하던 미국 군대의 중무기·최신장비가 휴전 바로 전후에 대량 양도된 사실을 고려할 때, 그 유지·보수·훈련을 위한 상당한 기술요원이 필요했으리라는 것은 쉽게 짐작할 수 있다.

그밖에도 협정 조문상 위반 문제가 논란이 된 것은 헤아릴 수 없이 많다. 결론적으로 말하면 협정 위반의 책임을 밝히기란 어려운 것이고, 더욱이 어느 한쪽만의 책임으로 단정할 수는 없는 혼란한 상태가 계속되었다.

상호불신 ─ 상호위반 ─ 위반의 순환적 확대 ─ 불신의 심화 ─ 공공연한 위반 ─ 전투의 계속 ─ 종말이라는 과정이 휴전 이후 2년간의 현실일 것이다.

베트남전쟁의 성격

1975년 5월 1일, 35년에 걸친 베트남전쟁은 끝났다. 남베트남의 정권도 갈리고 사회의 제도도 달라졌다. 베트남인 자신이나 외부의 관심 있는 사람에게는 각기의 입장·이해관계에 따라 남베트남전쟁을 해석하는 각도도 다를 것이고, 그 긴 전쟁 역사와 그 종말의 형태에서 '교훈'을 얻으려는 자세도 극에서 극까지 차이를 보이고 있다. 하나의 극은 그 종말을 '비극'으로 표현하는 심정이고, 다른 극은 '환희'로 맞는 심정이다. 어느 반응이건 그 긴 세월의 극한적인 인간적 고통을 겪지 않은 방관자의 태도일 것만 같다. 대부분의 베트남인은 비극과 환희의 중간에서 이날을 맞이하지 않았을까.

베트남전쟁은 압도적으로 강대한 군사력과 보잘것없이 약한 인간 집단의 싸움이었다. 세계 제1의 군사·경제·과학의 총력을 동원한 국가와 그 지원하에 세계 제4위의 군사력을 가진 현지 집단이 상식으로는 이해할 수 없는 패배를 당한 전쟁의 최초의 예로 전사(戰史)에 길이 남을 것이다. 그리고 보면 그 패배에서의 교훈은 단순히 '군사력'의 강약이나

'군사적 방위태세'의 우열 측면에서 찾을 수는 없을 것 같다. 사실 우리나라를 제외한 모든 외국에서의 반응은 거의 예외없이 그런 단선적이고 평면적인 교훈을 배격하고 있다. 베트남 사태는 이 글 제1, 2부에서 상세히 살펴보았듯이 군대·군사력·군사적 방위태세·양분법적 이데올로기·전쟁철학 외의 요인과 요소에서 더 많은 교훈을 준다.

그런 가치관과 사고방식은 베트남과 인도차이나에서 하나의 역사적 파탄을 겪었다. 1949년 중국 대륙에서 일어난 사태의 어쩌면 그렇게도 완벽한 재현인가? 중국 대륙 사태의 종말을 '비극'이라고 본 사람들은 그 10년 뒤 다시 같은 함정에 빠지고, 25년 뒤에는 똑같은 비극의 연출로 아시아 대륙의 지도의 색이 달라지는 것을 감수해야 했다. 원인을 무시한 탓이다. 수많은 요소의 동적 과정(dynamic process)에 무감각했던 탓이다. 그러면 베트남 사태의 당사자들은 어떻게 보았던가?

베트남의 사태는 도시가 농촌을, 도시적 주민이 농촌 전체를 적으로 몰고 싸우는 전쟁이다. 이런 성격의 전쟁에서는 이기기 위한 유일한 전술은 오직 압도적인 물질적 중량으로 농민을 분쇄하는 것이다.

농업작물의 파괴, 고의적이고 계획적인 피난민 만들기, 암살·고문의 피닉스(phoenix) 작전, 농촌·농가·농사시설의 전면적 파괴, 주민에 대한 공포적 강압…… 이것밖에 없다. (로버트 코머 안(案), 1972년 5월 미국 상원 외교위원회 '베트남 사태의 원인·과정·교훈에 관한 청문회' 의사록, 81면)

로버트 코머는 미국 국무성 고위 관리로 베트남전쟁의 수행 방안을 연구 건의하는 작업반의 책임자였다.

역대의 남베트남 정권은 그 어느 것이건 자발적인 민중의 가치를 못 받고 대중적 정치 토대가 없는 권력이었다. 사이공 정권은 과거에는 프랑스 식민지체제의 계승자였다. 미국의 개입 이후에는 시급히 필요한 사회개혁은 모두 민족해방전선이 실시했고, 베트남 사회에서 그 사회개혁은 정당화될 수 있는 것들이다. 소위 '베트남 정부'(government of Vietnam)는 민족해방전선과 도저히 정치적으로 경쟁할 수 없는 성격이었다. 이 사실은 사이공 정부 지도자들 자신이 자인하고 있다.

티에우, 끼, 키엠 등 남베트남군 최고의 사령관급은 모조리 자기 민족·국가의 해방·독립에 반대해서 식민지국가 프랑스 군대의 장교로 싸운 사람이다. (놈 촘스키 교수 증언, 같은 의사록, 82면)

레어드 국방장관(미국)은 남베트남 정부가 전투기 1000대, 대형 병력 수송용 헬리콥터 500대를 비롯해서 무제한의 탄약, 완벽한 제공권을 가진 세계 제4위의 군사력이라고 증언했다.

인구 비율로 치면 세계에서 최강·최대의 육군·해군·공군을 갖고 있는 셈이다. 이런 막강한 군사력을 갖고서도 사이공 정부가 견뎌내질 못한다면 그것을 누구의 잘못이라고 할 것인가. 문제는 군사력 요소가 아니라 딴 곳에 있다. 문제는 남베트남의 지도자들과 지도역량의 성격 및 남베트남의 정치적 상황이다. (Leslie Gelb 증언, 같은 의사록, 42면)

레슬리 겔브는 1960년대에 수년간 남베트남에서 사이공 정부를 도와 평정계획의 현지 총책임자로 일한 미국 국무성의 고위 관리다.

이상은 남베트남의 사회·정부의 내부 실정을 진단한 것이다. 이와 같은 사태의 한 주체를 도운 미국의 정책은 어떻게 진단되고 있는가? 사태의 결말로 입증된 논리와 결과로 부정된 논리가 있다. 원인·과정·결과를 정확히 예견했던 쪽의 논리에 당연히 설득력이 있다. 몇가지를 요약하면 다음과 같다.

아서 슐레진저의 논리

① 반공군사적 집단안보의 두령 의식

② 외국에 대한 미국의 문명적 우월 의식과 미국식 민주주의화의 사명감

③ 절대적 반공주의

④ 민족해방·독립투쟁을 공산주의와 동일시하고, 그와 같은 투쟁을 일률적으로 소련·중공의 지령에 의한 것으로 본 잘못

⑤ 미국의 모든 제도·기구(행정부, 군, CIA, 민간기구……)의 냉전포교(冷戰布敎) 기구화

⑥ 경제적 제국주의(이 항목에 관해서는 시인·부인 반반의 증언)

슐레진저(뉴욕시립대학 교수)는 케네디, 존슨 두 대통령의 안보 특별고문이었고, 베트남 사태의 군사적 측면에 늘 회의적이었다.

레슬리 겔브의 논리

① 강대한 힘(국력)에의 도취·교만

② 한가지밖에 못 보는 관료주의적 정치

③ 미국 국내정치의 요소와 영향

④ 제국주의

⑤ 현실 사태의 각 단계에 실효적으로 대응한다고 생각하면서 줄 줄이 끌려 들어간 프래그머티즘

⑥ 강대국 간 '힘의 균형' 위주 정책

⑦ 정부 각층 지도자급 사람들의 판단력 미숙과 부주의

⑧ 그러나 가장 큰 요소는 '공산주의를 저지한다는 도미노이론'

(같은 곳)

휴전협정 위반의 각도에서는 쌍방의 책임의 질과 양을 거의 교량하기 어려울 만큼 상호적임을 보았다. 군사력과 군사적 기구의 측면에서는, 한쪽은 한대의 전투기도 없고 한쪽은 세계 제4위의 공군력으로 완벽한 제공권을 누렸다는 사실 한가지로도 결론은 분명하다. 더욱이 군대(군인)식 사고방식을 중요시한다면 그토록 막강한 사이공 정부군이 총 한방 제대로 쏘지도 않고 물거품처럼 완전 붕괴된 과정을 설명할 수가 없다.

결국 남베트남 사태의 종말은 남베트남 사회에 내재하는 특수성·원인, 그 작용, 작용에 대한 반응형식, 그리고 30여년에 걸친 긴 과정의 인과관계 속에서 찾을 수밖에 없다는 결론이 나온다.

베트남인의 민족주의

베트남인의 민족의식에는 베트남전쟁의 어느 편에 서는 입장이건 예외없이 감탄한다. 천년에 걸친 중국과의 관계에서 베트남은 결코 예속

된 일이 없었다. 베트남인의 높은 의식과 자질은 인도차이나의 다른 민족의 두려움이 되어왔다.

프랑스 식민정책은 이 강인한 민족의식을 거세하기 위해 베트남을 북부(통킹), 중부(안남), 남부(交趾支那)로 분할통치하는 방법을 취해왔다. 이것은 같은 제국주의·식민주의 국가인 영국이나 네덜란드 등의 아시아 식민지 운영방식과 대조적이다.

1858년의 프랑스-베트남전쟁, 1862년의 중부 베트남의 식민지화를 기점으로 한 프랑스에 의한 100년의 분열 지배정책은 이 세 지역의 각각에 어느정도의 특수성을 남긴 것을 부인할 수는 없다. 그러나 이 식민·외세가 조성한 지방적 차이점이나 특수성을 과장해서는 안 된다. 차이성을 과장하는 견지는 바로 베트남 인민의 분열 상태의 지속에서 이익을 얻는 외부세력의 것이기 때문이다. 현실적으로도 식민지 예속화와 그 가장 악랄한 지배 방법으로서의 분열통치는 오히려 국가통치의 제약적 요소이기보다는 민족적 통합과 통일국가 건설을 지향하는 에네르기를 자극했다.

제2차대전 후 전(前) 프랑스 식민지 베트남의 전후처리 구상에서 영국과 프랑스 두 나라는 역시 분할통치를 추진했다. 이에 대해 미국과 중국은 일정한 신탁통치 기간 후의 통일·독립 베트남을 구상했다(루즈벨트 대통령의 전시 구상). 한 민족의 내부적·역사적(일시적) 차이성이나 특수성을 강조하는 논리는 언제 어디서나 민족적 통합을 반대하는 동기에서 나온다는 것을 분명히 인식하는 것은 중요하다. 민족 외부에서의 그런 논리는 그 민족의 분열·약화·예속적 상태를 합리화하는 것이다. 민족 내부에서의 그런 논리는 분열·대립의 항구화에서 이익을 얻는 자의 궤변이기 쉽다. 베트남전쟁의 긴 역사는 이것을 웅변으로 확인해주었다.

외국의 긴 지배를 겪은 베트남인의 민족주의를 가장 잘 이해한 것은
같은 동양인이고 같은 민족적 시련을 겪은 장개석인 듯하다.

1943년 카이로회담에서 루즈벨트는 처칠의 반대를 무릅쓰고 스딸
린과 장개석의 동의를 얻어 프랑스를 배제한 베트남 신탁통치안을
성안시켰다. 이 안은 아시아에서의 전쟁 진전 상황에 따라 수정되었
다. 대(對)일본 전쟁이 가열해진 1943년경에는 대일본 전쟁에서 중국
의 역할 확대와 중국전선의 유지를 위해 인도차이나 '전역'(캄보디
아와 라오스까지를 합한)을 중국에 '증여'하는 안을 장개석에게 제
의했다. 그러나 이 제의를 받은 장개석은 "베트남인은 결코 중국에
동화되지 않을 민족"이라고 답변하면서 루즈벨트안을 사양했다.

(Henry Wallace, *Toward World Peace*, Reynal & Hitchcock 1948, 97면)

1954년 제네바협정이 규정한 2년 후의 총선거가 예정대로 실시되었
다면 호찌민이 80퍼센트의 지지를 받았을 것이라는 아이젠하워 대통령
의 판단은 호찌민의 개인적 위대성도 있었겠지만, 그가 민족통합·해방
·독립의 민족적 결의의 상징이었기 때문이다. 호찌민은 사회주의·공
산주의…… 그밖에 미국이 붙이기를 즐겨한 정치적 이념의 어떤 것이
기에 앞서 베트남 인민의 민족주의의 권화(權化)였다. 남베트남인들 사
이에서도 그의 권위는 전쟁 중에도 높이 평가되었다. 적어도 민중의 차
원에서 베트남 사태의 본질은 흔히 외부에서 말하기 즐겨하듯 현대 이
데올로기의 투쟁이기보다는 민족의 해방·재통합을 위한 투쟁의 계속
이라는 면이 기조였던것 같다. 이 사실을 인식하지 못한 데서 파탄을 결

과했다고 보는 것이 대부분의 건전한 의식을 가진 전문가들의 일치된 견해다.

남베트남 정부의 황제, 역대 대통령, 최고지도자 들은 이것을 국제공산주의 대 반공주의(자본주의)의 투쟁으로 해석했다. 그들이 외국의 총애와 지원을 더 받으면 받을수록, 외부의 힘에 더 깊이 의존하면 할수록 대중의 눈에는 베트남 민족주의에 대한 적대적 존재로 비치게 되었다. 이것은 불행한 일이기는 하지만 베트남의 역사 및 정치 문화적 환경에서는 거역하기 어려운 현실이었다.

그러면 남베트남의 소위 지도자들이라는 사람들은 어떤 사람들이었으며 대중과는 어떤 입장에 섰던 것인가?

민족적 지도역량

사이공 정권이 1954년 이후 정치적으로 끊임없이 수세 또는 열세에 놓여온 이유를 '지도자의 결핍'에서 찾는 견해가 많다. 대표적인 하나의 예를 제시한다.

월남의 국가 운영에서 또 하나의 곤란은 지도자의 결핍이다. 프랑스에 의해서, 공산주의자에 의해서, 지엠 정부에 의해서 지도층이 거의 전멸되었다. 그리하여 정권의 지도자를 충원할 원천지는 군부가 유일한 형편이다. 이러한 지도자 또는 훈련된 관리의 부족은 정부 운영을 어렵게 하는 요인이 되는 것이다. (M. Beacher, "Political Instability in the New States of Asia," *Comparative Politics*; 『한국정치학회보』 제6집, 156면에서 부분

인용)

이 견해를 인용하면서 남베트남(사이공 정권)의 입장을 긍정적으로 논술한 입장(민병천, 동국대학교 행정대학원)은 그러나 그 과정의 어려움은 남베트남의 또 하나의 지도역량인 민족해방전선(또는 임시혁명정부)에게도 공통적으로 적용되고 작용한 요소들이라는 사실을 인식 못 하고 있다. 소위 엘리트군의 형성이 그와 같은 요인으로 해서 형성되기 어려웠던 것은 오히려 해방전선 쪽임은 모든 사실이 증명한다. 그러면 어째서 같은 조건환경에서 한쪽은 지도역량이 양성 강화되고 다른 한쪽은 계속 약화 쇠퇴했는가.

이 질문에 대한 해답은 그 두개의 권력(정치적 집단)의 정치적 토대의 성격, 최고지도층의 성분·경력·이념의 차이에서 비롯된다.

종교적 성분

인구 1881만(1972)의 남베트남의 약 80퍼센트가 불교도이고, 11퍼센트가 가톨릭교다. 가톨릭 가운데는 1954년 북베트남에서 내려온 가톨릭 신자 약 30만(전체 약 60만~80만 중)이 포함되어 있다. 그런데 인구의 불과 11퍼센트밖에 안 되는 가톨릭이 남베트남의 정부·군·관료 권력을 장악하고 있었다. 그 인구대비에서 극단적인 '과도권력집중' 현상을 이루었다(Bernard Fall). 외래 종교인 가톨릭이 서양(非民族) 지향적이었음에 반해 불교도는 토착적이고 민족주의적이었다. 북베트남에서 도피해온 배경이 그 반공적 성격을 극단화했다. 그래서 사이공 군대 장교단의 50퍼센트 이상이 이 인구비 11퍼센트에 지나지 않는 가톨릭이었다. 개중에는 최고지도자 가운데 극소수의 불교도가 없는 것도 아니지만 국가의 절대적 권력을 소수의 가톨릭이 독점하게 되었다. 가톨릭은 교육과 사회적 기회를 장악했기 때문에 모든 국가 운영의 엘리트를 형성했고 가톨릭 정권이 하는 일이면 그것이 무엇이든 지지하는 가장 강력한 정치적 토대가 되었다. 불교는 그 자체적 성격 때문에도 그랬지만 가톨릭 정권의 강력한 작용으로 인해서 바로 반(反)가톨릭 정권, 즉 반사이공 정권적 성향을 짙게 갖게 되었던 것이다. 이것을 서로 비교 요약하면 다음과 같이 된다.

가톨릭	불교도
도시세력 중심	농촌세력의 대중성
부유층·지식인 이익 옹호	피수탈대중 이익 옹호
서구적 외부 지향	민족적 내부 지향
외세 의존 현대화 우선	토착·민족적 통합 우선
철저한 반공주의	관념보다 현실 해결
소극적 민족해방·통일 의욕	전통적인 반식민투쟁의 토대
현상유지 노선	사회개혁 촉구

사이공 정부와 민족해방전선의 정치적 토대 및 성격은 이런 것이었다. 국민 11퍼센트와 80퍼센트의 대결이라는 성격의 일면을 말해준다.

최고지도자의 경력

대중적 기반이 지도자를 규정하는 일면과 함께 지도자의 성분이 투쟁의 성격과 지향을 규정했다.

의장(풀브라이트 상원 외교위원회 위원장) 퍼시 상원의원이 방금 한 질문에 나도 한가지 질문할 것이 있습니다. 그것은 현 남베트남 정부에 관해서인데, 끼 장군(당시 부통령)이 1954년까지 베트남인의 대(對)프랑스 항전 시기에 프랑스 공군의 일원이었나요? 두분 중에 아는 분이 있습니까?

겔브(증인) 정확히는 모르지만 그랬으리라 생각합니다.

톰슨(증인) 기억이 없습니다.

의장 그러면 끼 장군은 어디서 비행기 타는 기술을 배웠나요? 우리 미국이 그에게 비행술을 가르쳤나요, 아니면 프랑스군이 가르쳤나요?

겔브 확실치는 않지만 프랑스군에서 배웠다고 믿습니다.

의장 티에우 대통령은 어떻습니까? 끼와 티에우 두 사람은 각기 프랑스 공군과 프랑스 육군의 장교가 아니었나요?

겔브 제가 판단하는 한 그렇습니다.

의장 얼마 전까지의 지엠 대통령은 프랑스의 인도차이나 식민정부의 한 성장(省長)이 아니었던가요? 아십니까?

겔브 예, 그랬습니다.

의장 내가 읽은 범위 내에서 말하자면, 호찌민은 이미 베르사유 회의 때부터 베트남 민족의 독립운동을 했고 베트남의 독립을 위해서 베르사유 회의에서 각국 대표에게 호소하고 다니며 민족독립에 몸바쳐온 것으로 알고 있습니다. 물론 열강은 그의 호소에 귀를 기울이지 않았지만 말이지요.

겔브 그렇습니다.

톰슨 그렇습니다.

(베트남 사태의 원인·과정·교훈에 관한 증문회(證問會): 미국 상원 외교위원회

1972. 5 의사록, 49~50면)

사이공 정권의 역대 최고지도자는 초기의 응오 딘 지엠을 제외하고
서는 모두 군인이었다. 남베트남의 사태가 복잡해질수록 군대(군인)식
사고방식으로는 해결의 길을 찾기 어려워졌다. 대중을 세력기반으로
하여 사회혁명과 통일의 이념을 내걸어 정치투쟁을 전개하는 민족해방
전선에 대해서 무력과 탄압으로 대응하는 '반응 양식'은 날이 갈수록
대중을 적으로 돌리는 결과가 되었다. 더욱이 그들이 거의 예외없이 민
족의 해방과 독립을 위해서 싸우는 자기 민족을 억압하는 프랑스 식민
군대에 자발적으로 들어가 식민세력을 도운 프랑스군 현지인 장교였다
는 경력은 그들의 의식구조를 결정한 듯하다.

민족해방전선의 지도자들은 오랫동안 '정체 모를 사람들'
(facelessness)로 알려져 있었다. 1975년 5월 초순, 사이공에서 임시혁
명정부의 새로운 각료 명단이 부분적으로 발표되었다. 그에 의하면
이미 1965년 프랑스의 쫀 푸(Tron Phu) 출판사에서 발행한『남베트
남 해방운동의 인물들』(*Personnalités du Mouvement de Libération du Sud
Vietnam*)이 밝혀낸 39명의 민족해방전선 지도자들과 일치한다. 그들
은 거의 대부분 남베트남 출신이고 각종 직업의 혼합을 이루고 있다. 여
성까지도 저항전쟁 또는 독립투쟁의 경력을 가진 점에서 남성과 다름
없다. 거의가 투쟁 과정에서 투옥의 경험이 있으며 지식, 교육, 출신 성
분 등에서도 다양하다. 사이공 정부 지도자들에 비해서 어떤 하나의 소
수집단을 대표하지 않는 대중적 배경을 갖고 있다. 특기할 것은, 직업적
군인은 몇명 없고 대부분이 학자, 변호사, 건축가, 의사, 간호원, 소수민

족, 배우, 교사, 문인, 학생으로서 항불(抗佛)·독립전쟁에 참가한 '아마추어 독립 지도자'들이라는 사실이다.(쫀 푸 연감의 『공동연감(共同年鑑)』, 1969판 베트남 특집 84~85면)

민족해방전선의 '통일전선'전략의 성공은 그들의 세력기반이 남베트남 사회의 모든 상하·좌우의 민중에 걸쳐 있었다는 사실에서 원인을 찾아야 할 것 같다. 그와 같은 대중적 정치 토대 없이 '전략'만으로는 성공이 가능할 수 없었을 것이다.

남베트남에 형성되고 현실적으로 존재하는 두개의 세력에 관해서는 해리먼(존슨 대통령의 빠리휴전협상 미국 수석대표)의 예언이 너무도 적중했다는 감이 있다.

남베트남에서의 투쟁은 이미 승부가 난 것이나 다름없다. 한쪽은 자기 민족을 억압한 식민지 세력에 협력한 사람들이 이끄는 집단이고 또 한쪽은 긴 독립·반식민지 투쟁에 몸바쳐 싸운 사람들이 이끄는 집단이다. 어느 쪽 지도자들이 베트남인을 더 사랑하는가는 분명한 사실이다. 민중의 사랑을 받는 쪽이 결국은 승리할 것이다. (1969. 1. 20 협상 수석대표직을 사임하고 나서의 기자회견)

외부원조의 기능과 역기능

미국의 남베트남 정부 원조 부족이 패배의 주원인이라고 보는 견해가 있다. 사이공 정부에 대한 지도자들의 입장이 그렇고, 미국 대통령과 군부 일부의 주장도 그렇다.

남베트남의 반공정권을 유지하기 위해 쓴 미국의 군사비는 약 1500억 달러로 알려졌다. 이것은 군사비만이다.

경제원조는 다음과 같다.

1950~54년(프랑스-인도차이나전쟁 지원) 27억 달러
1954~65년(제네바휴전 이후) 20억 달러
1966~74년(미국 전쟁화한 이후) 50억 달러
합계 97억 달러
(앞의 미국 상원 외교위원회 의사록과 AID 연간보고 종합)

이밖에 민간단체 원조, 미국 군인 및 가족·현지 기관이 남베트남 현지에서 소비한 막대한 금액과 각종 미분류 사용 금액이 있다. 그 액수는 어느 기록에서도 정확히 가늠할 수 없으나 이 항목의 경제원조적 효과는 약 20억 달러에 달할 것으로 추산된다. 어떻든 미국만의 경제원조도 100억 달러를 넘는다. 한국을 비롯한 서방 각국의 경제물자 지원은 전적으로 도외시하고서도 그렇다.

이것을 장개석 국민당 정권에 쏟아부은 군사원조·경제원조의 합계와 비교해보자. 미국은 1937년 7월, 일본이 중국에 대한 본격적인 침략전쟁을 개시하여 49년 사실상 장개석 정권의 운명이 결정나서 미국이 철수할 때까지 12년간 경제·군사 목적의 무상공여와 차관 등 각종 지원 합계 35억 2300만 달러, 주로 현물 또는 군사비 대충자금으로 사용된 10억 7810만 달러, 합계 46억 110만 달러를 주었다. 각종 잡항을 합치면 50억 달러로 추산된다(미국정부 발행, 『중국백서』 원조부).

중국의 광대한 땅을 유지하기 위해서 쓴 약 50억 달러(그것도 군사·

경제 합계)에 비해서 1500억 달러의 직접 군사비를 제외하고도 경제적 지원만을 위해 100억 달러가 남베트남을 위해서 주어진 것이다.

이처럼 막대한 원조가 전쟁수행 능력의 일시적 효과라는 적극적 기능을 발휘한 것은 사실이다. 그러한 반면 외국 경제의 압도적인 작용은 오히려 장기적인 안목에서 남베트남의 사회·경제·문화적 구조와 남베트남인의 도의적·정신적 바탕에 역기능으로 작용했다. 국가의 전체 기능이 외국원조(따라서 외세) 의존적이 된 것이다. 전쟁경제는 극소수의 권력층에 부를 집중시킨 반면 대중의 복지는 거의 무시되었다. 도시 위주의 경제구조가 형성되고, 따라서 전쟁경기에 접하는 부유권력층의 사치풍조는 불교·가톨릭적인 본래의 검소한 생활양식을 파괴했다. 무한한 듯 보이는 물질의 충격으로 부패·타락은 남베트남 사회의 대명사가 되었다. 가장 심한 것이 사이공 정부 군대였다. 전통적으로 남베트남 사회의 조직적 토대였던 지방의 자치적 생활방식은 깨어지고 미국식 개인주의가 생존의 신조가 되었다. 사이공 정부 군대의 장교와 사병이 군수물자와 무기를 민족해방전선에 팔아넘기는 데서 수입을 잡는 사태가 일반화했다. 무기를 적재한 배, 트럭의 대열이 송두리째 해방전선으로 넘어가는 일에 관해서는 외국의 특파원도 나중에는 관심이 없을 만큼 생활화했다.

이 모든, 그리고 그밖의 헤아릴 수 없이 많은 현상은 한마디로 베트남 민족의 인간적·사회적 타락을 초래했다. 그럴수록 그것은 긴 항불·독립·통일 투쟁의 전통을 계승하는 민족해방전선에서는 세력확장의 기회가 되었다.

사이공 정권과 미국이 남베트남에서 '공산주의'라고 단정한 민족해방전선에게 승리할 수 있는 길은 장기적으로 농민의 지지를 얻는 것이었다. 그러나 남베트남 사회를 지배하는 세력의 속성은 바로 그 반대 방향을 치달은 것 같다. 그 책임과 과오는 미국도 분담해야 할 성질의 것이다.

프랑스 식민주의자들은 그런대로 베트남 인민의 전통을 존중했다. 프랑스에 비해서 미국은 베트남 민족의 전통을 무시했다. 프랑스는 미국보다 가난했다. 미국의 경제력이 프랑스에 비해서 압도적으로 강대할수록 그 물량적 중압과 물질주의적 가치관에 눌려 베트남 사회의 고유 윤리는 붕괴해버렸다. 미국인은 동양인 특히 그들의 문화와 이질적인 베트남의 불교적 생활양식·가치관을 멸시했다. 베트남의 불교도에게는 독재·탄압의 권력을 뒷받침하는 미국이 베트남의 파괴자로 비친 것이다. (찌 꽝 僧, *War, Crimes and the American Conscience*, ed. Erwin Knoll and Judith Nies McFadden, Holt, Rinehart and Winston 1970, 133~34면)

이상과 같은 여러가지 요소에 대해서 미국과 사이공 정부는 어떻게 반응했는가.

제도와 민중

서로 경쟁하는 상이한 사회제도와 이데올로기가 투쟁할 때, 후진적 농업국가에서 승부를 판가름하는 요소는 가난한 대중의 자연발생적인 지지임을 남베트남은 실증했다. 1949년 중국의 결과가 그에 앞서는 좋은 예다.

남베트남의 농업(농촌) 인구는 전체 인구의 80퍼센트면서 국가 수입 면에서는 30퍼센트를 차지할 뿐이다. 공업이란 초보적인 상태여서 전체 제조공업의 고용 인구는 12만(사이공 6만, 전 지방 6만)이다. 이밖에 5명 미만 고용의 가내공업 인구가 16만 8000명이었다(『베트남 전후개발』, 미월(美越) 합동개발조사반 보고).

몇가지의 구체적인 사례만 보아도 남베트남의 제도가 특권·권력층 지향이지 대중·농민복지 지향이 아니었음을 쉽게 이해할 수 있다.

응오 딘 지엠 대통령 시대인 1956년 농지 소유 100헥타르를 상한으로 하는 농지개혁(분배)법이 성립했다. 이것은 지엠 대통령의 민족주의적 정책의 일면이기도 했지만, 그에 못지않게 중요한 동기는 남북 총선거를 거부한 후 남베트남에서의 대중적 정치 기반을 굳히는 것이었다. 북베트남의 사회주의적 토지분배정책에 대항하기 위한 노력이었다. 특히 전(前) 식민권력 프랑스의 정부·프랑스인 지주·공인·개인의 소유였던 농지 41만 5000헥타르가 베트남공화국에 수용되었다. 그러나 '구적산(舊敵産)'인 이 농지 가운데 1970년까지 농민에게 분배된 것은 약 7만 헥타르에 불과했고, 34만 5000헥타르는 1970년 3월까지 분배되지 않았다. 그러면 그 토지는 어떤 상태로 있었는가?

최근까지 베트남 정부의 고문으로 현지에서 근무한 미국 관리의 보고서에 의하면 대부분의 미분배 토지는 '정부 관리'하에 있었고, 정부 고위 권력자들이 최고액의 입찰자에게 그 땅을 도지(賭地) 주고 있다. 지방에서 전투가 벌어지는 상황은 토지분배의 이상적인 시기는 아니다. (…) 그러나 수백만의 농토 없는 빈농은 사이공 군대가 농촌 지방의 지배권을 다시 장악하면 모든 것을 다시 빼앗기곤 했다.

(베트콩에 의해서 분배된 농토는) 정부군이 그 지역을 점령하면 다시 정부군에 의해서 과거와 같은 낡은 소작제도가 복구되기 때문이다. 정부군이 점령하고 들어온 지역에서는 실제로 군부대의 보급트럭에 구지주가 함께 타고 들어와 부대장과 이익금을 분할한다는 계약으로 자기 소유 농지에 대한 소탕작전을 명하는 사례가 있다. 따라서 베트콩에 의해서 이미 분배된 농지 소유권을 차라리 그대로 기정사실화하는 방식을 포함한 농민 지향적 농지개혁을 하는 것이 어떤 한가지의 반란 진압 방법보다도 농민의 지지를 얻는 데 효과적일 것이다.

그리고 무엇보다도 심각한 문제는 사이공에 앉아 있는 '지주 지향적 지도층'이 진정 그와 같은 농지개혁을 지적(知的)으로 구상할 수 있느냐 하는 사실이다. 그들은 사이공의 군장성과 의사들로 구성된 집단이기 때문이다.

(Bernard Fall, "Vietnam in the Balance," *Foreign Affairs* 1966년 10월호 5면)

1970년 미국은 농지개혁의 정치적 효과를 느껴 사이공 정부에 '무상분배'를 위한 재정원조 제공과 동시에 그 실시를 강력히 요구했다. 당시 외국인 특파원의 현지 보도는 정부 관리와 군장교들에게 일정한 비율의 '유상금'을 뇌물로 바쳐야 '무상'분배분의 명의변경이 되는 부패상을 알려주었다.

미국의 기본적 구상에도 문제가 많았다. 전쟁의 주도적 사회집단이 가톨릭·부유층·군장교단, 도시생활 기반의 주민, 외세 지향적 반공 지식인이었던 까닭에 베트남 농민의 복지는 거의 무시되게 마련이었다. 미국정부와 사이공 정부는 베트남전쟁이 승리로 끝날 것을 예상했다. 그 승리를 토대로 남베트남의 '10년 경제복구계획'을 공동으로 작성했다. 웅장한 남베트남의 미래상을 국가생활의 전분야에 걸쳐서 집대성한 것이 「베트남공화국의 전후개발: 정책과 계획」("The Postwar Development of the Republic of Vietnam: Policies and Programs", March 1969)이다. 이 계획서는 농업·농촌의 부흥에 관해 이렇게 결론짓고, 정책화를 권고하고 있다.

(…) 생산과 농가 수입의 결과와는 관계없이 대토지 보유를 소단위로 분해하는 것은 바람직하지 않다. 대부분의 작물은 (농지 소유를 분해하면) 대규모의 농지 보유 방식에 비해 경제적으로 경작할 수 없다. 그리고 농지 개량은 그와 같은 유리한 기업이나 노동이 불가능한 잠재적 사용자를 창조해내는 데까지 추진되어서는 안 된다. 지역적으로는 농업과 농민의 빈곤 해결은 작은 자가경작 방식보다 경제성이 높은 유효한 농업 노동력에서 찾을 수 있다. (종합적 권고, 제7장 농업개발)

대단위 농지보유제도가 경제성·생산성이 높다는 것은 당연한 이론이다. 그러나 농민을 농업노동자화하는 방식으로 베트남의 농촌·농민 문제를 해결할 수 있다는 이와 같은 견해야말로 땅에 굶주린 베트남 농민의 염원을 완전 무시한 것이다. 대단위 농업이란 농장을 뜻한다. 무엇보다도 베트남의 역사상 그와 같은 제도가 무엇을 뜻했는지 밝혀져야 한다. 한마디로 그것은 가난한 농민과 토지 사이의 정신적·정서적 관계를 일절 고려하지도 않은 태도다. 이 보고서에 의하면 베트남 농민 1세대의 생계는 1헥타르의 땅이면 된다고 한다. 농지개혁 법안이 통과된

1956년 이후 70년까지 15년간 국가에 수용되어 권력자와 군장성들이 입찰자에게 임대해서 사복을 채워온 40만 헥타르를 처음부터 농민에게 분배했더라면 40만 세대의 생존이 확보되었으리라는 뜻이 된다. 토지 분배를 제네바휴전협정 이후, 상황이 평온할 때 즉시 실시했더라면, 1세대 5인 가족으로 계산하면 200만의 농민이 정부를 지지했을는지도 모른다. 그것은 전체 농민의 자발적인 정치적 지지를 조성했을 가능성이 크며 베트콩이 생겨날 근거를 없애버렸을지도 모른다. 그러나 남베트남의 제도와 지도층은 그럴 의사도 능력도 없었던 것 같다.

도시 주민의 복지정책에서도 이에 대응하는 면을 볼 수 있다. 대표적으로 의료문제가 있다. 네덜란드의 저명한 외과의사인 아르츠(Harold Arts) 부처의 남·북베트남 방문 보고서는 다음과 같이 그리고 있다.

1972년 8월 북베트남 방문과 73년 초의 남베트남 방문 기간 중 의료 관계 사업과 지방을 조사한 결과 남베트남 정부는 국민의 의료복지에 대해서 북베트남 정부보다 훨씬 성의도 관심도 없다는 결론을 내리게 되었다. 북베트남에서는 인구 7000명에 유자격 의사 1인꼴인데, 남베트남에서는 인구 5만명에 1인꼴이다. 그나마 돈이 없는 사람은 혜택조차 받기 어렵다. 남베트남에서는 전쟁 그 자체로 인한 희생자 수보다 사이공 정부와 미국정부의 민중의료·복지에 대한 무관심 탓으로 인해 생기는 환자 쪽이 더 많다는, 남베트남 근무 6년 경력의 미국정부 파견의사의 결론에 동의한다. (日本 東京, 共同通信社 발행, 『世界週報』1973. 4. 17, 62~73면)

그밖에도 많은 요인이 있다. 모든 것을 공산주의와 반공산주의로 양

분해버리는 사고방식도 그 하나임은 거의 모든 권위있는 관측자들의 일치된 결론이다. 미군의 군사개입이 오히려 남베트남을 공산주의자에게 넘겨주는 결과를 초래했다는, 건전한 감각을 지닌 외국의 많은 사람들의 견해도 귀담아 들을 가치가 있다. 베트남인은 그런 성격의 민족인 것이다. 프랑스의 드골 대통령이 미국의 케네디 대통령에게 간곡히 충고한 대로 사태는 미국의 '비극'으로 끝났다.

　　베트남 사태는 그 종말의 형태에서보다 남베트남의 내부적 특수성·인과관계에서 더 많은 참된 교훈을 주는 전쟁이었다.

──『창작과비평』 1975년 여름호;『우상과 이성』, 한길사 1977

3
다시 일본의 '교과서 문제'를 생각한다
: 이데올로기 및 국제정치적 측면

총리대신의 야스꾸니신사 공식 참배

일본국 수상 나까소네는 1983년 4월 21일 오전 9시 21분 야스꾸니신사를 참배했다. 수상 취임 후 처음으로 참배한 나까소네 수상은, 대일본제국이 약 60년 동안 수행한 수십차례의 이민족 침략전쟁과 전역(戰役)에서 사망한 대일본제국 황군의 '전몰용사'를 봉치한 야스꾸니신사의 참배자 방명록에 '내각총리대신 나까소네 야스히로(內閣總理大臣中曾根康弘)'라고 기입했다.

구일본 제국주의·군국주의 정신의 국가적 상징이던 야스꾸니신사는 제2차대전 패전 후 '민주 일본'으로 재생하면서 국가의 예산 지원에서 배제되었다. 국가의 직접 운영도 금지되었고, 수많은 침략전쟁의 광적인 역사를 기억하는 양식 있는 민주주의적 일본인들은 이 제국주의·군국주의·천황 파시즘의 상징을 혐오했다. 그 때문에 '황국군 전몰용사'의 제단은 해방 후 극우파를 제외한 일본 국민에게 외면당해왔다. 종전 후 일본의 국회와 정부는, "국무대신이 공식 자격으로 야스꾸니신사를 참배하는 것은 헌법 위반"이라는 통일 견해를 견지해왔다. 그러나 10여 년 전부터 일본정부 대신들은 '사인(私人)'의 자격으로 하나둘씩 참배하는 것을 기정사실로 만들어왔다. 그러다가 나까소네 수상 취임(1982년 겨울) 후에는 각료 거의 전원이 집단적으로, 그러나 '사인'으로 참배했고, 드디어 나까소네 수상이 패전 후 38년 만에 '일본국 내각총리대신'의 공식 직함을 버젓이 방명록에 기입하면서 참배함으로써 일본의 국가이념은 하나의 전환점을 기록했다. 38년간에 걸쳐 치밀하게, 조직적으로, 끈질기게 추진되어온 야스꾸니신사의 명예회복과 복권이 이루어진 것이다. 이 사실은 무슨 의미를 지니는 것인가? 이 글은 작년(1982) 후반기에 걸쳐서 우리나라를 괴롭혔던 이른바 일본의 '정부 검정 교과서' 문제를 이데올로기적 측면과 국제정치적 측면에서 정리해보려는 것이다.

교과서는 한 시대의 한 국가(사회)가 그 국민(시민)에게 이상적 가치관과 세계관을 제시하는 집약적 표현이다. 거꾸로 말해서, 한 사회의 교과서는 그 사회(국가)의 이데올로기의 집약이다. 우리나라에서는 작년의 일본 교과서 분쟁을 단순한 '역사교과서'로 착각한 경향이 있었다. 실제로 일본의 교과서가 일본 국내에서 문제되는 까닭은 그것이 단순하게 '역사'로서의 '과거'에 관한 기술을 왜곡하고 있기 때문이 아니다. 오히려 그들 나라와 사회 내부에서 문제되는 까닭은, 과거보다 '현재'를 왜곡하고 있고 그 현재의 사실에 대한 왜곡이 '내일', 즉 앞으로의 일본이라는 나라의 진로에 심각한 불안감과 의구심을 갖게 하기 때문이다. 우리 사회에서 일본의 교과서 문제를 '역사 기술 왜곡'이라는 시각에서만 본 까닭에 우리 국민의 시선은 '고대사'에 못박혔거나 고작해야 일제 식민지 시대에 관심이 국한되었다. 그와 같은 인식이나 관점이 문제의 본질을 전혀 파악하지 못한 것은 아니라 하더라도, 교과서를 통해서 판단되는 일본정부의 현재와 특히 '내일'이 우리에게 얼마나 심각한 경각심을 요구하는가에 관해서 전혀 초점이 빗나간 반응을 일으키게 했다.

그 적절한 실례로서, 우리의 정부 당국은 일본정부 검정 교과서가 왜곡 기술했다는 일곱가지 예를 제시했다. '사실과 다른 미화기술(美化記述)'이라고 해서 신문에 보도시킨 사례인데, 그것은 다음과 같다(『동아일보』 1982. 7. 27).

왜곡된 일곱가지

한국침략: 진출 본격화, 내정권(內政權) 접수

주권탈취: 양위(讓位) 재촉, 군이 저항 진압

지사탄압: 조선인의 권리·자유 제한

토지약탈: 토지조사 후 관유지(官有地)로 접수

3·1운동: 데모·폭동이 조선에 파급

국어금지: 조선어·일어가 공용어로

신사참배: 강요 안 하고 장려했을 뿐

이상과 같이 우리 정부가 일본 교과서 문제를 '과거형'으로 지향시키는 바람에, 이 나라 식자들의 대응도, '임나일본부(任那日本府)'의 실재 여부 문제니, '발해와 일본 관계'의 왜곡이니 하는 구름 잡는 이야기로 맴돌다 말았다. 고작해서, 시대적 하한선을 내려봐도 반세기 이전 이야기가 분쟁의 초점인 듯한 논쟁을 벌이다 말았다. 그러다가 교과서 문제와는 다른 독립기념관 건립운동으로 전환되면서, '외교적 타결'이라고 하여 해결이 난 듯 착각하고 만 것은 당연하다 할 것이다.

미국에 레이건 행정부가 들어서고, 교과서 분쟁이 절정에 이른 무렵, 일본에 나까소네 수상이 취임하면서부터 한반도 주변에는 갑자기 긴장감이 고조되기 시작했다. 군사력 강화만이 모든 문제의 해결책이고, 군사력의 미비가 모든 문제의 원인인 듯, 한시도 쉴 사이 없이 놀라운 발언이 고조되고 있다. 심지어는 수십만리 떨어진 중동의 아랍 어느 곳에 분쟁이 나도 미국은 이 민족이 사는 한반도 위에 핵폭탄을 투하할 결심임을 공언하는 사태에까지 이르렀다. 이와 함께 일본은 한반도의 해상 봉쇄니 일본 군대에 의한 한반도에서의 군사작전이니 하는 말을 서슴지 않게 되었다.

일본정부 검정 교과서 문제는 이같은 국제정치와는 얼핏 보기에 관련된 현상이 아닌 듯싶다. 그러나 사실은 일본정부가 일본의 소·중·고등학교 교과서를 검정하고, '역사'뿐만 아니라 '현재의 사실'까지 왜곡하는 까닭은 그같은 관계선상에서라고 이해된다. 사실이 그런지 아닌지, 그 연관성의 여부를 찾아보려는 것이 이 글의 의도다.

독일과 일본의 비교

동·서양에서 무력에 의한 지배를 꿈꾸다 참패한 일본과 독일 민족이 종전 이후에 보여준 태도는 대조적이었다. 문제의 교과서를 놓고 보더라도 그렇다. 공산주의 정권인 동독은 파시즘에 대한 전면적 말살정책을 취했다. 서독도 1949년 브라운슈바이크에 국제교과서연구소를 설치해 서독의 역사가와 교사들이 파시즘, 나치의 피해를 입은 주변 인접 국가들의 학자·교사 들과 함께 왜곡된 역사적 기술, 표현, 평가를 바로잡는 공동연구 작업을 추진했다. 과거를 비판하고 학문적 양심에 입각해서 다시는 범죄적 국가와 민족이 되지 않도록 새 세대를 교육할 근본 사상으로서 교과서 수정 작업은 국제적으로 이루어졌다. 대체로 다음과 같은 단계적 성과가 이루어진 것으로 알려져 있다.

과거 범죄의 책임 규명

1950년대에 걸친 이 작업은 '게르만 민족 선민(選民)사상'이 저지른 범죄행위를 도덕적으로 단죄하는 책임 규명의 작업으로서, 이 단계는 주로 전승 연합국 측의 작용에 호응하는 노력이었다.

범죄 행위의 원인 분석

1960년대에 걸친 노력으로서, 범죄행위의 여러 사건을 놓고 그 원인을 분석하는 케이스 스터디 형식. 연합국 측의 작용에 호응하는 수동적 자세에서, 유럽사회에 되돌아갈 민주주의적 세계관을 심어주려는 자발적·능동적 자세로 추진되었다.

구조 해부 작업

1970년대의 노력으로서, 나치체제·권력구조의 특성 및 권력 엘리트의 성분구조, 정책 결정 과정에서 그들의 위치와 역할 등 종합적인 구조적 차원에서의 해부 작업.

이상과 같은 단계의 노력을 거치는 동안에 독일정부와 국민은 파시즘, 군국통치의 악몽을 털어버리고 민주국가로서의 변신(變身)을 위해 적극적으로 노력했다. 서독사회(국민)의 이같은 자기반성에는 두가지 큰 요인이 외부적으로 작용한 것이 그 추진력이 되었다. 하나는 나치즘의 피해자인 미·영·불·동유럽 나라들이 다 같이 종전 후의 대독(對獨) 처리에 동등하게 참여한 까닭이다. 미국은 그 가운데 주요 국가이기는 하지만 직접적 피해 국가인 유럽 국가들이 독일 민족국가의 근원적 개조에 대등한 발언권을 가졌기 때문이다. 다음은 파시즘의 최대 희생자였던 소련이 미국보다 오히려 더 강력하게, 그리고 더 큰 발언권을 가지고 나치 '전범재판'을 철저하게 '비나치화' 방향으로 몰고 갔기 때문이다. 뉘른베르크재판이 말해주듯이, 미국은 나치 범죄자들의 처벌에 소극적이었던 것에 비해서 소련은 나치즘의 발본색원적인 철저하고 완전한 숙청을 요구했다. 그리고 그렇게 결말지어졌다.

일본의 경우는 이와 대조적이다. 결론적으로 말하면, 일본인들이 종전 후 40년 가까운 세월이 지났는데도 작년에 일어난 것과 같이 자기반성의 기미조차 보이지 않는 주요 원인은 전후 미국의 일본 점령정책 탓이라 할 수 있다. 미국의 일본 '전후처리'는 독일에 대한 것과 아주 다른 길을 걸었다.

일본과 싸웠던 연합국들은 포츠담선언(1945. 7. 26)을 비롯한 공식 선언들과 비밀 합의에 따라서, 독일에 대한 일반적 조건 외에도 추가 조건으로 전후 일본국의 지위를 구상했던 것이다. 그것은 특히 '대일 전쟁배상' 조건에서였다. 기본 원칙으로는 '대독 전쟁배상'의 경우와 같은 3원칙이다. 미국정부의 「일본 항복 후의 대일 기본 정책」(1947. 7. 11)은 모두 ① 일본의 군수생산에 도움이 되는 공장, 기계, 시설의 철거와 파괴, ② 일본 국민이 최저한의 생활수준을 유지하는 데 필요한 것 이상의 경제능력 전면 말살, ③ 점령 상태 아래 일본 국민의 최저 생활수준 유지에 필요한 수입품 댓가로서의 물자 인도의 우선적인 인정 등을 결정했던 것이다.

이 세 조건 중에서 가장 중요한 것이 제1항과 제2항이다. 미·영·소·중 4대국은 이 원칙에 따라서, 구체적으로는 일본이 다시는 군사적 능력을 갖지 못하도록 하기 위해서 제1항과 같이 현재(당시)의 군수산업뿐만 아니라 "군용품 생산에 도움이 될 수 있는" 공장, 기계, 기구, 설비까지를 완전 철거해 피해국들에 전쟁배상으로 인도하기로 합의했다. 둘째로, 일본의 경제는 일본이 침략전쟁을 시작한 청일전쟁(1895) 당시의 수준으로 환원시키기로 합의했다(제2항의 세부 합의 내용).

일본 점령통치의 권력기관인 연합국 총사령부(GHQ)는 위의 구체적인 목적을 위해서 '군수공장 시설'과 '군수생산에 이용될 가능성이 있는 민간공장 시설'을 합쳐 845개를 완전 철거 또는 파괴한다는 지령을 내렸다. 그러나 1949년 봄까지 사이에 극히 적은 분량이 철거, 인계된 단계에서 미국의 대일 점령정책은 급선회했다. 이 시기에는 유럽에서 왕년의 동맹 소련과의 냉전이 시작되었고, 중국에서는 장개석 국민당 정부가 망하고 모택동 공산당 정부가 수립되었다. 그런 국제정세의 변화 과정을 배경으로 해 미국정부는 이미 1946년 8월에 폴리(Poley) 조사단의 최종 보고, 국무성의 1947년 11월 대일 정책안, 「스트라이크 조사단 보고」(1948. 3), 「존스톤(Johnstone) 조사단 보고서」(1948. 5)······ 등을 통해 전쟁 중의 대일 전후처리에 관한 연합국의 합의를 백지화하는 방향으로 가고 있었다. 드디어 1949년 6월, 미국정부는 일본의 전쟁배상 전면 취소를 선언했다. 일본의 경제력과 국민생활 수준을 일단 청일전쟁 시기로 환원시키고, 현재의 전쟁능력 생산력뿐 아니라 "그 목적에 도움이 될 수 있는 잠재적 생산능력을 일본에게서 발탁한다"는 연합국의 정책은 백지화되었다.

이같은 미국의 일본 전후처리 정책 반전에 대해서 소련은 강력히 반대했다. 그러나 일본의 실제적 점령통치 권력인 연합국 총사령부는 사실상 미국의 단독사령관(더글러스 맥아더 원수)의 군정부였다. 일본 점령정책에 대한 연합국의 자문기관인 대(對)일본 연합국이사회도 그 이름뿐이고 미국정부 단독기관이나 다름없었다. 일본을 동북아에서의 미국의 강력한 공업·군사기지로 만들려는 미국정부의 정책을 저지할 힘은 연합국의 누구에게도 없었다.

일본 군국주의, 제국주의, 식민주의, 천황 파시즘의 원흉들을 처단하려는 '극동국제군사재판'도 사실상 미국의 단독적 재판이었다. 미국정부를 대표해 1948년 1월 6일 로열 육군장관이 일본을 아시아 공산주의에 대한 방벽으로 만들 것이라고 연설함으로써 미국으로서는 바로 3년 전의 그 전쟁범죄자들을 '동맹자'로 받아들이게 되었다. 공산주의자보다는 군국주의자, 제국주의자, 식민주의자, 국수주의자, 파시스트, 천황주의자가 미국에게는 벗이었다. 1948년 11월 12일, 토오꾜오전범재판은 토오조오 히데끼(東條英機) 원수 등 7명에게 교수형, 16명에게 종신형을 선언하고 막을 내렸다. 그러나 6·25전쟁이 일어난 직후인 1950년 10월 13일 과거 전쟁범죄자들은 전원 석방되어 다시 공직으로 되돌아갔다. 그뿐 아니라 종전 직후 공직 추방을 당했던 일본의 과거 범죄의 각 분야에서의 주모자급 1만 90명이 모두 해제·복직되었다. 일본의 정치, 경제, 군사, 문화의 모든 분야에서 왕년의 '전쟁범죄자'들이 최고 권력을 다시 잡게 되었다. 그후 그들의 얼굴을 우리는 소위 '친한파' 명단에서와 일본 교과서 문제에서 다시 보게 되는 것이다. 전쟁범죄자의 이같은 처리는 나치 전범자들이 최후까지 한명도 석방되지 않은 독일의 경우와 너무나 대조적이다. 여기서 우리는 그후의 일본의 국가적 체질의 위험스러운 변질과 교과서 문제가 그들의 이데올로기적 표현임을 알게 되는 것이다. 1950년 6월 6·25전쟁이 일어나자 미국정부는 일본정부에게 '재군비'를 명령했다. 이에 따라 1950년 8월 경찰예비대가 창설되어 일본 재군비가 시작되었고, 1954년 7월, 현재의 위장된 대군사력 자위대가 발족했다.

일본 재군비와 교과서의 관계

일본의 '헌법'을 흔히 '평화헌법'이라고 부른다. 그 명칭은 일본국 헌법 제9조의 다음과 같은 규정에서 연유한다.

제1항: 일본 국민은 정의와 질서를 기초로 하는 국제평화를 성실하게 희구하여 국권의 발동인 전쟁과 무력에 의한 위하(威嚇) 또는 무력의 행사는 국제적 분쟁을 해결하는 수단으로서는 이를 영구히 방기(放棄)한다.

제2항: 전항의 목적을 달성하기 위하여 육·해·공군 및 기타의 전력은 이를 보지(保持)하지 않는다. 국(가)의 교전권(交戰權)은 이를 인(정)하지 않는다.

군사력을 보유하지 않고, 교전권을 인정하지 않으며, 군사력에 의한 국권의 발동과 수행을 영원히 포기하기로 한 것이다. 이 '군사력 포기' 헌법은 앞서 설명된 바와 같이 전시 중 연합국들의 합의에 의해서 일본을 영원히 비군사화한다는 기본 방침에 따른 것으로 1947년 5월 3일에 시행되었다. 그런데 이 헌법은 사실상 3년간밖에 시행되지 않은 셈이다. 1950년 7월에 과거의 '일제 황국군'을 주축으로 하는 군대가 창설되었기 때문이다. 같은 해 8월 '경찰예비대'라는 겉치레를 한 '일본군'의 재등장과 공직 추방조치가 해제되면서 일본사회 각 분야의 최고위층에 되돌아가 자리잡은 1만 90명의 과거 제국주의·국수주의자들의 이데올로기가 바로 원천적으로 일본 교과서의 성격을 규정하는 것이다. 우리나라의 선량한 국민들은 그것을 32년이나 지난 뒤에야 비로소 깨닫고 그토록 놀라고 흥분한 것이다.

태평양전쟁 패망 후 잠시 숨을 죽이고 기회를 노리던 극우·국수주의적 제국주의, 국가지상·반민주적 세력은 재군비 개시를 신호로 일제히 무대의 표면으로 뛰어올랐다. 전쟁 기간 중 그 세력의 사상적인 교조(敎祖)였던 사학자 히라이즈미 키요시(平泉澄)도 그 가운데 한 사람이다. 그는 그해 6월 『국가와 헌법』을 저술하여 민주적 헌법을 부정하면서 전전(戰前) 이데올로기와 국가체제로 복귀할 것을 제창하고 나섰다.

히라이즈미는 제국주의 시기에 토오쿄오대학 사학과 주임교수로서 일본 군국주의 이론으로 학계와 일본 군대 및 사회 전반의 정신적 지도자였다. '히라이즈미 사상'의 특징은 극단적으로 관념적인 정신주의이며, 일종의 광신적인 '천황 중심적 일본 가족국가' 사상이다.

재군비 반응과 때를 같이하여 1955년에는 패전 후 처음으로 국정교과서에 대한 검정 강화 조치가 취해졌다. 문부성에 교과서 전담 조사관직이 설치되고, 교과서 '검정위원회'의 설치와 그 예산에 관한 행정·입법조치가 취해졌다. 패전 직후에는 연합국의 일본국 체질 개선 정책에 따라서 정부기구의 하나인 내무성이 폐지되었다. 내무성은 경찰과 첩보·정보기관을 장악 지휘한 무서운 사상통제 기관이었다. 패전 후 많은 내무성 관리들이 문부성으로 그 자리를 옮겼다. 특히 히라이즈미를 비롯한 그의 국수주의·국가지상주의 사상의 추종자와 제자들이 신설된 교과서 관계 기관에 막강한 세력을 확립했다.

미국에 의한 일본 재군비 촉진과 그 정책에, 과거 영광의 재현을 노리는 일본인 복고주의 세력의 합동작전은 이해에 최초의 '교과서 사건'으로 알려지게 되는 '이에나가 사부로오 교과서 사건'을 낳았다. 토오꾜오교육대학 교수인 사학자 이에나가 사부로오의 고등학교 역사교과서 『신일본사』는 일본 군국주의 침략전쟁의 본질을 기술하고 그 구체적 행동을 사실대로 묘사한 내용이었다. 그의 이 저서는 1952년에 교과서로 채택되어 많은 고등학교에서 사용되어온 것이었다. 말썽 없이 사용되어온 교과서가 재군비의 개시와 동시에 300군데나 되는 수정 지시를 받게 되었다. 집권세력의 이데올로기를 대표하는 히라이즈미 등 교과서 검정기관의 본보기적 저격을 받게 된 것이다. 이 교과서 분쟁은 교과서와 관련된 최초의 '위헌 소송'으로 확대되었다. 그 소인(所因)은 ① 정부에 의한 교과서 검정이 일본 헌법에 규정된 학문, 양심, 언론, 사상 등 자유와 권리에 대한 침해, ② 교과서 불합격 처분에 따르는 피해에 대한 국가의 배상 청구다. 이 소송은 1심과 2심에서 엎치락뒤치락하면서 사건 발생 이후 30년이 지난 현재까지도 일본 대법원(최고재판소)이 최종 판결을 내리지 않고 있다.

일본 집권세력의 종합적 정치권력인 자민당은 이 단계에서 양심적 교과서 저술에 대한 반대 운동을 공공연히 전개하기 시작했다. 1955년 자민당이 공표한 『자민당 정책 해설 팸플릿』은 히다까 로꾸로오(日高六朗)·나가스 카즈지(長洲一二)가 함께 쓴 『일본의 사회』까지 문제삼아, 『신일본사』와 함께 제국주의, 식민주의, 군국주의 시대의 사실적 기술

에 제동을 걸었다. '과거 반성'을 거부하는 이들 집권세력은 그같은 반성이 담긴 교과서를 '좌경적' 또는 '진보적'이라고 낙인 찍으면서 비판하고 나섰다.『자민당 정책 해설 팸플릿』3「걱정스러운 교과서 문제(うれうべき教科書問題)」는 그후 검정의 지침이 되었다. 그들은 어째서 과거의 반성을 거부하려 했는가? 앞에서 보았듯이 보수적 우익 자민당 집권세력과 그 정치권력을 구성하는 각 부문의 최고 지도급 인사들은 거의 예외없이 미국의 일본 재군비화 정책으로 전쟁범죄자나 공직 추방에서 풀려난 제국주의 이데올로기의 책임자들이었다. 과거의 반성은 필연적으로, 논리적으로 그들의 과거 행적에 대한 비판이 될 수밖에 없다. 마치 우리나라에서 해방 후 일제시대에 대한 근본적인 비판이나 반성이 이루어지지 못하고 넘어온 것이나 다름없는 상황이다.

일본 재군비와 문화정책의 관계

그러나 교과서 분쟁은 재군비와 관련된 한 부문에 지나지 않는다. 그것은 일본을 다시 '군사대국화'하기 위해 선행돼야 할, 또는 병행 또는 수반돼야 할 제도, 사상, 가치관, 관습, 심리, 정서…… 등 한마디로 문화 전반의 반동화 노력이다. 사회의 문화활동 전반에 걸친 그같은 역동(逆動)은 1960년대로 접어들면서 가속화되었다.

1958년부터 일본은 본격적인 군비 방법으로 제1차 5개년 군비확장 계획에 들어갔다. 특히 정치적으로는 제1차 재군비 계획에 들어간 이해가 키시 노부스께가 수상이 된 첫해임을 알아둘 필요가 있다. 키시는 만주와 조선, 중국 침략통치 및 아시아 민족 수탈의 원흉인 제국주의 시대의 최고위 재무·상공 책임관료였다. A급 전쟁범죄자로 무기징역 선고를 받았던 장본인이 어느새 전후 '민주 일본'의 총리대신으로 들어앉은 사실은 우리에게 많은 것을 시사해준다.

1960년대에 두차례의 재군비 5개년 계획이 진행되는 동안, 군대는 차츰 일반적으로 기정사실화되어갔고, 군가가 부활했다. 태평양전쟁이니 과거의 제국주의 식민지 영토 팽창에 대해서도 정당화론이 서슴없이 나타났다. 평화헌법의 수정 또는 폐기가 보수세력의 강령이 되었을 뿐만 아니라 핵무기를 소유해야 한다는 주장마저 생겼다.

1964년의 사또오 에이사꾸(佐藤榮作) 수상 내각부터는 군사대국 지향적인 국민사상 '세뇌'작업이 자민당 세력을 구성하는 여러 집단과 계층의 중요한 협동 노력으로 표면화했다. '메이지 100년제'가 거행되고, 천황 통치의 신화적 토대인 '기원절(紀元節)'의 부활, 침략전쟁 전사자의 위령 안치소인 야스꾸니신사에 대한 국가 예산 배당과 그 국가 운영 요구, 각료의 야스꾸니신사 참배, 지배자 철학과 사상통제의 성전(聖典)인 교육칙어(教育勅語) 부활 노력, 천황을 명목적이 아닌 실권자적 원수(元首)로 바꾸려는 주장, 냉전사상, 좌우 이데올로기를 구실로 하는 각종 민권·인권의 제한조치 요구 등이 지배세력의 공공연한 또는 은밀한 선도와 방조 아래 대대적으로 전개되었다.

군국주의화 경향에 반대하는 일본 사회당의 당수 아사누마 이네지로오(淺沼稻次郎)가 그 세력의 행동대원에 의해서 공개석상에서 칼에 찔려 죽는 사진은 전세계의 생각하는 사람들에게 일본의 가는 길에 처음으로 두려움을 품게 했다. 같은 해, 유력한 지식인 종합잡지 『중앙공론(中央公論)』은 작가 후까자와 시찌로오(深澤七郎)의 소설 『월류우담』(月流憂譚)』을 실었다. 소설에 천황과 황태자가 등장하는데 극우적 천황 숭배 세력은 이것을 황실 모독이라고 일대 선전·선동 캠페인을 전개했다. 『중앙공론』사장 하또나까(鳩中鵬二)는 암살당했다. 그들의 행동과 이념은 왕년의 5·15와 2·26사건과 같은 '청년장교'들의 극우 쿠데타였다. 이들은 반공을 지도이념으로 하면서 동시에 소박한 반자본주의, 일본의 특수성과 토착성의 비이성적일 만큼의 강조, 민주주의 및 개인적 자율성의 부정, 생활의 집단화와 일사불란한 명령체제 속에서의 희열, 부족 관념적 일본문화 숭배 사상…… 등이 그 정서적 토대다.

1970년대에 들어오면서 그들의 활동은 단순한 선전에 그치지 않고 행동적 단계로 고양되었다. 1972년부터 76년까지는 제4차 5개년 군비강화 계획이, 1977년부터 81년까지는 제5차 5개년 군비강화 계획이 맹렬하게 진행되었다(군비증강의 구체적 성격과 내용에 관해서는 뒤에서 자세히 살피기로 한다).

1970년대에 들어선 첫해 10월, 젊은 작가 미시마 유끼오(三島由紀夫)에 의해서 이 위험스러운 추세는 극적으로 다시 세상에 드러났다. 일본 자위대를 그 세력의 물리적 폭력기구로 동원하여 쿠데타를 선동 시도하다가 실패한 이 관념적 천황주의, 일본 민족주의자는 '사무라이'식 자결로 그 본질을 과시했다. 이 사건은 우리나라에서도 그 당시 화려하게 보도되었다. 우리나라 이념·사상 풍토에서 미시마 사건이 대체로 호의적으로 받아들여진 듯했던 것은 무리가 아니다. 어떤 문인은 미시마의 자결과 그것이 상징하는 정신에 찬사를 아끼지 않는 글을 쓰기도 했다.

미시마는, 일본 자위대의 문민(文民) 통솔 체제, 그 민주적 편성, 전쟁기피 성향 등을 규탄하고 과거의 '일본 제국군대'와 같은 사무라이 군대정신의 복고를 외치는 우익 복고주의 세력의 정신적(행동적) 영웅이 되었다. 미시마 사건을 전후해서 특히 영화, 소설, 연극 등 문예 분야에서 '전쟁물'이 절정에 이르렀다. 왕년의 '군국 일본'을 기리는 노스탤지어와 예찬이 오히려 시세를 이끄는 주류가 되었다.

일본의 생산력과 군사대국화의 관계

1954년을 전후해, 평화국가적 성격에서 군사대국화로 전환함을 기점으로 진행된 일본의 군사력 증가는 어떤 성격과 내용을 지니는가를 살펴볼 필요가 있다.

일본정부는 군대(자위대) 창설 3년 후인 1957년부터 5차에 걸쳐 5개년 계획으로 군사력을 증강해 현재(1983)는 이른바 '포스트(post) 5차'의 단계에 들어서 있다. 군사력의 물질적 전력(이를테면 병력, 탱크, 함정, 비행기, 야포, 미사일…… 등)을 낱낱이 열거하는 것은 이 글의 취지가 아니므로 생략한다. 군사비의 비교와 추세만으로도 이러한 상황은 충분히 짐작할 수 있다.

제1차(1957~61)	4572억 엔(円)
제2차(1962~66)	1조 1635억 엔
제3차(1967~71)	2조 3400억 엔
제4차(1972~76)	5조 8000억 엔
제5차(1977~81)	11조 엔
포스트 5차(1982~)	

위의 각차 군사예산에서 보듯이 일본의 군비는 5개년마다 거의 정확히 2배씩 증가했다. 일본정부는 작년(1982) 12월 30일 포스트 5차의 1983년도 방위예산을 종래의 국민총생산에 대한 비율 0.9퍼센트라는 정책

적 상한선을 깨고, 0.978퍼센트로 인상한 2조 7542억 엔을 심의 의결했다. 이 군사비는 의회의 동의를 얻어야 하는 것이지만 대체적 지표로 사용할 수 있다. 이 액수에 각종 수당, 보험, 사용료…… 등 군사예산 내의 2.1퍼센트를 합쳐 일본의 군사비는 군대 창설 이후 처음으로 국민총생산(GNP) 대비 1.00퍼센트가 되었다. 국민에게 공약해온 '1퍼센트 선 이내'가 깨어지고, 미국이 끈질기게 요구하는 2퍼센트 선을 향한 출발을 한 셈이다. 각 항목을 보면 다음과 같다.

1983	국민총생산(예상)	198조 5000억 엔
	군사예산(a)	2조 7542억 엔(0.876%)
	인건비 등 추가액(b)	2310억 엔
	군사비 총액(a+b)	2조 9852억 엔(1.00%)

일본의 1983년도 1년간 군사예산(방위예산) 3조 엔은 약 130억 달러에 해당한다. 이것을 우리나라의 국방예산과 비교해보자. 1982년도를 예로 들면 아래와 같다

국민총생산	약 55조원≒750억 달러
군사예산	13조원≒175억 달러
국민총생산 대	국방예산 6%≒45.5억 달러

몇가지 기타 요인이 있어 약간 수정이 필요하겠지만, 쉽게 말해서 일본의 금년도 군사예산(130억 달러)은 우리나라 작년도 정부예산 총액의 약 3분의 2에 가까우며, 국방예산 약 45.5억 달러의 약 3배가 된다는 것을 알 수 있다. '세계 제몇위'를 자랑하는 우리나라 군사예산의 3배 가까이 되는 일본의 군사력이 얼마나 막강할 것인가를 이 비교로 알 수

있을 것이다.

일본이라는 나라의 성격은 우리들이 흔히 얕잡아보는 감정으로 말하는 '트랜지스터 세일즈맨'은 이미 아니다. 국민총생산의 '1퍼센트'라는 그 작은 비율에 속아서는 안 된다. 미·소 다음가는 세계 제3위인 경제 생산력을 지닌 국민총생산의 1퍼센트라는 절대 액수는 엄청나다고 보아야 한다. 실제로 일본은 이미 영국, 프랑스 다음으로 세계 제5위 또는 제6위의 군사대국이 되었다. 게다가 일본의 군사력은 자체적인 막강한 생산력에 의해 뒷받침되는 군사력임을 생각할 때 주요 무기에서 의타적인 우리나라와 비길 바가 아니다.

미국은 새로운 '제2의 냉전' 전략으로 소련에 군비경쟁을 부채질함으로써 소련의 경제·사회적 약화를 초래하여 군사·정치적 굴복을 얻어내려는 것이 레이건 행정부의 전략으로 알려져 있다(와인버거 미국 국방 장관이 1982년 3월 22일 서명한 레이건 정권의 대소 전략에 관한 기밀 문서 「국방지침, 1984~88 예산연도」, UPI통신, 1983. 1. 16). 이같은 미국 전략의 요구로 일본의 군사비가 국민총생산 대 1.5에서 2퍼센트에 달하게 될 몇해 뒤에는, 일본의 군사력은 동남아에서 중국을 제외한 한국, 북한, 대만, 인도네시아, 타이, 베트남, 말레이시아, 캄보디아 등 9개국의 군사력 합계와 맞먹게 된다는 일본인 자신들의 평가도 있다. 이것은 과거 일본 제국주의 식민주의가 침략하고 점령했던 '대동아공영권' 전역에 해당한다.

특히 1973년 이후 1차 석유위기를 계기로 경제성장률이 저하되고, 세계 무역전쟁의 격화 때문에 일본의 방대한 경제력, 생산력은 '군수산업화'를 서두르고 있다. 일본 산업은 이미 제4차 5개년 군비증강 계획이 끝난 시점에서 일본 군대의 무기, 장비, 시설의 80퍼센트를 자체 생산하고 있다(토미야마 카즈오富山和夫 『日本の防衛産業』, 東洋經濟新報社 1979). 계속 증강

될 일본 군대, 게다가 정부에 의해 판매와 소비가 보장된 군대에 공급, 그 높은 이윤…… 등의 이유와 유인으로 말미암아 일본 산업의 급격한 군수화가 진행 중이다. 국내시장만으로 소화할 수 없는 '규모의 경제'로 대량생산될 일본의 무기류는 당연한 논리로 주로 아시아지역 국가들을 그 대상으로 해 흘러나갈 것이 예상된다.

일본정부는 무기 수출을 금지하는 '3원칙'을 산업에 적용해왔다. 다음의 경우는 원칙적으로 수출이 금지된다.

① 공산주의 국가.
② 유엔 결의에 의해 무기 수출이 금지된 국가나 지역(예: 남아공화국).
③ 국제분쟁의 당사국 또는 그럴 위험성이 있는 나라 또는 지역.

그러나 일본은 벌써 무기상의 후발자로 활발히 움직이고 있고, 군수산업화, 무기 수출을 위한 국내의 압력은 억제하기 어려울 만큼 강해졌다.

일본의 국가예산을 절약해야 할 필요성 때문에라도 우리는 무기 수출을 촉진해야 한다. 무기 수출에 의해서 무기가 양산되면 생산원가가 내려가고 방위지출도 그만큼 줄 것이다(미쯔비시 상사 타나베(田部) 사장, 1977. 7. 7).

7월 7일은 1937년 일본의 재벌과 군대가 결탁해 중국 침략을 본격화한 중일전쟁이 개시된 날이다. 하필 그 40주년 기념일에 이러한 발언을 했다는 것도 그대로 흘려보낼 수는 없는 일이다. 작년(1982) 말, 일본과 미국 사이에 일본의 무기 생산용 광학, 전자공학…… 분야의 기술, 정보, 기재를 수출하기로 합의한 사실은 사실상 미국이 일본의 제3국에 대한 무기 수출의 문을 열어준 것으로 일본정부는 해석하고 있다(미국과의 무기 수출 마찰 문제는 이 글의 범위 밖의 일이다).

일본은 또 '비핵 3원칙'이라는 것을 가지고 있다. 세계에서 원자폭탄의 유일한 희생국인 일본 국민의 염원으로서, 일본이 핵무기 국가가 되지 않겠다는 다짐인데 그 내용은 다음과 같다.

① 일본은 핵무기를 생산하지 않는다.
② 일본 영토(영해·영공) 내에 핵무기를 들여오지 않는다.
③ 일본 영토 내에 핵무기를 두지 않는다.

그러나 일본의 우파 세력은 핵무기 생산을 서두르도록 압력을 가하고 있고 실제로 일본의 핵무기 생산 잠재력은 핵국가들과 다름이 없는 수준이다. 현재와 같이 군비경쟁이 광적으로 추진될 경우, 일본의 국수주의자들은 머지않은 시기에 독자적 핵무기 개발과 소유를 기정사실화할 가능성이 없지 않다. 재래식 군사력의 소유조차 영원히 포기했던 '평화헌법'이 제정된 지 3년 만에 유명무실해지고, 그후 30년간 계속된 군비증강의 과정을 보면 결코 부인할 수 없는 가능성이다.

1982년부터의 행동 목표와 교과서

1982년에 교과서 문제가 폭발한 것은 단순한 우연이 아니다. 물질적 군사력의 기본 목표는 제4차에서 제5차 5개년 증강계획으로 달성되었다. 1982년부터 시작되는 '포스트 5차' 기간은 지난 25년간 강화된 물리적 군사력이 '아무런 제약 없이' 군대로서 행동할 수 있도록 거추장스러운 각종 제약 조건들을 제거하는 데 목표를 두고 있다. 다시 말해서 일본 국가 사회의 각종 '상부구조'를 군사화 또는 군사 적응형으로 개편하려는 작업이다.

그 속에는 다음과 같은 것이 포함된다.

① 군대의 보유를 금지하며 전쟁권을 포기한 평화헌법의 수정 또는 폐기(이른바 '개헌').

② 일본 자위대의 외국 사태 개입 또는 해외 파견.

③ 비핵 3원칙을 폐기하여 미국의 핵무기를 일본 영토(영공·영해) 내에 공식적으로 배치할 수 있도록 할 것(미국의 핵추진·핵무장 항공모함 엔터프라이즈호의 영해 내 기항이 그토록 일본 국민의 반대를 받는 현상과 관련시켜 생각할 일).

④ 궁극적으로 일본의 독자적 핵무기 개발의 문을 열어놓을 것.

⑤ '비상사태법' 또는 비상입법의 권한을 정부에 부여할 것.

⑥ 무기 생산 및 무기 수출의 합법화.

⑦ 자위대가 국민에게 총기를 사용할 수 있는 경우의 입법.

⑧ 평화산업의 군수산업 전환 보호조치.

⑨ 군사기밀보호법의 입법화.

⑩ 간첩(스파이)방지법 입법(1982년 가을, 일본의 경제·실업계 등 요인들 47명이 전 토오꾜오 주재 소련 KGB 공작원과 금전적으로 접촉했다는 발설로 미국정부가 그 명단 공개를 암시한 것 같은 움직임은 간첩

방지법, 기밀보호법 등의 입법화를 위한 원격조정이라고 일본 내에서는 해석되고 있다).

⑪ 군대차량의 우선적 통행권 부여. 자위대 이동에 장애가 되는 사유재산의 철거, 이동, 군대에 의한 교통 정리권.

⑫ 자위대 사용을 위한 사유재산(토지, 시설, 건물 등)의 강제 수용권.

⑬ 위험지구 설치, 민간인 통행금지, 강제 퇴거를 명할 수 있는 권한.

⑭ 전국민의 준군사적 조직화를 위한 '향토방위대' 조직법.

⑮ 그밖의 여러가지 기도에 대한 국민의 반대를 처벌할 수 있는 민주적 기본권과 인권에 대한 제한적 입법조치.

이처럼 일본 군대가 '합헌적 군대'로 행동하게 하기 위해서 제거해야 할 또는 신설해야 할 상부구조적 작업은 적지 않다. 그런데 일본 국민의 상당수가, 지난 30년간의 조직적이고도 치밀한 단계적 세뇌작업에도 불구하고 아직도 위에 열거한 것과 같은 움직임에는 강한 거부 반응을 보이고 있다. 군사대국화를 목표 삼는 세력의 당면 목표가 그같은 국민의 '반전(反戰) 알레르기'를 서서히 약화 마비시키는 데 있음은 당연하다.

1982년 1월 1일 현재 패전 후에 출생한 사람이 일본 인구의 55퍼센트가 되었다고 한다. 이들 일본인의 과반수는 그들의 아버지, 어머니, 형님 들이 지난날 군국주의적·국가지상주의적 사상으로 저지른 범죄행위를 혐오하며 '역사에 대해서 무죄'임을 주장한다. 이들 전후세대는 다양한 가치관에 입각한 민주주의적 의식을 체질화한 새 세대다. 그러나 그들은 그와 동시에, 그들의 아버지와 형님 세대가 저지른 짓에 대한 죄책감 때문에 일본이 전후 시기처럼 움츠리고 살아야 할 이유를 알지 못한다. 다시 말해서 그들은 '떳떳하고, 강대하고, 어깨를 쭉 펴고 살' 일본의 장래상을 원하기도 한다. '경제대국→정치대국→군사대국'으로의 심정적 경향이 그들의 머리와 가슴에는 아울러 내재하고 있다. 반군(反軍), 반전(反戰), 반(反)제국주의, 평화헌법 수호, 외국에 대한 간섭 반대……의 이데올로기와 경향이, 경제적·정치적 군사대국화, 핵무기 보유까지 합헌화하는 새로운 내셔널리즘으로 치닫게 될 요소가 될 수도 있다. 그 어느 쪽으로 전후세대가 기우느냐 하는 것이 군사대국화를 지향하는 현 집권세력의 중대 관심사가 아닐 수 없음은 쉽게 알 수 있다. 그리고 전후세대의 진로는 교육 내용에 달렸고, 교육 내용은 교과서 내용에 달려 있다. 여기서 일본정부의 '검정교과서' 문제가 단순히 역사적 사실의 표기 왜곡 차원의 하찮은 문제가 아님을 비로소 인식하게 된다. 교과서 사건이 어째서 1982년에 폭발했는가의 시간적 의미도 명료해진다. 교과서 검정은 군국주의를 지향하는 세력이 전국민, 특히 인구의 55퍼센트를 넘게 된 전후세대에 대한 치밀하고 조직적이고 장기적인 일대 '세뇌'정책인 것이다.

일본 교과서 문제와 우리의 반성

우리는 이미 30년간이나 진행되어온 일본정부와 집권세력의 방대한 계획에 의한 교과서정책을 겨우 1982년 가을에서야 깨닫고 놀란 셈이다. 국민의 분노와 아우성을 무마시키면서 정부는 결국은 일본 측의 '반성각서'라는 것을 수교받고 '외교적'으로 해결되었다고 분쟁을 마무리지었다. 위에서 상세히 검토했듯이 소위 일본의 정부 검정 교과서가 상징하는 문제는 외교적으로 결말지을 성격의 문제가 아니다. 문제의 근본은 오히려 더욱 확대되고, 그 뿌리는 더욱 깊이 박혀가고 있음을 위에서 보았다. 설혹 외교적으로 '해결'되었다 하더라도 그 나름대로 문제점이 있다. 일본정부가 작년 8월 26일에 우리나라와 중국에 수교한 '반성각서'라는 것의 성격과 내용을 검토해보자.

그 각서는 중국에 대해서는 1972년 9월 27일 일·중 국교 정상화 공동성명에서, 그리고 우리나라에 대해서는 1965년 2월 20일의 한·일 국교 정상화 기본조약 가조인식의 공동성명에서, 일본이 과거를 '사과'한 것을 인용했다. 그런데 이 각서가 인용하여 '사과'의 토대로 삼은 것은 우리나라와 중국에 대해서 각각 상이한 중요한 뉘앙스를 지니고 있다. 중공과의 공동선언에서는, 먼저 일본의 타나까 수상이 "과거에 일본국이 전쟁을 통해서 중국 인민에게 중대한 손해를 입힌 사실에 대하여 그 책임을 통감하고 깊이 반성한다"라고 말한다. 그 사과를 받아 주은래(周恩來) 수상이 다음 항목에서, "중·일 양국 인민의 우호를 위해 중국은 일본국에 대한 전쟁배상 청구권을 포기한다"고 말했다. 즉 일본국 '수상'이 '먼저' '자발적'으로 사과하고 중국이 그것을 받아들인 형식이다.

한·일 기본조약 조인식에서 문제의 일본의 '사과'는 그와는 다르다. 여기서는 이동원 외무장관이 먼저 "과거의 한 기간에 양국 국민 사이에 불행한 과거가 있었음으로 해서 생긴 한국 국민의 대일 감정에 관해 설명했다." 불행했던 일이 무엇인지 알 수 없는 모호한 표현이다. 사과를 요구한 것도 아니다. 뭔가를 설명했을 뿐이다. 이것을 받아서 시이나(椎名) 일본 외상이 "이 외무장관의 설명에 유의하여 그와 같은 과거의 관계는 유감이며 깊이 반성한다"라고 답변했다. 일본이 중국에 대해서처럼 먼저 분명하게, 자발적으로 사과한 것이 아니라 한국 외상의 설명에 대한 답변 형식이다. 반성을 표명한 직위도 수상과 외상으로 다르고, 반성의 농도도 다르다. 이런 내용은 국민에게 설명하지 않은 채, 중국에 대한 '사과'와 동격의 사과를 받은 것처럼 또 하나의 '외교적 타결'이 지어졌던 것이다.

교과서 분쟁이 이 나라에서 절정에 이른 그 시각에도 사실은 일본의 보수세력 지도자들은 한국에 대한 모욕적 언사를 계속했다. 해방 후 37년간, 무슨 일이 있을 때마다 대한민국이라는 국가에 대해 반복되어온 '대한민국에 대한 일본 식민통치의 유익론'이다. 그리고 이번에도 우리는 저들의 발언을 '망언'이라고 하여 또 한차례 반박하고, 흥분하고 끝났다. 모든 분야에 일본 집권세력과 그 개인들은 어째서 이토록 그들의 지배 기간보다도 더 긴 세월을 두고 대한민국과 그 정부와 지도자와 국민을 모욕하는 망언을 서슴지 않는가? 교과서 문제에서도 실제로는 그것을 시정할 필요성이나 타당성을 거부했다.

우리는 그것을 일본인의 교만으로만 나무랄 수 있을까? 우리는 어째서 저들 왕년의 식민통치자들의 멸시를 계속 받아야 하는가? 혹시라도 우리 국가, 사회, 개인 내부에 그럴 만한 까닭이 있지는 않을까? 그런 망언을 정말 못 하게 할 수는 없을까? 이에 대해 맹자의 말은 현대적인 의미를 가진다. "무릇, 남이 나를 업신여길 때에는, 나 자신이 떳떳치 못한 데가 있기 때문이다(夫人必自侮然後人侮之)." 지난가을의 교과서 문제를 놓고서 우리가 보여준 흥분 속에 이같은 자기성찰의 노력은 거의 볼 수 없었다. 감정적 반발을 잠시 억제하고, 냉정하게 우리 국가의 실태에 눈길을 돌려보자.

해방 후 이 나라의 정치, 행정, 군대, 경찰, 경제, 사회, 문화, 종교, 교육, 사법…… 등 온갖 분야에서 그 최고위층과 지배집단의 상층부에 앉았던 '인물'들이 일제 식민통치 아래서 무엇을 한 사람들인가를 살펴보자. 식민통치의 분야마다에서 식민자의 교육을 받아, 그들에게 적극적으로 자발적으로 봉사하고 그들의 식민통치를 방조한 인물은 아니었던가? 그런 행적을 가진 인물들이 '대한민국'의 건국 후와 오늘에 이르기까지 일제 식민지 시대의 그 분야, 그 자리에서 행세한 것은 아니었던가? 만약 그러했다면 "일본의 제국주의 식민지 교육은 대한민국에 유익"했던 셈이다. 우리 가운데 일본인의 이 논리에 자신 있게 "아니다!"라고 항변할 수 있는 사람이 몇이나 있을까?

이에 대한 준엄한 규명이 있어야 한다. 무릇 노예 상태에서 해방된 민족은 신생 독립국가를 건설하는 마당에서, 지난날 식민통치의 하수인이었거나 방조자였던 '인적(人的) 요소'는 일단 말끔히 청소했어야 할 것이다. 그래야만 비로소 그 국가는 과거의 식민지 통치자와 대등한 도덕적·정신적 권위를 인정받을 수 있다. 그것 없이는 민족정기의 확립을 기대할 수도 없다. 이 민족정기의 확립이 없으면 그 반민족 부역자들이나 새로운 권력층이 또다른 강대국에 빌붙고 나라를 예속화하는 유혹을 막을 길이 없게 된다.

그런데 우리는 어떠했던가? 역사적 사실, 그것도 멀지도 않은 바로 지난 37년간의 역사적 사실에 물어보자.

친일 매국노와 반역 행위자를 민족의 이름으로 처단하려던 '반민족행위처벌특별법'과 그 집행 권력기관이었던 '반민족행위특별조사위원회'는 한 사람의 친일 주구와 매국노도 제대로 처단하지 못했다. 오히려 그자들의 세력에 의해 반민특위는 무력으로 해산되었고, 그들에게 박해를 당하는 꼴이 이 나라에서 버젓이 허용되었다. 그리고 그들은 그후 다시 일본에 빌붙는 주역 노릇을 하지는 않았던가? 과거의 식민통치자들이 교과서 내용의 시정을 거부하면서 여전히 "우리 식민지 교육이 대한민국에 유익했다"고 뇌까릴 수 있는 것은 바로 우리 사회 내부의 그 같은 분명한 사실을 두고 하는 말일지도 모른다. 새겨들어야 하거니와, 그들의 말은 무슨 측량기술을 가르쳤다거나, 정조법 모내기 방법을 지도했다거나, 선반 돌리기 기술을 훈련시켰다는 따위의 저차원적 우월감에서 나오는 것이 아니다. 간단히 말하면 이 나라가 친일파의 나라였다는 말이라고 해석할 수 있다.

일본 교과서 분쟁이 가열되자 국내 언론들도 이상과 같은 관점에서의 발언을 조심스럽게 비치기 시작했다. 그러나 이 논쟁이 차츰 지난 37년간의 우리나라 내부 문제에 대한 언급으로 들어가려는 순간, 교과서 문제는 '독립기념관' 건립 모금운동으로 전환되었다. 일본 교과서에 관한 논쟁도 더이상 공개적으로 논의되지 않고 말았다.

그러던 어느날 독립기념관 건립 추진위원회 명단이 공표되었다. 그 명단에 과거에 친일·반민족적 행적이 있던 이들의 이름이 적지 않게 보인다는 비난이 들리기도 했다. 그러자 어느날 그 명단은 아무 설명도 없이 바뀌었다. 단순한 우연이었을까? 생각하면 수치스러운 일이 아닐 수 없다.

다른 많은 해방·신생·독립국가들은 대개 수도에 '혁명기념관'이나 '혁명박물관'을 가지고 있다. 혁명을 이룬 용맹스러운 민족의 경우다. 또는 그렇지 못하더라도 '독립기념관' 정도는 독립국가 수립의 1차적 사업으로 건립하고 있다. 남들이 다 세운 그런 기념관 하나 우리는 어째서 37년이 지나도록 세우지 못했는가? 걸핏하면 국민총생산액이 얼마고, 생활수준이 어떻고, 공업생산이 누구보다 어떻고 하는 나라의 지도자, 정부, 국민이 해방 후 37년간이나 그런 것 하나 세우지 못한(않은)

까닭을 곰곰이 생각해보자. 그러면 비로소 일본 교과서의 역사 기술이 왜곡될 수밖에 없는 까닭도 어렴풋이 이해될 것이다. 일본 보수주의자들의 망언의 의미도 납득이 갈 것이다.

민족독립을 위한 혁명은 못 했으니 '혁명기념관'은 아니더라도 '독립기념관' 정도조차 남의 나라의 교과서 문제에 대한 반발과 흥분 속에서 겨우 발상된대서야 부끄럽지 않은가? 일본 교과서 문제가 표면화되지 않았던들 이 나라의 지도세력이나 국민은 언제까지나 독립기념관 건립을 착상해내지 못한다면 말이나 되는가? 바로 이런 관점에서 문제를 보는 의식이 없는 한, 그리고 가슴 아픈 반성이 앞서지 않는 한, 수백억원을 들여 짓는 '독립기념관'도 한낱 '전시장'에 지나지 않을지 모른다는 걱정이 든다.

일본의 과거 침략사를 미화하려는 '교과서 개악'을 추진하는 개인이나 세력의 성격에 관해서도 우리는 명확히 인식해야 한다. 그들은 패전 전의 군국주의, 제국주의, 국가지상주의의 책임자들로서, 지금은 극우 또는 우파 천황 숭배자들이라고 한다. 그들은 왕년의 이또오 히로부미(伊藤博文)의 후예들이며 '대동아공영권'의 몽상병 환자들이다. 만주 침략통치의 주역의 한 사람이었던 그 일파의 우두머리 키시 노부스께(전 수상)가 교과서 논쟁이 한창일 때 '만주낙토(滿洲樂土)' 기념비 건설을 추진한 것은 무척이나 상징적이다.

그런데 그 키시를 비롯한 왕년의 '식민지 낙토주의자'들이 교과서 왜곡정책의 주동자들이고, 또 주로 그들이 대한민국에 대해서는 지난 20여년간 소위 '친한파'들이었다. 이런 성격의 사람들에 의해서 국교 정상화 이후 줄곧 두 나라의 관계가 이루어져왔다는 데 적지 않은 문제가 있다고 할 것이다. 하필이면 고르고 골라서 이런 전력의 '전과자'들이 대한민국을 좋아하는 것일까? 일본 교과서 분쟁 문제는 이 점에 대해 냉정한 고찰을 거침으로써만 비로소 그 문제점의 핵심이 들여다보일 것이다. 일본 식민통치가 과연 대한민국에 유익했고 유익하다는 '역설'은 단순한 역설이라고만 할 수 있을까? 곰곰이 생각해보아야 할 문제다.

일본 내부에서 과거 일본의 범죄 사실을 그대로 2세 국민에게 가르치고, 교과서의 군국주의 미화정책에 반대하는 세력이 양식 있는 인사들이라는 사실이 우리 일간지에 보도된 일이 있다. 극우, 반공, 국가지상, 천황친정(天皇親政), 군사대국…… 등 주의(主義)와 사상의 개인과 세력이 범죄 사실을 은폐하는 데서 한발짝 더 나아가 그것을 미화하는 데 열을 올리는 주역이라고 보도되고 있다. 이 사실은 우리 국가와 국민의 절대적 통념인 좌·우 이데올로기의 흑백논리적 선·악 이분법 가치관과 사고 형태에 커다란 충격을 던져주는 것이기도 하다. 이것이 바로 일본 교과서 왜곡 문제가 우리에게 제기하는 또 하나의 초점이기도 하다.

우리나라 신문들의 토오꾜오 주재 특파원들의 보도를 보면, 교과서 역사 왜곡 추진자들의 말이라는 것이 재미있다. "우리는 반공을 하기 위해 교과서의 역사를 이렇게 고치려는 것인데 당신네 반공주의 한국 사람들이 왜 핏대를 올리면서 반대를 하는 거냐?"라는 것이다. 역사를 왜곡하는 반공주의가 건전할 수 있을 것인가? 또 바꾸어 말해서 역사적 사실의 왜곡을 전제로 하거나 수반하는 반공주의라면 그것은 도대체 어떤 반공주의일까? 일본 교과서 문제가 던지는 이런 질문에도 우리는 정확한 답변을 할 수 있을 만큼 사상·정서·이성적으로 성숙해야 할 때도 되지 않았을까?

문제의 본질에 대한 대응 시급

일본 교과서 논쟁이 '독립기념관' 건립운동으로 전환되는 단계에서 '일본 상품 불매운동'이니 '60억 달러 차관 거부운동'이니 하는 열띤 소리가 들렸다. 일본과 문제가 있을 때마다 으레 들리다가 쉽게 사라지길 헤아릴 수 없이 되풀이한 발상 같았다. 문제의 본질을 모르고 감정으로 대하는 소리라는 감이 있었다. 1910년대에 일본에 빌붙어 중국의 통치권을 보장받으려던 원세개(袁世凱)는 애국적인 중국인 대중의 '일화(日貨) 배척'운동을 거꾸로 탄압했다. 1930년대의 중국에서 공산당과 투쟁하던 국민당 정부가 화북의 광대한 영토와 이권을 일본에 양도하면서 궐기한 대중을 '국적(國賊)'으로 몰아 탄압한 일이 생각난다. 일본 상품이 왜 이 나라에 들어오게 되었으며 또 들어오고 있는가? 60억 달러 차관은 어떤 배경으로 해서, 어떤 국제관계의 메커니즘으로 해서 주고 또 받는가? 그 점에 대한 질문 없이 일본 상품 불매운동이니 60억 달러 받지 않기 운동이니 하는 것은 정열만 낭비할지도 모르는 일이다. 그토록 뜨거웠던 정열이 그렇게 단시일 내에 식어버렸다는 것은 바로 반대해야 할 대상을 잘못 잡았던 탓이라 하겠다. 몇달이 안 가서 '40억 달러'를 선물로 싸들고 온 나까소네라는 일본 수상에 대한 융숭한 대접은 어딘지 앞뒤가 맞지 않아 보인다. 일본을 규탄하고 배일사상을 부채질하는 데 잠시 앞장을 섰던 신문, 라디오, 텔레비전, 잡지, 강연에 등장한 '덕망 높은 지식인'들은 이번에는 '한·일 우호관계의 새 시대'를 주장하는 데 여념이 없었다. 그 점에서 가장 격렬했던 D라는 대신문은 4월 1일의 창간 63주년 기념 특집호에 '나까소네 일본 수상 특별 서면회견 전문'

이라는 것을 전면에 내리깔았다. 그 제목은 '한·일 관계의 새 시대 개막'이었다. '해협봉쇄 사전 협의할 터'라는 제목도 있고 '이웃 위협 줄 군사대국 불원'이라는 말도 크게 뽑고 있다. 이런 언론이 이 나라 국민의 의식과 사상을 흐리게 하고 있는 한, 일본과의 바르고 응당 그래야 할 관계(correct relations)는 기대할 수 없을 것만 같아 두려워진다.

냉철한 머리로 꿰뚫어보는 능력보다 가슴의 정열만이 먼저 뛰는 사람들 사이에서 '극일(克日)'이라는 새 이론이 나오기도 했다. 왜 이런 것이 나오게 되었는지는 불투명하다. 그것이야 어쨌든, '극일'의 이념과 행동강령으로 제시된 것을 보니 '부국강병'을 해야 한다는 것이었다. 앞에서도 살펴보았듯이 일본이 우리나라를 업신여기는 것의 주요 원인이 우리나라가 일본보다 덜 부자이거나 군사적으로 덜 강하기 때문만은 아니라고 생각된다. 역시 앞에서 본 대로, 일본의 보수적 지배층은 사상적으로 적대적 관계에 있는, 그리고 경제적으로는 10분의 1(1인당 소득)밖에 안 되는, 후진국도 이만저만이 아닌 중공에 대해서는 일정한 경외감을 감추지 않는다. 또 군사력이 일본보다 강해야 한다면 그것이 가능한 일인가도 스스로 물어봐야 할 일이려니와, 더 강하다면 그 군사력으로 어떻게 하자는 것일까? 우리나라의 '국가적 인격'이 그들에게 경의를 품게 할 만한 것이 못 된다면 경제력과 군사력의 대결을 주장하는 소위 '극일'론은 국민을 오도하는 것이 될지도 모른다. 일본의 교과서 왜곡과 거듭되는 망언과 변함없는 우월감은 결코 경제력이나 군사력의 비교에 그 근거가 있지 않음을 명심해야 할 일이라고 생각한다.

민족의 주체성도 문제된다. 일본 수상이 어떻게 해서 남의 나라를 해상봉쇄한다느니 안 한다느니, 마치 자기 영해를 막았다 풀었다 하는 식의 발언을 서슴지 않을 수 있을까? '사전 협의'하겠다는 말조차 언어도

단이 아닌가. 그런데도 이 나라 안에서는 한마디의 의연한 반론도 나온 일이 없다. 소련이 이름도 모를 아랍 중동 국가에 손을 댄다고 해서 미국이 어떻게 감히 우리의 동의도 없이 한반도의 절반에 대해 핵폭탄 세례를 퍼붓는 보복을 하겠다고 공언할 수 있으며, 일본이 한국(남한)에 군대를 상륙시킨다느니 해안봉쇄의 책임을 진다느니 호언장담할 수 있을까?

북대서양조약기구(NATO)의 16개국은 미국의 핵우산 아래서 핵보호를 받고 있다. 그러나 동맹국들은 미국이 자기들과 사전 협의 없이 자기 영토에 핵무기를 배치하거나, 어느 적(敵)에 대해서건 핵무기를 발사하는 것에 반대하고 있다. 보호자적 동맹국이기 때문에 무엇이든 해도 좋다는 이론은 유럽 국가들에게 통하지 않는다. 그렇기 때문에 그들은 미국의 독단적 행동을 견제하기 위해 5개국으로 구성된 핵자문위원회로 하여금, 미국이 핵무기 사용을 결정하기에 앞서 협의하게 하고 있다. 1970년대 초에 이 핵자문위원회의 일원인 서독은 미국에게 동독을 핵공격 목표에서 제외할 것을 공식적으로 요구했다. 동·서독 간의 근거리에서 핵무기가 사용되었을 때, 자신이 결코 안전할 수 없다는 계산은 논리적 설득력이 있다. 그러나 그것보다도 서독의 주장의 기본 관점은 동·서독은 한민족이라는 것, 동포라는 것, 그리고 정치적으로는 서독이 전체 독일의 궁극적 유일합법정부를 자처한다면 동독은 이론적으로 서독의 영토이니, 동독에 대한 핵공격은 서독 자신의 영토에 대한 공격이고, 통합 독일을 대표(잠재적으로, 명분상으로)하는 서독 자신의 주권 침해라는 이론에서였다.

핵무기 사용은 그것이 아무리 소규모라 하더라도 안팎 수백 킬로미터의 지역에 참화를 덮어씌우게 마련이다. 적어도 서독 지도자와 그 국민만큼의 '대민족주의'적 주체성이 우리 지도자들과 국민 일반에게 필요한 국면에 온 것 같다. 서울의 C라는 대신문은 올해 초에 일어난 소련 핵연료 인공위성 낙하소동 때 "제발 평양에 떨어져라"는 내용의 만화를 실었다. 과연 이렇게 하는 것이 '반공'일까. 우리 민족이 세계의 다른 민족이나 국민들에게서 민족적·도덕적 위대성을 인정받도록 행동할 때에야 비로소, 일본이나 심지어는 미국인에게도 대등한 상대로 존경을 받을 수 있지 않을까?

교과서 문제가 바로 그 단적인 표현이다. 우리 정부, 지도자, 국민의 미시적이고 천박한 이데올로기와 통찰력이 그들의 그같은 우월감에 근거를 제공하고 있다는 사실을 잊어서는 안 된다. 앞에서 살펴본 이같은 우리의 국가적 체질과 생리의 개선, 그리고 '진정한 의미'의 민족주의를 토대로 하는 국가관계의 재조정이 없이는 앞으로도 일본 교과서는 고쳐지기 어려울 것이다. 그러다가 계기가 생기면 우리는 계속해서 지난가을과 다름없는 감상적 흥분을 되풀이하다 시들해지고 말지 않을까 두렵다. 문제의 뿌리는 우리 국가의 체질과 우리 개개인의 민족관과 세계관의 건전성 여부에 있어 보인다.

그리고 마지막으로 남겨진 문제가 있다. 여기서 마지막으로 남긴 까닭은 그것이 가장 중요한 일이기 때문이다. 일본인이 국민에게 왜곡된 역사를 가르치고 있다고 비난하는 우리 자신은 젊은 세대에게 '진실되게 기록된 역사'를 가르치고 있는 것일까? 우리 스스로에게 한번 물어보자. 고대에서 한말까지는 잠시 접어두더라도, 일제 36년간의 우리 독립·항일운동의 각 세력, 개인, 사상과 노선…… 등을 빠짐없이, 편견 없이, 정치적 취사선택 없이, 사실대로 기술한 역사를 가르치고 있는가? 일본의 교과서 왜곡을 옹호하는 개인과 세력이 "반공을 하기 위해서 역사 기술을 왜곡한다"는 오류를 우리는 범하지 않고 있는가? 해방 이후와 관련되어 교과서는 어떻게 되어 있는가? 해방 후 출세영달한 일제 식민지 아래서의 친일파들의 과거를 밝혀서 해방 후 세대에게 가르친 일이 있는가? 혹시라도 그 '사실(史實)'과 '사실(事實)'을 정치적 이유로 은폐하려는 노력은 없었는가? 혹시 지금도 그것은 금지되고 있지는 않은가……?

최근 우리 사회에서 지난날 '좌익'으로 마치 죄인시했던 몽양(夢陽) 여운형(呂運亨)의 사상이나 죽산(竹山) 조봉암(曺奉巖)을, 이승만을 업은 과거의 친일파 세력이 '빨갱이'라는 한마디로 "법률의 이름 아래 행했던 살인"의 역사가 다시 조명을 받고 있다. 진실이 밝혀져야 할 우리 속의 왜곡된 역사 기술은 두 사람의 경우뿐인가? 무슨 행위든 '반공'으로 정당화되고 합법화되어온 해방 후 40년 역사의 가려진 진실은 누가 바로잡을 것인가. 일본 교과서 문제는 바로 우리나라 자신의 교과서 문제인 것이다.

해방 후 37년간의 우리나라의 역사적 기록, 특히 정치적·사상적인 것과 관련된 정확한 기록은 우리나라 안에서는 찾을 수 없고, 일본이나 미국 등 외국에서 구하는 길밖에 없다는 학자들의 말을 듣기도 한다. 그렇다면 우리는 정말로 일본의 교과서 검정과 그 담당자들을 비난할 자격이 있는가?

일본 교과서 문제는 단순히 몇가지 역사적 기술의 왜곡을 바로잡는 문제가 아님을 알게 된다. 그것은 과거의 문제가 아니라 바로 현재와 내일의 문제인 것이다. 그들 교과서의 군국주의적 범죄를 미화하려는 것은 군사대국이 되기 위한 국민 세뇌작업임도 알게 되었다. 무슨 이해관계에서건, 무슨 목적에서건, 일본의 군사력에 의존하고 싶어하는 개인이나 집단은 일본의 군국주의화 경향을 환영해야 한다는 논리가 성립된다. 그렇다면 우리는 그 목표를 달성하려는 일본 집권세력의 교과서 개악에 반대할 권리와 자격을 스스로 포기해야 한다는 이야기가 된다.

이같이 모든 관련 문제를 검토한 결론으로서 문제의 초점은 남·북한 동포 간에 평화적 생존양식을 민족 내부적으로, 민족 주체적으로 형성할 수 있느냐에 귀착된다 할 것이다. 일본 군대가 북한에도 남한에도 들어올 필요가 없는, 이 반도상의 민족 내적 조건을 확립하여, 자주적으로 평화적 통일을 지향하는 것이 일본 교과서 문제의 한국적 의미라 하겠다.

—『분단을 넘어서』, 한길사 1984

4
극단적 사유재산제, 광신적 반공주의, 군사국가

이곳에 와 있는 한국인 유학생의 경우, 10년을 살아도 주(州) 밖을 나가보지 못한 학생도 많다. 20년을 산 교포 중에도 전혀 이 나라의 본질적 성격은 모르고 생활 차원의 현상에 인식의 시야가 가려져 있는 것이 태반이다. 미국이라는 '국가'의 두뇌구조와 그 '사회'의 생태적 기능은 선입감을 털어버리고 예리한 관찰력과 넓은 수평의 지식을 동원할 수 있어야만 그 모습이 시야에 들어오기 시작한다. 그렇게 해서 망막에 비친 영상도 그 초점의 길이는 관찰자의 종합적 능력에 따라 천차만별일 수 있다. 같은 사람의 경우에도 그렇다. 관찰자의 인식능력의 성장에 따라서, 그에 비례해서 미국사회는 속을 드러내 보인다.

1959년, 처음으로 내 앞에 모습을 나타낸 미국은 모든 측면과 각도에서 한마디로 나를 압도하는 것이었다. 1인당 소득 평균 85달러의 나라에서 온, 외국을 처음 보는 29세의 청년에게 그 물질적 풍요는 그야말로 '압도'라는 표현으로밖에 달리 적절한 말이 없었다. 인간과 시민으로서의 자유는 오로지 억압 밑에서 살아온 한국 청년에게 '낙원'으로 비쳤다. 평등은 모든 인간이 한결같이 누리는 당연한 제도인 성싶었다(아직 흑인의 목소리가 들리지 않고, 마틴 루서 킹 목사의 절규도 몇해를 기다려야 할 때다). 극단의 대조적 사회에서 극단의 사회에 10여시간 만에 내던져진 인간이 겪는, '문화적 충격'이라는 사회학적 용어가 내포하는 모든 개념에서 그러했던 것이다. 한국인을 '미국 찬미론자'로 만드는 모든 것이 거기 있었다. 꼭 30년 전의 일이다.

미국학의 고전으로 확립돼 있는 프랑스인 석학 알렉시 또끄빌(Alexis Tocqueville)이 200년 전 미국을 보고한 저서의 서문에서 말한 것에 감동됐던 탓만은 아니다.

"(…) 나의 미국 체류 중 내가 느낀 인상 가운데서 모든 조건의 평등이라는 것처럼 신선하고도 기이하리만큼 충격적인 것은 없었다. (…) 그러기에 미국사회를 더욱 깊이 연구할수록 평등적 조건들(equality of conditions)을 더욱 선명하게 볼 수 있었다. 나의 모든 관찰은 끊임없이 이 매듭의 출발점으로 돌아왔다. (…)"

또끄빌 같은 희대의 석학이자 정치철학자가 이 정도로 감동하고 찬미했으니, 풋내기 기자인 한국의 리영희가 감동했다고 해서 나무랄 필요는 없을 것이다. 또끄빌의 그 저서를 한국에 돌아가면 번역해서 출판해야겠다고 결심했다고 해서 비웃을 필요도 없을 것이다. 30년 전의 미국은 빛나는 한 면만을 보여주는 사회였다. 초대면이다.

두번째로 대면한 미국은 빛나는 한쪽에 음영(陰影)을 드리우고 있었다. 달의 밝은 면도 절반 전체가 아니었다. 절반의 밝은 면에도 그림자가 끼어 있음을 발견했다. 그 전에는 미국이라는 달에도 일식이 작용한다는 사실을 미처 알지 못했다.

초대면에서부터 꼭 30년이 지났다. 30년 전의 풋내기 리영희도 미국이라는 국가와 사회를 손 위에 놓은 지구의(地球儀)처럼 입체로서 살필

수 있을 만큼은 지식과 정보와 인식능력을 갖추게 되었다. 영원히 빛이 비출 수 없는 절반의 면이 비로소 오히려 선명하게 시야에 들어온다.

과연 내가 발전하는 것만큼 미국은 자기의 속을 드러내 보여준다. 이제 나는 알렉시 또끄빌의 제자는 아니다.

버클리대학에 와서 모든 능력을 다해 미국적 형태의 '매듭의 근원'을 찾아보려고 무던히 애썼다. 아직은 그 매듭을 파냈다고 최종적으로 단정할 정도로 지적(知的) 교만에 사로잡혀 있지는 않다. 그러나 한가지는 확실하다.

미국이라는 국가와 사회는 또끄빌이 살던 200년 전 세계(서구라파)의 희망의 상징이었던 그 '아메리카'는 아니다. 하물며 아시아·동양·아랍·아프리카·라틴아메리카 지역의 인류가 희망으로 삼을 '자유·평등·정의'의 사회는 더더구나 아니다.

이제 미국을 떠날 채비를 하는 나에게는 미국사회의 '매듭'은 또끄빌에게서보다는 미국인 자신에게서 찾게 된다. 저명한 산업공학자 시모어 멜먼(Seymour Melman)의 진단을 들어보라.

한때 미국은 세계에 걸친 표준적 성취자로서 제반 기초산업에서나 대량생산적 소비재 창출에서나 탁월하리만큼 든든하고, 활기가 넘치고 창의적인 사회였다.

이같은 자질들은 자신만만한 한 이데올로기의 토대가 되었고, 그것은 기술적 우월성과 금전 획득의 제반 유인이 결합됨으로써 모든 구성원에게 더 많은 물질적 풍요를 보장하는 열쇠가 된다는 사상을 낳게 했다.

그러나 그 미합중국은 지금은 그가 자랑하던 자신만만한 신념체계

가 함축하는 것과는 다른 드라마의 장으로 변해버렸다. 미국사회에
는 기술적·산업적 퇴폐는 물론 인간적·사회적·도덕적 퇴폐의 과정
이 진행하기 시작한 지 오래다. (…) 그와 같은 쇠퇴와 고갈은 경제에
서 시작해 인간적 생활까지 광범위하게 확대되고 있다. 지구상에서
가장 부유하다는 나라가 그 국민의 5분의 1에 해당하는 인간을 빈곤
의 늪에서 건져내는 데 필요한 자원과 의지를 규합하지 못하고 있다.
바로 그와 같은 기본적 퇴폐는 나머지 전세계에 대한 미국의 관계 형
태를 제약하는, 대외정책적 발상과 행동을 오로지 군사적 고려에서
출발하게끔 제한하는, '보이지 않는 손'으로 작용하게끔 되었다.

『쇠퇴하는 사회』(*Our Depleted Society*)라는 저서의 서문이 내린 이 진
단은 20년도 지난 1965년의 미국사회를 병상에 뉘어놓고 검사한 종합
건강진단이다. 또 미국의 저명한 사회학자 하워드 진(Howard Zinn)의,
미국이라는 환자에 대한 종합진단은 더욱 절망적이다. 너무 비관적 증
상이어서 여기 그 진단서를 몽땅 옮기기를 주저하고 싶은 생각이다.
　그러나 문제의 중요성은 시모어 멜먼이나 하워드 진 같은 양심적 학
자들의 진단을 기다릴 것도 없이, 평범한 감각으로 살아가는 대중의 일
상생활의 차원과 주변에서 너무 뚜렷하게 입증되고 있는 현실이다. '미
국 제1주의'에 심취한 골수 보수주의자들도 아무런 처방을 제시하지 못
하고 있다.
　지금 미국에서는 두뇌조직에 이상이 생긴 레이건이라는 사람을 제외
하고는 어느 누구도 미국이라는 사회에 대해서 또끄빌과 같은 '희망의
상징'을 공언하는 사람을 찾을 수가 없다. 방금 치열하게 불붙은 대통령
선거 입후보 경선이 그것을 말해준다. 정부 비판을 해야 할 민주당의 입

후보들이야 접어두어도 좋다. 그러나 공화당의 깃발을 들고 나온 수많은 경선자들의 입에서도 미국의 오늘에 만족하거나 내일의 희망을 자신 있게 약속하는 지도자가 없다는 것은 문제의 심각성을 말해준다. 개선하겠다는 공약은 하지만 누구도 묘안은 없어 보인다. 각기 최고의 두뇌를 선거참모들로 동원했을 그들이 처방을 제시하지 못하니 다른 누가 할 수 있겠는가?

우리 동양의 철학으로 말하자면 '세(勢)'가 쇠퇴한 것일까? 영토의 크기와 그 속에 묻힌 자원은 무진장이라 해도 무방할 것이다. 그렇다면 '지(地)의 세(勢)'에는 변함이 없으리라. 자연의 다양함과 크기와 풍부함은 너무도 작고 좁고 메마른 한반도에서 온 사람에게, 조금 야비한 심정일지 모르지만, 시샘이 지나쳐서 분노를 느끼게 할 정도다. 자연의 축복은 한가지도 빠짐없이 독차지하고 있다.

몇달 전 미국 여러 지방을 순회하고 이곳에 들른 시인 고은의 실토는 그 '지세'를 잘 표현하는 것이었다.

"정치·사회·문화의 측면을 보면 금세 망할 것 같기만 한데 그놈의 국토를 보면 앞으로도 500년은 갈 것 같다!"

정말 그렇다. 그런 자연의 복을 타고난 사회(국가)가 왜 그런 꼴이 되었는가? '시(時)의 세(勢)'가 쇠퇴한 것일까? 어쩐지 그런 것 같은 생각이 든다. 제2차대전 후의 한때까지만 해도 '북미합중국'의 위세에 눌려 "Yes"밖에 하지 못했던 민족과 국가들이 한결같이 미국에 대해 "No" 하고 나섰으니까(물론 위대한 대한민국만은 그 예외로 오늘도 내일도 미국의 불변한 애총을 받겠지만……). 미국의 울타리에 갇혀 있던 '뒤뜰' 라틴아메리카 인민들의 분노의 함성이 그 모든 것을 대변해준다. '미국의 시대'는 간 것이다. 중남미의 인민들은 이미 미국의 졸개가 아니다.

'인(人)의 이(利)와 세(勢)'가 쇠퇴한 것일까? 어쩌면 그런지도 모른다. 제2차대전 후에 백악관의 주인이 된 인간치고 암둔하거나 나약하거나 범죄형이 아닌 위인이 있었던가? 조금 깃털이 다르다 싶은 위인은 총알을 맞아 임기도 채우지 못하고 사라지게 마련이다. 미국이라는 국가의 제도를 받치고 있는 이해집단의 상충적 이해관계의 구조가 그런 지도자의 존속을 허용하지 않는다는 말에는 실증적 무게가 있다. 확실히 미국사회는 심각한 질병을 앓고 있는 것 같다. 그것도 중병이다. 그 처방을 근원적인 차원에 가깝게 파악해 들고 나오고 있는 사람은 흑인 지도자 제시 잭슨 한 사람뿐이라고 생각된다. 그러나 그가 미국(사회)의 질병을 치유할 기회를 부여받지 못할 것이라는 사실은 어느 백인 교수의 다음 말로 분명해진다.

제시 잭슨 말이지요? 아, 그래요. 확실히 그는 미국의 국가적·사회적 질병을 정확하게 진단하고 있다고 말할 수 있지요. 하지만 말이에요…… 공화당도 그렇고 민주당도 마찬가지지만, 백인들이 잭슨의 진단과 처방을 말없이 듣고 있는 것은 그가 흑인이어서 어차피 대통령은커녕 당입후보자로 선출될 가능성도 없기 때문이지요. 잭슨이나, 잭슨 같은 생각을 가진 사람이 정말 입후보하거나 당선될 것 같은 기세가 보이면 미국사회는 그대로 두지 않을 겁니다. 어떻게 할 것이냐고요? 간단하지요. 쏘아버리는 거지요. 미국을 지배하는 세력이 무엇을 원하며, 어떤 인물을 대통령으로 원하는가 하는 것은 지난 미국 역사가 말해주고 있지 않습니까? 미국의 지배세력은 잭슨을 애교로 내버려두고 있을 뿐이에요. 미국의 국가적·사회적 질병이 그들의 지

배구조의 토대란 말입니다. 제시 잭슨의 처방대로 질병이 치유된다
고 합시다. 그들의 기득권은 어떻게 됩니까?

이렇게 논평한 그 교수는 이런 소감으로 말을 맺는 것이었다.

　미국은 제국주의로 살 수밖에 없을 겁니다. 나는 미국의 백인·상
류층·지식인·수혜자의 한 사람이지만 이 나라의 미래에 대해서는
비관적입니다. 당신네 같은 세계의 인민들이 미국을 따끔하게 정신
차리도록 하기 전에는 말이에요.

　미국의 국가적·사회적 문제점은 4년마다 있는 대통령 선거전에서 집
약적으로 제시된다. 지금 미국사회 일반에서 떠들썩하게 문제시되고
있는 사실들을 들어보자.
　먼저 국가적 증세다. 지구상에서 가장 부유한 나라가 어째서 세계 제
1의 부채국이 되었는가? 소련이나 사회주의 국가 및 제도에 대해서 자
본주의의 '우월성'이라고 내세우는 물질적 생산성이 왜 다른 자본주의
국가들 중 가장 처지게 되었는가? 군사 위주적 생산업이 미국 경제를
지탱할 수 있는가? 대외적으로 '평화애호국가'를 자처하면서 실제로는
모든 측면에서 '군사국가'가 된 것은 아닌가? 한때 미국이 지배했거나
원조했던 국가들에서 반미주의의 세(勢)가 거세게 일어나고 있는 까닭
이 무엇인가? 혁명으로 건국한 미국이 일관되게 반혁명의 편에서 독재
·폭정·학정·수탈·비인도적 정권과 제도를 지원하는 것은 국가정신의
타락이 아닌가? 인류사적 조류에 역행하는 결과는 어떻게 될 것인가?
팔레스타인의 생존권을 박탈하려는 이스라엘이나 다수 흑인에 대한 야

수적 탄압을 일삼는 반문명·반인간적 체제와 정권인 남아공화국을 끝까지 지원하는 유일한 문명국이어야 할 까닭이 무엇인가? 군축을 제안하면서 소련이 그것을 수락하면 각 단계마다에서 그 실현을 어렵게 하는 새로운 조건을 들고 나오는 까닭은 무엇인가? 제안은 먼저 하고 해결에는 왜 소극적인가? 그것은 대외적 선전을 목적으로 한 사기가 아닌가? 니까라과·엘살바도르·브라질·아이띠·빠나마·그레나다…… 등에서, 몇십년씩 인민을 학대·억압·수탈했던 정권과 지도자들을 뒷받침한 죄과는 반성하지 않고, 대중의 사무친 원한을 푸는 사회개혁을 하려는 정권을 무조건 '공산주의'로 몰아 숨통을 끊으려는 행위는 정당화될 수 있는 것인가. 미국이 지원하는 국가에 의해서 권리와 자유를 박탈당한 민족집단이나 개인들의 테러행위는 범죄행위로 규탄하면서, 근거도 없는 구실로 남의 나라(리비아) 대통령(카다피)의 범죄행위를 규탄하면서, 숙소에 대대적인 군사적 공격을 하는 행위는 '국가적 테러'가 아닌가? 미국의 구미에 맞지 않는 자세나 정책을 보이는 약소국 주변에서 걸핏하면 해병대를 만재한 해군 함대의 기동연습을 실시하는 행위는 19세기 제국주의의 '포함외교(砲艦外交)'의 속성은 아닌가? 그러다가 군사적 압력에 굴하지 않으면 여태까지 제공해온 경제원조를 중단해버리는 행위는 타당성을 지니는 것인가?…… 이런 문제들은 열거하기에 끝이 없다.

그런 문제점의 발생학적 근원이 미국이라는 국가사회의 내부적 원리와 구조적 특성에 있다는 것을 거의 정확하게 지적하고 나오는 인물이, 그것들을 치유할 기회를 부여받을 가능성이 없는 제시 잭슨뿐이다. 나머지 백인 입후보자들은 또끄빌이 말한 '근원적 매듭'이 바로 미국 국가의 원리와 구조에 있다는 인식을 전혀 하지 못하는 것 같다.

그들은 그 모든 문제점의 매듭을 소련에게서 발견하려 하고, 제3세계의 내셔널리즘에 전가하려 하거나, '공산주의'에서 찾으려고 애쓴다. 모두 겉돌고 있다는 인상이다. 미국인들은 너무도 유아독존이고 과대망상에 사로잡혀 있는 성싶다. 너무도 자기도취의 꿈이 깊은 것만 같다.

소련, 그 정부, 그 제도, 그 사상, 그리고 공산주의, 사회주의……를 '악의 제국'(Evil Empire)으로 단죄하면서 미국을 '선의 국가'(Nation of Good)로 규정했던 레이건 철학이 국내외에서 파탄에 직면하고 있다. 그럼에도 불구하고, 영국의 신문이 재작년 "세계의 평화를 더 원하는 이가 레이건과 고르바초프 중 어느 쪽이라고 생각하는가?"라는 설문으로 유럽의 저명한 지식인 6000여명을 상대로 실시한 여론조사에서 '고르바초프 31 대 레이건 11'로 나온 세계의 비판에 귀를 기울이기에는 미국의 지도자들과 국민대중은 아직도 잠에서 덜 깬 성싶다. 그래서 제시 잭슨은 외롭다!

다음은 정부의 문제다. 그것은 정부의 중추부를 구성하는 권력자들의 인간적 능력과 품성의 문제로 집약적으로 표출되고 있다. 권력자들의 능력은 정부의 '효과'와 '능률'로 평가되고, 그들의 인간적 품성은 정부의 '성격'과 '질(質)'적 판단의 기초가 된다. 미국정부의 질병은 후자의 문제다.

제2차대전 후 민주주의를 자처하던 미국사회를 하루아침에 '스딸린화'했던 50년대와 60년대의 매카시즘 선풍도 권력자들의 사상과 품성이 문제였다. 그뒤 닉슨 시대에서 곪아터졌듯이 권력자들의 인간적 결격(缺格)은 지속적으로 심화되어 레이건 정부에서 최악의 상태에 이른 감이 있다.

레이건이 집권한 1981년 이후 그의 정부 핵심부와 그 주변의 고위 관리 250명 이상이 불법행위 또는 비윤리적 행위로 인해서 기소되었다. 단순히 그 숫자만도 행정부 권력층에 만연하고 있는 '무법(無法)'성을 입증해준다. '이란-콘트라' 사건으로 드러난 무법·범죄행위는 그 전구조의 빙산의 일각에 지나지 않아 보인다. '그 대통령 밑에 그 권력자들'이라고 치워버리면 문제는 간단할지도 모른다. 그러나 진실은 그렇지가 않다.

레이건은 미국 유권자들이 선출했고, 그의 선출은 바로 미국인과 사회의 염원·체질·생리를 반영한 것이기 때문이다. 레이건 주변의 권력을 구축하는 '인적 구성'은 미국사회의 도덕적 반영이다.

공직을 이용한 사기·착복·횡령·위증의 건수만을 들어도 미국 역사상 최악의 정부라는 평이다. 각료 수명이 위법행위로 기소 또는 해직됐는데, 놀라운 것은 바로 국가와 정부의 법적 기강을 위임받은 법무장관과 그 직속 고급관료 2명의 죄상이 밝혀진 것이다. 레이건을 둘러싸고 권력의 핵심체를 이루는 대통령 특별보좌진의 우두머리 마이클 디버는 파면되어 지금 연방 특별검사에 의해서 그 파렴치한 죄과가 미국 앞에 낱낱이 드러나고 있는 중이다(대한민국의 소위 제5공화국 정권과 한국 재벌들의 이름이 몇백만 달러의 금전수수와 관련해서 보도되는 것은 흥미 있는 일인데, 우리 국내 신문에는 이에 관해서 한마디도 기사가 보이지 않는 것도 흥미 있는 일이다).

미국의 정보기관(CIA)이 니까라과의 '공산혁명정권'에 대항하는 반혁명 콘트라 지원자금을 아편밀수·국내판매로 만들어내고 있었다는 사실의 폭로는 '이란 무기밀매' 사건보다도 미국정부의 성격을 단적으로 드러냈다(과거, 베트남전쟁 때 베트콩 또는 월맹공산주의자들이 하고 있다고 선전·비난했던 동남아지역에서의 아편밀수 행위도 미국 첩

보기관의 행위였다는 사실까지 공개된 마당에 놀랄 사람도 없기는 하지만 말이다).

다른 일이야 눈감아줄 수 있다 하자. 그러나 정부가 마약밀수 행위를 정책 수행의 방법으로 사용해왔으니 나머지 일은 불문가지가 아니겠는가? 미국정부는 도덕적으로 철저하게 타락한 것 같다. '법치'와 '민주적 방식'이라는 깃발에는 너무나 많은 때가 묻어 있다.

"민주주의는 목적에 있지 않고 절차에 있다"는 광복 후 미국의 가르침에서 신선한 감동을 받았던 일이 이제는 아득한 옛이야기가 되어버렸다. 과연 미국정부는 다른 나라와 다른 국민에게 민주주의를 설교할 수 있는 자격을 갖고 있는 것인지? 사실과 진실을 알게 될수록 이 회의와 의문은 짙어가기만 하니 미국을 위해서 딱한 일이 아닐 수 없다. 미국을 아끼는 마음이 간절하기 때문에 더욱 그러하다.

어째서 '애국'과 '민주주의'와 '반공'의 깃발만 내세우면 온갖 부정과 모든 불법이 정당화되는 것일까? 로마 교황도 일찍이 이처럼 신묘한 효능을 지니는 면죄부를 팔았다는 기록이 없다고 듣는다.

미국에선 지금 『애국자들의 범죄』라는 제목의 책이 베스트셀러의 하나가 되어 있다. 베스트셀러가 되었다는 말은 그것을 사 읽는 미국 시민이 많다는 말이다. 그렇다면 다행한 일이다. 미국 시민이 오랫동안 속아왔던 정부의 '애국주의', '반공주의'의 슬로건 아래서 자행되어온 그 많은 범죄행위를 알게 될 것이기 때문이다.

그들의 죄상을 읽고 있노라면 법과 민주주의를, 그리고 기독교적 청렴을 안팎으로 설교하는 정부가 어쩌면 여기까지 타락할 수 있을까 싶어진다. 왕년의 중국 국민당 정부나 베트남의 사이공 정부가 바로 그러했다. 그리고 그들은 정해진 운명의 길을 걸었다. 미국이야 시인 고은의 직관처럼 500년을 갈지 모른다. 그러나 역시 그의 직관대로 퇴폐의 길에서 회생할 수 없을 것 같은 생각이 든다.

미국정부의 또 하나의 질병은 군인들이 행정부와 대통령 권력을 점거하게 된 변질이다. 정부예산의 50퍼센트가 직접·간접의 군사활동비로 나가게 되다보니 미국은 '군사국가'로 변질했다. 군사국가의 정부와 대통령 주변이 해마다 더 많은 군인들로 짜여지는 것은 필연적 논리다. 국가의 정치원리는 '문민정치'지만 최고정책결정권은 소수의 군인 또는 퇴역군인이 장악하고 있다.

소위 이란-콘트라 사건의 핵심적 문제가 그것이다. 문민정치가 어느 사이에 군인정치로 변질해버렸음에 대한 발견은 미국의 정치적 의식분자들에게 큰 충격이었다. 정부의 건강성에 대한 의혹과 불안이 고조되었다. 미국이 자랑하던 문민정치에 위험신호가 온 것이다.

그러나 그에 못지않게 미국 국민 일반을 놀라게 한 것은 대통령의 형법상 권능이 그 소수의 군인들에 의해서 농단(壟斷)되고, 그 과정에서 국가원수가 농락을 당하고 있었다는 깨달음이다. 정책 결정 과정에 참여해야 할 문민정치인들이 배제당한 상태에서 대외적으로는 비합법적인 파괴행위가 정부의 이름으로 자행되어왔다. 미국정부의 중추신경을 좌우해온 그같은 범죄집단을 대표하는 것이 대통령 직속 국가안전보장회의를 타고 앉았던 퇴역 해군 제독 포인덱스터와 현역 해병대 중령 올리버 노스다. 이 두 군인, 그중에서도 한낱 중령에 불과한 올리버 노스가 거의 전능적인 북미합중국 대통령의 대외정책을 찬탈했다. 해병대 중령이 좌지우지하는 북미합중국 대외정책!!

포인덱스터, 올리버 노스를 비롯해, 파면됐거나 법정의 피의자석에 나선 200명을 넘는 전직 권력자들에게서 예외없이 발견되는 공통적인 요소는 그들의 반공주의 철학과 신념이다. 날이면 날마다 텔레비전에 나오는 국회 특별조사위원회에서의 추궁에 대해서 그들의 자기변론은 한결같다. 이런 범죄자들일수록 태도가 당당하다.

"반공을 하기 위해서 한 행위인데 어째서 죄가 되느냐?"

미국의 대외정책을 지배해온 이 집단에게서는 민주사회가 숭상하는 보편타당한 가치관이나 세계관은 티끌만큼도 찾아보기 힘들다.

"반공사상과 반공주의는 타락 및 범죄성에 정비례한다."

이 타락한 범죄집단이 미국 국민에게 가르쳐준 진리가 이 공리(公理)다.

이 얼마나 훌륭한 철학인가! 얼마나 숭고한 순교자적 정신이냐!

8년간의 집권 동안 레이건은 미국정부를 중추신경 마비환자로 만들어버렸고, 미국이라는 국가를 도덕적 파탄자로 전락시켰다. 아! 위대한 대통령! 위대한 정부! 위대한 국가여!

"미국정부는 사기꾼, 불한당, 범죄자, 정신분열증 환자, 일확천금을 꿈꾸는 자, 백주의 몽유병 환자, 도덕적 니힐리스트…… 들의 소굴이 되었다."

이것은 좀 지나치게 혹독한 선고문이다. 다만 한국의 반공주의·미국 숭배적 지식인들이 너무도 실망할까봐서 굳이 주석을 붙인다면, 이 논고(論告)는 리영희라는 어설픈 판사의 선고문이 아니라 어느날의 『뉴욕타임즈』의 사설을 인용했을 뿐이라는 것이다.

리영희야 링컨 대통령을 연구하지도 못했고 나비넥타이를 애용할 줄도 모르지만, 미국을 사랑하고 아끼는 마음의 간절함은 누구에게 뒤질 까닭이 없는 사람이다. 나의 말은 모두 인용일 뿐이다.

미국은 그럼에도 불구하고 우리가 배워야 할 많은 이점과 성취와 장점을 지니고 있는 사회다. 한국에서 결핍과 제약과 부자유에 시달리다 이민을 왔거나 유학을 온 한국인들에게 이 사회에 넘치는 물질적 풍요와 얼핏 보기에 무한정인 듯싶은 개인적 자유는 같은 지구상에 동시대적으로 존재하는 사회라고는 믿기 어려울 정도다. 혜택이 많은 한국인 유학생들로 하여금 더 본질적인 미국사회에 대한 인식을 방해하는 요인이기도 하다. 적지 않은 이민교포들의 입에서 "미국은 한국에 비하면 천국이지!"라는 감동적 술회를 듣게 되는 이유이기도 하다.

사실 말이지 미국사회의 물질적 풍요는, 적어도 소비상품의 물량으로 말하면, 평면적 인식능력밖에 갖추지 못한 사람에게는 '천국'이라 해도 지나친 과장은 아닐 성싶다. 그러나 한편, 소비를 강요하는 원리로 움직이는 사회의 내면적 구조를 폭넓게, 그리고 좀더 깊게, 입체적으로 볼 수 있는 의식의 소유자에게는 분노를 자아내는 '낭비와 인간소외 사회'로 비친다. 물질은 자연이다. 낭비는 물자의 약탈이며, 물자의 약탈은 자연의 파괴다. 인간과 자연을 일체로 인식하고 체험하며, 그렇게 생존하기를 우주 존재물의 상호관계로 파악하는 입장에서는 자연의 약탈과 파괴는 곧 인간 자신의 약탈과 파괴가 된다. 그리고 풍요의 혜택이 고루 누려지지 않는다면 그것은 사회적 부도덕이고, 도(度)에 따라서는 죄악일 수가 있다. 이 기준과 관점에서 말하자면 미국사회는 죄악까지는 모르지만 분명히 부도덕의 단계에 있다고 해도 크게 책망받지는 않을 것이다.

자본주의체제의 사유재산제도 사회에서 풍요와 빈곤은 원리가 아닌가라고 정색으로 반문하고 나서는 이가 있다면 나도 더 할 말은 없다. 하지만 물질적 소유의 차등이 사회적 자유의 차등으로 필연적으로 표현되게끔 짜여져 있는 미국사회의 '자유'에는 심각한 문제가 있다. 미국사회의 물질적 풍요는 국민이나 시민의 정치적·사회적·인간적·도덕적·정신적(경제적은 더 말할 나위도 없고) 자유를 일정한 기준까지는 풍요롭게 하지만, 다른 한편으로는 'deplete'(박탈·쇠퇴·고갈)시키는 기능도 하게 마련이다. 오늘의 단계까지는 미국 사회는 전자의 경우였지만, 앞으로는 후자의 관계가 주모순으로 자기표현을 하는 단계로 진행할 것으로 나는 파악했다. 아니, 사실은 그 진행은 이미 시작한 지 한참 된 것으로 보인다.

바로 그와 같은 상호관계로 물질과 인간, 또는 경제와 도덕, 사회조직과 개인…… 등의 함수관계로 대치될 수 있을 것이다. 미국의 대외정치의 성격과 행태, 정부의 기능주의와 도덕윤리적 타락 사이의 부(負)적 함수관계도 국내사회의 경제적 원리에서 파생하는 필연적 결과임이 단순한 생활 주변에서 확인된다.

나의 이번 미국 체재 중에 일어난 가장 큰 사건은 월가를 몰아친 증권폭락이다. 1931년 자본주의 파국을 초래한 뉴욕 증권공황을 재현할지도 모른다는 소동으로 미국사회는 휘청거렸다.

증권폭락이라야 생산재의 현물적인 감소를 초래한 것도 아니고, 다만 몇천억 달러를 상실한(종이에 기재된 가치의 저하) 쪽에서 다른 쪽으로 몇천억 달러가 이동한 것에 불과한 것인데 금융경제계는 정신을 차리지 못했다.

그런데 나에게 중요했던 사실은 연달아 텔레비전에서 방영하는 금융·경제 전문가들의 원인 진단에서 나타난 공통된 진단이다. 전문가들에 의하면 미국 증권시장이 베트남전쟁의 종결 이후 가장 호경기를 누린 시기가, 미국정부가 리비아의 카다피 대통령을 살해하기 위해서 카다피 숙소에 야간 기습공격을 한 직후였다. 미국의 금융·산업계는 전쟁 내지는 필연적인 대규모의 군사행동을 예상해 베트남전쟁 이후 최대의 활기를 띠었다.

그러면 공황이 온 것은 어째서인가? 역시 전문가들에 의하면, 소련의 평화 지향적 정책이 확실해지고, 고르바초프 서기장의 미국 방문에서 핵무기 감축협정 체결을 약속받았기 때문이다. 전쟁이나 대규모 군사행동의 전망이 희박해진 것이 중요한 원인의 하나로 지적되었다.

그렇다면 미국이라는 나라(사회)의 금융·산업·경제…… 그것을 토대로 하는 정치와 인간 생활까지를 포함해서 전쟁이 있어야 한다는 말이다. 물론 이 관점은 미국 자본주의의 생리로서 이론적으로 일단은 상식화되어 있는 것이다. 그러면서도 이 구체적 연관성을 현지에서 자세히 보고 들으니 그 실감은 한결 선명했다.

그 상호관계의 논리구조를 뒤집으면 역시 상식화되어 있는 판단이 옳다는 것이 된다. 즉, 미국 경제는 전쟁을 필요로 하며, 전쟁 발생의 조건이 없거나 미약하면 전쟁 내지는 전횡에 가까운 행위를 정당화할 조건을 정책적으로 만들어야 한다는 말이 된다. 미국 전문가들은 여기까지 진단하지는 않았다. 그러나 그것은 다만 말을 하지 않았다는 것뿐이다.

미국이 진정 평화를 기원하는 나라인가? 전쟁 없이 경제가 움직일 수 있는가? 전인류가 군축과 평화를 염원하는데 미국이 우주에까지 새로 '별들의 전쟁' 무기망을 막무가내로 건설하려는 이유는 무엇인가? 이런 질문들에 대해서 한국의 정치·경제학 교과서는 정답을 주고 있지 않은 것 같다. 나로서는 미국이란 위험한 존재라는 심증을 굳히고 귀국하게 되었다.

레이건은 고르바초프에게 미국 산업·경제·기술의 효율을 자랑하지만 미국의 생활 주변에서 보는 한 그 주장에는 별로 믿음직한 근거가 없는 것 같다. 미국에서 굴러다니는 자동차를 유심히 살펴면 10대 중 미국제는 3대, 독일 및 유럽 국가제가 2대, 일본제가 5대꼴은 되는 것 같다. 한국 교포들은 물론이지만 미국인들도 미국제 자동차의 성능이 형편없다는 일치된 평이다. 자동차뿐 아니라 전자제품·광학기기·오토메이션 장치…… 등, 조금 고급스럽다 싶은 기계나 장치는 거의가 일본·독일……제고, 일반 일상생활 상품은 섬유류를 위시해서 한국·홍콩·대만…… 등과 라틴아메리카, 동유럽, 심지어 중동 국가 제품들이다. 'Made in U.S.A.' 상표를 보기란 힘들 정도다. 광복 후 60년대까지 모든 제품이 U.S.A.의 딱지를 달고 세계를 덮었던 것을 생각하면 믿어지지가 않을 정도의 변화다.

왜 그렇게 됐는가? 그에 대한 답변도 이미 널리 알려진 대로다. 그러나 나의 답변은 역시 미국인들이 애용하는 표현 "make a long story short", 즉 긴 이야기를 한마디로 하자면, 미국이 '군사국가'로 변질됐기 때문이다. 미국은 이제 제1차 산업 농산물과 전쟁무기를 제외하고는 국제시장에서 경쟁할 제품을 생산하지 못한다고 해도 진실에서 과히 먼 이야기가 아니다.

미국이 군사국가라는 증거는 사회의 과학·기술 연구 분야에 대한 민간별:군사별 투자 비율로도 명백하다. 독일과 일본이 각기 약 85:15, 영국 60:40, 이탈리아는 더욱 압도적으로 민간 분야 주도인 90:10인데, 미국은 그 정반대로 민간 30:군사 70일 뿐 아니라 과학·기술자의 민간 대 군사 분야 비율도 1:3이다. 국내 경제구조를 군사화해놓고, 그 결과로 무역경쟁력 저하와 무역부채 증대를 전쟁무기 판매의 강요와 무역 문호개방 압력으로 충당해야 하니 세계의 평화와 협력이 과연 가능할 것인지 의심스럽기만 하다.

국가의 생리와 속성이 군사국가화한 결과는 사회·문화복지의 축소로 나타날 수밖에 없다. 빈곤의 증대, 사회보장 투자와 감축, 교육 내용의 빈곤화와 교육수준의 저하…… 등이 심각한 문제로 제기되고 있다.

국민적·인간적 생활 및 발전을 희생으로 군사력 강화가 급진전되고 있다는 말이다. 1980년의 미국 군사예산은 2100억 달러였던 것이 85년도에는 3200억에 달했다. 불과 5년 사이에 1.5배나 늘어난 것이다. 금년도 군사예산은 국민대중과 야당의 맹렬한 반대로 다소 삭감되었지만 그래도 2900억 달러 이하로 끌어내리지는 못했다.

고르바초프 소련 지도자의 워싱턴 방문으로 조성되는 미국 시민들 사이의 친소적·평화 희구적 분위기 변화를 가장 경계하고 방해하는 것이 군수산업이었다. 미국과 평화의 관계에 대한 또다른 중요한 판단기준이 되어준다. 군수산업계의 변호인들이 텔레비전에 나와서, "평화는 미국 경제를 해친다"고 입에 거품을 물고 떠들 때, 그들의 솔직함에는 머리가 수그러지지만 등골이 서늘함을 느꼈다. 불길한 징조다. 미국인에게는 불행이다.

미국의 '빈곤'층은 전체 인구의 13.6퍼센트다. 약 3400만명이 '빈곤선'(poverty line) 이하에서 생존하고 있다. 20년 전, 린든 존슨 대통령이 '위대한 사회'(Great Society)를 표방하면서 '빈곤층의 일소'를 공언했지만 빈곤선 이하 인구는 그때도 13.6퍼센트, 20여년 후인 지금도 13.6퍼센트로 변함이 없다. 군사비의 극히 적은 일부만을 돌려도 해결될 수 있는 문제라는 소리가 높지만 그런 정책 전환이 가능하기나 한 일인가!

빈곤선은 1세대, 3.2인의 가족을 기준으로 월 710달러 이하의 수입자로 규정되어 있다. 710달러를 환산하면 한국에서는 약 54만원이지만, 한국에서 3.2인 가족 세대의 54만원과 미국사회에서의 그것은 전혀 다르다. 1인당 250달러꼴인데, 이것으로는 길가에서 먹다 버린 햄버거 찌꺼기를 주워 먹지 않고서는 생명을 유지할 수도 없는 돈이다.

풍요와 습관화된 풍요 속의 혹심한 빈곤!

도시의 길거리에서 구걸하는 걸인의 무리는 아무리 보아도 '미국'답지 않다. 그들의 상당수가 집(방)이 없어 '노숙'하는 이른바 '홈리스' (homeless)다. 미국의 '노상 거주자'의 수는 400만으로 추산되고 있다. 400만명!!

앞서서 빈곤선 이하의 인종적 분포를 알면 미국사회가 얼마나 '불평등' 내지는 불공평한 사회인가를 새로이 알게 된다. 흑인이 31.1퍼센트, 백인이 11퍼센트로 20년 전과 별 다름이 없는 구조와 비율이다. 아무것도 나아진 것이 없다는 증거일 뿐 아니라, 국민총생산의 증대와 군사비의 1.5배 증대를 배경으로 해보면 더욱 악화되고 있다는 말이다. 백인 인구 대 흑인 인구 8:1(아시아계 등 기타 소수민족 1)의 비율을 고려한다면 흑인의 빈민 비율은 백인 빈민의 25배가 되는 셈이다. 이러고도 흑인들에게 '법치·평화·복종·애국·민주적 절차……' 따위를 요구한다면 그것은 요구하는 쪽의 잘못이 아닐까? 이것이 미국식 평등, 기회의 공평, 자유의 실태다. '굶는 자유'라면 미국의 흑인은 백인보다 25배나 더 많은 자유와 기회를 만끽하고 있다!

인종의 차를 막론하고 빈곤선 이하자와 노숙 무주거자의 실태가 심심하면 한번씩 함께 텔레비전 프로로 반영되어 원인 규명이니, 대책이니, 애정의 손길 필요…… 등의 이야기가 나온다. 그런 것 중 한 장면이 인상적이었다. 여섯살 미만의 아이 셋, 제일 어린 것은 유모차에 실려 있었으니까 두살 미만일 것이 분명한 듯. 그들 식구의 기둥인 어머니가 나온다.

아나운서 어디서 자고 있습니까?

노숙자 어머니 아무 데서나 자지요. 공원에서도 자고, 비가 뿌리면 짐을 옮겨 큰 건물 현관, 계단 밑, ······아무 데서나 자지요.

아나운서 교회를 찾아갈 생각은 안 해보았나요?

어머니 왜 안 했겠어요? 교회나 성당 뜰, 또는 지붕 밑에서 잔 일도 많지요. 하지만 어쩌다 교회에서 나온 목사나 성당에서 나온 신부가 '하나님의 성스러운 전당'을 더럽히면 안 된다고 어서 떠나라고 해요.

버클리대학과 나의 아파트는 한 6블록 거리고, 그 사이에는 100여년 전 서부개척시대에 지은 으리으리한 석조 교회건물과 비교적 현대적으로 새롭게 설계한 교회가 일고여덟개나 된다. 대학캠퍼스 밖의 대학 소속 공원에는 언제나 수십명의 노숙자가 무리를 지어 있다. 경찰은 그 공원에서 무주택자들을 쫓아내려 하고, 버클리 대학생들은 그때마다 캠퍼스를 나와 경찰과 맞붙어 무숙자들을 지원한다.

그런 장면을 보고서 지나치는 그 교회와 성당은 일요일 오전 한때를 제외하고는 언제나 텅 비어 있다. "예수님의 사랑은 가장 부유한 자본주의 사회의 가련한 노숙자들을 위한 것은 아니었던가?"라고 분노를 느끼는 때가 한두번이 아니다. 그러나 나는 미국에서 6개월을 살고 나서야 비로소 "하나님의 성당은 빈자가 더럽혀서는 안 된다"는 기독교의 사랑을 터득했다. "가난은 나라도 구하지 못한다"는 진리는 봉건적·미개발 사회의 지배자들의 신념일 뿐 아니라, 지구상에서 가장 풍요하다고, 고기와 우유를 샀다가 며칠 지나면 버리는 것을 소비주의 경제의 미덕으로 삼는 자본주의 총본산 미국사회 지배자들의 신념이라는 사실도 6개월의 생활이 끝날 무렵에야 겨우 터득했다.

지금, 대통령 선거에 나선 대통령 지망자들은 공화당·민주당 가릴 것

없이 미국 교육의 질적·내용적 퇴보를 개탄하고 있다. 그들이 예로 제시하는 실례가 세가지다. ① 미국 시민 가운데 교통신호를 읽을 정도 이상의 문의(文意) 해득 능력이 없는 사람이 자그마치 13퍼센트다. 그중 백인이 반 이상을 차지한다. ② 고등학교까지 학생의 도중 탈락자가 문명사회 중 최고다. ③ 수학·과학·논리적 이해 능력은 남태평양의 파푸아뉴기니 섬 미개 원주민 아동의 수준과 같다.

나는 미국사회의 그같은 측면에 강렬한 흥미와 관심이 있어서 강의 틈을 내서 각급 학교를 찾아가 직접 관찰했다. 그 결과는 한마디로 "미국사회는 큰일났구나! 교육의 현장이 이래서야 장래가 걱정되는구나"라는 발견이었다. 특수 계층 자제만을 위한 소수 학교를 제외하면 난장판이었다.

교육이 돈만으로 될 수는 없다. 그렇다고는 하더라도 국가와 국민생활의 장래를 걸머질 교육에 대한 국가의 투자는 상당한 판단기준이 될 수 있다. 정부예산의 1달러 중 50센트가 소모적인 군사비에 투자되는데 교육에는 2센트 미만이 배정되고 있다면 미국의 기초교육 수준이 남태평양 파푸아뉴기니 섬의 원주민 아동 수준을 넘기 어려울 것이라는 주장에 수긍이 가고도 남음이 있다.

경제·산업·금융·복지·교육·종교…… 생활, 즉 국민적·인간적 발전의 기초가 온통 군사국가적 철학·세계관·정책에 지배되고 있다. 그리고 그 군사국가 철학은, 사회주의에 대한 공포와 증오에 입각한 비이성적·광신적 '반공주의'에 뿌리를 박고 있다. 미국은 반공주의에서 스스로 해방될 때에만 미국이라는 국가와 사회의 왜곡·퇴보·무기력·소모·고갈……의 진행을 정지시킬 수 있으리라는 생각을 갖게 되었다.

아직은 결론적 판단을 내릴 자신도 없고, 짧은 관찰과 사고를 가지고 그러고자 할 만큼 교만과 자기망상에 사로잡혀 있지도 않다. 나는 어디까지나 미국과 미국인에 애정을 가지는 기본 입장에서 보고 생각하는 것이다.

그러면서 끝으로 걱정되는 것은 미국의 '자유'의 문제다. 미국인은 과연 자유롭다. 법에 의한 권리를 잘 보호받고 있다. 그것은 한국이라는 나라와 사회에서 간 사람에게는 아무리 부러워해도 아직 부족할 정도다.

그러나 미국사회 속에서의 개인의 자유는 '원자화'된 시민(인간)을 낳고 있다는 감을 금할 수가 없다. 개인의 자유가 타개인에 대한 무관심이 되고, 그것이 극단화한 나머지 철저하게 이기주의가 지배하고 물질추구 사상에 함몰해버린 감이 있다. 이웃(사회·동포·타인·국민……)에 대한 계산된 친절은 있으나 사랑은 없어 보인다. 기독교와 교회가 그 역할과 기능을 상실한 지는 이미 오래다. 좀 막연한 표현이지만 인간 간에 진정한 '따스함'의 감정이 없다. 각자가, 그리고 모두가 오로지 물질적 추구를 위해서 정신없이 허둥지둥 달리고 있다. 나의 소유(즉 사유재산)만이 나의 생존의 보호자다. 그런데 아무리 풍요하다 해도 소유 대상으로서의 상품과 돈은 유한하다. 더 많은 물적 소유를 위한 싸움이 생활의 이념이 될 수밖에 없다. 사유재산 관념의 극단적 발달은 그 구성분자의 개개를 물질화했고 그것은 인간의 소외를 초래하게 마련이다.

미국 연방고등교육연구소와 미국 교육위원회의 최근 조사 결과는, 미국 청년의 고등교육, 진학 동기와 목적이 "돈을 더 벌 수 있기 위해서"(71퍼센트)임이 밝혀졌다. 20년 전에는 돈(물질추구)을 주목적으로 하는 동기는 25퍼센트였다. 같은 기간에 "인생의 의미있는 교양과 철학을 찾기 위해서"는 80퍼센트에서 39퍼센트로 격감했다.

물질추구가 인생의 주목적이 되면 인간소외만이 남게 마련이다. 인간과 인생과 사회와 국가에서 희망을 상실하게 되면 자포자기만이 남는다.

　미국사회의 엄청난 범죄·가정파탄·이혼율·마약상용·도덕문란·동성연애·AIDS병 만연……이 그 공허를 메우고 있다. 이에 관해서는 이미 여러회에 걸쳐서 쓴 바 있으니 여기서는 생략해도 무방할 것이다. 그 현상들이 바로 미국사회가 앓고 있는 질병들이다.

　이제 밤을 새우고, 손목이 아프고 머리도 말을 듣지 않으니 잠정적인 종합적 의견을 적고 끝내야 하겠다.

　미국(국가·사회·미국 시민)은 심각한 질병에 걸려 있다. 질병의 종류는 많고 다양하다. 얼핏 보기에 서로 전혀 인과관계가 없어 보이지만 세가지의 뿌리에서 뻗은 가지의 구조로 생각된다.

　한 뿌리는 극단적 사유재산제도고 다른 뿌리는 광신적 반공주의다. 셋째 뿌리는 군사국가화다. 나는 미국의 지배자들과 국민이 그들의 질병을 치유하는 데 성공하기를 간절히 기원한다.

──『말』 1988년 2월호;『自由人, 자유인』, 범우사 1990

제3부

사상·언론

해설

리영희는 법 앞에 서야 했다. 그러나 그는 또한 법을 앞에 세워놓았다. 법정에 섰던 그는 또한 법정을 법정에 세웠다. 그는 법 앞에서, 법 이전의 것, 즉 선입견(선판단, 선재판)을 다루었으며, 법의 비판에 맞서, 법 자체를 비판했다. 그가 서 있는 자리가 바로 사유의 자리일 것이다. (고병권)

리영희 선생은 자신의 전공 분야를 '국제관계론'이라 표현하곤 했다. 실제로 오랜 시간 한반도와 냉전체제를 중심으로 국제관계 관련 글에 공을 들였고 그 분야의 글들을 다수 발표했다. 이론적 논의보다는 구체적 사실과 현실 인식 관련 글에 집중했다. 많은 탄압을 받았다. 굴하지 않았다. 그럴 수 있었던 것은 리영희에게 사상의 자유와 이에 근거한 자유인으로서의 삶은 양보할 수 없는 존재의 근거였기 때문이다. 그 시절 사상의 자유를 포함한 우리의 공민으로서의 자유는 권력에 의해 철저히 유린되었다. 선생은 최소한의 숨 쉴 자유를 위해, '조건반사의 토끼'나 '빠블로프의 개'가 되라고 강요하는 우상의 실체를 드러내기 위해 끊임없이 말하고 썼다. 3부에서는 「상고이유서」를 비롯하여 사상의 자유, 언론의 자유, 자유인과 진실에 관련된 글 7편을 묶었다.

「상고이유서」는 1978년 11월 28일 서대문구치소에서 참고자료 하나 없이 '상고하는 이유'라는 제목으로 쓴 200자 원고지 222매에 달하는 긴 글이다. 『8억인과의 대화』 『우상과 이성』에 실린 자신의 글(혹은 번역문)을 반공법 위반으로 몰아가는 권력의 광기를 통렬하게 질타하고 있다. 감옥에 있음에도 불구하고 자신을 감금하고 있는 체제와 법률의 허구성을 조목조목 비판함으로써 자신의 무죄를 입증하고자 했을 뿐만 아니라 역으로 자신을 부당하게 신문하고 재판하려는 권력을 심판하고 있다.

「상고이유서」는 선생이 평생 쓴 글 중에서 가장 소중하게 생각하는 글로 저술의 동기와 목적, 저작 과정과 내용구성, 검경 조사와 조서의 문제점, 하급심 판결의 문제점 순으로 구성되어 있다. 그는 자신을 기소하는 것의 부당성을 아홉가지 점(① 국민을 소외시키는 반공법, ② 법집행 관리의 지적 수준, ③ 국민의 알 권리, ④ 지식의 사회적 본성, ⑤ 이중기준의 법 적용과 판사의 경향성, ⑥ 현대판 이단재판소, ⑦ '통치행위'론의 위험성, ⑧ 지도층의 인식정지증, ⑨ 역사적 상황의 변화)을 들어 논증한다. 반공법의 모순과 부당성, 판·검사 등 법조인과 최고통치자 및 지도층 인사들의 '인식정지증'을 준열하게 비판하면서 사상의 자유가 민주주의의 근간이라는 사실을 역설하고 있다.

민주주의는 개개인이 각자가 속한 공동체에서 평등하며 그 평등한 권리의 주체로서 의사를 표현할 수 있는 권리를 전제로 한다. 이러한 말할 권리는 반드시 '생각'의 자유를 전제한다. 정치체제나 이데올로기의 억압이나 강요에 의한 것이 아니라 자발적으로 생각한 것을 표출할 수 있는 사상의 자유가 없는 민주주의란 공염불에 불과하다는 것이다.

「파시스트는 페어플레이의 상대가 아니다」는 1988년 11월 열린 '5공청문회'를 텔레비전 생방송을 통해 시청한 후 한 월간지에 기고한 글이다. 제목은 유명한 루쉰의 글 「페어플레이는 아직 이르다」에서 따왔다. 루쉰은 '페어플레이 정신이 필요하다'는 린위탕의 글을 비판하기 위해 그 글을 썼다. 루쉰에 따르면, 실수로 물에 빠진 것이 아니라 사람을 물고 다투다가 물에 빠진 개는 이유 여하를 막론하고 두들겨 패서 완전하게 기를 죽여야 한다. 그렇지 않으면 이후에 구해준 사람을 물어뜯거나 반대로 물에 처박으려 들기 때문이다. 여기서 물에 빠진 개란 위기에 처한 파시스트를 의미한다. 파시스트나 기회주의자는 언제나 세가 불리해지면 화려하게 변신하여 새로운 권력에 달라붙는다. 이들은 용서나 화해의 대상이 아니라 제거나 청산의 대상이다. 선생에 따르면 7년간 전두환의 5공 정권에서 호의호식한 자들이 대부분 '친일부역자'의 자손들이다. 해방 후 반민특위가 친일파 한명 처단하지 못하고 와해된 이후 한국사회는 곧바로 다시 친일파의 세상이 되었다. 친일부역자와 그 자손들은 해방 이후 독재정권의 하수인이 되었고, 지금도 검찰과 언론을 앞잡이로 내세워 대한민국을 좌지우지하고 있다. 개혁의 본질은 제도개선이 아니라 인적 청산이라는 이야기다.

「사회주의의 실패를 보는 한 지식인의 고민과 갈등」은 1991년 1월 26일 연세대에서 열린 한국정치연구회 월례토론회에서 '변혁시대 한국 지식인의 사상사적 좌표'라는 제목으로 강연한 내용으로 지식인 사회에 많은 논란을 일으킨다. 강연 직후 한 월간지에 실렸고(『신동아』 1991년 3월호), 1994년에 나온 『새는 '좌·우'의 날개로 난다』 제4장 머리글로 게재된다.

연세대 강연에서 선생은 동구권의 급격한 변화를 보면서 '지식인으로서 자신의 인식능력의 한계'와 '인간 이성에 대한 신념의 약화'를 느낀다고 솔직하게 고백한 후 사회주의 구조결정론의 오류 및 스딸린식 사회주의의 실패(미국식 '자유민주주의'가 승리한 것이라는 주장도 전면 부정), 인간성 회복을 지탱해주는 이론적 근거로서의 '전기 맑스주의'의 유효성, 사회주의적 인간윤리와 사회윤리의 타락 등에 대한 생각과, 인간의 본성과 개조의 가능성에 대한 회의, 향후 남북통일에 대한 견해 등을 솔직하게 털어놓는다.

이러한 선생의 진솔한 '고백'에 대해 진보와 보수 양쪽에서 모두 비판에 나선다. 보수 진영에서는 진보지식인사회 대부의 '위장 귀순'이라고 보았고, 진보 진영에서는 리영희의 변절이라고 비판하기도 했다. 당시 진보 진영의 일부 연구자들은 두가지 점을 들어 선생의 주장을 비판했다. 첫째, 이기심이 인간의 본질적 속성이 아니며 오히려 시장경제의 해독이 그만큼 크다는 점의 반증일 수 있다는 지적이다. 둘째, 전기 맑스와 후기 맑스로 구분하는 것은 불합리하다는 지적이다. 요컨대 물적 토대나 물질적 생활이 인간사회의 핵심 요소라는 점을 인정하면서 전기 맑스의 인간학만을 강조하는 것은 모순일 수 있다는 이야기였다.

이에 대해 선생은 추후 인터뷰 등을 통해 인간의 이기심이나 맑스의 단절에 대해 단정해서 말한 것이 아니라는 점, 맑스의 인간론을 이야기한 것이 아니라 사회주의적 구조결정론·사회환경론을 비판한 것이라는 점, 구조보다 선택 주체로서 지닌 인간의 기능과 가치를 인정해야 한다고 강조했다는 점, 맑스를 전·후기로 나눠 보자는 것이 아니라 당시 스탈린식의 생산력 조직방식이 효력을 상실했음을 지적했다는 점 등을 들어 반박했다. 사실 그는 중국과 러시아의 사회주의 혁명 이후에 대한 자신의 공부에 부족함이 있었음을 인정하면서 '사회주의 그후'를 성찰하고자 했다.

「**자유인이고자 한 끊임없는 노력**」은 1992년 3월에 한 전문매체에 기고한 독서의 중요성에 대한 글이다. 선생은 독서를 '자유인이 되고자 하는 염원에서 출발하는, 모든 사람의 자기창조 노력'이라고 규정한다. 그가 말하는 자유는 지성이고, 자유인이란 지적 노력으로 무지와 몽매와 미신의 굴레를 벗어던진 사람이다. 독서는 이러한 자유인으로 가는 도정의 '지적 식량'이다. 자유인으로 살기 위해서는 현실적이고 구체적인 삶에서 특정 전문적 기능을 획득 발휘하면서 동시에 높은 수준의 인류 보편의 교양과 문화 창조에 참여하거나 문화를 향유할 수 있어야 한다.

선생은 서양 역사에 등장하는 자유인의 표상으로 소크라테스, 코페르니쿠스, 갈릴레오 갈릴레이를 꼽았다. 자유인이 아니면 지식인이 될 수 없다. 지식인이란 자주적 정신과 양심에 의거하여 인류의 보편적 이상에 복무하는 '자유인'이기 때문이다. 선생이 온갖 핍박을 받으면서도 근 50년간 치열하게 언론활동을 할 수 있었던 것은 자유인으로서 '자유'를 행사하려는 의지(김종철) 때문이었다. 리영희에게 자유는 양도할 수 없는 가장 중요한 권리이고 자유가 없는 노예의 삶은 죽음보다 못한 것이었다.

「**강요된 권위와 언론자유: 베트남전쟁을 중심으로**」는 1971년 『문학과지성』에 기고한 선생의 대표적인 평론 중 하나다. 냉전이데올로기에 맞설 수 있는 언론의 자유와 언론인, 지식인의 사회적 책무를 역설하는 이 글은 내용과 방법 모든 면에서 리영희식 글쓰기의 '전범'이라 할 수 있다. 선생은 특히 미국에서 벌어지고 있는 베트남전쟁 관련 논란을 소개하면서 동시에 베트남 사태에 빗대어서 '대한민국'이라는 나라와 사회, 언론과 지식인을 비판하고자 했다.

200자 원고지 218매에 이르는 긴 분량의 이 글은 '우화(寓話)─법적 구조와 정치의 내적 정신─국가권력과 이성─두가지 언론형─관리가 된 지성인─국가이익: 지배자의 논리─밀리터리 멘털리티─현실론과 현실주의─매카시즘의 결과─냉전의식의 자기기만성─냉전용어의 반지성성─희화(戲畫) 2제(題)─권력과 언론' 순으로 내용을 전개하고 있다. 이 글을 보면 베트남, 미 제국주의, 매카시즘, 군부와 냉전, 냉전용어 청소, 언론의 타락, 지식인의 기회주의 등 이후 선생이 평생 글로 싸울 모든 주제를 제시하고 있는 듯하다.

사실 이 글은 이후 선생 글쓰기 인생의 '출사표'였다. 서두에 인용하는 이솝우화 벌거벗은 임금님 이야기는 선생 평생의 화두가 된다. 그는 '펜타곤 문서'를 전세계에 폭로한 대니얼 엘즈버그를 보면서 지식인의 이러한 용기있는 행동이 냉전과 반공이데올로기가 지배하는 광기의 사회를 바로잡을 수 있는 '이성'이라는 사실을 새삼 확인한다.

「기자 풍토 종횡기」는 『창조』 1971년 10월호에 실린 글로 한국 언론과 언론인의 부패타락상의 근원과 문제점을 풍자적으로 비판한다. 1971년 10월 합동통신 외신부장에서 해직되기 직전 자신이 소속되어 있는 기자 사회에 '작정하고' 메스를 들이댄 것이다. 중간 제목을 보면 핵심 주장을 알 수 있다. '누가 먼저 돌로 치랴 — 소속 계층에 대한 착각 — 권력 측 발표 그대로 보도 — 약자에게만 강한 건 '깡패' — '척지'(尺志, 규모가 큰 촌지) 횡납과 포커판 — 특파원 기사, 천편일률 — 수습기자 때보다 퇴보하는 지성 — 조건반사적 토끼들'로 이어진다. 시작부터 준엄하다.

　　오늘날 모든 가치가 전도되고 단떼의 연옥(煉獄)을 연상케 하는 이 사회에서 생존하는 기자라면, 기자 풍토를 논하기 위해 돌을 쳐들어도 먼저 자기의 머리를 치지 않고서는 한줄의 글도 쓰지 못한다는 것을 뼈저리게 느끼기 때문이다. (436면)

지금보다는 덜하겠지만 10월유신 직전 대한민국 기자사회는 썩어도 너무 썩은 상태였다. 사회의 목탁 운운하며 선배기자들의 타락과 민중에 대한 배반을 규탄하던 수습기자 시절의 목소리가 기어들어가는 것은 시간문제다. 이후 '홍경래 기자'는 밀려나고 '이완용 기자'만 남아 '가진 자' 입장에서 모든 것을 기사화하게 된다.

한국의 기자집단을 '이완용 기자'류와 '홍경래 기자'류로 대비하고, 언론인은 없고 '언롱인(言弄人)'만 남았다는 비판은 통렬하다. 기자사회의 부패와 타락은 그 사회의 비판기능의 정지를 의미한다. 권력과 자본의 담론과 획일주의만 판치는 '침묵의 공화국'이 강요되고 권력집단은 끝없는 부패의 나락으로 떨어지게 마련이다.

이 글은 부패하고 타락하여 권력에 기생하고 약자에게는 군림하며 돈이나 뜯어내고 갈수록 지성은 퇴보하여 '조건반사적 토끼'가 된 기자 군상 이야기다. '기레기'의 원조들의 풍경을 잘 보여준다. 기자의 타락은 기자들만의 문제로 끝나지 않는다. 50년이 지난 현재, 한국 언론은 전세계 주요 국가 중에서 5년 연속 언론신뢰도 최하위를 기록하고 있다.

"기자가 마련하지 못한 것을 민중이 스스로 쟁취하려 하고 있다."
(451면)

「남북문제에 대한 한국 언론의 문제」는 1997년 문화방송 통일문제연구소에서 펴낸 『분단국 통합과 방송』에 실린 글이다. 한국 언론의 고질병이라 할 수 있는 냉전이데올로기에 대한 비판을 바탕으로 남북화해와 평화통일을 위한 한국 언론 보도의 쇄신 방향을 제시하고 있다.

정직하게 고백하건대, 나는 남북 민족관계와 통일문제와 관련해서 우리나라 매스컴에 거의 절망적인 심정이다. (452면)

글머리에 던진 말이다. 우리 신문사나 방송사 할 것 없이 한국 매스컴은 언론, 언론인, 언론기관이라고 말하기 민망할 정도로 무지하고 반지성적이며 태만하고 자신만의 이익을 추구하는 '선출되지 않은 권력'이 되었다. 이런 언론기관이 스스로 개과천선할 가능성이 크지 않다는 사실을 모를 리는 없지만, 선생은 희망을 가지고 남북관계 개선을 위해 성찰해야 할 사항을 제시하는 것으로 마무리한다. 냉전의식, 광적 반공사상, 맹목적 애국주의, 동일 사실에 대한 이중적 판단기준, 남북 대립을 부추기는 습성과 같은 구시대 잔재는 버리고 문제의 역사적 배경에 대한 이해, 인과관계의 구조, 상대방 입장에 한번 서보는 마음, 미국의 국가이기주의와 패권주의, 동·서독 통일 과정에서의 언론의 역할 등을 고민해보라는 것이다.

선생의 생각은 지금도 유효하다. 특히 최근 남북관계가 경색되는 상황에서 더욱 절실하게 와 닿는다.

최영묵

1
상고이유서

본적: 서울특별시 동대문구 이문동 318-3
주소: 서울특별시 성동구 화양동 16-64
성명: 이영희
연령: 1929년 12월 2일생(49세)
적용법령: 반공법

사실적 사항

이 사람은 애당초 본인의 저서에 대한 반공법의 기소가 부당하며, 그후 제1심, 제2심의 판결이 승복할 수 없는 것이라고 믿는 까닭에 상고했습니다. 이제 상고의 이유를 저서 집필에서 제2심 판결까지의 각 단계에 대한 간략한 사실적(事實的) 사항과 종합적 견해의 두 부분으로 나누어 기술하겠습니다.

먼저,

(1) 집필, 저술의 동기·목적 등에 대하여

(2) 집필, 저작 과정, 내용, 구성, 성격에 대하여

(3) 경찰, 검찰의 조사·조서에 대하여

(4) 하급심의 판결 및 과정에 대하여

* 이 글은 1977년 『우상과 이성』 『8억인과의 대화』 필화사건으로 구속됐을 당시 리영희 교수가 대법원에 낸 상고이유서다. 독자의 이해를 돕기 위해 원래의 상고이유서에는 없는 제목들을 편의상 나누어 붙였다.

이상에 대한 간략한 사실사항이 끝나면 각 항목의 사실에 관한 본인의 견해와 이 사건에 대한 입장과 주장을 종합적으로 진술하도록 허용해주십시오. 본 피고인은 법률을 전공한 학자가 아니며, 한 사람의 선량한 시민으로서 평소에 법을 개의(介意)하고 살지도 않은 까닭에 법률에 대한 지식이 없습니다. 따라서 본인은 상고이유의 순수한 법률 측면은, 본인의 이 상고이유를 보완할 변호인(복수)의 그것을 원용(援用)합니다.

본건은 300페이지가 넘는 저서 2권, 그 속에 수록된 약 50편의 글이 관련되어 있는 까닭에 공소장과 판결문이 긴 만큼 이 상고이유서도 다소 길어지겠습니다. 부득이한 일이오니 양해하여주시기 바랍니다.

집필동기, 목적 등에 대하여

본인은 1957년부터 71년까지 신문사·통신사의 외교담당 기자로서 그리고 외신부장으로서, 주로 동북아지역 특히 중국(공)을 주요소로 하는 지역정치 문제를 연구했고, 1972년 한양대학교로 직을 옮긴 후부터는 동대학교 부설 '중소문제연구소' 창설을 도와 상임 연구위원(교수직 겸임)으로 중공연구에 종사해왔습니다. 한국전쟁을 거친 직후 정치·사상적 조건의 특이성으로 인하여 모두 중공연구를 위험시하고 기피하던 1957년부터 77년에 구속되기까지 22년 동안 중공을 학문적·시사적 연구 대상으로 하는 생활을 해왔습니다. 중공을 연구하기 시작한 동기는, 본인이 1950년 한국전쟁 발발과 동시에 국군에 입대하여 57년에 예편하기까지 7년간의 절반인 3년 반을 최전방에서 중공군과 전투한 시기의 전쟁경험이었습니다. 중공연구는 예편과 동시에 직을 택한 언론계에서 실무적으로, 그리고 대학연구소에서는 학문·이론적으로 계속하게 된 것입니다.

20년간의 중국 연구 과정에서 날이 갈수록 절감되는 것이 있었습니다. 그것은 이 나라의 일반 대중은 두말할 것도 없고 대학에서는 대학생 심지어 교수들까지 그리고 지도적 사회계층의 지식인들이 중공에 대하여, 전문가적 입장에서 볼 때 전적으로 허구이거나 왜곡된, 아니면 비현실적이고 비과학적인 인식을 갖고 있다는 사실입니다. 중국 땅에서의 정치·군사·문화적 상황 발전과 변화가 한반도에 작용한 역사적 사실은 새삼스럽게 강조할 필요조차 없겠습니다. 옛 중국의 역성혁명과 왕조의 교체 하나만 들더라도 그것이 이 땅의 왕조와 민중에게 정치적인 영향을 미쳤던 것은 이 민족의 쓰라린 역사적 경험으로 남아 있습니다. 한국과 중국의 그와 같은 지정학적·문화적·전통적 상호작용 관계는, 중국 본토에 공산정권 생활양식이 확립되었다고 해도 조금도 변함이 없으리라는 것은, 우리 민족 생존의 기본적 상식에 속하는 사실입니다. 6·25전쟁에서의 중국의 정치·군사적 개입은 지난 2500년간 수없이 반복된 중국 민족의 간섭(또는 교섭)관계가 20세기의 오늘에서도, 그리고 예상할 수 있는 상당한 장래에 걸쳐서도 한·중 양 민족과 국가 사이에 어떤 형식이건 접촉관계가 불가피하다는 것을 말해주는 것입니다. 싫건 좋건 우리의 주관적 입장과 희망과는 상관없이 그 상호작용은 필연적일 것입니다. 이 인식은 정권과 국민 일반, 지도적 계층이나 서민에게 자기보호의 한 생존본능처럼 뿌리깊이 인식되어 있는 사실입니다.

그럼에도 불구하고 중국 본토에서의 변화 과정과 오늘의 현실 상태에 대해 이 나라는 지식인도 무식인도 없는 한결같이 몽매하고 무지한 실정입니다. 단순히 아는 바가 없어 지식적으로 백지상태이고 반응양식(反應樣式)에서 중립적이라면 이제부터라도 객관적이고 현실적이며 진실에 입각한 합리적 관찰·비판·판단·평가를 위한 지적 작업을 시작함에 아무런 저해요인이 안 될 것입니다. 그런데 현실은 그렇지 않습니다. 중국에 관한 이 나라 국민의 일반적 지식은 상대방이 '공산주의'라는 단 한가지 이유로 취해진 정책적 억압·위험시·왜곡 때문에 30년간의 선입·고정관념으로 일그러져 있습니다. 일반적으로는 그러합니다. 조금 관심이 있다는 사람의 경우는 과대평가와 그에 따르는 장래의 공포감을, 어떤 사람은 과소평가와 장래에 대한 방심 및 소위 '중국부재론'에 이르기까지 극단적 반응으로 나타나고 있습니다. 이같은 극단론은 모든 다른 경우에도 그렇듯이, 중공을 대하는 태도에서도 근거도 없고, 그런 까닭에 위험스러운 것입니다. 진실은 그 어느 중간점에 있습니다. 그런데 이 진실은 그것이 정보(information)이건 지식이건 정치·사상적 이유로 우리 국민에게 거부되어왔습니다. 이 결과로 피해를 입는 것은 중공이 아니라 바로 대한민국의 정부와 국민이라고 본인은 확신합니다. 오늘날 이 사실을 부인하기에는 국제정세 전반 특히 동북아지역 정세는 너무도 옛날과 달라졌습니다. 이제는 중국에 대한 정확하고 균형 잡힌 과학적 인식능력을 배양하는 것이 국가와 민족의 안전 및 번영을 보장하는 중요한 길이라고 본인은 확신했습니다. 이 신념이 문제의 저서 『8억인과의 대화』를 편역 출판하게 된 동기입니다.

본인은 그와 같은 중요하고 긴급한 일을 함에 있어서 제일의적(第一義的)으로는 교수들과 대학생 그리고 이어 지식인 계층에게 정확한 중국 관계의 지식을 공급함으로써 그들의 고정관념을 씻고 몽매(蒙昧)의 눈을 뜨게 할 수 있기를 바랐던 것입니다. 그렇게 할 수 있다면 그것은 중국 연구가로서의 시대적 사명이라고 생각했습니다. 그럼으로써 중국에 대한 올바르고 통찰력 있는 국민적 창의력이 형성되도록 도울 수 있다면, 그것은 국가의 안보와 발전을 염원하는 한 시민으로서의 '나라 사랑의 길'이라고 생각했던 것입니다. 또 학자로서 자신이 연구·축적한 지식을 사회에 환원하는 것이 지식인으로서의 특혜에 대응하는 사회적 책임이라고 자부하고 있습니다. 이것이 『8억인과의 대화』를 편역하게 된 동기와 목적입니다.

다음 공소장에 제기된 사회비평 형식인 에세이 「농사꾼 임군에게 보내는 편지」와 「타나까 망언에 생각한다」 및 평론 「모택동의 교육사상」은 본인의 평론집 『우상과 이성』에 수록된 30편 가까운 평론·수필·논문 가운데 일부입니다.

그 글들은 지난 10년 동안에 여러 신문·평론지·잡지 등의 청탁에 응해서 집필·발표된 것입니다. 그 글들은 시간적으로나 주제로서나 또 내용상으로도 아무런 상호 관련성이 없이 그때그때의 요청에 의해 쓴 것들입니다. 이처럼 10년간에 걸친 각기 자기완결적인 글들을 다만 한권의 책으로 모았다는 것뿐이며, 집필의 목적 및 동기, 글의 내용에 일관된 맥락이 없습니다. 한마디로 말해서 그것들은 어떤 뜻에서나 어떤 의도에서도 하나의 목적이나 결론을 내기 위해서 엮어질 수 있는 성격의 글들이 아닙니다. 각지 단편적·자기완결적임을 강조해둡니다.

저서의 내용·구성·성격, 저자의 집필과 발간작업상의 조치에 대하여

이에 대한 기술(記述)에 앞서 한가지 부기해둘 일이 있습니다. 재판에 증거물로 제시되어 있는 2권의 책 『8억인과의 대화』와 『우상과 이성』은 본 상고이유서 작성을 위해서 본인이 참고할 수 있어야 할 것입니다. 그럼에도 불구하고 그 책들은 서울구치소의 서적영치(차입) 불허(不許) 결정 때문에 참고할 수 없는 채 본 상고이유서를 쓰게 되었습니다. 따라서 책 내용의 상세한 자료 인용이나 일자 등은 정확하지 않을지도 모릅니다. 기억에 따라 기술함을 양해하여주시기 바랍니다.

『8억인과의 대화』는 본인 자신의 집필이 아니라, 저명한 서방세계 국가의 중공 연구가들과 인간 생활 각 분야에 걸친 세계적 최고권위자들의 중국 방문·시찰기를 선정, 번역·편집한 것입니다. 전기(前記) 제1항에서 기술한 바와 같이 본인의 동기와 목적이 학자적 양심과 학문적 능력의 한도 내에서 가장 정확하고 공정하며, 전문가와 권위자들의 세계에서 학구되고 현장적(現場的)으로 확인·논증된 중국에 관한 진실과 객관적 사실들을 '있는 그대로' 충실·정직하게 전달·소개하는 것을 기본 과제로 삼았습니다. 그에 따라 다음과 같은 구체적 원칙을 세웠으며, 집필의 각 단계와 전과정에서 어긋남이 없이 따랐습니다. 원칙에 따라서

① 글의 원저자는 서방국가 특히 한국의 우방국가 시민만을 선택했고 사회주의권의 시민은 제외했습니다.

② 그 필자들 속에서도 각기의 연구나 활동 분야에서 중공과의 개인적 이해관계가 없고 학자적 성실성에서 세계적 평가를 받는 사람만을 다시 추렸습니다.

③ 연구가적 공정성·성실성과 아울러 각기의 전공분야에서 세계적 최고 권위나 독특한 자격을 가진 사람만을 골랐습니다. 내용의 높은 수준 때문입니다.

④ 그 작업으로 축소 선택된 저자들 가운데 다시 영국 왕립중국연구원 원장 맥파커 박사처럼 우리나라 정부의 초청으로 내한한 일이 있는 학자를 우선하기로 했습니다. (그러나 정부가 공개적으로 초청한 중공 전문가는 많지 않아, 이 책에는 많이 수록할 수는 없었습니다.)

⑤ 이렇게 엄선된 필자와 저서 속에서 다시 글 내용의 학문적 수준·

비편파성·객관성·진실성 등에 대해 세계의 유수한 중국 연구 전문지들이 일치해서 높이 평가한 글들만을 최종적으로 결정했습니다.

⑥ 원저의 번역에서는 본인(편역자)의 주관적 견해나 원문과 우리말 사이의 번역 기술상의 편차(원뜻의 확대·축소·이탈 등)를 최대한으로 막기 위해서 원문대로 취사함이 없이 전문 완역을 했고, 거의 'word to word' 식으로 번역했습니다.

⑦ 이상과 같은 원칙적 주의를 다하고 나서, 이어서 각 편의 머리 부분에 필자, 원전 출처, 출판사 및 출판연월일, 시찰 시기와 목적, 그 여비(旅費)의 부담자, 방문자격, 발췌한 글의 성격, 글 전체 속의 위치, 학계의 평가, 읽을 때 유의할 일……을 참고자료로서, 본인이 입수할 수 있는 한도 내에서 상세하게 '편역자 주'로 부기했습니다.

이와 같은 상세한 주를 달아주기 위해 노력한 이유는 글의 전후관계·배경·수준 등, 이를 테면 원전(原典)의 '이력서'를 소개함으로써 독자가 자칫 천박하고 성급한 평가나 결론 같은 것을 내리지 않도록 경계하기 위해서였습니다.

⑧ 본인의 주관적 견해나 평가 및 입장 같은 것은 모두 배제했습니다. 다만, '편역자 주' 외에 독특한 중공사회의 용어나 논증적 사실·자료 등 우리 독자들의 이해에 필요한 간략한 해설 메모를 각주 형식으로 적어주는 데 그쳤습니다. 편역자가 원저 내용에 개입하지 않은 이유는, 그들의 글을 비평하기 위해서보다는 엄정한 기준에 따른 높은 수준의 글을 소개하는 데 그치고, 더욱이 한국학자의 현 중국 연구 전반적인 수준이 이 책에 수록한 세계 최고급의 외국 중국 전문가들의 현지보고를 비판할 수준이 아니라는 학자적 양심에서입니다. 글 가운데 간혹 우리 독자들에게는 새롭거나 의외인 중공의 발전상·장점 같은 것이 있다 하더라

도 글의 전체 맥락에서 보면 권위자들의 평가와 판단답게 장단점, 밝음과 어두움, 웃음과 울음, 발전과 낙후 등의 예리한 비판으로 균형을 이루고 있습니다. 그러므로 원문에 대한 소아병적이고 비학문적인 삭제나 사족(蛇足)은 금기일뿐더러 불필요하다고 판단했기 때문입니다.

『우상과 이성』에 수록된 글들 중에서 검찰이 골라서 기소한 내용의 부분은, 본인이 과거 언론인으로서 사회의 비판적 직업 기능을 수행하고 있던 당시 현실비판 형식으로 집필·발표했던 것들입니다. 그밖에 한편은 한양대학 재직 중 중국 문제 연구가로서 중국 관계 글을 발표한 가운데 평론 내지 에세이식으로 쓴 한편입니다.

1971년 발표한 것을 위시하여 77년 것까지 8년간에 발표한 것들입니다. 그것들은 발표될 당시에 신문이면 신문 검열 당국이, 잡지면 잡지 검열 당국이 검열하여 문제될 것이 없기에 발표 후에도 아무런 말이 없었던 것입니다. 그와 같은 묵은 글들을 단행본으로 출판하고 싶다는 출판사 측의 요청에 응하여, 과거에 인쇄된 신문·잡지를 그대로 넘겨주어 한권의 책에 수록·발행된 것입니다. 각 권마다에 그 첫 발표연월과 발표지명이 밝혀져 있고, 글 내용의 성격 분류로 수필·단문·평론·논문 등으로 장이 나뉘어 있습니다. 이 책의 글들은 앞서의 『8억인과의 대화』와는 달리, 각기 독립된 가벼운 내용의 글이므로 글을 연결짓는 어떤 일관된 동기도 연관성도 목적도 없습니다.

「타나까 망언에 생각한다」는 1974년 『세대(世代)』지 4월호에 게재된 것으로, 타나까 일본 수상의 대한(對韓) 망언을 규탄 비판함과 동시에, 한국인 스스로의 자기반성을 촉구하면서 민족정기와 민족주체성을 확립해야 할 필요성을 우리 국민생활의 각 분야에 걸쳐서 검토 비판한 내용입니다. 「모택동의 교육사상」은 1976년 11월호 『대화』지에 게재된 평론으로서 '문화혁명'의 의미를 모택동의 교육사상의 측면에서 해명해달라는 『대화』의 요청으로 쓴 것입니다. 이 글 속에서 모택동에 대한 에드거 스노우의 인물평은 『8억인과의 대화』에 실은 스노우의 글에서 인용한 것입니다. 검찰은 『8억인과의 대화』의 신문 과정에서 그 글은 "문제될 것 없다"고 말하고 넘어갔던 것입니다. 「농사꾼 임군에게 보내는 편지」는 1976년(책이 없어 게재일 미상) 성남시(城南市) 소재 '가나안농군학교'의 도시산업 분야 중간 지도자 정신훈련 강습용의 토론·논의 재료로 쓰기 위한 청탁을 받고 집필하여, 동학교 기관지 『가나안』*에 발표되었던 것입니다. 김(이름 미상)목사**가 창설, 운영하는 이 '가나안농군학교'는 '막사이사이' 사회사업상을 받은 도시·농촌 개척자 양성기관입니다. 이 글이 필요했던 이유는 그 당시 동학교가 정부 관리를 포함한 각계의 많은 중간 지도자의 '정신 재교육' 과정을 실시하고 있었기 때문입니다. 도시산업 각 분야의 '새마을 지도자'인 이 피교육자를 위해 썼던 본인의 가벼운 글을, 2년이 지난 후에 '농민혁명을 선동했다'고 기소하는 것도 부당하거니와, 유력한 증인의 증언에도 불구하고 일, 이심(一二審)이 공소를 받아들인 것은 더욱이나 언어도단이 아닐 수 없습니다. 이 부분에 관해서 제1심의 심리기록을 특별히 주의해서 검토해주시기를 각별히 부탁드립니다. 기소장은 특히 이 글을 가지고 전후의 의미적·문장적 맥락을 무시하고 대목 대목을 끊어내어 연결시켜서 원문의 뜻과는 전연 무관할뿐더러, 심지어 정반대의 뜻으로 '결론'이라는 것을

* 정확하게는 『농민운동』이다.
** 정확하게는 김용기 장로다.

조작해냈습니다.

글을 읽는 상식에서 벗어남이 이에 더할 수가 없습니다. 계획적이고 악의적인 견강부회로써 기소문의 총결론을 삼고 있습니다. 이에 대한 하급법정들의 과오가 반드시 대법원의 고차적이고 공정한 판단으로 시정되기를 간절히 바라 마지않습니다.

조사기관의 신문·조사에 대하여

1977년 11월 23일, 아침 7시 30분경에 집에서 연행되어 25일 심야까지 3주야를 불면·속행으로 조서작성을 위한 신문이 계속되었습니다. 처음에는 미리 작성해놓은 것으로 보이는 대본(臺本)대로, 부르는 대로 '공산주의를 고무·찬양·동조했다'는 취지의 자술서를 받아쓰도록 요구했습니다. 본인은 "그런 용어도 아는 바 없고 글의 내용도 그렇지 않다"는 주장으로 이를 거절했습니다. 강요와 거부로 일주야가 지난 뒤, 그러면 본인의 의사대로 진술서인가를 써보라기에 앞에 기술한 제1항·제2항의 집필동기, 목적, 저서 내용, 원저자의 선택에 쏟은 세심하고 엄격한 원칙과 기준, 그리고 순수한 학구적 공헌욕(貢獻慾)에서 발행한 사실, 그리고 '고무·찬양·동조'와는 반대로 '나라 사랑'의 한 방법으로 객관적이고도 균형 잡힌 중국 소개에 불과하다는 진술서를 썼습니다. 조사관 백(白, 이름 미상)경위(警尉)는 그것을 상부에 가지고 갔다 오더니 "이것은 안 된다"고 말하고, 다시 미리 작성해둔 내용과 형식에 따라서 자필로 쓸 것을 요구했습니다. 이때에는 이미 계속적인 신문이 3일째가 되었고 한잠도 자지 못하고 의자에 앉아서 시달린 결과 정신적·육체적으로 그 이상 자기의식을 가질 수 없는 상태가 되었습니다.

그곳은 처음 본인의 거주지 관할인 성동경찰서에서 왔다고 가볍게 따라간 것과는 달리, 후에 알게 되었지만 치안본부 대간첩조사·공작의 '대공분실'이었습니다. 4명의 관리가 2명씩 교대로 감시하는 밀실에서의 분위기는 간첩 또는 그 협력자를 만들려는 듯한 무시무시하고 위협적인 것이었습니다. 본인은 반공사업에 누구 못지않게 찬동하는 시민이므로 연행에서부터 신문 과정까지 오히려 자발적으로 협조했습니다. 그런데도 육체적·물리적 피해는 안 받았습니다만 간첩이나 '공산주의자'로 '만들어져버릴 수'도 있다는 것을 알게 되었습니다. 지속된 긴장, 극도에 달한 정신·육체적 피로에다가 '조작될 수 있는 가능성의 공포'가 겹쳐 결국 사전 준비된 방향과 내용대로의 진술형식을 대체로 복사하지 않을 수 없었습니다. 이같이 해서 쓰여진 것이 세번째의 자술서이며, 그것이 경찰의 증거로 제시되어 있는 것입니다. 억압·위협적 분위기 속에서 인간적 저항의 힘을 상실한 상태에서 기계적으로 받아쓸 수밖에 없는 문서를 자의(自意)에 의한 것인 양 재판에 제시하고, 그것을 재판부는 그대로 받아들인다고 말했습니다. 이와 같은 재판에 본인은 승복할 수 없습니다.

다음은 소위 '고무·찬양' 운운의 해석기준에 관해서입니다. 조사관은 이에 관한 본인과의 논쟁이 벌어지자, 중공에서 사람들이 "밥을 먹고 살고 있다"는 웬만한 식생활의 현장묘사가 바로 고무·찬양이라고 단언했습니다. "대한민국의 교육 방침과 내용은 공산사회에서는 제대로 밥을 먹고 살 수 있다고 되어 있지 않다. 교과서 내용과 상위하는 것은 고무·찬양이 된다." 마찬가지로 모택동이나 그밖의 중공 지도자들의 "인간적 자질, 지도자적 능력을 인정하는 것"과 중공사회의 운영과 경제기구 및 활동이 "그런대로 잘 기능을 발휘하고 있다"는 평가와 묘사(갤브레이스의 말)도 모두 반공법의 고무·찬양이라고 시인하기를 강요했습니다. 소위 자술서에서 시인을 강요한 반공법 제4조 1항의 해석기준은 "공산사회·경제가 기능을 하고 있다는 것은 우리 국시관(國是觀)에 어긋나기 때문"이라는 것이었습니다. "정부가 국민에게 교육하는 내용 및 평가와 다른 것은 그 객관적 진실 여부는 문제가 안 된다. 진실 묘사 그 자체가 고무·찬양·동조의 행위가 된다", "모택동에게 인간적 자질, 지도자적 능력이 있다는 말이 고무·찬양이 아니고 뭐냐!"

  검찰(檢察) 신문에서도 마찬가지였습니다. 본인은 치안국 조사관의 그 기준은 부당하며 따라서 그 조서·자술서 들은 시인할 수 없다고 했지만 검사는 "객관적 진실은 문제가 아니다. 사실을 사실대로 기술·표현해도 반공법 위반이다"를 유일한 기준으로 고집했습니다. "반공법 조사는 검사가 위반이라고 하면 위반인 것이다. 당신은 법률을 모르지 않는가. 피의자의 주장은 판사 앞에서 하면 된다. 여기선 시인만 하는 것뿐이다"라고 하여 심문과 조서가 작성되었습니다. 본인이 주장하는 유리한 진술은 반공법 조서의 내용을 구성하는 요소가 아니며, 반공법 관계 조서의 작성 방법도 아니라고 검사는 일방적으로 거부했습니다. 검사는 조서의 맨 끝 장에 이르렀을 때, 본인이 정부의 대중공정책 작성 과정에서 자문적(諮問的) 협력을 한 사실과, 정부의 중공정보분석 목적을 위한 연구 역할을 담당한 사실 한가지만을 한두줄 적었을 뿐입니다. 이것은 그 조서의 공정성을 꾸미기 위한 의도적인 것으로 보입니다.

  치안본부와 검사는 본인의 반공법 위반 신문보다도 더 많은 시간을 '유신체제'에 대한 본인의 반대 입장과 태도에 대해 집중했습니다. 유신체제 반대자는 '공산당'이라는 정의로 진술서 작성을 유도했습니다. 또 검찰조서를 보면 나타날 일이지만, 정작 반공법 위반 조사는 1일에 1매 또는 고작해서 2매 쓰는 분량과 시간이었습니다. 20일간 오전 오후에 걸렸던 '검취(檢取)'는 실제로는 '유신체제' 반대의 추궁으로 시종했습니다. 유신 지지를 조건으로 하는 사건의 원만한 해결도 제시되었습니다. 반공법을 들고 나온 행정권력의 본인에 대한 조사행위의 진의가 과연 어디에 있는지를 짐작하고도 남는 노골적인 표현이었습니다.

실제로 조사담당 황(黃)검사는 신문 과정에서 "이교수가 반체제인사로 지목된 사람이 아니고 정부와 친한 관계였다면 이 책들도 문제가 되지는 않았을 것"이라고 분명히 말한 바 있습니다. 이와 관련된 더욱 구체적 사실들을 다음 항목에서 말씀드리겠습니다.

제1, 2심 심리와 판결에 대하여

저는 소송법상의 절차나 조문·법규 등은 모릅니다. 그러나 법조문에 앞서는 민주사회의 법적 통념과 일반적 상식의 차원에서조차 우선 제1심의 판결은 상궤(常軌)를 벗어난 것이라고 믿습니다. 2권의 저서 중 하나인 『우상과 이성』의 10년간에 걸친 글 중에서 문장의 뜻과 흐름의 맥락을 제멋대로 거두절미하여 연결, 엮어가지고 '모택동식 농민혁명을 책동했다'라는 최종 결론을 조작해낸 검사의 기소장은 길이가 14매, 자수(字數) 8286자의 장문입니다. 제1심 공판은 증인(2인)의 증언까지를 합쳐 11회인가 그 이상 걸렸습니다. 피고인 측의 진술과 증인 증언, 변론, 제출 자료 등 재판기록은 상당한 분량에 달합니다.

그런데 웃지 못할 일은 제1심 판결문의 '이유(판결이유)' 부분의 길이가 어쩌면 그렇게도 정확히 14매, 자수로서 8286자입니다. 십수회의 공판에서 7명의 변호인이 변호하고 2명의 피고인이 진술한 만 6개월간의 법적 자료에서 피고인 측이 자신에게 유리한 단 한가지의 사안(事案)도 제시하지 못한다는 말입니까. 국내 언론기관은 재갈을 물리어 있어 한마디도 보도하지 못했지만 외국 보도기관의 기사(법정취재)를 보아도 사실을 알 수 있습니다. 법정 안에 걸린 시계 같은 무생물을 묘사하라 해도 검사와 판사의 글짓기의 길이·표현·글자수가 꼭 같을 수는 없을 겁니다. 그런데 판결이유는 기소장에서 글자 하나, 마침표 하나, 말순서 하나 틀림없이 정확히 일치합니다. 진실로 경이적인 솜씨가 아닐 수 없습니다. 진실은 단순하고 간단합니다. 8286자의 그 복잡하고 많은 내용의 기소장을 한자의 고침도 없이 복사한 것입니다.

10여회의 심리를 담당한 판사가 언도공판(言渡公判)에서 형량만 말하고 판결이유는 말하지 않겠노라고 맺은 것이, 생각하면 당연하다 하겠습니다. 1만자에 가까운 기소장을 그대로 복사해놓고서야, 일말의 양식과 양심이 있는(또는 용기가 있는) 법관이라면, 그것을 수백명의 방청객이 지켜보는 앞에서 읽지는 못할 것이기 때문입니다. 제2심은 그 판결이유를 그대로 추인(追認)했습니다. 본인의 집필과 저서 속에서 그려내어 기소한 그런 표현·내용·묘사와 동일하거나 같은 뜻의 글들이 일간신문·잡지·방송 보도 기사로 보도되고 출판된 지 오래이며, 그 분량은 방대합니다. 심지어 『모택동』 제목하의 미국의 슈람(Schram) 교수 저서가 번역·출판되어 전국 서점에서 판매되고 있는 지 4년이 넘습니다. 그 내용은 본인의 두 책 특히 『8억인과의 대화』와 상당 부분이 중복되는 것입니다. 본인의 변호인단은 김상협(金相浹) 교수의 『모택동사상』을 비롯해서 그와 같은 내용을 입증하는 수많은 출판물을 자료로서 제출했습니다. 그럼에도 불구하고 동일한 내용의 글에도 상이한 법률 적용이 있다는 이른바 '이중(二重)의 법기준'을 목격했습니다.

경찰과 검찰에서의 신문 내용, 그 목적과 방향, 법원에서의 8286자의 판결문, 이중의 법기준…… 등을 종합할 때, 이 사건에 시종일관 정치적 의도, 적어도 법률 외적 동기가 작용하고 있다고 확신하는 이유를 수긍하시리라고 믿습니다. "당신이 반체제인사가 아니라 친정부적 교수였다면 이 저서들이 문제되지는 않았을 것이오"라는 검사의 언명은 그 확신을 더욱 확고히 해줍니다.

그의 말은 본인의 사건의 성격을 그 이상 분명히 할 수 없을 만큼 적나라하게 단적으로 밝혀준다고 생각합니다. 이것이 가려져야 할 핵심입니다.

이 모든 사실과 상황을 통해서 종합될 수 있는 것은, 이 재판의 판결이 사법부의 독립성과 법원의 권위 및 법관의 양심과 양립하기 어렵다는 논리적 귀결입니다. 이 사건의 전과정을 통해서 본인이나 수많은 방청객들이 도출하는 불가피한 결론은, 본인의 이 재판이 과연 법원과 법관에 의해서 주관 결정되는 것인지, 행정권력의 대리인에 의해서 주관 결정되는 것인지를 자신 있게 말할 수 없는 깊은 회의에 빠져버렸다는 불행입니다. 이 나라의 최고재판인 대법원에 기대하는 것은 오로지 국법의 존엄성을 믿고 있는 본인과 많은 선량한 시민이 품는 이 회의가 깨끗이 풀어지는 것이올시다.

또 재판부가 그대로 받아들인 기소 내용의 결론부는 이 나라에 모택동식 농민혁명을 선동했다는 것입니다. 법률에 깊은 지식은 없는 사람이지만 그런 것을 선동했다면, 반공법 4조 2항 정도의 대항조치로서가 아니라, 형법·국가보안법의 내란죄(음모·책동 등)가 훨씬 적절한 법률이라고 생각합니다. 설사 그렇다 가정하더라도 그 책동이 '고의적'이고 '직접적'이어서 내란적 범죄행위가 본인의 저서의 결과라는 책임이 구명·입증되지 않는 한 그런 결론과 판결은 증거화할 수 없다고 생각합니다. 그렇지 않습니까?

농민혁명이란 1930년대 또는 그후의 중국처럼 인구·산업·문화·정치의 구조가 어느 측면에서나 90퍼센트 이상 압도적으로 농민·농업·농촌적·전통적 사회에서만 가능한 것입니다. 이것은 세계정치사가 고증하고 있는 교과서적·초보적 지식입니다. 우리나라는 어떠합니까. 우리는 지금(또는 본인이 이 글을 집필한 1976년) 이미 중진 공업사회로 접어든 지도 상당한 시간이 지난 단계에 있습니다. 농민혁명 따위는 망상에 지나지 않는 선진사회 구조입니다. 모택동식 농업혁명을 낳게 한 조건은 우리나라의 이조 말기에 이미 통과했습니다.

　본인은 20년간 중국 문제를 공부해온 사람으로서, 중국 농업혁명의 가능조건과 현재 한국의 제반조건을 얘기하면서 과학적 근거와 이론을 들어가며 그런 백일몽 같은 글을 쓸 만큼 무지하지는 않음을 강조했습니다.

　이상의 모든 엄연한 사실에 아랑곳없이 재판부는 기소장을 한 글자의 수정도 없이 그대로 받아들였습니다. 이상으로써만 보더라고 1심, 2심 재판은 피고인의 정당하고 합법적인 입장과 권리와 이익을 전적으로 무시했음이 확실합니다.

　이상으로써 사실사항에 관한 진술을 마치겠습니다. 다음에 본인의 이 사건에 대한 종합적 견해를 진술하겠습니다. 주관적 의견의 일반론적 개진(開陳)의 형식을 취하겠습니다. 따라서 기술식(記述式) 평문체(平文體)를 사용하겠사오니 양해해주시기 바랍니다.

종합적 견해

무릇 한 시대 한 사회의 구성원이 그 사회를 지배하는 관념이나 사상 및 제도를 비판하거나, 전적으로는 동의하지 않는 입장을 취하기란 쉬운 일이 아니다. 우리는 모든 민족의 역사를 통해서 그와 같은 행위와 인간은 만행이거나 아니면 반대로 '진정한' 용기있는 자임을 잘 알고 있다. 한 사회를 지배하는 사상과 제도는 그 사회 지배세력의 이해관계를 주로 나타내는 것이다. 따라서 그들은 그 신념체계와 제도의 전부 또는 일부에 대해서 이의를 제기하는 자에게 언제나 물리적인 복종을 강요할 수 있는 권력체계를 장악하고 있다. 진정한 민주주의적 절차가 허용되지 않는 사회에서는 그것은 언제나 소수자의 권력이게 마련이다. 그 소수권력의 이익을 위한 '특수주의 이데올로기'에 대한, 다수를 위한 '보편주의 이데올로기'를 가진 자는 언제나 이 물리적 형벌을 각오하지 않고서는 사고(思考)도 행동도 할 수 없다.

그렇지만 인류사의 전과정을 볼 때 역사는 지배세력과 피지배 대중, 지배적 가치관과 마이너리티적 이상주의, 정통과 '이단'…… 등의 모순·갈등·대립관계가 인간의 창조적 진보와 행복의 영역을 부단히 확대하고 심화해가는 원동력이었음을 가르쳐준다. 여기에 마이너리티의 입장, 비주류의 문제의식, 권력에 의해 '공인'된 '제도적 사상'에 대한 반(反)권력 측의 '이단'적 개혁사상의 존재가치가 있다. 한 사회 속에서 그 두 입장이나 사상은 상호 반발·배척하는 가운데 새로운 통일과 발전적 고양을 구현하는 '협력자'인 것이다. 그 양자(兩者)는 협력적 상대자(partner)이지 적(enemy)이 아니다. 이 사상과, 그것을 지속적으로 또 점차적으로 효능화시키는 제도와 생활양식이 민주주의임을 우리는 상식으로 알고 있다.

국민을 소외시키는 반공법

이 원칙에 적용해볼 때 반공법과 그 적용 방법에는 중대한 문제점이 있다는 것을 이번 사건을 통해서 발견했다. 그에 대한 교정이 이루어지지 않는다면 반공법은 그 입법정신과 목적을 배반하여 이 나라의 시민과 사회 전반 그리고 마침내는 국가·민족의 창조적 발전에 거대한 장애 요소가 될지도 모른다는 우려를 하게 되었다. 이것이 본인의 책 2권에 대한 반공법의 기소와 재판의 1년간 과정을 통해서 얻은 결론이다. 그러므로 자유롭고 창의적 인간이기를 원하며, 동시에 이 나라의 국가적 안녕과 발전을 충심으로 걱정하고 갈망하는, 나라를 사랑하는 한 시민으로서, 그 우려되는 바가 아무리 오늘의 지배적 관념과 상충하는 일이 있더라도 그 위험을 지적하지 않을 수 없다.

민주주의 사회에서는 "집단에 대한 봉사는 단 한가지 방법이 있을 따름이며, 그 관념과 방법은 지도자와 정부 및 관료들이 결정하는 것이다"라는 철학을 절대로 받아들일 수 없다.

조사·심문 과정에서는 반공법과 그 규제 대상의 내용은 정부의 통일 견해로 정해진 것이며, 검사나 조사관이 '반공법 위반이다' 하면 위반인 것이지 일절 반대·비판을 제기하지 말라는 것이다. 이같이 해서 일단 기소된 사건에 대해 법원과 법관이 어느 만큼의 독자성과 양심으로 처리할 수 있을지 의심스럽다. 앞서의 사실사항에서 상세하게 지적했듯이, 법원과 법관은 8천여자의 기소장의 글자 하나, 마침표 하나에 손도 대지 못했다. 그 과정, 배경, 절차적 상황은 충분히 설명되었다고 생각한다.

그렇다면 지금 반공법은 집권자에 의해 '신성불가침'하고 '절대적'인 규범임을 넘어 하나의 '종교'가 되었다는 뜻이 아닌가?

　그 어떤 반대와 비판과 회의조차 일절 허용하지 않고 오직 복종이 있을 뿐이라면 그것은 법률이기보다는 종교라고 함이 적절하리라 생각한다. 종교는 인간이 지구상에서 충족할 수 없는 깊은 욕구, 이를테면 영생이나 자연의 위협으로부터의 해방 그리고 죽음의 공포 등 인간적 약점을 토대로 인간이 창안해낸 것이다. 인간의 자기보호의 필요성의 산물인 것이다. 신(神)을 어떻게 규정하느냐는 어려운 문제지만, 약한 인간이 자기보호와 이룩할 수 없는 욕구를 위해 초인간적·초자연적 신을 숭상하게 된 것이다. 그런데 인간 능력의 산물인 신은 절대화되고 추상화되어버림으로써 인간에게서 독립하여 그 자체로서 존재하게 된다. 그 결과, 앞에서 인간의 절대복종이라는 '인간소외' 현상이 생겨난다. 즉 인간(또는 사회·국가)이 자기보호를 위한 수단으로 창제(創制)해낸 것이 거꾸로 제도화되고 추상화된다. '절대적 존재'가 됨으로써 인간과 사회를 지배하게 되는 것이다.

　우상화되고 또 권위가 부여됨으로써 주물(呪物)적 마력을 발휘하게 되면, 종교나 관념이나 법률이나 제도나 이데올로기……는 그 창조자인 인간(사회·국가)을 거꾸로 지배해버리게 된다. 이로부터 인간성(주체·창조성)의 회복이 절실한 과제로 제기되는 것이 현대의 인간고(人間苦)다. 반공법은 민주주의 이념·제도·관념·생활양식, 즉 시민의 다양한 개성·사상의 발전원리 및 설득에 의한 사회질서…… 등 가치를, 그를 부정하는 것으로 이해되는 공산주의로부터 보호하려는 목적으로 생겨난 법률로 이해한다. 무조건 복종이 아니라 이성적(최소한 합리적) 판단을 장려하고 '다수' 견해에 못지않게 '소수' 견해도 존중·보호하는 사회를 위한 수단으로서 제정된 것이 반공법이라고 국민들은 알고 있다.

중공문제에 대한 의견에서는 북한간첩 문제를 주 임무로 하는 대공반 경찰관에 못지않게, 7년간을 공산군과 싸운 예비역 소령이고 20년간 중공 문제를 연구한 교수의 견해도 존중되고 보호돼야 하지 않겠는가.

'내란을 선동'하는 것과는 거리가 먼 사회비판적 에세이를, 사회와 나라가 잘되기를 원하는 나라 사랑의 한 방법으로 지식인들에게 농촌과 농민을 생각하자고 쓴 글을 반공법으로 처벌한다면, 반공법은 그것으로써 시민과 사회와 국가를 소외시킨 존재가 되는 것이다.

권력이 공인한 궤도(軌道)와 범주의 고정적 가치체계 속에서만 나라를 사랑할 수 있다고 한다면 그것은 전체 국민을 소외시킨 것이다. 국가제도의 이데올로기만이 용인되는 사회라면 그것이 바로 공산주의 사회와 다를 것이 무엇인가? 특수주의 이데올로기가 지배하는 사회에서는 정치적 반대자의 애국심은 그 표현과 실천의 기회를 상실하고 말 것이다. 이것이 반공법의 기능일 수는 없다. 관용과 '상대적 권리'의 개념으로 지켜져야 할 사회질서는 오직 권력자의 강제수단에 의해서만 유지될 것이다.

이것은 중세 유럽의 기독교(교회)가 미신적 '종교과학'(그릇된 확신)으로 그 많은 위대한 두뇌와 정신을 말살하려 했던 헛된 노력을 연상시킨다. 마찬가지로 자기가 생각하는 애국의 방법만이 유일한 나라 사랑이라고 애국심을 '독점'하는 '정치적 종교'는 진심으로 나라의 발전을 위해서 지식과 몸을 바치고자 하는 사람을 소외시키게 마련이다.

반공법은 민주사회 건설을 위한 조건과 수단이고, 그 목적은 창의적 시민을 길러 관용과 상대주의의 폭넓은 가치관을 설득과 이해로써 통합하는 민주사회를 건설하려던 것인데, 그것이 현재와 같이 운용된다면 마치 종교의 한 형태처럼 '인간소외'의 공인체제가 되어버릴까 염려스럽다.

반공법을 진정 변화하는 내외정세에 부응해서 본래의 의도대로의 '국민의 법률'로 만들기 위해 다음과 같이 제안한다. 즉 신앙화된 것을 '비(非)신앙화'할 것, '절대화'된 것을 '상대화'할 것, 특수주의 이데올로기로 '신성불가침'화된 것을 비판 대상의 영역으로까지 '격하'할 것 등이다. 그럼으로써 잃을 것은 지성과 애국심을 소외시켜온 억압과 공포감이요, 얻을 것은 인간 지성의 개화(開花)와 명랑한 민주사회의 구현이다. 비판과 반대는 지지와 독단만큼 민주사회·민주적 개인을 기르는 영양제다.

법집행 관리의 지적 수준

다음으로 그 운용의 개선에 관해 제언하고자 한다. 결론적으로 말해서 '진실'이 '반국가' '비(非)애국'으로 배격되고, 거꾸로 허위·허구·왜곡이 '합법'과 '애국'으로 조장되는 일이 있어서는 안 될 것이다.

앞에서 누누이 언급했듯이, 행정권력의 대행 관리들은 '중공(또는 이른바 적성국가)에 관해서는 사실이나 진실이라도 반공법 위반이다'라는 뜻의 '유권적(有權的) 법해석'을 고집하고 있다. 그 구체적 기준으로, 밥을 먹고 살고 있다는 것, 지도자가 민중의 지지를 받고 있다는 것, 경제와 사회적 기능이 발휘되고 있다는 것…… 등이다.

백보를 양보하여 그것이 북한에 대해서의 반공법 적용 기준이라면, 그 나름의 어느정도 강변(强辯)을 허용할 수 있는 상황적 여지를 생각할 수도 있겠다. 중공에게 그래봐야 무슨 정치적·사상적 이득이 있다는 말인지 이해할 수가 없는 것이다.

미국경제학회 회장이 상해(上海)에는 뉴욕시보다 양적으로 많은 의료시설이 있다고 보고한 대목이 끝까지 문제되었다. 갤브레이스 박사의 그 기행문에 대해서 '그럴 수가 없다'는 것이 조사 검사의 '고무·찬양론'의 근거였다. 그런 원저의 보고에 대해서는 '그렇지 않다'는 뜻의 편역자의 주석을 붙여야 하며, 그랬으면 '반공법으로 걸리지 않았을 것'이라는 것이었다. 『8억인과의 대화』속의 모든 글에 '사실이 아니다' '사실과 다르다'는 편역자의 가필(加筆)·삭제(削除)·단서(但書)·변명(辨明)······ 등을 하라는 법률강의를 들었다.

세계 최선진 경제대국의 '경제학회 회장'이 직접 시찰하고 확인하고 쓴 보고서를 한국인이 서울에 앉아서 '아니다'라고 해야 합법적이라는 논리는 기상천외로만 들린다. 미국인 자신이 미국인의 이해와 견지와 현지(現地)적 증거에 입각해서 그렇게 말하는 것을 한국인이 미국인보다 더 흥분하고 앞장서서 부정해야 할 절박한 이유는 무엇인가? 그야말로 '미국인보다 더 미국인적'인 한국인이 돼야 한다는 말인지 모르겠다. 학자와 학문적 연구, 타인의 학문적 저술에 대한 근거 없는 삭제·가필 등의 행위가 학문사회에서 어떤 의미를 가지는가쯤은 이해하는 법 운용이기를 간절히 바랄 뿐이다. 반공법의 이름으로 이런 행위가 강요된다는 것이 바로 문제점이다.

이런 경험은 법집행 관리들의 지적(知的) 수준의 문제와도 관계되므로 행정부는 그 면도 배려하면 폐단을 어느정도는 배제할 수 있을 것으로 생각한다. 법관의 경우도 마찬가지일 것이다. 왜냐하면 취조 검사는 중공에 관한 책을 읽기는 본인의 『8억인과의 대화』가 처음이라고 실토했다. '배우는 바가 많았다'면서, 그래서 반공법을 다루는 공안부 검사들에게 압수한 『8억인과의 대화』 20여부를 한부씩 나누어 읽기를 권했다는 말이었다. 본인으로서는 과외의 영광인 셈이지만, 그 말로 미루어 공안부 검사의 중공 지식이 직접 보고 듣고 연구한 미국경제학회 회장보다 못하리라는 것은 추측하기 어렵지 않다. 그런 지식으로 국내 문제나 북한 관계 문제도 아닌 중공에 관한 일에 반공법의 칼을 휘두르는 것이 얼마나 위험스러운 일이겠는가를 생각해볼 필요가 있다.

반공법을 다룬다는 이 검사는 또 압수한 책에 관한 신문 과정에서 『자본론』에 이르자 그 저자가 누구냐고 묻는 것이었다. 반공법을 다룸에 있어 검사의 말이 '유권적'이라고 하는 처지에 『자본론』이 어떤 저서이며, 그 저자가 누구인지도 모른다면, 중공(또는 문제에 따라서는 어떤 나라에 관해서건) 생활상의 지극히 구체적인 사실(이를테면 상해시의 환자 수용능력, 침대수)에 관해, 그 수가 얼마면 고무·찬양이 되고 얼마(어떤 수치)면 아니라고 판정할 자격이 있는 것일까? 결국은 그런 (지적) 상태에서는 모든 진실과 사실을 부정하는 것으로써 반공법 해석의 기준으로 삼으려 하는 것도 무리가 아니다.

지식욕과 국민의 알 권리

지식욕은 인간 본능이다. 이 생산적인 본능을 한 시대의 지배세력이 어떻게 방향 짓고 어떻게 대처했는가의 형태에 따라서 그 민족 그 국가의 인류 문화 속에서의 지위와 가치가 결정되었음을 우리는 알고 있다. 현대 국가의 중요한 기능과 소임은 그 구성원의 과학적 인식능력을 적극 보호·육성하는 것이다. 오늘의 중국 인민이 '굶고 있다'는 것으로 된, 반공법에 따르는 교과서로 교육받은 우리의 제2세들의 인식능력을 상상해보라. 그래가지고서는 세계의 많은 민족과 국민이 치열하게 겨루는 진보의 경쟁에서 존경받는 인간형을 양성하기는 어려운 일이다.

그런 세계관으로 자란 시민과 국민은 인류의 문화발전에 아무런 기여도 할 수 없을 것이다. 일그러진 방침과 내용의 교육에서 어떻게 개방적이며 창의적인 인간이 태어날 수 있겠는가? 강대하고 발전하는 이웃나라 사람들이 '밥을 먹는다' 하면 형(刑)을 살게 하는 그런 법률을 고치거나, 아니면 그 기준이 된다는 국민교육 교과서를 고치거나 해야 할 일이다. 나라의 장래를 위해서는 그들을 모두 고쳐야 하리라고 생각한다.

이 상고이유서를 여기까지 쓰다가 눈을 돌려 본 서울구치소의 얼룩진 벽에는 '대통령 박정희'의 이름으로 된 「교육헌장」이 붙어 있다. 잠시 손을 멈추고 읽어보니,

(…) 성실한 마음과 튼튼한 몸으로 학문과 기술을 배우고 익히며 타고난 저마다의 소질을 개발하고 우리의 처지를 약진의 발판으로 삼아 창조의 힘과 개척의 정신을 기른다. (…)

'창조의 힘과 개척의 정신'은 곧 나라 안팎의 진실과 새로운 지식을 '있는 그대로'의 내용과 상태로 받아들일 수 있는 조건에서만 실현될 수 있는 미덕이다. 진실과 사실을 허위로 제시하거나, 허위와 조작을 진실로 가르치는 교육과 법에서는 '창조의 힘과 개척의 정신'은 육성되지 못한다. 그런 고귀한 정신의 소유자도 나올 수가 없음은 당연하다.

국민이 내외의 진실을 아는 것을 어째서 두려워해야 하는가? 넓은 세계적 시야를 가진 국민, 안팎의 진실을 통찰하고 있는 지식인, 자국과 타국의 장·단점을 허심탄회하게 관찰·비교할 줄 아는 자각된 대중, 그것을 통해서 자기성찰을 할 줄 아는 의식 높은 개인…… 이것은 정부나 집권세력의 명예다. 두려워해야 할 존재는 결코 아니다.

이 사람은 "우리나라 교육 방침과 교과서 내용이 그렇게 되어 있으니까"라고 고무·찬양의 근거를 제시한 그 조사관리가 「교육헌장」을 욕되게 하지 않기를 바란다. 남·북한 관계와 현 정치정세, 그밖의 각종 '정치적 이유'를 들어 억압의 필요성을 '애국'의 이름으로 강조하는 사람들도 있었다. 개인적으로는 십분 이해할 수도 있는 애국심의 발로다. 그렇지만 그런 생각에 대해서는, 미국의 정치가·학자·외교관·교육자로서 코넬대학 창설자의 한 사람이며 동대학 초대총장이던 앤드루 디킨스 화이트 박사가 참으로 적절한 경고를 한 것이 기억난다. 그의 말의 '종교'를 정치·국가·집단·권력·권력자 또는 소수 특수주의적 이데올로기…… 등으로 바꾸어놓고 읽으면 된다.

종교를 보호하기 위한 것이라는 생각에서 과학(지식·학문)에 가해진 간섭은, 그것이 아무리 양심적인 동기에서 나온 것이라 하더라도 근대의 역사 전체를 통해서 종교와 과학 쌍방에게 다 같이 참을 수 없는 불행한 결과를 초래하는 것으로 끝났다. 그것도 예외없이 말이다(진한 글씨는 원전에서 인용). 이와는 반대로 모든 자유스러운 지적 탐구는, 그것이 어느 단계에서는 한때 종교에 대해서 위험스러운 것으로 비치는 일이 있다 해도 끝내는 예외없이(진한 글씨는 원전에서 인용) 종교와 과학의 양쪽에 최선의 결과를 선사했다.

다음은, 그렇다면 국민은 어느 시기에 이르면 내외의 여러가지 사실과 진상을 알 권리를 인정받을 것인가 하는 데 문제가 미친다. 조사 과정에서 되풀이 논쟁의 씨가 된 것은 "그런 것은 대중에게 알릴 단계와 시기가 아니다"라는 견해였다. 국민은 중국의 진실에 대해서(같은 논리로 외부세계의 진실에 대해서) 지성적으로 받아들일 만한 지적 수준이 아니라는 주장이다. 여기에는 몇가지 문제점이 있다. 소위 '현실주의자'임을 자랑스럽게 자처하는 일부 학자나 지도자들은 "그것은 국민의 지적 수준이 향상된 후에 알아도 될 일이다. 지금 수준에서는 이상론에 불과하다"라는 주장을 '시기상조'론의 근거로 삼고 있음을 볼 수 있다. 본인의 심문에서도 그것이 한 판단기준이 되었다. 이런 주장을 하는 사람들은 어느 임의(任意)의 순간에서의 '현실'이 사실은 '역사적 현실'임을 알지 못한다. 1978년 11월 21일의 우리나라 대중이 그와 같은 지적 훈련이 되어 있지 못하다면, 그것은 해방 이후 32년 동안 교조주의적 반공정책으로 대중의 사상적·지적 훈련을 금지·억제해온 역사적 결과인 것이다. 물질적이건 정신적이건 존재하는 것은 모두 역사적이고 사회적인 것이다.

사상·정치이론의 영역에서 중공이건 무엇이건, 우리 국민 일반이 그것들을 "소화할 수 없는" 수준이라고 가정해보자. 그렇다고 하더라도 국민 일반의 생물학적 뇌조직이 열등한 것도 아니며, 모두가 후천적으로 인식기능에 장애를 일으킨 것도 아닐 것이다. 그렇다면 국민의 '지적 소화능력'이 생래적으로 지도자들이나 관료들보다 열등하다는 논리는 별로 설득력이 없다 할 것이다. 유일한 답변은 지난 50여년간 그와 같은 기회가 봉쇄되고 박탈되었던 '역사적 결과'로 보아야 하지 않겠는가. 언론·출판의 자유와 권리의 문제만 나오면 반드시 시기상조의 이유를 국민의 소화능력 미개발에서 찾으려는 것은 "현실주의" 같으면서 사실은 엄청난 '비현실적'인 것이다.

"국민이 무식하니까 이교수의 책을 읽혀서는 안 된다"면, 이 순간부터라도 국민의 지적 소화능력을 향상·강화하기 위한 사상적 관용정책을 채택해야 할 것이다. 그 실천이 이르면 이를수록 국민의 사상적 깊이와 폭은 그만큼 빨리 향상될 것이다. 그러지 않고서 국민을 책(責)하는 것만으로 문제를 회피할 수 있다고 생각한다면 우리 국민은 지적·사상적 저개발 상태에서 언제까지나 구제되지 못할 것이다. 그런 사고방식이 반공법을 지배하는 한 10년 후에도 50년 후에도 『8억인과의 대화』 정도의 책이 '특수지식'으로 남게 될 것이다. 이보다 더 큰 국민의 불행이 어디에 있겠는가. 그것은 바로 정부와 지도자의 불행이기도 하다. 언제까지나 자기 문제를 자기 능력으로 해결할 줄 모르는 대중을 다스려야 할 지도자가 불행하지 않고 어떻겠는가?

이 나라의 지도층을 자처하는 사람들은, 국민대중을 그토록 긴 세월 '지적 무능력자'로 처박아둔 정치적·도의적 책임을 뼈저리게 느껴야 할 것이다. 그들이 대중의 지적 혜택의 수혜자가 아니라면.

지식의 사회적 본성

문제는 여기서 끝나지 않는다. 반공법의 현재의 운용은 지식의 사회적 본성을 '비사회화'하려는 강한 경향이 있다. 심문 과정에서의 관리의 관심으로 보아 본인은 다음의 이유에서도 반공법 위반이 되었다. 즉 "그와 같은 연구는 연구실 안에서나 하라는 것인데, 그 결과를 연구실 밖으로 전하거나 책으로 출판하니까 문제다." 검사의 '위법기준론'의 후반부는 "그런 지식은 훗날 정부가 필요로 할 때 정책 자료로 쓰이기 위해서 이용돼야 할 것"이라는 것이었다.

현대지식의 어떤 것은, (기술도 포함해서) 정치단위인 국가의 이익과 직결되어 있다. 국경을 벗어나면 국익에 반하는 용도에 쓰일 가능성이 있는 그런 것들이다. 작게는 산업지식의 그런 것처럼. 정부의 통일적 견해를 대표한다는 그 반공법 담당검사의 지식관은 이런 것이다. 즉 지식이란 어떤 것이건 '정부의 필요'를 자격의 제1요건으로 한다는 의미다. 다음으로 지식이라는 것은 본질적으로 만인(萬人)에 의해서 요구되는 것이고 만인의 행복의 조건이 되는 정신적 보화(寶貨)인데도 불구하고, 그것을 개인이나 한 연구소 또는 정부가 독점할 수 있는 '이기적 소유물'로 간주하는 관념이다.

지식이란 그 본성으로서 느닷없이 어느 한 개인에 의해 아무런 앞뒤의 연관성 없이 착상되고 발표되는 그런 생산물이 아니다. 한 두뇌의 지식적 부가가치는 그에 앞서는 일련의 많은 지적 노력의 릴레이식 발전의 토대 위에서 이루어지는 것이 보통이다. 그 발전의 계보가 분명히 체계적인 것일 수도 있고 그렇지 않을 경우도 있다. 어느 경우이건 지식과 사상의 전체계를 어느 한 학자나 연구자가 무(無)에서 착상하여 그 완성까지 종결짓는 그런 마술은 불가능한 것이다. 장구한 시간의 흐름 속에서 수많은 두뇌의 뇌분비작용의 결과로서 지식이나 그 결집(結集) 형식인 저서·이론·사상 등은 이루어진다. 즉 지식이나 저술은 '역사적·사회적' 인간 정신의 산물이라는 이야기가 된다.

다른 각도에서 보아도 역시 그렇다. 지식탐구에 종사하는 사람은 동시대의 알고 모르는 많은 사람들의 정신적·물질적 협력을 받고 있다. 연구수단인 선행(先行)적 지식·기술을 학교교육과 선생을 통해서 습득했을 것이다. 호남평야의 어느 농부가 땀 흘려 가꾼 쌀과 고기를 먹고, 청계천 다락방의 여공의 손을 거친 옷을 입고, 강원도의 지하갱에서 광부가 캐낸 석탄을 피우는 연구실에 앉아 프랑스의 저명한 학자의 논문을 참고 삼는 가운데 지식은 생산되는 것이다. 그 지적 생산물은 필연적으로 '역사적'이고 '사회적'인 성격을 타고난다. 그것을 돈으로 사고

팔 수 있는 독점물로 보는 것은 잘못이다. 하나의 지식에 도움을 준 농부·광부·여공·제본공……의 모든 동시대적 동포에게 그 지식의 혜택은 돌려져야 하는 것이다. 이것이 지식의 '사회성'이라는 것이고, 그것을 만인에게 돌리는 행위가 '지식의 사회적 환원'이라는 것이다. 이 역사성·사회성을 인식하지 못하는 데서 학문과 지식은 어용(御用)화된다. 『8억인과의 대화』가 연구실 안으로 퇴장할 것이 아니라 국민 일반에게 널리 읽혀야 할 이유가 여기에 있다.

'정부의 허가와 소요(所要)'만이, 지식이 개인 두뇌와 연구소에서 나올 수 있는 조건이라는 관료적 사고가 지식과 교수와 지식인 전반의 '어용'화를 초래한 것이다. 그런 가치관이 반공법이라는 권력적 공인을 받음으로써 국민 일반의 지성적 향상은 저지되는 것이다. 지적·정신적 소산은 사회에 환원되어야 한다. 지식인은 자신의 성장에 기여한 무명(無名)의 대중을 자기와 같은 수준의 지적·정신적 기쁨에까지 끌어올리기 위해 글을 쓰고 발표하고 출판하는 것을 사명으로 삼아야 한다. 본인의 저서들이 설사 반공법에 위반(검사의 기준으로 하면)되었다 하더라도 본인의 지식이 사회에 환원되어야 한다는 믿음에는 아무런 변함도 없다.

반공법이, 대한민국의 기밀(機密)을 출판·유포하는 행위를 방지하려는 것이 아니라 외부세계의 정보(information), 그것도 오늘날 세계의 공통적 상식이 되어 있는 '사실'과 '진실'을 국민이 아는 것을 억제하기 위해서 이용된다면 건전한 상식으로서는 도저히 이해할 수 없는 일이다. 지식과 정보란 예나 지금이나 인간 상호간·민족간·국가간의 교류를 통해서 인류의 발전을 촉구하는 매개물이다. 중공의 그것이라고 해서 예외일 수는 없다. 어느 민족, 어느 국가, 어느 사상체계건 그 자신만

으로 자기충족·자기완결적일 수는 없는 법이다. 그렇게 전능한 개인·
민족·국가는 과거에도 없었고 지금도 없고 영원히 없을 것이다. 지식의
접촉과 교류를 거부하는 개인·정부·국가·민족은 정신적으로 침체에
빠지며 인류 문화에 아무런 기여도 하지 못하는 존재가 된다.

금세기에 들어와 급속한 현대화를 이룩하려는 후진국가들은 경제
사회적 분야에서 연차적 '몇개년〔何個年〕 경제사회 개발계획'을 중요
한 전략적 수단으로 채택하고 있다. 이른바 '5개년 경제계획' 같은 것이
다. 이것은 본시 공산주의 소연방에서 레닌과 그 후계자들이 창안·시
도했던 것임을 모르는 사람은 없다. 우리나라도 벌써 제5차 경제개발 5
개년 계획을 마치는 가운데 '중진국가' 대열에 들어선다고 자랑하고 있
지 않은가? 계획경제를 수단으로 채택한 나라의 정부나 지도자가 그 발
상지(發祥地)의 호적조사(戶籍調査)를 한다는 말을 들어본 적이 없다. 그
것은 이미 인류 공동의 지적 재산이 되었다. 자본주의적 시장경제 이론
의 일부를 공산주의 체코슬로바키아가 채택하고 있고, 공산주의 동독
에서 일반화한 플라스틱 차체(車體)는 우리의 남·북한 관계와 같은 서
독에서 시험되고 있다. 대한민국의 주관적 소망이야 어떻든 소련·중국
등을 위시한 공산권 세계나 국가가 가까운 장래에 지구상에서 소멸될
것처럼 보이지는 않는다. 미국과 자본주의권 국가들은 이런 인식하에
서 앞을 다투어 공산체계·국가와의 공존(共存)관념을 발전시키고 있음
을 본다. 중공에 대한 세계적 동태는 새삼 여기서 강조할 필요조차 없을
것이다. 이제는 중공에 관한(즉 공산권에 관한) 지식과 정보들을 반공
법과 견주어보지 않고서도 읽고 듣게 해도 무방할 만큼은 우리 국민의
반공의식이 굳다고 믿는다. 경제·사회·문화·정치·군사적 측면에서의
국민적 자신도 충실하다고 나는 확신한다. 만약 그렇지 않다면 '세계적

인 기적'을 이룩했다고 정부가 주장하는 조국 근대화, 중화학공업화, 중진국화, 국민 생활수준의 극적 향상, 100억 달러 수출, 국민소득 4000달러…… 등등의 자랑은 거짓이거나 속임수란 말인가? 그럴 수는 없다. 결코 그렇지는 않을 것을 믿는다. 그렇다면 국민의 자신감을 좀더 신뢰해도 좋을 만한 조건 성숙은 되었다고 생각한다. 이만한 성장을 한 사회에서 상해시의 의료시설 운운의 보고가 아직도 반공법 위반이니 "적성국 찬양·고무·동조"니 하는 말은 우습지 않을까?

반공법의 현(現) 운용은 이 나라 국민의 진취성을 병들게 하는 것이다. 국민도 개인과 마찬가지로 다른 국민의 성취·업적과의 비교·반성을 통해서 자기성장의 계기로 삼는다. 남의 우수함을 수용하고, 자신의 부족과 결점은 남의 경험을 거울삼아 개선해나가는 데 국가와 민족의 비약의 길이 있다. 만약 상해 시 병원의 환자 병상수가 많거나 의료시설이 좋다면 우리는 그것을 시기하거나 부정하는 것으로 자기기만을 일삼지 말고, 우리의 의료시설 개선·충실화를 위한 계기로 삼으면 되는 것이 아닌가? 그것이 진취성이라는 것이다. 진취적 국민은 무한한 수용 능력을 기를 것이지 남의 장점과 성취에 눈을 감는 패배주의·자기기만적이어서는 안 된다. 반공법의 운용, 사실은 그 법의 4조 2항 자체가 패배주의의 표현이라고 생각한다.

검사는 말했다. "1967년까지는 북한의 공업·경제 등이 남한보다 앞서 있었기 때문에 북한에 관한 사실도 반공법으로 금지해야 했다"고. 그러나 지금 그 수준은 우리가 월등 우세해졌다는 말까지 그는 덧붙였다. 사실 이 말은 중요한 핵심이 된다. 여태까지 이 상고이유서에서 그 법과 운용에 관해 많은 의견을 진술했지만, 그 법이 어떤 법이며, 어떻게, 왜 그렇게 운용되고 있는지는 이 검사가 스스로 설명해준 셈이다.

즉 어느 한 시점까지의 국가적 패배주의의 표현이라고 말할 수 있을 것이다. 그 검사 말대로 또 정부와 국민의 지난 십수년간의 노력의 결과로 이제는 패배주의는 사라지고 자신감이 넘치고 있다. 단편적 지식·정보에 대해서까지 반공법으로 방패 삼을 시기와 상황은 아니라고 생각한다. 진취적인 나라를 위해 반공법의 운용방식에 대전환이 있어야 할 것이다.

막스 베버가 평생에 저술한 40여권의 책 가운데 한국에 관해 언급한 것이 꼭 한 군데 있다. 그의 유작(遺作) 『사회경제사』 제5편이다. (그의 저서를 빠짐없이 섭렵하지 못했으니 장담할 수 없지만 다른 교수들의 견해도 그러했다.) 불과 5, 6행에 불과한 이 한국 민족에 관한 평은, 한국 지배계급(그는 구한말을 지적)이 외부세계의 상이(相異)한 문화와 사상 및 변화·발전을 요사시(妖邪視)하고, 그것이 국민에게 '전염'될 것을 두려워해서 법으로 탄압하는 반동적 자세를 취한 까닭에 마침내 세계사조 문명에 뒤떨어져 망국(亡國)의 비운을 맛보게 되었다는 요지의 짧은 글이다. 남의 나라의 학자에게서 지적받을 필요도 없이 너무도 쓰라린 우리 자신의 민족적 경험이다. 이 과거의 민족적 비운(悲運)은 오늘의 법의 운용에 진취적으로 반영될 때 비로소 교훈적 가치가 있다.

이중기준의 법 적용과 판사의 경향성

법의 운영에 차별이 없어야 함은 민주사회의 기본적 법원칙이다. 동일한 가벌(可罰) 내용에는 동일한 법적 대응이 있다는 생활적 상식이 있기에 우리는 그것을 기준으로 사회생활을 하고 있다. 그럼에도 불구하고 본 사건은 그 정신과 원칙에 위배되는 이중 삼중 기준의 선택적이며 자의(恣意)적인 차별을 받았다.

먼저 『8억인과의 대화』에 대해서 말한다면, 우리나라에는 중국 연구소가 많지는 않지만 그런 대로 지난 약 10년 동안 해마다 몇권 정도의 중공 관계 저술이 출판되었다. 그 저서·논문·보고·토의록……들은 취급한 주제는 다를지 모른다. 그러나 현대중국을 다룬 점에서는 "중국인민은 밥을 먹고 살고 있다"는 현장묘사를 반공법 4조 2항의 고무·찬양·동조로 판정하는 검찰과 법원의 기준에서 본다면 그 어느 하나도 반공법에 위반되지 않는 것이 없다. 이것은 같은 분야의 연구가로서 그 내용들을 읽고 알고 있는 까닭에 단언할 수가 있다.

사실사항(事實事項) 관계에서 이미 언급했듯이, 이 나라에는 현재 미국인 교수 슈람 박사가 지은 『모택동』(김동식金東式 옮김)이 4년째 공공연히 전국 서점에서 판매되고 있다. 그 내용은 『8억인과의 대화』의 내용과 상당한 분량이 중복되고, 실질적으로 또는 유사한 표현·평가·판단이 들어 있다. 이것만이 아니지만 한 실례로 들 뿐이다. 그밖에 중공에 관한 (국내)신문·잡지·방송의 기사는 방대한 양에 달하며 그것들을 모두 모은다면 대(大)도서관에 넘칠 것이다.

본인과 변호인단은 그 사실을 입증하기에 부족함이 없을 만한 분량의 세심하게 수집되고 분류된 증거자료를 법정에 제출했다. 그러나 아무 소용이 없었다. 심지어 『모택동』은 그 역자가 군(軍) 관계 민간인 교관이라 '보안사령부'의 (검열) 출판허가까지 얻어서 발행된 것이다. 반공법적 규제권한에서 경찰, 검사, 중앙정보부와 보안사령부는 대동소이한 것으로 알고 있다. 『8억인과의 대화』와 많은 내용이 같다는 것은 이 사람 자신이 그 번역자를 위해서 국내 신문에 서평을 써준 것으로도 알 수 있다. 그런데 제2심은 그 사실을 인정하기를 회피했다.

(판결문은 말했다) "(…) 위 주장(피고인과 변호인들의)과 같이 슈람의 저서인 『모택동』이 이미 국내에서 번역 출판되었고, 『우상과 이성』에 실린 글들은 이미 국내에서도 각종 정기간행물에 게재되었던 것으로, 이들을 그대로 한데 묶어 위 책자로 발행한 사실 등은 일전 기록에 의하여 인정되나, 『8억인과의 대화』에 실은 글의 내용이 위 적시된 글들의 내용과 유사하다고 단정할 수 없고, 또한 위에 든 사실들만을 가지고 피고인에게 있어 그 행위가 법령에 의하여 범죄가 되지 아니한다고 오인함에 정당한 사유가 된다고 단정할 수 없으므로 위 첫째 주장은 이유 없고 (…)"

이 사람은 중국 연구가의 한 사람으로서 슈람의 저서 같은 것이 이처럼 행정부·군·사법부의 승인을 받게 되는 것을 기뻐할 뿐이다. 다만 비전문가인 판사가 아니라 같은 분야를 전공하는 연구가의 눈에 동일 또는 '유사한 내용'으로 인정되는 글이라면 다른 사람의 책에 있을 경우에도 행정권력기관과 법원은 마찬가지로 관대하기를 바라는 것이다.

이 사건의 재판은 또 하나의 걱정거리를 드러내주었다. 반공법을 다루는 판사의 경향성이다. 행정권력에 대한 경향성이다. 제2심 재판장은 『8억인과의 대화』의 피고인들에 대해, 슈람의 『모택동』 번역 출판처럼 "정부기관에 왜 '사전검열'을 받으려고 생각 안 했느냐?"고 물었다. 헌법에도 법률에도 없는 '사전검열'은 행정권력의 횡포(불법적 권리 남용)가 아닌가? 그런데 헌법에 엄연히 규정되어 있는 학문과 출판의 자유(권리)를 행사하려는 시민에게, 그 권리와 자유의 보호자여야 할 사법부의 법관이 "어째서 사전검열을 받으려고 하지 않았느냐"는 것은 단순한 문제가 아니다. '사전검열'을 스스로 청해나간다는 것은 시민에게 법적 권리와 민주주의적 자유를 자진해서 포기하라는 권고와 다를 것이 있을까? 본인의 사건은 이런 법 관념의 재판장에 의해서 결론지어졌다. 무릇 어떤 제도, 어떤 사회에서나 시민의 권리·자유에 대응하는 국가권력은 강력하고 조직적인 제어장치가 없는 한(있을 경우조차), 무한정으로 비대화하려는 속성을 가지고 있다. 이 경향과 실례는 선진 민주주의 국가들에서 정치·사회적 과제로 대두되고 있음을 본다. 국가권력과 시민의 자유·권리가, 권력의 분명한 정당성이 없이 대체로 균형 있는 대립을 했을 때는 법은 마땅히 시민의 권리를 편들어야 한다는 것이 민주사회의 법정신인 줄 안다. 하물며 시민의 권리가 압도적으로 열세한 경우에서랴. 행정권력을 편드는 재판의 문제점이다. 사실 이 사건의 1, 2심을 거치는 공판의 현장에서 언제나 느낀 것은, 판사에게서 재판을 받고 있는지 검사에게서 재판을 받고 있는지 분간하기 어려운 심정의 착잡함이었다.

현대판 이단재판소

다음의 문제로 옮겨간다. 이해(理解)의 편리를 위해 다음과 같은 가상을 해보자. 어떤 사람의 긴 생애에서 국민학교 때의 글짓기 연습장에서 김(金)자를, 중학교 때 물리 노트에서 일(日)자를, 고등학교 시절의 연애편지에서 성(成)자를 그리고 대학 졸업논문 속에서 만(萬)자 등을 골라낸다. 그것을 이으면 '김일성 운운'이 될 것이다. 한 사람의 긴 생활 속에서 아무런 연관성도 없는, 쓰인 그 당시에 그 자체로서 자기완결적인 글과 글자를 들추어 연결하면 우리는 만들고 싶은 어떤 문장도 원하는 대로 만들어낼 수 있다. 그것으로 상(賞)도 줄 수 있고 벌(罰)도 줄 수 있을 것이다. 본인의 사건과 관련된 핵심적인 이야기를 하기 위해서다.

『우상과 이성』에 관해서는 전혀 부연할 필요가 없을 정도로 내용은 명명백백하다. 1971년부터 77년까지 아무런 상호 연관성 없이 써서 발표한 30편의 글 속에서 머리 자르고 꽁지 잘라 한 구절씩 엮어가지고 "(…)라고 결론을 내려, 결국 노동자·농민·영세민 들이 자기들을 위한 정치·사회제도를 가지기 위해서는 우리나라의 현 정치·사회제도를 유지하고 있는 정치인·기업가들·지식인들을 타도하는 길밖에 없다는, 즉 노동자·농민·영세민 들을 주축으로 하는 혁명을 해야 한다고 선동함과 동시에 농민 중심의 모택동의 공산혁명 사상을 은연중 찬양 고무하여 중공의 활동을 찬양 고무했다"라고 공소장의 결론으로 삼고 있다.

이것은 그대로 판결문(의 결론)이 되어 있기도 한 것이다. 이 얼마나 얼토당토않은 문장의 악의적 조작인가. 문제의 「농사꾼 임군에게 보내는 편지」라는 글은 신변잡화를 줄거리로 삼아 사회비평을 겸한 가벼운 에세이다. 시종일관하는 주의(主意)도 없고 더군다나 '결론' 따위는 애당초 이 글의 목적이 아니다.

부처님, 이 나라를 굽어보소서! 이 나라에는 법적으로는 출판검열 제도가 없는 것으로 되어 있다. 그렇지만 모든 정기간행물과 출판물이 '당국'의 검열을 받고 있음은 지식인 사회에서는 주지의 사실이다. 그것은 사전검열이 아니라 사후적인 것으로 안다. 재판관 자신이 사전검열을 왜 받으려 하지 않았는가를 물은 것도 정부의 눈이 항시 출판물 위에 빛나고 있음을 뜻하는 것이다.

그렇다면 1974년 4월에 검열되어 나간 「타나까 망언에 생각한다」와 76년 말의 「모택동의 교육사상」, 그리고 같은 해의 「농사꾼 임군에게 보내는 편지」가 단순히 한 책 속에 묶여 나왔다는 변화만으로 갑자기 고무·찬양이 되고 '농민혁명' 선동이 되는 것일까? 아무리 생각해도 알

수 없는 일이다. 해묵은 낡은 것을 추려내어가지고 반공법으로 엮는 의
도 속에 무언가 음흉한 것을 느끼게 한다. 어째서 형벌을 받는지를 납득
할 수 있게끔 좀 투명하고 솔직하면 좋겠다. 다음은 바로 그 문제에 관
해서다.

제1심 판사는 판결의 자리에서 다음과 같은 '판결이유'를 말하였다.

이 사건에 대해서는 그동안 여러차례 걸친 심리 과정에서 두 피고
인은 충분한 소명을 했다고 생각합니다. 피고인들의 그 충분한 주장
과 변론에 대해서 이 자리에서 판결의 이유를 말하지는 않겠습니다.
(그리고 이·백 두 피고인에 대한 형량 언도.) 이 사건은 그 성격이 김
지하(金芝河) 사건, 한승헌(韓勝憲) 사건과 같아서 대법원이 두 사건에
유죄를 판결하고 있으므로 그 판례에 따라 유죄를 선고하는 것입니
다. 두분은 항소해서 잘되도록 하십시오.

시인 김지하 사건과 한승헌 변호사 사건은 이 사회에서 알 만한 사람
은 다 알고 있는 '불가사의'한 사건이다. 이 두 사람을 법의 이름으로 기
소하여 판결할 때까지의 과정·절차에서의 그 많은 말을 들으면 들을수
록 상식으로는 점점 더 알 수 없어지는 것이 이 두 사건이다.

"충분히 밝혀진 피고인들의 입장과 주장"을 10여회의 심리를 통해서
청취한 판사로서, 그 과정을 빠짐없이 지켜보고 들은 수많은 방청객들
이 빤히 보는 앞에서 검사의 기소장 14매, 8286자를 그래도 판결이유라
고 낭독하기는 거북했으리라고 생각한다.

또 "그런 성격의 사건"이란 것이 문제다. 재판은 그에 대해 개운한 해
답을 하지 못한 채 지나가고 말았다. 아무런 죄상(罪狀)의 지적도 설명

도 없이 "대법원 판결이 유죄니까 유죄"라는 것도 고통을 당하는 피고인의 입장에서는 석연치 않은 판결형식이다. 재판장도 딱히 밝히기를 꺼리는 듯한 불투명한 '그런 성격'의 재판 결과 피고인은 유죄가 되고, 몇해를 형무소에서 살아야 하며, 나오면 전과자 그것도 '반공국가'에서 '반공법' 전과자가 되는 것이다.

이 불투명한 판결이유를 들으면서 이 사람은, 중세 유럽세계의 불가침의 권위였던 로마교황이 이단재판소에서 교황의 금기를 건드린 지동설(地動說)의 갈릴레오에게 내린 명쾌하고 확신에 찬 판결문을 생각했다.

태양이 우주의 중심이며 지구의 주위를 회전하지 않는다는 제1의 명제는 신학적으로 우매(愚昧), 불합리 및 허구며, 명백히 성서에 반하는 까닭에 이단이다. 또 지구는 우주의 중심이 아니며 태양의 주위를 돌고 있다는 명제는 철학적으로는 불합리하고 허구이며, 신학적 견지에서는 적어도 올바른 신앙에 반한다.

적어도 이 정도의 조리 있고 확신에 찬, 이론적이고 철학적 구명(究明)을 다한 나머지의 판결이라면, 어떤 피고인에게도 불만은 없을 것이다. 그것은 지금으로부터 360년 전인 (서기) 1615년, 이단심문소의 지하실에서 내려진 선고다. 360년 후의 우리 재판이 여기서 한점의 진전도 없이 '대법원의 유죄판결이 있으니 유죄'라고 끝난다면 피고인은 다만 하늘(天)을 우러러볼 따름이다. 악명 높은 그 이단심문법정도 '그런 성격의 사건'이라는 말로 얼버무리지는 않았다. 우리 국민이 사법부와 법관에게 거는 최후의 기대는 그 간절함이 눈물겨울 정도다. 반공법에 의한 '이단'을 이 사회에 가득 채우는 일에 협력하는 사법부와 법관이 안

되기를 바라는 마음에서도 이 사건에 대한 대법원의 주체적·독립적 자세와 슬기로운 판단이 요청되는 것이다. 대단히 유감스러운 일이지만 다소라도 정치적 성격이거나 정부의 이해관계 또는 체면에 관련된 사건의 재판에서 법원과 법관이 얼마나 독립적일 수 있느냐 하는 문제도 생각해볼 만하다.

'통치행위'론의 위험성

"반공법 조서는 검사의 질문에 '예' 하는 것이 그 내용이 되며, 피해자의 주장이나 해명은 판사 앞에서 하라"고 잡아뗀 검사는 이런 말을 했다. "'유신헌법'이 발표되었을 당시에는 검사들은 긍정과 부정이 반반이었고 판사들은 압도적으로 부정적이었다. 그러나 그로부터 몇해가 지난 현재에는, 유신체제를 적극 지지하는 검사는 약 80퍼센트인 데 비하여 판사는 90퍼센트 이상이라고 말할 수 있을 정도다—" 이런 분석이었다.

이 말은 여러가지로 들린다. 검찰에서 기소만 하면 유신체제 비판 내지 반대자는 재판을 하나마나 하다는 뜻일 수도 있고, 검사가 80퍼센트의 형량을 생각하면 판사는 90퍼센트의 벌을 생각할 것이 틀림없다는 뜻일 수도 있다. 8286자의 기소장을 복사한 채로 판결이유로 내놓는 판사나 그것을 그대로 추인하는 상급 재판장을 보면서, 본인은 그 검사의 말을 되새겨보았다. 모를 일이다. 법률은 사회적 상황의 산물이라고 한다. 피고인들과 변호인들은, 법률이라는 것은 제정 당시의 환경이 변하면 그 정도에 따라서 법의 폐기·수정 또는 적어도 운용상의 변화가 있어야 한다는 당연한 사실을 법정에서 강조했다. 반공법이 제정된 지 20년이 되려는 그 사이에 국내외 조건의 급격하고도 광범위한 변화상을 낱낱이 지적했다. 중국인의 일상적인 생활양태를 주로 묘사한 내용인 『8억인과의 대화』를 다룸에 그와 같은 주·객관적 상황변화를 참작해야 한다는 뜻의 법률론이 변호인들에게서 제기된 것은 당연하다. 법정은 이를 거부했다. 그 이유는 정부가 그동안 주·객관적 상황변화에(대해서) 대응한 조처들은 모두 '통치행위'이기 때문이라는 것이다. 들어보자.

(…) 둘째, 우리나라 정부가 국내외 정세 변화에 적절히 대처하기 위해 대외적으로 위 주장과 같은 여러가지 새로운 조처를 취했음은 공지의 사실에 속하는 바이나 이는 법원의 판단 대상이 될 수 없는 일종의 통치행위에 속하는 것으로서 형법 제20조 소정의 사회상규와 동일시할 수 없음은 설명을 요하지 않는 것이니, 설령 피고인의 행위가 중공을 있는 그대로 소개함으로써 위 조처에 어느정도 부응한 결과를 가져왔다 하여도, 이를 가지고 사회상규에 부합하는 행위라고 단정할 수 없고 달리 위 주장을 인정할 자료가 없으므로 (…) 이에 대한 주장은 받아들이지 아니한다.

이 사람은 법률전공이 아닐뿐더러 법률해석학적·기술적 법률론을 운위할 깊은 소양은 가지지 못했다. 다만 '통치행위'란 법률적 개념이기에 앞서 정치(학)적 개념이므로 이에 대한 깊은 관심은 없을 수 없다. 이 용어와 개념은 특히 1930년대의 파쇼 초기시대에 나치 독일, 파쇼 이딸리아, 천황제 파쇼 군국주의 일본, 프랑꼬 총통 스페인…… 등 국가에서 법적 추궁을 배제하기 위해서 자주 쓰였음을 알고 있다. 파시즘체제의 집권자들이 그 절대적 독재권력을 기정사실화해가는 과정에서 취한 크고 작은 내외행위를 '통치행위'라고 강변했다. 법은 다만 그것이 법원의 판단 대상이 아니라는 것만으로 추인하고 묵인하는 사이에 파쇼 권력은 프랑켄슈타인이 됐던 역사를 우리는 안다.

본인의 재판 판결과 그 역사적 현상 사이에 유추할 내용은 없을 줄 안다. 그런 전제하에 말하더라도, '통치행위'라는 낱말이 구체적으로 사용되었던 것은 '7·4남북성명'과 그에 앞서는 이후락 중앙정보부장의 평양 방문, 북한 대표의 서울 왕래…… 등, 당시의 일련의 남북 정치외교 접촉에 대해서가 처음이었던 것으로 안다. 야당과 정계·언론계에서 그 정치적·헌법상 책임의 규명 문제가 논의되었을 때, 정부는 '통치행위'라는 한마디로 모든 논박과 비난을 침묵시켜버렸다. 그 합헌 여부가 헌법재판 형식으로 제청된 일도 없고, 정치적 '통치행위'에 해당할지도 모른다. 그러나 중공에 대한 접근 노력이라든지, 중화인민공화국의 국명호칭이라든지, 심지어 어부송환 등까지를 합친 외교행위들을 모두 '통치행위'의 개념이나 정의로 면책해버릴 수 있는 것인가는 아직 미제의 문제로 남아 있는 것으로 이해한다. 정치·외교적 행위라고 해서 행정부의 대외(對外)행위를 하급법원이 그렇게 간단하게 '통치행위'로 일괄처리(단정)할 수 있는지 의심스러운 일이다.

이와 관련해서 본인이 지적하고 싶은 것은 다음과 같은 우려다. 즉 검사가 정확하게 분석했듯이, 검사들보다 이 나라의 판사들이 훨씬 적극적인 '유신 경향'이라면(개인적으로는 자유지만) 지난 몇해처럼 정부와 정부의 정치적 조처가 법적 논란의 대상이 될 경우, 그와 관련이 있는 소송사건 또는 어떤 형태로건 정부 및 정책이 쟁점이 되고 있는 사건에서 법원은 으레 '통치행위' 이론으로 정부나 지도자를 면책하게 될지도 모른다는 가능성이다.

근거 없는 공론을 일삼으려는 것은 아니다. 그 가능성과 실례를 우리는 금세기의 파시즘 흥망사에서 아주 똑똑히 봐왔다. 독일의 나치체제는 국내적으로는 '아리안 민족의 우월성'이라는 신화로 각종 정치적 범죄행위를 자행하고, 밖으로는 '민족 생존권' 이론이라는 해괴한 것을 내세워 침략과 파괴의 야만행위를 정당화했다. 그 모든 범죄행위가 '통치행위'라는 법적 '재가(裁可)'로 정당화되었다. 이딸리아의 파시스트와 일제 군부가 역시 그러했다. 정부의 내외 정치·외교행위에 대해 '통치행위'의 성스러운 후광(後光)을 부여하는 일이 자칫하면 어떤 결과를 초래하는가를 역사에 물어보자는 것이다.

위에서 말한 파시즘 국가들에서도 각급 법관들은 민주주의 국가들의 직업적 동료들과 마찬가지로 어렵고 긴 수업 과정을 거쳐서 그 명예로운 의자에 앉은 것이다. 그렇지만 행정권력에서 독립적이어야 할 그들의 법관으로서의 지위와 기능은, 그들이 지배세력의 소위 '통치행위'를 합법화하고 법적 승인을 부여하는 과정에 정비례해서 약화되어갔다. 그 나라들에서 마침내는 사법부가 행정권력의 단순한 한 기관으로 전락해버린 사실도 우리는 알고 있다. 그러는 사이에 국가는 소수의 권력광(權力狂)들의 사유물화(私有物化)되고 말았다. 금세기 전반부에 괴물처럼 나타나 세계를 불바다로 만들고, 수천만의 인간을 무덤까지 동반해간 이들 파쇼체제가 법적 측면에서 남긴 교훈은 자못 귀중하다. 즉 권력자와 정부는 기회만 있으면 그 행위를 '통치행위'라는 신비스러운 주술(呪術)적 슬로건으로 법적 추궁을 무장해제하면서 기정사실화하려 한다는 것이다.

법의 임무는 바로 이와 같은 권력의 타락을 초기단계에서부터 방지하는 것이어야 할 것이다. 정치적 프랑켄슈타인은 법의 뚜껑을 열어주면 벌써 법을 삼키게 되는 것이다.

책을 출판하려는 학자와 출판사에게 권력의 '사전검열'을 자진해서 받았어야 할 것이라는 시민 권리관과 그의 판결이유의 '통치행위' 운운에서 금세기의 어두운 한 장면을 연상했다. 우리 자신과는 아무런 관련도 없는, 다만 남의 민족의 과거사일 뿐이기를 바라는 마음 간절하다. '통치행위'이기 때문에 처벌기각(處罰棄却) 사유 주장을 인정할 수 없다는 2심 결정에 대해 최고심의 현명한 판단을 고대하는 마음에서 이와 같이 기우(杞憂)의 일단을 표명했다.

지도층의 인식정지증

다음으로 반공법 위반 여부에 대한 판단은 좀더 높은 지적 수준에서 이루어져야 한다고 생각한다. 『8억인과의 대화』의 구절들을 중공에 대한 고무·찬양이라고 고집하는 검사의 판단근거는 다음과 같은 자기체험이었다.

당신이 전문가라고, 아무리 그렇지 않다고 하더라도 그럴 리가 없어요. 나는 6·25 때 열네살이었는데, 그때 중공군인들을 직접 보았어요. 그게 어디 사람 같았어? 똥뙤놈이야! 똥뙤놈! 25년이 지났다고 해서 똥뙤놈이 별수 있겠어?

자기의 14세 때의 경험과 인상을 근거로 하여 그 책은 '적성(敵性)계열의 찬양'이 틀림없게 되었고, 법원은 역시 14세의 (지적) 판단에 따라 유죄를 인정하는 것이다. 이론적·과학적 인식에서의 반론은 14세의 인식 정지증(停止症) 앞에서 모든 논리를 상실하고 말았다.

제2차대전이 끝나 패전 파시스트 일본의 점령군 책임자로 온 연합군 총사령관 맥아더 장군은 "일본인의 지적 인식능력은 아홉살 수준"이라고 평한 유명한 말이 있다. 일곱살 수준이라고 한 것 같기도 하다. 맥아더의 평은, 일본인 대중을 두고 한 것이 아니라 정상적 판단력으로서는 상상도 할 수 없는 무모하고 광적인 정치와 전쟁을 국민에게 강요했던 그 지도자를 두고 한 말이다. 이 점이 중요하다. 지도자와 그 관료·군 세력을 두고 한 말이다.

1억의 국민대중을 송두리째 아홉살의 지능적 '치매증' 환자로 만들어버린 것은, 악명 높은 '치안유지법'을 위시한 온갖 억압적 법률과 법체제로 국민의 지적 개발의 기회를 억압하고 그 권리를 박탈한 탓이다. 현대 세계정치사에서 일본의 지배세력만큼 옹졸하고 졸렬하고 편협하고 광신적이며 편집광(偏執狂)적인 집단은 찾아보기 힘들다. 야만적일 만큼 잔인하고, 자신과 자국(自國)을 외부세계의 실제적 현실에서 차단해놓고, 천황과 '국가'의 이름으로 국수주의적 애국심을 종교화(실제로 신또오神道라는 것이 이것이다)하여 모든 이의(異議)와 비판을 탄압했던 것이다. 물질적 기술 분야는 어느정도 발전은 했지만 지적·사상적·정신적 인간은 극도로 왜소화했다. 외부세계의 지식·사상·사실적 정보는 '비(非)국민'적 또는 '적성(敵性)'적이라는 낙인이 찍혔다. 천황을 신격화하여 그 권위를 이용해서 권력을 농단(壟斷)한 지배군부는, 그들 이익의 '특수주의' 이데올로기를 마치 보편주의 이데올로기인 양 스스로 착각하고 국민에게 강요했다. 그로 말미암은 국내의 누적되는 모순·긴장·부조리·불만이 폭발점에 이르게 되면 그것을 '위험사상'이니 '외부세력'의 책임으로 전가하는 수법을 썼다. 그러고도 국내정세의 안정과 해결이 어렵게 되자 국민의 시선과 관심을 밖으로 몰기 위해 주변 약소국가에 대한 군사적 간섭·침략을 꾸몄다. 그리고 그 대외적 모험을 애국주의로 숭배시키려고 시도했다. 그 첫 희생물이 한국 민족임을 우리는 잊어서는 안 될 것이다. 국민대중은 집권군부와 그 전위적 어용 지식분자들에 의해 독점된 매스컴의 허위선전에 속아, 50년에 걸친 국가 총파탄의 길로 몰려나갔다.

국민의 불만을 돌려, 집권세력에게 향하는 적개심을 '가상적(假想敵)'을 외부에 설정하는 것으로 배출시키는 것이 그 수법이었다. 이데올로기와 제도가 다른 미국·영국·중국 및 그밖의 민주적 국가들은 '적성계열'로 규정했다. 소위 모든 '적성국가'적 사상·지식·정보·습관·사고……를 '적성계열'의 '고무·찬양·동조'로 처벌했다. 국민 한 사람 한 사람을 온통 '밀고자'와 '상호감시자'로 만들었다. 일본 군부 지도자들에게 '적성국가' 나라들의 민주주의적 강점과 개인의 자유와 존엄은 전혀 국민들에게 알릴 수 없는 지식이었다. 그 '적성계열'의 국민은, 일본 군부 세력 같은 전제(專制)·무법(無法)적 권력에 대해서는 죽음으로 싸운 전통이 있다는 사실, 지도자들은 넓은 세계적 인식을 갖고 있으며, 국민들은 강요에 의해서가 아니라 자유로운 시민으로서 자발적으로 결속하고 있다는 장점, 그것은 다양한 가치관과 생활양식 및 토론과 설득으로 국민적 통합을 이룩한 결과라는 사실…… 이런 모든 것은 그들에게 있어 '적성'적인 지식이자 사상이며 정보였다.

이처럼 유치한 인식능력밖에 없는 지배세력과 그 하부 집행 대리 관료들의 인식수준은 이런 것이었다. "그 서양놈들, 중국 '짱꼴라'들, 내가 열네살 때 보았는데 그게 인간이야? 단결심도 없고 개인주의이고…… 형편없어. 지금인들 별수 있을라구! 그들은 적성계열이야. 그들에 대한 것은 글이건 말이건 무엇이건 모두 고무·찬양이야. 사실·진실의 여부는 문제가 아니야. 그저 그것만으로도 적성계열의 고무·찬양인 거야!"

일본의 장래를, 진정으로 올바른 인식능력으로 걱정한 양심적 지식인들이 얼마나 많은 고통을 당해야 했던가. 9세의 세계관, 인식능력 수준! 그것은 위에서 장황하게 지적한 바와 같은 발생학적 법칙의 결과다. 그와 같은 발상, 같은 사고방식, 같은 지도이념, 같은 이데올로기, 같은 법체제, 같은 법률, 같은 법운용을 하는 나라에서는 꼭 같은 과정으로 꼭 같은 결과를 맛보았다. 이딸리아·독일과 그밖의 수많은 나라들을 우리는 알고 있다. 이 국민적 비극은 국민의 무지(아니 지도층의 자기기만적 무지)에서 온다.

그들의 눈에는 외부의 지식을 추구하는 '지식인'은 '위험분자'였다. 지식인의 진정한 기능이자 사명인 학문·사상·신앙·양심의 자유, 폭력의 반대, 그 모든 것의 사회·정치적 보장인 언론·보도·출판의 자유권…… 등 민주주의적 가치관과 그 구체적 제도들은 일절 허용되지 않았다. 그러고서도 국민이 9세 수준이 아닌 지적·정신적·도덕적 인격발전을 하리라고 기대한다면 그 기대하는 것 자체가 우스운 일이다.

결국 일본의 지도세력과 국민은, 그들이 형편없는 '적성계열'이라고 무조건 위험시하고 또 멸시했던 그 상대에 의해서 일패도지(一敗塗地)당하는 것으로 비로소 정신을 차리게 되었다. 본인이 『8억인과의 대화』와 『우상과 이성』을 집필 또는 편역한 가장 중요하고 애절한 동기는, 그와 같은 나의 일제시대의 쓰라린 체험을 통해서 얻은 교훈을 오늘의 우리 자신에게 살리고 싶은 데 있었다. '진실을 아는 국민' '진실에 토대한 인식능력이 있는 시민'이 가장 훌륭한 민주주의적 국민이다. 그런 민주주의 정신의 소유자만이 진정 공산주의보다 우월한 사회를 기르고 지켜갈 수 있다고 믿는 까닭이다. 본인은 이상과 같은 생각으로 글을 써왔다.

『우상과 이성』 속의 글들은 우리 사회와 우리 자신의 반성을, 『8억인과의 대화』는 외부세계에 대한 인식의 개안(開眼)을, 이 지적·정신적·인격적 작업을 하려는 것이 그 2권의 글의 목적이다. 감상적인 반공 '주의'가 아니라 합리적이고 이성적 반공 '사상'을 위한 내용을 부여하려는 것이 그 목적이다. 불행하게도 본인은 이 사건의 전과정을 통해서, 본인을 힐난하고 심문한 조사관들과 유죄판결을 내린 재판장들에게서, 진정한 '사상'으로서의 반공이라기보다는 일종의 '히스테리'적 감성론에 가까운 반공을 많이 보았다. 그들에게는 '지성적 시민'이야말로 공산주의를 이기는 기둥이라는 확신보다는, 어떤 절망적인 공포감(6·25로 고정관념화된)에 사로잡혀 있는 듯한 인상을 받았다. 자기들은 '반공 전문가'이니 이론적 문답이 일절 무용(無用)이라는 태도에, 이 나라의 장래에 대한 걱정이 앞섰다.

역사적 상황의 변화

다음은 우리의 주체적 자의식(自意識)과 역사적 상황변화의 관계가 제기하는 문제다. 동시에 반공법 제정이 필요했던 당시의 상황, 또는 상황이라고 주관적으로 생각했던 그 상황과 오늘의 현실상황 사이의 변화가 우리 국가·사회 생활의 존재양식에 변화를 가져왔던 것과 마찬가지로, 반공법도 그 조건의 변화와 함께(적어도 그에 뒤따라서나마) 변화해야 할 것이라는 필요성이다. 이것은 개인이나 사회가 객관적 '환경'의 변화에 의해 피동적으로 변화하기만 하는 존재라는 뜻에서가 아니다. 인간은 자신과 사회에 자의적 변화를 가하고, 그 사회(또는 자신)의 변화가 개인에게 작용하며, 주객관(主客觀)의 변화가 다시 인간의식에 작용하는 변증법적인 존재양식을 법칙으로 보는 것이다. 이처럼 인간이란 엄격하게는 영원히 변화(진보이기를!)하는 미완성적 존재다. 마찬가지로 사회·제도·국가⋯⋯도 사회적 발전법칙에 순응할 때 가장 건전하고 생산적일 수 있는 것이다. 반공법도 그 예외일 수 없다고 생각한다.

한국의 내부적 변화(발전)는 물질적 부문에서는 눈부신 바가 있다. 이 사실만도 이 법의 제정 당시의 남·북한 경제·공업 수준의 실상과는 이제는 판이한 우리의 현실적 우월을 중시하는 것이다. 그렇다면 현재와 앞으로 문제될 일은 국제사회에서의 이 나라의 존재양식이라고 생각한다.

해방 당시와 같은 냉전이데올로기는 오늘날 그것을 고집하는 사람을 웃음거리로 만들어버렸다. 6·25 당시와 같은 이른바 '대공성전(對共聖戰)'론은 한 시기의 정치적 신화로서 덜레스 미 국무장관과 함께 사라져갔다. 중·소 등을 중심으로 한 국제공산주의의 '한덩어리 바위'관은 미신이 되었다. 중·소 대립과 민족주의적 공산주의의 성장으로, 이제는 가장 완미(頑迷)한 공산주의자도 그 미신을 버린 지 오래다. 중·소 관계는 오히려 공산주의와 자본주의를 대립시켰던 전통적 국제관계 이론을 수정하게 했다. 당장에 지구상에서 일소(一掃)될 것이라던 공산주의도 확립된 듯하며, 당장에 소멸될 것이라던 자본주의도 소멸될 기미는 없다. 반공법 담당검사들의 편협한 지식과 환상적인 희망과는 거꾸로 위의 현실은 굳어만 가고 있는 것이 사실이다. 한국에서 격돌한 미·중 양국은 오히려 어쩌면 한·미 관계보다도 우호적인 듯(다소의 과장으로)한 느낌마저 주고 있다. 일본과 중국의 평화조약 조인은 두 나라 사이에 근 100년간 지속됐던 특히 지난 50년간의 침략과 원수의 관계에 종지부를 찍었다. 한국과 미국·일본 및 그 우방국가들과의 이해관계는, 중공에 대한 그 나라들의 이해의 고려로 조건지어지고 제약받고 있음을 안다. 이 상태는 중국의 강화·발전으로 앞으로 더욱 촉진되고 지속될 것이라는 게 세계의 일치된 견해다.

우리나라가 일본과 체결하려던 대륙붕·해저 석유자원 개발 등 주요한 협력안에 일본이 주저하는 이유는 무엇인가?

한국의 원자력 개발이 원자탄 생산으로 연결될까봐 미국이 그토록 경계조치를 취하는 것은 누구를 의식해서인가? 한반도에서의 새로운 남·북 존재양식을 모색하는 우방 정부들은 어째서 북경과의 합의를 제1차적 조건으로 중요시하는가? 중국의 이른바 '세계질서 개편' 철학을 따르는 많은 제3세계 국가들과, 그에 반대해온 그리고 아직도 소극적인 한국과의 관계는 앞으로 어떻게 발전될 것인가? "14세 때 본 똥뙤놈"관으로 중공을 보는 지능정지증과 14세의 지식수준으로 반공법을 기계적으로 적용하려는 안이한 태도에도 변화가 있어야 하지 않을까? 가령 소련에 대해서는 나라의 대통령이 항공기 사고와 관련해 공식적 사의를 표하고, 소련의 발전상은 아무런 제한 없이 보도 저술되고…… 등은 어떻게 해명하려는가? 반공 대한민국의 대통령이 공산주의 소련에 감사를 타전(打電)하다니! 그것도 '통치행위'인지는 모르지만 '중공인들이 밥을 먹고 산다'도 반공법 위반이라는 관료적 논리에서 본다면 그것은 불가사의다. 소련은 '국외 공산계열'의 정의에서 해제되었는가?

동북아의 일각에 위치한 한국이 중국을 보는 시각과 법률적 반응방식도 바뀌어야 할 것이다. 중공이 지난 3, 4년간 외국 관광객에게도 문호를 널리 개방한 탓에 중국 내의 생활상은 지금 세계 국민학생의 상식이 되어가고 있을 정도다. 악마만이 사는 곳도 아니며 선인(仙人)들만이 사는 곳도 아닌, 평범한 중국의 '있는 그대로'의 모습은 우리나라 국민에게만 '위험물'이 되어야 할 비밀은 아닌 것이다. 가릴수록 폭발력이 커지는 것, 그것이 지식·사상이며 막스 베버가 지적한 것이다.

그렇다면 우리의 사고를 여기서 정리해볼 필요가 있을 것 같다. 6·25로부터 25년이 지난 지금도 '14세'의 인식으로 중국에 관한 글을 탄압함으로써 궁극적으로 발전을 저지당하고 지식의 발전 기회를 박탈당하는 것은 누구일까? 막스 베버가 세상에 소개한 구한말 지배세력의 그런 사고와 자세는 그때 그것만으로 충분하다. 오늘의 우리는, 나라와 민족의 생존에 크게 작용할 중국을 알면 알수록 우리의 안전을 강화하는 것임을 새로이 인식해야겠다.

본 사건을 재판하는 제2심 재판부는 반공법이 제정된 당시 상황과는 오늘날의 상황이 판이하다는 인식을 판결문 속에서 시사했다. 정부가 상황변화에 대한 대응조처들을 취하고 있다는 외교·정치적 사실도 인정했다. 그러면서도 그와 같은 재판부의 건전한 인식을 본인이 알게 된 기쁨과는 달리, 그것들은 "법원의 판단 대상이 될 수 없는 일종의 통치행위에 속하는 것으로서, 설령 피고인의 행위가 중공을 있는 그대로 소개함으로써 위 조처(통치행위)에 어느정도 부응한 결과를 가져왔다 해도, 이를 가지고 사회상규에 부합하는 행위라고 단정지을 수 없고……"라고 유죄를 추인했으니, 이는 전적으로 부당한 판결이다.

본인은 중국 연구가로서 북한과의 관계에서 이 문제를 논하는 것은 삼갔다. 깊은 지식이 없는 까닭이다. 그렇지만 남·북한 관계 역시 7·4성명, 6·23선언 등 소위 '통치행위'의 불가피성으로 미루어 반공법 제정 당시나 국토분단의 상황이 이미 아닌 것은 분명하다. 정부나 집권자만이 '통일문제'나 남·북한의 새로운 생존양식에 관해서 결정을 내리려는 '독점적 통일론'이 아니라, 국민의 폭넓은 이해와 지지를 위해서도 통일론은 국민대중의 것이 되어야 할 것이다. 국민의 다양한 창의(創意)를 흡수하기 위해서도 이에 대한 반공법의 운용에는 변화가 요청된다.

결론

여기까지의 상고이유 진술을 총괄하여 본인은 다음과 같이 주장합니다.

① 본인에게 적용된 반공법은 그 입법정신에 어긋난다.

② 본인에게 적용된 반공법 제4조 2항 국외 공산계열의 고무·찬양·동조는 저서의 내용 그 자체 때문이 아니라 계획적인 (어떤) 타목적(他目的)을 위해서임이 분명하다.

③ 설사 그렇지 않다 하더라도, 조문의 자의적(恣意的) 확대해석과 행정권력 대행 관료들의 무식에서 결과된 부당한 것이다.

④ 재판에서는 차별적인 이중기준 법 적용의 과오를 범했다.

⑤ 법원이, 부당하게 작성된 조서류를 전면적으로 받아들이면서 피고인 측의 많은 유리한 증거·증언·자료를 일절 거부한 것은 부당하다.

⑥ 헌법상의 학문·언론·출판의 자유와 권리의 전면적 침해다.

⑦ 대한민국의 국가이념이어야 할 민주주의의 일반원칙에 위반된다.

⑧ 본인의 대중공 정책 수립 과정에서의 정부사업에 대한 학문적

협력을 참작해야 한다.

⑨ 저서의 동기·목적을 전적으로 무시·왜곡했고, 내용을 거두절미하여 결론을 날조했다.

이상으로 상고이유를 마치고자 합니다. 이 서면에 의한 진술은, 본인을 이 나라의 최고·최후의 법적 권위 앞에 서게 하는 것으로 이해합니다. 간접적인 형식으로나마 국가 최고재판 앞에서 소견을 진술하고 나서 법정을 떠남에 앞서 다음과 같은 간절한 희망을 존경하는 대법관님들에게 말씀드리고자 합니다.

가장 효능적이고 적극적인 반(反)공산주의 방법은, 민주주의의 가치관과 생활양식을 국민 하나하나의 가슴속에 심도록 하는 것입니다. '반공주의'라는 것은 논리적으로 부정적 개념이며, 민주주의만이 긍정적·적극적 개념입니다.

반공은 조건이고 민주주의는 목적이자 이상입니다. '반공주의'가 국시(國是)가 될 수는 없는 것입니다. 논리적으로도 가령(또 그렇게 되기를 원하지만) 공산주의가 없어진다면, 그에 '반'대하는 것으로 존재가 조건지어졌던 반공주의도 같이 사라져야 한다는 이야기가 됩니다. 국시란 긍정적이고, 적극적이고, 그 자체의 근거로 존재할 수 있는 내용이어야 하는 것입니다. 인간도 사회도 국가도 그와 같은 독자적 이념을 국시로 해야 합니다. 그것이 민주주의임은 재언(再言)할 필요가 없습니다.

반공의 이유로 민주주의적 이념·권리·자유·생활방식을 억압하게 되면, 그 사회의 인간(시민)은 지적으로나 정서적으로 왜소·편협해지고 타락하여 발랄한 창의적 능력을 상실하게 됩니다. 언제나 잠재적 의

존 상태·미개발 상태에 머물게 되며, 잠재적 공포감 때문에 정상적인 세계관을 배양할 수 없습니다. 그것은 결과적으로 국가의 타락을 초래합니다. 일본·독일·이딸리아를 비롯한 과거의 파쇼체제 국가의 전례와 교훈을 지루하게 인용한 것은 그것을 밝히기 위해서였습니다.

공산주의를 봉쇄하는 수단으로서 반공법이 다른 법률로 대체될 수 없다는 것이 대법원의 견해라면 굳이 이견을 제시하지는 않겠습니다. 그렇지만 최소한 그 운용은 전적으로 개선되고 변화한 주·객관적 상황·조건에 적응하는 방향으로 바뀌어야 한다고 확신합니다.

그렇지 않고서는 조건과 수단이 목적과 존재 자체를 부정해버리는 불행한 상태가 예상됩니다. 실제로 반공주의만을 지상(至上)으로 하는 국가활동 탓으로, 한국을 '국제적 고아'로 부르는 세계적 칭호가 들려온 지도 벌써 오래되었습니다. 국내적으로는 모순과 부조리와 긴장과 불안을 억누르는 방법으로 정치권력은 무제한으로 집중되고, 외부에 공포의 대상을 설정하는 것을 능사로 삼고 있는 듯 보입니다.

나라의 어려움이 과연 민주주의를 추구하는 국민의 욕구 때문에 생기는 것인지, 그 욕구를 억제하는 것으로 이익을 삼는 사람들의 권력욕 때문에 생기는 것인지 장기적 안목으로 판단할 필요가 있습니다. 앞의 어딘가에서 언급한 바와 같이, 오늘의 현실은 오늘에 앞서는 30년간의 억압적 언론·출판정책의 '역사적 결과'입니다. 반공법의 근본적 운용 개선을 요구하는 것은 결코 '이상론'이 아닙니다. 반대로 그것은 역사·사회적 배경과 주·객관적 조건변화에 가장 현명하게 대처하기 위한 '현실주의'적 요청입니다.

그 모든 희망을 충족할 수 있는 만능약은 없겠습니다만, 적어도 많은 것을 치유할 수 있는 하나의 방법은 있습니다. 언론과 출판의 자유를 존중하고 보장하는 것이라고 확신합니다. 출판과 언론의 폭넓은 자유를 인정하려 하지 않는 사회는 언제까지나 반공법 또는 그와 같은 억압적 법률의 필요성에서 벗어나기 어려울 것입니다. 그런 법률과 운용에 개선을 원하지 않는다면 언론과 출판 등 민주적 내용이 개화하는 사회는 요원한 먼 꿈일 수밖에 없을 것입니다.

존경하는 대법원 판사님들의 현명한 판단을 기다리면서 이만 법정을 물러갑니다. 안녕하십시오.

1978년 11월 26일

여기에 찍은 무인(拇印)은 본인의 무인이 틀림없음

이영희

이를 확인함, 교도(矯導) 김동석

──1978년 11월 26일; 『역설의 변증』, 두레 1987

2
파시스트는 페어플레이의 상대가 아니다

저무는 이해의 마지막 달과 함께 우리는 민족분단으로부터 40년의 해를 넘기고, 광복으로부터 43년의 해를 넘기게 된다. 1988년의 해를 넘기면서 지난 1년을 되돌아보면 역사의 반복이 이렇게도 정확한 것인가 하는 놀라움에 사로잡히는 심정이다.

광복 직후와 '대한민국' 수립으로 시작되는 민족 광복의 시기를 전후해 우리는 이 땅에서 날뛰는 반민족주의자들과 반통일(민족분단)주의자들의 모습을 보았다. 간악하고 추악하며, 광신적이고 독선적이며, 철저하게 탐욕스러운 이기주의자들이 나라와 사회를 휘어잡은 시대였다. 온갖 종류의 성스러운 구호를 내걸고 선량한 민중을 배신·유린한 시대였다. 이승만이라는 반민족적 광신주의자의 정치적 욕망이 충족되는 것과 정비례해서 이 민족의 분단은 굳어졌고 이 사회의 민주주의 실현의 염원은 멀어져갔던 것이다.

이승만의 권력 야욕에 빌붙은 과거의 친일파·민족반역자들이 황당무계한 반공주의를 무기 삼아 날뛴 마당에는 민족의 운명을 걱정하는 이 사회의 정예분자들의 시체가 즐비했다. 새로 들어온 미국이라는 외세와 결탁한 과거의 친일·반민족행위자와 새로 득세한 사대주의자들에 의해서 이 나라는 40년 동안 민족의 꿈과 역행하는 길을 걸어왔다.

40년 전의 남·북한 단독정부 옹호론자는 반통일주의자 또는 분단영구화론자로 이어졌다. 40년 전의 반민족행위자는 반민주주의자 또는 독재 찬미론자로 이어져왔다. 그들의 주의와 주장은 시대적 배경을 따라서 변모했지만 그 본질은 한 뿌리의 가지들이다. 다섯명의 대통령을 거치는 동안 더욱 심화·악화된 반인간성과 우열성(愚劣性)은 바로 지난 7년 동안 전두환 정권에서 극치에 이르렀다. 그것은 극악의 상태였다.

우리는 지금, 한줄기의 가느다란 민주주의의 빛이 암흑을 비춘 곳에서 그것을 보고 있다. 아직도 암흑은 온누리를 덮고 있다. 민주주의의 빛이 암흑을 몰아내게 되는 날에 알게 될 그 전모에 비하면 빙산의 일각에 불과할 것이다. 그럼에도 불구하고, 그리고 빙산의 일각밖에 안 되는 부패와 타락인데도 우리는 국정감사에서 드러나는 독재정권의 발자취에 남겨진 추악을 알게 되면서 아연실색, 놀란 입을 다물지 못한다.

어찌 된 일인가?

"정부의 (민주적) 수준은 바로 국민 전반의 (민주적) 수준의 반영이다"라는 어떤 냉소적 정치학자의 이론을 빌린다면 그것은 바로 우리 국민 자체가 만들어낸 결과라고도 말할 수 있을 것이다. 그 말에는 상당한 진리가 있어 보인다. 이제 우리는 우리 스스로의 모습을 준엄하게 검토하고 비판해야 할 단계에 놓인 것이 분명하다.

우리는 광복 후 40여년 동안 마땅히 했어야 할 중대한 결단적 행동을 회피했음이 분명하다.

1988년 한해는 이 나라에서 '민주주의적 정기'의 탑을 쌓기 위한 밑돌 하나를 세운 데 불과하다. 그 밑돌 하나에 해당하는 만큼의 국민적 자각을 했음에 불과하다. 수천, 수만개의 돌을 쌓아 올려야 하는 요원하고 힘겨운 작업을 계속해야 한다. 그 역사(役事)는 피라미드를 쌓는 피눈물 나는 노동과 지혜와 끈기를 요구한다. 이제 그 사업은 국민적 과제가 되었다. 그리고 그것은 중단을 허용하지 않는다. 중단은 바로 과거의 암흑으로의 역전을 뜻하기 때문이다. 이처럼 되돌아설 수 없는 기로에 서서 새삼스럽게 다짐해야 할 과거의 교훈이 있다. 그것은 우리 국민이 광복 직후 몇해 사이에 할 것을 하지 않은 부작위의 벌을 자초한 교훈이다. 오랜 식민지·노예의 생존에서 해방된 동포 인민을 먹이로 삼고 입신영달한 일제시대의 친일파, 민족반역자들을 숙정하지 못한 죄다.

이제 한해를 넘기려는 1988년 백일하에 폭로된 모든 반민족·반국민·반인간·반민주적 행적의 인물들은, 그들의 사상·철학·인생관·이데올로기·행동방식……에서 바로 40여년 전의 친일파·민족반역자들의 재현이다. 그리고 바로 그 친일파·민족반역자들의 직계 후손인 것이다. 사상에서 그렇고 인간적 계보에서 그렇다.

지난 7년 동안(또는 같은 뜻에서 이승만·박정희 정권의 30년간) 이 나라의 모든 분야의 꼭대기에 타고 앉아서 동포를 먹이로 삼고 입신출세·호의호식한 자들이 어떤 인물들인가?

그들은 바로 40년 전, 이 나라의 정치·행정·군사·경찰·사법·경제·사회·문화·교육·종교……의 온갖 분야에서 그 상층을 구성했던 인물들 또는 측근 제2세들이 아닌가? 가장 단적인 예를 들어보자. 일제 황국군대의 충신으로서, 동족을 배반했던 일본의 괴뢰 '만주제국'의 만주군 소위에서 일본 육군 중위로 출세한 박정희가 가장 아끼고 귀여워한 자가 전두환이 아닌가? 그 많은 민주적 인사를 검거·투옥·고문·학살한 군·경찰 정보기관의 고위 장성, 고위 경찰관 들은 광복 직후 이 나라의 군대와 경찰과 정보기관을 지배했던 선배들이 손때를 묻혀서 양성한 제2세대들이다. 민주주의와 인간적 존엄성 및 자유를 부르짖는 시민을 그토록 혹독하게 다스린 모든 악법의 법체계·법사상·법조문은 일제 때의 그것들의 복사판이었다. 현재도 그렇다. 이 나라의 국민생활·국가 기관의 어느 하나 예외없이 일제 통치를 이은 자들을 또 이은 자들이 장악하고 있었던 것이다. 그리고 지금도 장악하고 있다. 오늘날 지구상에 과거의 식민지에서 해방된 신생 독립국가는 100개국이 넘는다. 그러나 과거의 제국주의·식민주의자들이 메어준 총을 메고 채워준 칼을 차고 민족을 배반했던 자가 신생국의 대통령 행세를 한 나라는 남베트남(사이공 정부)과 대한민국밖에 없다. 그 남베트남이 어떻게 되었는가? 식민통치의 분야마다에서 그들을 대행하고 봉사·방조했던 인물들이 광복한 대한민국의 같은 분야에서 그대로 그 역할을 담당하면서 후배를 양성했다. 그 후배들이 전두환 정권 몰락 이후 지금 바로 우리가 국정감사의 증언대에서 마주치는 인물들이다. 그들이 지금 형무소를 향해서 쇠고랑을 차고 줄줄이 묶여가는 자들이다. 전두환 자신이 박정희의 직계 제2세라는 사실도 그렇거니와, 전두환의 처족들이 일제하에서 무엇을 하던 인물인가 이력서를 찾아 살펴보라. 그러면 우리는 친일파·민족반역자들을 한명도 처단하지 못하고 오늘에 이른 결과를 비로소 깨달을 것이다.

지난 7년간의 온갖 반인민적·반국민적·반민중적 형태가 단순히 그 7년 동안에 자생적으로 생겨난 현상이 아님을 깨닫게 될 것이다. 그것은 뿌리를 가지고 있다. 그리고 그 뿌리는 광복 후에 패어 내동댕이쳐지지 않았을 뿐 아니라 오히려 더 뿌리를 깊이 박고 가지를 뻗쳤다. 그리고 그 뿌리에서 악의 열매를 낳은 가지는 이 나라의 상층부와 권력 중추부를 덮어버렸다. 오늘 우리가 텔레비전이라는 대중적 문명의 이기를 통해서 밤마다 안방에 앉아서 마주 보게 된 지난 7년간의 악의 주인공들은 이 민족이 광복 후에 도려내버리지 못한 그 악의 뿌리에서 자란 열매에 지나지 않는다. 이 국민의 부작위의 결과며 당연한 귀결이라 함이 옳다. 우리는 증언대에 나와서 우리를 분노케 하는 그들을 대하면서 그 역사적인 사실을 깨달아야 한다. "정부의 수준은 국민의 수준의 반영이다", 이 냉소적, 민중(국민) 멸시적 정치이론에 대해서 우리는 무어라고 반론할 수 있는가?

무릇 노예 상태에서 벗어난 민족(국민)은 신생 국가를 건설하는 마당에서 식민지 통치의 하수인이었거나 방조자였던 인적·제도적·사상적 요소들을 말끔히 척결해야 했던 것이다. 그래야만 비로소 국가사회는 과거의 부정적 역사와 단절할 수 있다. 부정의 부정이다. 부정을 부정해야 긍정을 낳는다. 그것이 민족적 작업일 때 다름 아닌 민족정기가 확립되는 것이다. 우리는 위에서 확인되었듯이 이 소중한 민족정기의 확립을 외면했다. 그러고야 어떻게 전두환과 그의 주변에 모여들었던 권력배들의 지배를 받지 않을 수 있겠는가?

지난 7년간(그리고 또 되풀이하지만 이승만·박정희 30년간)은 다시 말해서 친일파, 민족반역자들의 제1세대와 제2세대의 통치시대였다. 이 나라 국민들은 그런 논리에서 아직도 일제 식민통치에서 완전히 해방되지 않고 있는 것이다. 제2세대인 전두환 주변의 마피아 같은 권력배들은 바로 마찬가지 논리에서 친일파, 반민족행위자들의 제3세대라고 할 수 있다. 그들의 애총과 비호하에 온갖 분야에서 권력을 장악하고 있는 자들은 제4세대고, 그들은 군대와 경찰을 비롯한 모든 분야의 중추부에 그대로 둥지를 틀고 앉아 있다. 이 어찌 무서운 일이 아닌가?

일제하의 친일파, 반민족행위자들의 대부분은 하늘이 명한 생명공산(生命公算)을 다하고 사라졌다. 하지만 그 직계들은 지금도 우리 국민대중의 머리 위에 군림하고 있다. 역사의 교훈을 지난날에도 못 배웠고 지금도 깨닫지 못하고 있다.

우리는 이 깨달음을 딛고 앞으로 무엇을 해야 하나? 이에 대한 답변 역시 역사에 물어봄으로써 얻을 수 있을 것이다.

매국노와 친일분자들을 민족의 이름으로 처단하기 위해서 제정됐던 반민족행위처벌법과 그 법을 집행하기 위해서 구성되었던 '반민족행위특별조사위원회'는 한 사람의 친일파, 매국노도 처단하지 못한 채, 거꾸로 매국노들로 구성된 이승만 정권에 의해서 무력으로 해체당하고 말았다. 그로부터 꼭 40년간 오늘에 이르기까지 그들과 그들의 직계들에 의해서 국민이 마치 '식민지 노예'처럼 유린당해온 것이다.

생각하면 분통이 터지고 배알이 꼬이다가 끊어질 일이다. 이런 일이 어떻게 가능할 수 있었을까? 어떻게 허용될 수 있었을까?

'정의사회'라는 간판을 내걸고 그 뒤에서 행해진 온갖 추악하고 간교한 집권집단의 범죄행위에 대해서 국민의 원성이 극에 달했다. 준엄한 처단을 요구하는 목소리가 전국 방방곡곡에서 일고 있다. 왕년의 매국노들의 반민족적 범죄는 그들 직계들에 의해서 반민주·반민중적 범죄의 성격으로 바뀌었다. 그들에 대한 철저한 응징을 요구하는 소리는 그럼으로써 다시는 이 나라 역사에 그같은 무리들이 발붙일 수 없도록 '민주주의의 정기'를 확립해야 한다는 것이다. 지난날 매국노들의 집단에 대해서 민족정기를 확립하지 못한 반민특위의 처참한 결과에서 교훈을 얻었기 때문이다. 이들 부랑배의 무리에 대해서 준엄한 민주주의적 심판을 요구하는 소리에 대해서 아직도 권력의 그루터기라도 쥐고 있는 자들의 쪽에서는 최대한의 '아량'과 '관용'을 베풀자는 주장이 대립하고 있음을 본다.

이 문제를 생각하는 데 비근한 생활상의 예가 판단의 도움이 될 것이다. 몇해 전 KBS에서 방영한 시대극 「공주 갑부 김갑순」이 그것이다. 말 끝마다 '민나 도로보데스'(모조리 도둑놈이다)라는 우스개로 연극의 희극성을 돋운 이 인물의 주변에서 일어난 일은 오늘의 우리에게 심각한 비극적 교훈으로 상기돼야 한다. 그것은 단순한 연극이 아니다.

일제 권력을 등에 업고 동포의 땅을 가로채서 충청남도 제1의 갑부가 된 김갑순은 일제 식민지하의 갑부형 민족반역자가 된다. 광복과 함께 반민특위의 체포 대상이 된 것은 당연하다.

김갑순을 체포하러 간 과거의 독립투사인 반민특위의 위원들에게 그는 거꾸로 호언장담한다.

"보자, 오늘은 내가 너희들에게 잡혀서 쇠고랑을 차지만 내일은 반드시 너희들에게 그 쇠고랑을 채울 것이다."

아니나 다를까 얼마 가지 않아서 되살아난 친일파, 매국노의 무리들에 의해서 김갑순을 체포했던 반민특위 위원들은 쇠고랑을 차고 감방에 처넣어지고 김갑순은 유유히 그 감방에서 나온다. 이것을 한막의 희극이라고 부를 것인가? 아니면 이 민족의 역사적 비극이라고 불러야 할 것인가? 반국민적 범죄를 철저히 다스리지 못하면 제2의 김갑순, 제3의 김갑순이 속출할 것이다. 그리고 그로부터 40년이 지난 1988년 겨울, 바로 우리의 눈앞에서 전두환판 민족반역자들이 김갑순으로 재현되려는 꼴을 우리는 '아량'론과 '관용'론에서 감지하는 것이다. 지난 7년 동안 이 나라를 틀어쥐고 왕조를 형성했던 권력형 범죄자들은 민주주의적 정신은 털끝만큼도 없는 자들이다. 그들은 관용론의 덕으로 또는 형세가 바뀌어서 득세할 기회만 누리게 되면, 반드시 국민의 손을 물어뜯을 반민주의 개와 다름이 없는 본성의 소지자들이다. 어설픈 관용론자들은 중국의 사상가·작가인 노신의 말에 귀를 기울일 필요가 있다.

노신의 1925년 작품에 「페어플레이는 아직 이르다」라는 것이 있다. 당시의 중국의 진보적·사회비평적 문예잡지 『어사(語絲)』 제57호에 발표된 이 작품에서 노신은 동료 작가 임어당이 중국인에게는 페어플레이 정신이 없다고 개탄한 데 대해서 비꼬았다. 노신에 의하면 '물에 빠진 개'에는 세 종류가 있다. ① 자기 실수로 물에 빠진 개 ② 남이 때려서 물속에 처박은 개 ③ 내가 때려서 물속에 빠뜨린 개의 세 종류다. 조금 길지만 그의 작품의 일부를 옮겨보자.

"(…) 작금의 식자들은 '죽은 호랑이를 때린다'는 것과 '물에 빠진 개를 때린다'는 것을 같은 행위로 보고, 어느 쪽이나 비겁한 행위라고 생각하는 모양이다. 죽은 호랑이를 때리는 것은 겁쟁이가 용감한 체하는 것이어서 꼴불견이기도 하고 또 비겁한 느낌이 없지 않으나 그렇다고 미워할 만한 일은 못 된다. 반면 물에 빠진 개를 때린다는 것은 그렇게 간단히 생각할 일이 아니다. 개의 태도, 물에 빠진 자초지종, 물에 빠진 뒤의 모양을 감안해야 한다. 그런데 개가 물에 빠진 이유에는 세가지(앞서 설명한 세가지)가 있다. 만약 ①과 ②의 경우라면 그 행동은 꼴불견이다. 비겁한 짓이기도 할 것이다. 하지만 자신이 그 개와 맞붙어 싸워서 자기 손으로 물에 처넣은 개라면, 물에 빠진 개를 몽둥이로 힘껏 때린다고 해서 너무한다 할 일도 아니다. 이 경우는 앞의 두 경우와 동격으로 논할 수는 없으리라."

이렇게 노신 특유의 역설적 해학으로 상황을 전제한 뒤에 글은 계속된다.

"진실로 용감한 권사(拳師)는 이미 땅에 쓰러진 상대에게는 결코 타격을 가하지 않는다고 한다. 그것은 멋진 행동이다. 우리도 배울 만한 삶의 방식이다. 하지만 그러기에는 한가지 조건이 앞서야 할 것 같다. 즉 상대방도 자기에 못지않게 염치를 아는 용감한 투사여야 한다는 것이다. 일단 패배했으면 스스로 참회하고 반성해서 두번 다시 덤벼들지 않거나, 아니면 정정당당한 태도로 다시 도전해 오든가 둘 중 하나의 경우다.

그런데 개는 그런 경우에 비추어서 대응할 상대가 못 된다. 개라는 놈은 무슨 번지르르한 소리로 짖어대든 본시 '도의'라는 것은 모르는 놈이다. 개는 헤엄칠 줄을 알기 때문에 조금만 방심하면 육지로 기어올라와서 몸을 부르르 털고는 꼬리를 감고 잽싸게 뺑소니를 칠 것이다. 선량하고 단순한 사람은 개가 물에 빠진 것을 종교의 세례를 받은 것으로 착각하는 것 같다. 그래서 이제는 깊이 참회를 해서 두번 다시 사람에게 덤벼들지 않을 것이라고 생각한다. 그러나 그것은 당치도 않은 말씀이다. 그것은 개의 본성을 모르는 말이다.

요컨대 사람을 문 개는 뭍에 있거나 물속에 빠졌거나 모조리 몽둥이질을 해서 혼을 내야 한다는 것이 나의 생각이다."

인용이 좀 길어졌지만 얼마나 교육적(?)인 해학인가!

노신의 이 글의 뜻을 이해하려면 그가 이 작품을 발표했던 1925년의 중국의 시대상을 알아야 한다. 1911년, 손문(孫文)을 중심으로 한 혁명 세력의 피어린 투쟁 끝에 타락·부패한 청조(淸朝) 정권이 타도되었다. 신해혁명이다. 중국 인민과 피흘려 싸운 혁명가들은 동양 최초의 민국을 세우고 기쁨에 잠겼다.

그러나 혁명이 승리했다고 생각한 순간, 왕년의 악명 높은 군벌 우두머리인 원세개(袁世凱)는 간교한 책략을 동원해 복수주의자들을 긁어모아 손문의 혁명을 깨부쉈다. 그러고는 건원칭제(建元稱帝)해 황제를 자처한다. 민주주의를 지향하는 혁명 세력은 온갖 희생을 치르고 싸운 끝에 제2혁명에 승리한다. 그러자 원세개 정권을 구성했던 탐욕스러운 군벌들이 잠시 죽은 시늉을 하다가는 전국에서 들고 일어난다. 민국혁명과 민주주의를 향한 국민적 염원은 유린되고 군벌이 난무하는 시대가 전개된다. 간교하고 비인간적이며, 철저하게 외세 의존적인 만큼 철저하게 반민중적인 군벌들은 각기의 통치권을 구축하고 나라를 팔고 동족을 착취·억압한다. 세계의 역사에 기록되는 저 유명한 중국의 '군벌 시대'다. 선량한 중국 국민은 삽시간에 군벌 권력자들의 먹이가 되었다. 그 시대의 중국 군벌들의 행태와 횡포와 타락의 극치는 바로 1980년부터 87년까지 대한민국이라는 나라에서 계속된 전두환 정권과 권력자들이 보여준 그것이다.

그런 자들에게 '페어플레이' 정신을 발휘하자는 이들이 있다. 관용을 베풀자는 소리도 들린다. '보복을 하지 말자'는 정당도 있다. "엄격한 법적 추궁은 민주주의 정신에 반하는 정치보복이다"라고 주장하는 한국판 중국 군벌의 잔당 논리도 있다. 그럴싸한 주장들이다. 이것은 1988년의 해를 넘기려는 지금 이 나라에서 일고 있는 '페어플레이'론이다.

여기서 우리는 다시 노신의 작품의 뜻을 상기하게 된다. 즉 물에 빠진 개에는 세 종류가 있다. 하나는 제가 발을 헛디뎌서 빠진 개다. 즉 정권의 정치역량 부족과 실수로 몰락한 권력이다. 둘째는 남이 때려 물에 처넣은 개다. 즉 다른 나라에서 일어난 혁명으로 타도된 권력이다. 이 경우에 남의 나라 국민이 할 일이란 없다. 셋째 종류의 개는, 나를 물어뜯던 개를 혈투 끝에 간신히 물속에 처넣은 경우다. 지난 7년 동안 이 나라에서 양심과 민주주의와 인간적 존엄성과 공민적 권리를 위해서 수많은 사람이 희생된 끝에 각성한 민중이 타도한 소위 제5공화국이다. 지금 물에 처넣어진 개들은 국민 앞에 불려나와 신문을 받고 있다. 얼마나 파렴치한 얼굴들이냐! 얼마나 간교한 낯짝들이냐! 그리고 얼마나 오만 불손하고 속죄를 거부하는 야차 같은 얼굴들이냐?

그들은 복수를 노리고 있다. 노신의 글대로, 국민이 잠깐만 방심하면 뭍으로 기어올라, 젖은 몸을 한번 흔들어 털어버린 뒤에 다시 덤벼들 속셈으로 있다. 기회만 오면 덤빌 것이다. 노신이 규정한 세 종류의 개의 제3유형에 속하는 무리들이다.

1988년, 국민의 심판을 받고 있는 현대판 '군벌'들은 광복 직후 한 시기의 친일파·매국노·민족반역자들의 피를 이어받은 자들이다. 이 국민은 민족정기를 확립하기 위한 민족적 심판을 '보복'이라고 비난한 이승만 대통령과 그의 권력을 구성하는 친일파들의 관용론, 아량론, '페어플레이'론에 마비됐던 까닭에 거꾸로 물리고 말았다. 1988년의 반민족·반국민·반민주·반민중·반인간적 속성의 무리들이 그의 선배들과 다르다고 누가 감히 주장할 수 있겠는가?

나는 지금 이 글을 쓰는 책상 위에 '히틀러'의 충성스러운 파시스트의 한 사람으로서 나치 정권 최후 단계에서 전쟁 수행 군수생산의 총책임자였던 알베르트 슈페어의 회고록 『나치: 광기의 내막』(이 책의 원제는 *Erinnerungen*이다. 내가 읽은 책은 일본어판인 『ナチス狂氣の内幕』이다―필자)를 펴놓고 있다. 나치 전쟁범죄자로서, 연합국에 의한 뉘른베르크 전범재판 결과 유죄판결로 형을 살고 나온 뒤에 저술한 파시스트들의 생태에 관한 기록이다. 소름이 끼치는 회고담이다. 이 회상록에서 재현되는 파시스트들의 모습을 나는 1988년의 한국에서 텔레비전을 통해 생생하게 목격했다. 국회 증언에 불려나온 전두환 범죄의 '브레인'임을 자처한 허

문도라는 자와 전두환 범죄의 행동적 대리인이었음을 자랑스럽게 자인하는 장세동이라는 자는 서슴지 않고 자기가 나치 파시스트의 선전상 괴벨스를 제일 존경한다고 공언했다(허문도). 박정희라는 권력욕의 화신은 과거 자기는 히틀러를 존경한다고 공언했다. 자기가 애독하는 책이 히틀러의 『마인 캄프』(나의 투쟁)라는 사실도 서슴지 않고 고백했다. 그의 제2세대 직계들인 1988년의 이들이 괴벨스의 신봉자임을 공언했다고 해서 놀랄 것도 없기는 하다. 그러나 남한의 히틀러 숭배자들의 정신 상태가 그들의 독일인 교조들과 마찬가지로 병적인 성향이거나 실지로 정신분열증 환자임을 확인하게 될 때 소름이 끼친다. 사실이 증명한다.

독일과 유럽 점령 국가들에서 600만의 공산주의자·사회주의자·자유주의자·노동운동자·유대인·심신병약자, 심지어 집시들까지 학살한 계획의 창안자와 집행자로서 힘러와 보르만을 든다. 힘러는 대한민국의 중앙정보부장, 국군 보안사령관, 또는 치안본부 대공분실장…… 같은 직책과 지위를 하나로 묶은 악명 높은 게슈타포 SS사령관이었다. 보르만은 히틀러의 가장 측근으로서 정치보위군(수도경비사령부 격) 사령관 등을 맡았던 음모가다.

힘러는 어느날, 20만명의 집단수용자들에 대한 학살 명령을 내리고 관저에 돌아왔다. 그는 완상조류(새)를 기르는 것을 취미로 삼고 있었다. 그 기술과 정열은 독일인 가운데 모르는 사람이 없을 정도였던 것이다. 새를 사랑함에 있어서 천사 같은 마음씨의 소유자였다. 집에 돌아온 그는 많은 새 가운데 한마리가 병들어 먹이를 먹지 않고 둥지의 한구석에 웅크리고 앉아 있는 것을 발견했다. 힘러는 세상이 무너진 듯 놀라면서 온갖 먹이를 권했으나 그 새는 끝내 죽어버린다. 힘러는 새의 시체를 안고 통곡을 하면서 슬퍼했다. 자기가 사랑하는 새 한마리의 죽음에 통곡하는 마음과 20만명(합계는 600만명)의 '살아 있는 인간'을 학살하면서 눈썹 하나 까딱도 하지 않을 수 있는 정신!

보르만은 장미꽃의 아름다움에 미친 사람이었다. 그는 어느날 아침 사랑하는 장미꽃에 입 맞추고 나간 수용소 사령부에서 몇십만명의 유대인을 가스실에 몰아넣어 학살해버렸다. 장미꽃에 바치는 사랑과 살아 있는 인간에 대한 증오심! 힘러와 보르만의 정신분열증을, 나는 1988년 겨울 텔레비전에서 대한민국 제5공화국 권력의 브레인과 집행자라는 자들에게서 발견하면서 치를 떤다. 상상컨대 대한민국의 힘러나 보르만도 새나 꽃을 미워하지는 않을 것이다. 그들도 자기의 아내와 자식들에 대해서는 남다른 애정 어린 남편이고 아버지일 것이다(이렇게 상상하는 것 자체가 내가 순진한 탓인지도 모르지만). 그러나 그들은 단 7년 동안에 그 많은 살아 있는 사람을 죽이고, 체포하고, 고문하고, 투옥하고, 전국민을 사실상 감옥에 처넣었던 것이다. 눈썹 하나 까딱하지 않고 말이다. 물에 빠진 뒤에 끌려나온 자리에서도 눈썹 하나 까딱하지 않고 광적인 자기변명을 할 정도니 물에 처박혀지기 전에야 어떠했겠는가?

전두환과 그의 도당들은 전체주의를 신봉하는 파시스트들이었다. 『나치: 광기의 내막』의 저자 슈페어는 히틀러와 그의 심복 권력자들이 모인 어느날의 식탁 분위기를 다음과 같이 묘사하고 있다.

식탁에 둘러앉은 그들 가운데 외부 세상을 알고 있는 자는 거의 없었다. 그 사실 하나만으로도 하나의 사건(문제)일 수 있었다. 히틀러 자신도 (자기 위주적 관념 외에는) 세상에서 한가지도 배운 것이 없고, 지식이나 통찰을 얻은 것이 없었다. 그보다도 한심한 사실은 그를 둘러싼 당과 군인 실권자들이 교양이라곤 거의 갖춘 것이 없다는 것이다. 제국의 지도층 엘리트를 구성하는 50명 안팎의 전국 및 지방 지도자들 가운데 정규 대학교육을 받은 자는 불과 10명, 대학에 재적한 일이 있는 자가 수명, 나머지는 중고등학교 교육의 소유자였다. 이들 가운데 어떤 뚜렷한 경력과 업적으로 이름을 나타낸 자는 거의 없었다. 거의 전부가 한심할 정도로 무식하고 무교양이었다. (…) 히틀러가 이런 무리를 모아들인 까닭은 바로 히틀러 자신과 근본적으로 같은 정도와 수준의 패거리 속에 있는 것이 제일 마음이 편했기 때문이었으리라. 그중에서도 이론가라고 자처하는 힘러는 게르만 민족신앙, 선민사상, 어설픈 혁명사상 따위를 뒤범벅으로 반죽해서 만든 황당무계한 사이비 종교적 정치신념을 불어대면서 그의 독특한 어처구니없는 행태를 보였다.

인류를 파괴하려 했던 히틀러와 그의 일당, 국민을 파괴하려 했던 전두환과 그의 일당들의 유사성은 이 이상 상술할 필요가 없을 것이다. 이 인용만으로도 우리는 지난 7년간 우리를 그 밑에서 신음하게 한 권력집단과 그 개인들의 본질을 알고도 남을 것이다.

1988년 초겨울, 드디어 국민의 심판대에 나와 선, 노신의 말을 빌리자면, '물에 빠진 개'들은 그와 같은 종류의 파시스트·군국주의자들이다. 더구나 그 총수가 일본 군국주의자(박정희)의 피와 사상을 이었고, 그의 '이론가'라는 허문도라는 참모가 일본에서의 생활에서 독일식과 일본식 파시스트 사상에 심취했다는 사실은 이중으로 파괴적인 결과를 초래했다.

독일 파시즘도 앞서의 슈페어의 기술에서 보듯이 아무런 이론체계도 없는 사이비 이론들의 뒤범벅이었지만, 일본 군국주의적 파시즘은 그보다도 더 황당무계한 것이었다. 일본 천황주의·군국주의·파시즘 연구의 권위적 학자인 마루야마(丸山眞男) 교수의 『현대 사회의 사상과 행동』에서 그것을 알아보자.

"일본 파시즘은 그것이 외치는 이즘이나 슬로건에서 보면 체계성도 없고 논리적으로도 흔히 상호모순적이다. 그렇지만 그 정치적 기능을 보면 놀랄 만큼 일관성이 있다. 즉, 파시즘의 모든 이데올로기는 반혁명과 전쟁을 위한 일체의 동원, 그 전체로서의 국민의 강제적 동질화라는 목적이 계통적으로 봉사하고 있는 것이다. 그들은 독자적인 체계적 논리가 없는 까닭에 구체적 상황과 국면에 처해서 그때마다 그 기능을 수행하는 데 가장 효과적인 이데올로기를 빌려다 자신을 분장한다. 내셔널리즘과 사회주의가 시대정신일 때에는 그들은 '국민사회주의'(나치즘)의 껍질로 분장한다. 자유민주주의의 전통이 강하거나 또는 그것에 대해 정면으로 도전하는 것이 불리한 환경이 되면 그들은 재빨리 '자유'와 '민주주의'의 수호라는 깃발을 치켜든다. (…) 이데올로기에서 정책이 창출되는 것이 아니라, 거꾸로 파시즘(군국주의)의 '정책'에 편리한 이데올로기가 동원되는 것이다. 정치행동에서의 '교조주의'의 위험이 애당초 없다는 사실(일정한 원리가 없다는 사실)에 바로 파시즘과 꼬뮤니즘의 원리적 차이점이 나타난다."

1980년 5월, 광주에서 흘린 피와 그뒤 7년간 전국에서 바쳐진 민중의 고귀한 희생의 결과로 이제 가냘프기는 하지만 민주주의의 빛이 암흑의 일각을 비추기 시작했다. 그 가느다란 빛에 드러난 극소 부분의 범죄만으로도 국민적 분노를 자아내기에 족하다. 민주주의가 웬만큼 실현되어 과거의 암흑과 전모가 드러난다면 국민이 느낄 배신감과 분격이 어떻겠는가? 우리는 배신감을 맛보더라도 분격할 줄 아는 민중이 돼야 한다.

　광복 직후 몇해 동안 친일파, 반민족행위자 집단을 숙청하지 못했던 까닭에 이 국민은 단독 정권 수립, 민족분단, 영속적 독재정권 체제하에서 신음해야 했다. 지난 7년간의 잠에서 깨어난 국민이 해야 할 일은 민주혁명을 완수하는 것이다. 민주주의의 적들은 잠시 물에 처넣어졌지만 죽은 것은 아니다. 어설픈 '관용론'과 '보복불가론'에 힘입어 국면이 바뀌기만 하면 그들은 물에서 올라올 것이다. 그리고 다시 덤빌 것이다.

　파시스트들의 근성은 그런 것이다. 페어플레이는 좋다. 그러나 그것은 페어플레이의 정신을 이해하고 행동할 줄 아는 상대에 대해서만 적용될 미덕이다. 우리는 민주주의적 정기를 확립해야 한다. 이 기회를 놓치면 다시는 오지 않을지 모른다. 민주혁명을 완수해야 한다.

──『월간 중앙』 1988년 12월호;『自由人, 자유인』, 범우사 1990

3
사회주의의 실패를 보는 한 지식인의 고민과 갈등
: 사회주의는 이기적 인간성을 변화시킬 수 없는 것인가?

상황변화 못 따르는 지성의 고민

지난 몇해 사이에 일어난 세계정세의 급격한 변화는 지식인의 상황
예측 능력에 대한 회의를 일으켰다. 지식인 사회의 인식능력 한계에 대
한 자기확인은 그들을 심한 혼란 상태에 몰아넣고 있다. 다소 과장한다
면 20세기 말의 '지적 카오스'라고 할까. 지식인 집단의 '환경예측 능력
상실'의 시대라고 할 것이다.

최근 변화의 일시적·결과적 현상을 이른바 냉전적 정치관에서만 보
는 세계의 자본주의·보수이론가들(특히 미국의 그들)은 마치 오늘의
변화에 대한 자신들의 이론적(지적) 예측 능력과 그 예측이론에 입각
한 정치적 실천의 승리라고 주장하고 있는 듯하다. 그리고 이것으로 인
류가 존재양식의 이상을 그리는 대립적 투쟁은 끝났다고 승리에 도취
하고 있다. 그 전형이 프랜시스 후쿠야마(Francis Fukuyama)의 『역사의
종언』론이라 하겠다.

사회주의 사회 내에서도 지적(사상적) 동요가 크다. 그들의 고민도

자신들의 '환경예측 능력'의 결함 내지 상실에 대한 자기비판 또는 반성이다.

이런 상황 속에서 나도 여러분이 고민했을 그런 지적·사상적 고민을 했다. 그리고 지금도 하고 있다. 아직 어떤 결론에 도달하지도 못했고, 나의 두뇌로는 명확한 결론을 내릴 자격도 없다. 다만, 오늘 이 자리에 나와서 그 주제에 관해 나에 관한 이야기를 해달라는 간청 때문에 마지 못해 그동안에 나도 지식인의 한 사람으로서 괴로워하는 심정과 생각하고 있는 것을 여러분과 나누게 되었다. 이론이나 확신이라기보다는 나의 근래의 심경에 불과하다. 지적 고민의 고백으로 들어주면 된다.

나는 오늘의 현실 과정을 제2차 세계대전의 종결서부터 거슬러 생각했다.

첫 단계는, 인간의 지식과 정신의 갈등, 그리고 인간 정신이 과학기술을 통제하는 데 실패한 상태다. 핵무기라는 과학기술의 물질적 괴력(怪力)과 인류 파멸의 위협 앞에서, 그 설계자인 지식인이 이성적 대응을 하지 못한 단계다. 물리학을 반(反)인간화한 군사력 숭배 사상과 그 사상·제도에 대해서 인류의 생존과 이상의 보호자인 지식인이 그것을 억제할 도덕적 능력을 상실했던 위기다.

둘째는, 이념의 도식화(圖式化)와 도식화된 대립의 절대화다. 여러가지 이데올로기 중에서도 정치화한 자본주의(자)와 사회(공산)주의(자)가 상대방의 '절대적 부존재'(즉 완전한 파멸)야말로 자신의 절대적 존재의 보장이라는 절대주의적 존재론의 포로가 되었다. 사회적 관계와 인간 생존의 상대(주의)적 인식의 가치가 부정되었다. 일종의 결정론이다.

이데올로기의 절대화가 냉전체제를 낳고 그 세계적 구조화로 인해서 개인(인간)의 정신적 자유, 개인으로서 선택할 자유가 부정당한 시대,

인간의 상대적 인식능력의 부정과 개인의 '선택적 주체성'의 상실의 시대다. 결정론이 자유의 선택을 거세한 상태였다.

셋째는, 신비화된 사유·언어·표현체계가 지식인의 상상력을 억압한 상태다. 전후 제1차적 성격인 핵물질력과 군사력 숭배 사상에 입각한 '힘의 지배', 그리고 제2차적 성격인 냉전이데올로기 대립의 절대주의와 결정론이 자유로운 사고를 부정하는 상태가 장기화되면서 개인의 사유를 조건짓는 언어와 표현이 스테레오타입화한 상태가 왔다. '공식화'한 언어는 생명을 상실한다. 진정한 의미에서 부유한 소수의 권리와 자유밖에 보장된 것이 없는 자본주의 국가 및 제도가 '자유민주주의'로 개념화되었다. 또 20세기 말 문명사회의 평균적 수준의 의식주생활을 그 사회구성원에게 제공하지도 못하면서 '사회주의 낙원'으로 표현되었다. 냉전이데올로기와 그 체제적 언어가 인간 정신의 권위인 사유능력·비판력·판단력 선택자로서의 주체성을 약탈했다고 할 것이다.

넷째로, 차라리 위에서 생각해온 사실들을 종합한 견해로서, 나는 지난 반세기의 냉전시대 지식인이 넓은 의미로서의 '구조결정론'에 빠졌던 것으로 생각하게 되었다. 사회학적 용어로서의 '계급' 또는 계급관계 및 구속성의 구조라기보다는, 앞에서 말한 바와 같이 지식인의 온갖 기능과 능력 면에서 구조화되었던 현실을 말한다.

사실 나는 세계의 지식인 일반의, 특히 나 자신의 과거 지적활동을 돌아보면서 인간이 과연 '이성적 동물'인가 하는 회의에 빠지는 때가 많았다. 지금도 그렇다. 지금의 나는 과거와는 달리 인간 이성에 대한 신념이랄까 확신 같은 것이 약화되었다고 고백해야 하겠다. 많이 생각하고, 자기비판의 시간을 가져야겠다.

그렇다고 인간 이성을 부정하는 것은 아니다. 지금까지 이야기한 여러 단계의 상황에도 불구하고 인류는 핵전쟁을 회피했다. '고르바초프'라는 존경할 만한 사상과 철학과 실천력의 소유자가 이성을 대표하는 것같이 보인다. 끊임없는 전쟁과 전쟁 위기 속에서도 인류의 파멸을 회피하려는 군축 노력은 끈질기게 계속되었고, 재래무기에서 전략무기의 철폐를 향한 조치가 취해지고 있다. 인간 이성의 승리를 바라는 마음 간절하다. 그런 성취를 가능케 한 이성적 결단은 인류에게 희망을 버리지 않을 만한 근거를 제공해준다.

그러기 위해서 생각하게 되는 것은 사회의 구조·체제·제도, 공식화된 이론체계·종교화된 신념체계·절대화된 사회적 선악관·교조화된 가치구조 등에 판단을 귀결시키지 말고, 그에 대항해서 인간(개인)을 선택의 주체로 확인할 필요성이다. '구조결정론'에서 개인의 선택적 권리를 존중해야겠다는 생각이다. 소련과 동유럽 국가들의 변혁은 이 구조결정론의 파탄이 아닌가 생각한다. 그 사회의 압도적 다수의 시민이 그들에게 틀림없는 것으로 제시되었던 구조결정론적 이상과 목표 또는 희망을 거부한 것으로 해석된다.

세계의 지식인 전반을 엄습한 환경예측 능력 상실에 따르는 지적·사상적 혼돈도 같은 맥락에서 봐야 할 것 같다. 이 불행은 사회주의 국가 밖에서 보고 생각한 지식인의 경우는 차라리 이해될 수 있다. 심각한 불행은 소련·동유럽 국가들의 일급 사회주의 이론가들의 대부분이 구조결정론이라고 할 이론체계에 빠져서 현실적이거나 이성적인 판단을 게을리했다는 사실이다. 현실의 진행을 고정된 사유의 틀로 해석하는 관습에 젖어 있었다는 자기비판이 크다. 소련·동유럽 사태의 변화 앞에서 혼란에 빠진 나 자신이나 여러분도 대동소이하리라 생각한다.

이제 잠깐 우리 자신의 문제로 돌아와보자. 해방 직후의 치열한 좌·

우 노선투쟁은 논외로 하더라도, 예컨대 남한사회의 자본주의적 제반 부정적 속성과 현실에 대한 안티테제로서 자동적으로 사회주의(또는 공산주의)가 원용되었다. 사회주의에 의한 남한사회의 전면적 대치는 또다른 위험한 구조결정론이지만 '사회주의적' 수용의 필요성과 타당성은 언제나 존재한다. 그 방법으로 서구 자본주의가 인간주의적 자기수정을 이룩하게 된 과정은 상식에 속한다. 그것은 사회민주주의 또는 복지국가정책이다.

남한사회의 민주화운동 과정에서, 군부와 자본(소유계급)의 극우·반공주의체제에 대한 궁극적 대응으로 이론적으로나마 사회주의를 생각해본 일이 있는 지식인은 많았을 것으로 생각된다. 공산주의를 이상화한 소수도 있었다. 주관적 관점에서 현실의 극단적 부정성 때문에 반대극의 사상과 제도에 심취해버린 극소수의 경우를 우리는 지금도 보고 있다. '극우'의 구조결정주의와 극좌적 그것의 '신념적 대결' 구조인데, 세상은 이제 그 어느 쪽도 부정당하는 시대로 급속히 옮겨가고 있다.

역사는 끝났는가

사회주의는 소련에서뿐만 아니라 동유럽과 중국 등에서도 크게 세가지 형태로 존재했다. 맑시즘으로서의 이론적 사회(공산)주의, 혁명기와 스딸린식 사회주의, 그리고 냉전기의 경쟁적 사회주의다. 최근의 소련·중국·동유럽에서의 변혁을 놓고, 단지 스딸린식 사회주의만의 패배로 볼 것인가, 아니면 사회주의 전반의 실패로 보아야 할 것인가 하는 논쟁이 있음을 우리는 알고 있다. 나는 소위 스딸린식 사회주의는 전면으로 부정되었고, 사회주의 일반으로서는 생산력의 조직형태와 제도적 정치형태로서 상당한 근거를 상실했다고 본다.

사회주의에 대해 일정한 애착과 매력을 갖는 나로서도 그같은 인정에 인색해야 할 이유가 없다. 20세기 말의 오늘날, 문명사회의 인간적·사회적 필요가 요구하는 생산품목의 총수가 몇백만종인지는 정확히는 모르겠다.

그러나 우리들의 실제 생활의 감각과 지식으로서도 국가단위와 병행해서 사적 생산수단의 활동 없이는 그 많은 자질구레한 종류의 소비품과 서비스를 원활하게 공급할 수는 없다고 생각된다. '스딸린식'으로 명명된 혁명통치와 전시공산주의 정치형태가 성숙한 사회주의에 적용될 수 없음은 당연하다. 이것은 대체로 이미 합의가 이루어진 바다. 또 '스딸린식 사회주의'만의 패배라는 주장에도 나는 반대한다.

그러나 그것이 바로 서구식 또는 특히 미국식 자본주의의 별칭으로서의 '자유민주주의의 승리'라는 견해에 대해서는 전적으로 동의할 수 없다. 명칭이야 완곡하게 본질을 감춘 '자유민주주의'든 '시장경제'든, 또는 막바로 많은 결점의 대명사로서의 '자본주의'든, 그런 주장이 진실이기에는 '자유민주주의'의 실패는 사회주의의 실패보다 결코 덜할 것이 없다.

서구 자본주의와 개인주의적 민주주의의 승리를 주장하는 소위 '역사의 종언'론이 그런 견해를 대표하는 것으로 알고 있다.

역사의 종언론으로 대표되는 주장은 구조결정론적 사회제도하에서 수십년간 교육을 받고 강제되어온 개인들이 현실적 선택에서 주체성을 회복함으로써 제도적 구속과 강제를 거부했다는 점에서 개인주의에 입각한 서구 자유민주주의의 일정한 '상대적' 승리라고 할 수 있다. 동유럽사회에서 개인의 인간성 회복이다.

그러나 자유민주주의 승리론자들은 몇가지 측면에서 싸움은 아직 끝나지 않았다는 사실을 간과하고 있다. 특히 미국의 '자유민주주의'자들은 자본주의가 그 순수한 이론 원형대로 사회주의보다 우월하다고 착각하는 것 같다. 19세기의 경제적 자본주의와 그 정치정책에서 20세기 말의 오늘의 상태에 이르는 과정에서 과연 무엇이, 어떤 도움을 받았는가를 돌아보자. 오늘의 자유민주주의는 자신의 변증법적 변화·성장의 구성적 대상인 맑스 이론·철학과 사회주의의 도움을 받았다. 오늘의 자유민주주의는 고전적 자본주의의 2분의 1 단위와 사회주의 2분의 1 단위의 결합체라고 말할 수 있을 것이다.

미국은 그와 같이 사회주의와 맑스 철학 및 인간관을 거부하고 있는 마지막 자본주의다. 미국의 비윤리적 실정이 그에 대한 반증을 제시한다. 자본주의적 물질생산의 절정에 달해 있다고 자랑하는 미국사회는 아직도 전체 사회구성원의 14퍼센트를 '빈곤'에서 해방시키지 못하고 있다. 세계 에이즈 환자의 90퍼센트를 차지하는 사회, 마약의 힘을 빌리지 않고는 현실의 고통에서 벗어날 수 없는 사회, 초등학교에까지 범죄 방지를 위해서 경찰관을 배치해야 하는 사회, 대통령이 취임하면 '마약과 범죄와의 전쟁'을 국가 목표로 선포해야 하는 사회. 이것이 사회주의를 이겼다는 미국식 자유민주주의의 실상이다. 국가총동원적 '범죄와의 전쟁'에도 불구하고 작년 한해, 뉴욕주와 워싱턴특별구에서만 7800여건의 살인사건이 보고되고 있다. 플로리다주 한곳에서만 7000건이 발생했다. 그밖의 주나 지방도 대동소이하다. 그 사회의 극단적 이기주의·범죄성·비도덕성·반인간성·타락, 이러한 질병은 물질생산의 화려함만으로는 은폐할 수 없을 만큼 심각한 항구적인 문제다.

미국식 자유민주주의의 문제는 또 있다. 미국사회는 자국 내에서는 일정한 인권·자유·기회의 평등·발전·법치 등을 이룩했다. 내적 민주주의다. 이 사실을 간과하면 감정적 독단론이 된다. 그러면서도 국가 외적으로는 약소민족과 후진국가들에 대해서 지속적인 억압·간섭·약탈은 물론, 스스로 원하는 정치체제를 선택할 민족의 자결권을 무력으로 부정하는 방법으로써 미국의 내적 풍요와 자유민주주의를 유지하고 있다. 이것은 미국식 자유민주주의의 비윤리성을 말한다. 맑스주의 철학과 인간관 그리고 사회주의적 정책의 상당한 수용이 없이 미국식 자유민주주의의 질병이 치유될 수 있을지 극히 의심스럽다.

　사회주의가 냉전에서 패배한 것은 의심의 여지없다. 그 전체주의적 제도도 패했다. 그렇다고 자유민주주의의 최종적 승리인가 하면 그렇지가 않다고 생각한다. 사회주의가 경쟁상대로서 패했다고 단정함으로써 "역사는 끝났다"고 말하는 '프랜시스 후쿠야마'식 사고는 자기 환상적이라고 해야 할 것이다. 역사는 끝났는가? 역사는 전혀 끝나지 않았다고 나는 생각한다.

맑스-레닌주의의 위상

　그렇다면 맑스주의는 어디로 가는 것인가. 계급혁명 이론 및 실천적 전략으로서의 레닌주의는 많은 국가사회적 성격이 국민사회화함에 따라서 그 현실적 효용과 타당성이 부정되고 있다. 사회적 계급(계층)이 지금도 제도화되어 있거나 경제적 불평등이 혹심한 국가들에서는 부분적으로는 레닌주의의 적용성이 남아 있다. 그러나 그 효용성은 20세기로 사라질 것으로 보인다.

맑스의 이론·사상은 이른바 '후기 맑스'로 불리는 경제이론의 결함 및 오류와 '전기 맑스' 이론철학으로서의 '인간학'이 분리되어야 할 것이다.

전자는 자본주의체제의 자기수정 능력으로 말미암아 19세기 중엽을 기준으로 이론정책의 실효성이 다분히 감소되었지만, '전기 맑스'의 철학과 가치관(윤리)은 근본적인 변화보다는 자기수정의 과정이 요구될 뿐이다. 인간성의 회복을 지탱해주는 이론적 근거로서 '전기 맑스'의 존재론적 인간학은 이후에도 철학·윤리적 지침으로 남을 것이다. 환경·공해·평화·발전·인간 가치·평등·소외·시민운동·저항 등 제도와 체제 내의 이의제기의 요소로서 사상적 효용을 유지할 것이다. 특히 아직도 계급의 해소 내지는 계급의 융화가 이루어지지 않은 많은 제3세계 지역과 국가에서 맑스 인간학의 사상적 설득력은 크다.

'후기 맑스'는 19세기 자본주의의 발전단계에 논거를 두었다. 현실의 자본주의는 사회주의 수용으로 수정된 자본주의와, 아직껏 19세기 서구 자본주의의 수준에도 미달한 국가(지역)들로 이루어져 있다. 따라서 '맑스'의 이론 사상은 이후에도 지속될 부분(수정과 개혁 과정)과 지양되어야 할 부분으로 병행되며, 이는 근본적으로 맑스주의의 풍부화이며 인류 전체의 행복으로 승화되는 의미다. 이를 맑스주의의 후퇴라고 서러워할 필요는 없을 것이다.

인간적·사회적 윤리성의 문제

지난 10년가량의 기간 동안 중국 사회주의 변모를 관찰하면서 나는
적지 않은 실망과 배신감에 사로잡혔다. 소련을 비롯한 동유럽사회의
최근 변화에서도 마찬가지다. 사회주의적 인간윤리와 사회윤리의 타락
을 목격하면서다. 사회개방이 수삼년밖에 안 되는 소련에서 들려오는
이야기도 마찬가지 상태를 전한다. 이기주의적 이익추구를 목적으로
하는 각종 부도덕 행위와 범죄사건의 증대는 아직 자본주의 사회와 비
교할 바가 아닌 것 같다.

그렇기는 하지만 소련에서는 1940년, 중국에서는 1970년의 사회주의
적 인간윤리·사회윤리의 체질화를 지향했던 사상과 교육, 정책과 제도
의 성과에 대해서 심각한 회의를 품지 않을 수 없다. 정직하게 말해서
나는 적지 않은 환멸을 느낀다. 사적 소유의 원리와 행동양식은 '필연
적'으로 인간 성품을 퇴폐시키는 것일까. 이론적으로 실제적으로 그럴
수밖에 없으리라는 근거로 나는 소유의 대상으로서 물질의 양의 유한
성과 소유욕의 무한성의 불일치에서 찾는다.

유한한 물질을 수억의 인간이 무한한 소유욕을 가지고 각축할 때, 그
로 말미암은 불평등은 범죄와 타락을 발생시키게 마련이다. 자본주의
는 소유욕의 경쟁을 생산의욕을 고취하는 자극제로 활용하는 대신, 그
결과로 불평등·불공평·범죄·타락을 용인한다. 그것은 사유재산제도
의 속성일 수밖에 없다. 그런데 소위 '시장경제적 생산 및 생활양식'을
미처 제대로 맛보기도 전에 사회주의적 인간·사회윤리와 도덕성이 그
렇게도 쉽게 무너지는 것인가를 생각하면 이기심이야말로 인간의 본질
적 속성이라는 인식에 소름이 끼친다.

그와 관련해서 1976년에 중국의 공업도시 당산(唐山)과 미국의 최대 도시 뉴욕에서 일어난 일의 의미를 반추하게 된다. 인구 70만의 공업도시 당산은 중국 역사상 최대 최악이라고 기록된 대지진으로 폐허가 되었다. 며칠 동안 계속된 지진의 파괴와 화재로 도시는 잿더미가 되었다.

그런데 그 참화 속에서 중국 시민이 발휘한 이타주의적 희생정신은 세계에 널리 보도되었다. 훔치는 자도 없고 남을 해치는 자도 없었다. 자신의 신체와 생명에 가해지는 위험을 무릅쓰고 위기에 처한 남의 생명과 재물을 구하러 불 속에 서로 뛰어들었다. 숭고한 인간애의 발현이고 이기주의가 배제된 헌신적 영웅주의의 발휘였다. 강제된 행위가 아니라 자유의사에 의한 행위라는 데서 그것은 도덕적 선이 이룩된 사회라는 외국인 목격자들의 평을 받았다.

당시 그 현장을 목격한 일본 대사는 귀국 후 일본 신문에 기고한 글에서, "만약 그 규모의 대지진이 토오꾜오에 일어났다고 가정할 때, 일본인이 어떤 행동을 할 것인가를 상상하면 다만 소름이 끼칠 뿐이다"라고 술회한 것을 읽었다.

같은 해 가을에 미국의 뉴욕시에서 12시간의 야간 정전사고가 있었다. 정전은 인간으로서 불가항력의 천재도 아니며 중국의 당산시처럼 전면적 파괴가 뒤따르는 것도 아니다. 다만 인간의 기술적 결함으로 인해서 일어난 사고일 뿐이다. 이 정전 동안 미국인들은 어떤 행동을 했는가. 미국 내의 신문·방송·잡지 들이 그 상태를 '연옥'(inferno)이라고 표현할 정도였으니 가히 상상할 만하다.

전등이 꺼져 자신의 얼굴이 타인에 의해 식별이 안 된다는, 즉 자신이 익명자(匿名者)가 되었다는 그 이유만으로 뉴욕 시민들은 남의 재산을 파괴 약탈하고, 방화하고 강간하고, 서로 찌르고 죽였다. '연옥'이 전개된 것이다.

당산과 뉴욕시 또는 동경의 그 의미는 무엇일까. 미국은 기독교 사회라고 자랑한다. 기독교적 사랑과 이타심을 강조하고 그 종교적 도덕윤리로 교육받는 인간 사회라고 자랑한다. 당산은 무신론자의 공산주의 사회다. 기독교(종교)적 도덕이 아니라 맑스주의 및 사회주의적 도덕·윤리규범으로 사는 사회다. 기독교 사회인 뉴욕시에서는 고작 정전사고 정도의 사회규율의 해이로 기독교의 기본 도덕규범인 '십계명'이 송두리째 배반당했다.

무신론적 사회주의 중국의 당산에서는 거꾸로 기독교의 도덕규범이 자발적으로 지켜졌다. 세계에서 가장 부자 사회라는 미국, 그것도 뉴욕시의 미국인들과 세계에서 가장 가난한 사회인 중국인들의 극한상황에서의 행동양식은 개인이나 그 사회가 소유하는 부(富)와는 무관함을 말해준다. 오히려 물질적 소유의 평등성(또는 불평등성)의 차이가 그 두 사회에서의 인간 행동양식의 도덕적 차이로 표현됐다고 해석된다.

그러던 중국사회가 그 낙후된 생산력을 강화하기 위한 방법으로 '시장경제'(자본주의)를 도입했다. 그러자 몇해 안 가서 중국사회와 중국인의 행동양식과 행위의 동기 및 목적이 미국사회와 미국인의 그것을 닮아가고 있다. 살인·강간·강도·절도·사기·횡령·마약·매춘·구걸·부정·부패…… 이기주의와 사적 재산소유제도가 성스러운 가치를 부여받는 자본주의 사회의 생리현상이다. 이 양자는 떼어놓을 수 없다. 그것은 불가분의 속성이다.

나는 그후 소련과 동유럽 사회주의 사회에서 전해오는 같은 과정에서의 같은 사회적 생리현상을 보면서 깊은 회의에 잠기는 것이다.

인간의 이기심 소유욕은 영원히 변할 수 없는 인간의 본질인가. 맑스주의의 인간성 존중의 철학사상과 그 물질적·사회적 환경으로서의 사회주의는 인간성을 변화시키기에는 부족한 것인가, 아니면 원리적으로 불가능한 것인가. 이같은 질문을 스스로 던지고는 그 답변에 고민한다.

사회주의 사회들은 한결같이 전인민의 육체·정신·정서·감정의 완전한 발육과 발전을 목표로 했고 상당한 수준의 성공을 거두었다고 자랑했다. 또 물질과 인간의 관계에서도 '각 사람이 그의 능력에 따라서 일하고 그 필요에 따라서 소유한다'는 원칙의 사회정의를 실현하려고도 한 것으로 알고 있다. 이런 가치는 주관적인 것이 아니라 과학적 방식으로 객관적으로 증명된다고 일관하여 주장해왔다.

그러나 소위 '인간성 개조'를 위한 소련의 빠블로프의 이론과 실험도 사이비 과학임이 드러난 지 오래다. '혁명적 인간형', 어쩌면 지나칠 만큼 도덕주의 경향마저 지녔던 모택동 중국 사회주의의 인간성 개조 노력도 실패했음이 분명하다. 북한의 지도자 중심의 '주체사상'을 지도원리로 하는 '사회주의적 인간형'도 사회개방에 의한 검증을 받기 전에는 자신있게 주장할 수 없을 것 같아 보인다.

나는 괴로운 심정으로 생각하곤 한다. 인간성은 본질적인 것으로서 사회환경의 개조로 변화시킬 수 없는 것이다. 그것은 이기주의인 것 같다. 그리고 그것은 자본주의적 사유재산제도를 낳은 바로 그 인간성이다. 도덕주의적 인간과 사회의 실현은 꿈일 뿐이란 말인가. 그 가능성을 어느정도 믿고자 하고 믿기도 했던 나는 비과학적인 이상주의자(또는 심하게 말해서 몽상병 환자)였던가? 지난 얼마 동안의 나의 자기비판과 고민은 이 문제를 놓고 계속되었다.

소수의 종교적·사상적 또는 혁명적 순교자만이 생명 탄생의 순간부터 사망의 순간까지 '도덕주의적 인간'으로서 90도로 꼿꼿이 서서 살

수 있다. 거의 모든 인간은 더 많은 안일·쾌락·소유를 원하는 이기주의
자일 수밖에 없음이 수많은 사회주의 국가사회에서 입증된 셈이다. 그
들 대중은 절대로 90도로 빳빳이 선 생존과 행동방식을 오래 수락할 수
없다. 그것을 위한 어떤 제도적 강제나 규칙도 거부한다. 이것이 소련을
비롯한 동유럽, 중국 등 사회주의에서 지난 시기에 입증되었다고 나름
으로 판단했다.

결국 인간성의 불가(不可) 개조성을 인정하여 이상적 인간과 현실적
인간의 절충적 형태를 수락해야 하지 않을까. 도덕주의적 인간형이 40
도 이하로 허리를 굽히면 이기주의가 압도하는 사회가 될 것이다. 후자
의 허용각도를 30도 정도로 규제하여 전자의 사회가치적 규범력을 60
도 정도 이상으로만 유지할 수 있다면 그것이 개인과 사회의 안정 및 평
형을 이루는 적정 상태가 아닐까. 그 이상의 도덕주의를 요구하면 개인
이 반대하고 사회가 무너질 위험성이 크다. 60도의 도덕사회로 만족해
야 하는가를 곰곰이 생각하고 있는 참이다.

두 인간형의 사회적 융합

그런 생각은 우리 민족의 재통일 문제를 놓고도 마찬가지다. 솔직히
말해서 나는 이상주의적 인간형에 경도했다. 강렬한 정의감, 헌신적·자
기희생적·낭만적 전제주의…… 반대로 이기주의적·기회주의적·현실
주의 인간형을 경멸하고 혐오한다. 해방 후 신생 독립국가 건설사업의
길에서 전자의 인간형이 주로 '좌(左)'의 자리에 섰고, 친일파·민족반
역자로 지목됐거나 그런 오명을 입은 후자의 인간형이 '우(右)'의 자리

로 마주 섰다.

나는 해방 당시 17세로 구제(舊制) 중학 4학년이었던 까닭에 해방 직후와 그후 몇해 동안 '좌익'을 택한 인물들과 '우익'을 택한 인물들의 도덕심의 극단적 대립을 잘 보고 경험했다. 남한의 시민으로서 말하기 거북스럽지만 그 당시 남한에서 좌익노선을 택했거나 북쪽으로 넘어간 인물들이, 해방 당시나 그후의 남한사회에서 득세한 인물들보다 인간적 윤리성에서 더 평가받았던 것은 부인하기 어렵다.

전자의 인물들은 분단된 북쪽에서 사회주의를 건설했고, 후자의 인물들은 남쪽에서 자본주의를 건설했다. 남쪽 사회는 외세 의존과 국가 주권의 상당한 양도를 댓가로 해서 일단 오늘의 자본주의의 경제적·생산적 성공을 이룩했다. 그러나 그 사회의 인간적 윤리성과 사회적 도덕성은 12시간 정전으로 드러난 미국 뉴욕시의 경우보다 결코 낫다고 장담할 사람이 있을까 의심스럽다.

국가가 총동원체제로 '범죄와의 전쟁'을 벌여야 한다는 것은 사회적·인간적 윤리성의 부재를 뜻한다. 경제적 부의 심한 불평등적 배분구조를 잠시 접어둔다면, 남쪽 국민의 생활수준이 북쪽 국민의 그것을 능가하는 사실은 의심의 여지가 없다.

북쪽은 반대의 철학으로 나라 만들기를 서두른 결과, 높은 민족적 자존과 사회구성원 상호간의 도덕적 생존양식, 그리고 동포애가 감도는 순박한 인간형 등의 사회를 실현한 것으로 주장한다. 많은 공평한 관측자·방문객 들에 의해서 그 측면의 사회적 선(善)은 증언되고 있다. 그 댓가로서 그 사회는 남한보다 경제적으로 낙후하고 국민생활 수준에서 훨씬 낮은 상태에 머물러 있다. 북쪽 사회와 그곳의 인간들이 대지진 때의 중국 당산 시민들처럼 고귀한 이웃 사랑과 이기심을 극복한 인간주의적 공동체를 건설했는지 여부까지 단정하기는 어렵다. 그렇더라도 남·북한의 인간형과 사회적 현실이 극단적으로 대립적이라는 사실은 부인할 수 없다.

우리는 언제나 흑백논리와 이치적(二値的) 가치관을 경계해야 한다. 남·북을 대립시켜서 '인간다운 생존양식의 도덕적 사회'를 택할 것인가, 또는 '돈만 있으면 어떤 물질적 향유도 할 수 있는' 물질주의적 사회를 택할 것인가라는 식의 선택을 강요해서는 안 된다. 다만, 그같이 가치의 대립이 심각한 두 사회가 통일을 지향하는 데서 진지하게 고려해야 할 문제를 회피해서는 안 된다고 생각한다.

'평화통일'의 개념과 내용은 두가지다. 첫째는 흔히 생각하는 대로 전쟁(군사력)에 의하지 않는 통일이다. 동시에 둘째는, 군사력에 의하지는 않더라도 압도적 힘의 차이에 의해서 '병합' 또는 '흡수'했을 때, 국민적 가치관과 신념체계의 정면대립으로 인해서 반란, 또는 장기적인 저항 상태로 통일국가의 내부질서가 붕괴의 위기에 처하지 않는 그런 순리적 통합이다. 그러기 위해서는 남·북이 서로 닮아가야 한다.

동·서독의 통일을 평화통일의 모델로 추구하는 사람들이 있다. 우리 정부의 북방정책의 목표가 그렇고, 진실을 모르는 많은 사람들의 견해가 그런 성싶다. 이들은 동·서독의 '평화적 통합'이 앞서 말한 첫째와 둘째 조건을 다 충족할 수 있을 만큼 인간형과 사회성 측면에서 접근해 있었다는 사실을 간과하고 있다. 그 사실에서 남·북한 사회는 동·서독과는 전혀 다른 것이다. '평화통일'의 두 조건이 거의 존재하지 않은 상태다.

동독과 서독은 대전 이후 다 같이 과거의 파시스트·나치주의자 들을 체포·숙청했다. 독일 민족의 민족적 정기를 함께 확립한 것이다. 한반도에서는 북쪽은 친일파·민족반역자의 숙청을 단행하여 민족정기와 자주성을 확립했지만, 남쪽은 불행하게도 숙청되어야 할 바로 그들이 국가를 장악했다고 해도 과언이 아니다. 이 사실은 그후 남과 북의 국가의 성격차를 조건짓는 기본적 요소로 모든 면에 확대 재생산되었다. 사회와 민족적·도덕적 가치가 달라진 것이다.

더 중요한 사실이 있다. 서독은 자본주의지만 사회주의 사상·학문·운동의 전통이 깊고, 사회주의 정당이 허용될 뿐 아니라 집권까지 하는 국가다. 동독은 사회주의지만 서독 자본주의와의 물질적·정신적 기반을 넓게 공유했다. 서독에는 간첩을 대상으로 하는 법은 있지만 동·서독 시민의 접촉을 간첩시하는 '반공법' '국가보안법' 같은 것이 없었다. 그밖에도 공통분모적 조건의 공유가 20여년에 걸쳐서 다져졌다.

남·북한 사회는, 쌍방이 그런 노력을 이제부터 적극적으로 추진한다 하더라도 10년 이내에는 동·서독적 수준에 가지 못하리라고 본다. 앞에서 자세히 지적한 것처럼 지금 남·북한의 사회 내부적 실태는 상호수용을 할 수 없을 정도로 대립적이다. 남쪽의 대중은 거의 제도화된 범죄와 소외의 처지에 있지만 일정한 개인주의적 자유를 권리로 여기는 생활에 익숙해 있다. 북한의 전체주의적·통제적 사회를 쉽게 받아들이지 않을 것이다.

반면, 북한의 대중은 힘에 의해서 병합되는 경우가 아닌 한, 약간의 경제적 혜택의 댓가로 인간성이 상실된 현재 상태의 비도덕적·범죄적 성격의 남한사회를 수락하기를 거부할 것으로 예상된다. 남·북 사회와 국민이 진정한 평화적 통일을 이룩하려면 10여년 또는 그보다도 훨씬 긴 시간이 걸리더라도 각기 내부적 실태를 동·서독 사이만큼이나 변혁해야 한다.

    남한은 사회주의를 수용하고 북한은 시장경제를 수용하여 사회의 기본적 성격을 수정해야 할 것이다. 그 노력을 거부하는 한 진정한 평화적 통일은 생각할 수 없다. 현재대로의 남한에 의한 북한 통합이 북한 주민에게 불행일 만큼, 현재대로의 북한에 의한 남한 통합도 남한 주민에게 불행이다.

    그런 까닭에 나는 '통일의 열정'에 들뜬 통일논의에 별로 찬동하지 않는다.

    진정 통일을 앞당기는 일은, 우선적으로 남·북한의 군사력 감축을 진행하는 과정과 발맞추어서 남·북의 사회를 서로 융합할 수 있을 만큼 변혁시키는 노력이다.

    우리 지식인은 통일문제에서 지금의 열을 식히고 차라리 조금 냉정해지면 좋겠다.

── 한국정치연구회 1991년 1월 26일 월례토론회; 『신동아』1991년 3월호;

『새는 '좌·우'의 날개로 난다』, 두레 1994

4
자유인이고자 한 끊임없는 노력

독서의 귀중함이나 효용에 관해서는 말하는 것 자체가 새삼스럽다는 감이 든다. 동·서양의 고금을 막론하고 역사에 빛나는 이름을 남긴 인물들이 한결같이 그것을 강조하고 또 그것을 실천한 사실로 이야기는 끝났다고 할 수 있다.

하지만 현재의 우리들이 그것을 강조할 때에는 옛 성현들이나 '지식인'의 경우와 한가지 점에서 다르다. 즉 지난날의 독서 숭상은 지배자와 소수의 관료적 지식인(엘리트)을 위한 것이었다. 독서와 과거(科擧)의 관계는 우리나라뿐만이 아니라 동·서양 모든 사회에 공통된 것이다. 즉 출세를 목적으로 한 소수의 선택된 자의 행위였다.

지금의 독서는 다르다. 그것은 한마디로 '자유인(自由人)'을 목표로 하는 모두의 노력이다. 자유인이 되고자 하는 염원에서 출발하는 누구나의 제한 없는 자기창조의 노력이다. 조금 어렵게 표현하면, 사람은 독서를 통해서 물질적 조건과 사회적 제약에도 불구하고 스스로 자유로운 결정을 할 수 있는 존재가 되고, 자유로운 존재로서의 자기에게 필요한 상황을 창조할 수 있는 능력을 획득할 수 있다.

'자유인'이란 무엇인가? 무지와 몽매와 미신의 굴레에서 자유로워진 인간이다. 고대 인간이 물질적 법칙과 현상의 원리를 깨우치는 긴 과정을 통해서 오늘의 물질적 자유인이 된 과정이다. 무지로 말미암은 미신에서의 자유가 곧 독서의 기능이었다. 독서는 곧 '과학'이었고 '지적(知的) 자유인'의 식량이었다.

대중의 무지와 영생의 희구를 지배 수단으로 삼은 종교적 미신·오류·탄압·교활·허식·권위 등과 싸우면서 '인간'의 개인적·도덕적·정신적·사상적 자유의 지평을 넓혀온 것도 독서(즉, 진리)를 통해서였다. 소크라테스나 코페르니쿠스 또는 갈릴레오 갈릴레이 등은 스스로 자유인이었고, 자신의 생명을 바쳐서 동시대의 동포들과 후세의 인류를 '자유인'으로 한 단계 높여준 '독서인'이었다. 독서는 진리요 해방인 것이다.

다음으로 독서는 사회(사람들의 조직적 생존방식)적 억압으로부터 개인을 자유롭게 했다. 스스로 자유인이고자 했던 위대한 정신과 두뇌인 장 자끄 루소의 글은 프랑스혁명의 큰 도화선이 되었다. 그의 저서는 역사적 사회조직의 무게에 억눌린 중세 대중에게도 인간적 자유와 권리가 있다는 사상·정치·도덕·윤리·사회적 '자유인'을 창출했다. 그후 맑스의 사상과 저서들이 계급적 자유의 문을 열어준다.

물질현상에 대한 미신으로부터의 지적(과학적) 자유인, 종교·윤리적 억압으로부터의 인간적 자유인, 정치·사회·경제적 예속으로부터의 사회적 자유인 등은 모두 독서를 통한 인간 능력의 해방의 결과였다. 그러나 자유인의 자격을 다 채우기 위해서는 그것들만으로는 아직도 부족하다. '지성'적 자유인을 위한 독서가 더해져야 한다.

우리는 이제 인간의 '행복' 문제에 직면한 것이다. 삶의 '내용'에 관해서다. 삶의 '질(質)'이다.

우리는 많은 독서와 경험(교육과 탐구)을 통해서 지구가 모나지 않고 둥글다는 진리를 확인했다. 우리는 부단한 진화 과정상의 현재의 존재이며, 인간보다 더 높거나 더 귀한 존재는 없다는 것을 자각하게 되었다. 우리는 어떤 특정 집단이나 계급의 이익을 위해서 나의 자유·권리·이익 등을 함부로 빼앗길 이유가 없다는 신념을 갖게 되었다. 하지만 그것들은 '나'(자아)와 어떤 '다른 것'(타자)들과의 관계에서의 자유를 위한 조건들이다. 그것은 '자유'의 외부적 그릇(器)이라 할 수 있다.

그 그릇은 채워져야 하며 채워지기를 요구한다. 무엇으로 채우는가에 따라서 그 그릇 전체의 성격과 가치가 결정된다. 무엇인가? 통틀어 '문화'라는 큰 개념으로 표현되는 인간적 창조활동이다. 음악·시·소설·무용·연극·사상·철학·회화·건축·음식·오락·스포츠…… 그밖의 모든 형태와 형식의 인간적 창조활동이다.

그 많은 창조활동의 전부는 고사하고 어느 한 분야에 통달하려 해도 우리는 높은 수준과 많은 분량의 독서와 실천을 해야 한다. 여기서 '전문'과 '교양'이 갈라진다.

자유는 곧 지성이다. 원숙한 지성이 자유인을 만든다. 이상적인 지성적 삶(인생), 즉 자유인은, 현실적이고 구체적인 삶에서 특정 전문적 기능을 획득 발휘하면서 동시에 높은 수준의 인류 보편 공통적 문화(즉 교양) 창조에 참여하거나 문화적 결과를 향유할 수 있어야 한다. 바로 이같은 인생이고자 하는 것이 현대의 독서의 목적이라 할 수 있다. 손쉽게 생각나는 대표적 지성인, 즉 현대적 '자유인'을 찾는다면 아인슈타인, 슈바이처, 삐까소, 싸하로프 같은 인생이라 할 수 있을 것이다. 그러나 그들은 예외적 삶에 속한다. 너무도 뛰어난 지성인이다. 바라건대 다만 그들과 같은 존재를 표본으로 삼아서 꾸준히 노력하는 독서 습관을 길러야 한다.

자신의 좁은 전공 또는 전문 분야에서는 뛰어나되 인류 공통의 문화적 관심을 멀리하는 삶은 자유인의 삶이라고 할 수 없다. 진정한 '자유'는 동포나 인류의 문제 또는 관심사에서 자신을 단절하는 삶이 아니다. 오히려 동포, 국민, 민족, 나아가서는 인류…… 다시 말해 통틀어 '인간'의 현실에 깊고 넓은 관심과 지식을 가지고 그 행복을 위해서 늘 생각하고 행동하는 삶이다. 그 바탕은 뭐니뭐니 해도 잘 선정된 독서를 통해서 구축될 수 있다. '선정된' 독서란 잡독이나 남독이 아니라는 뜻이다.

높은 수준의 교양인, 웬만한 지성적 사고력과 인식능력을 갖추기 위해서도 평생 동안 독서를 게을리할 수 없다. 우리 범인(凡人)들에게는 좁은 전문지식을 위한 독서조차 쉬운 일이 아니다. 하물며, 예술·문학·종교·사상·철학·과학…… 등 다양한 분야에서 웬만큼 높은 '교양적' 지식을 고루 갖추기 위해서는 반드시 정평있는 선정된 도서를 체계적으로 읽는 노력이 중요하다.

특히 고등학교까지의 교육 과정을 마치고 대학에 들어간 젊은이들에게는 단순한 기능적인 '지식인'이 아니라 '지성인'이 되기를 진심으로 권고한다. 동·서양의 진정한 지성인들의 삶을 보면 거의 예외없이 20대에 높은 교양적 축적을 다한 사실을 알게 된다.

독서를 통해 자신의 단단한 지적 몽매가 한구석씩 깨어지는 순간의 감격은 거의 종교적 희열과 같다. 그 과정을 통해서 사람은 스스로 자유로운 결정을 할 수 있는 존재가 되고, 자유로운 존재로서의 자기에게 필요한 상황을 창조할 수 있는 통찰력과 능력을 획득할 수 있다.

우리 모두 '자유인'이 되기 위해 애써 독서하는 삶을 살자.

——『새는 '좌·우'의 날개로 난다』, 두레 1994

5
강요된 권위와 언론자유
: 베트남전쟁을 중심으로

우화

옷을 입지 않은 임금을 보고 벌거벗었다고 말한 소년의 우화는 그 소년의 순진함이나 용기만을 말하려는 것은 아니다. 언젠가는 진실은 반드시 진실대로 밝혀지게 마련이라는 인간 생활의 진리를 말하려는 것만도 아니다. 그러나 이 우화의 해석은 대체로 그 우화를 구성하는 일련의 인과적 요인들이 엮어내는 '과정'에 대해서는 깊게 들어가지 않는 것 같다. 그 보이지 않는 비단옷이라는 것을 팔러 온 형제 상인은 어째서 그토록 맹랑한 술책이 먹혀들어갈 것이라고 생각했던 것일까. 임금에게 있지도 않은 옷을 입혀놓고 아름답다고 한 임금 측근자들의 이해관계는 어디를 향해 있던 것일까. 임금이란 으레 아첨배에 속게 마련인 것일까. 그리고 옷을 걸치지 않고도 입었다고 우기는 '통치자의 진리와 권위'는 임금의 것인가 측근 아첨배의 것인가. 이와 같은 '허구와 허위'는 통치자들의 속성이어야 하는가. 허위가 진리의 가면을 쓰고 나타날 수 있는 그 사회의 제도와 풍토는 어떤 것일까. 그 많은 백성들 가운데 임금의 알몸뚱이를 들여다볼 수 있는 사람도 많았을 텐데 왜 모두들 입을 다물고 사실을 말하지 않았을까. 또는 못했을까.

가장 어리석은 소년에 의해 온 사회의 허위가 벗겨지기까지 그 임금과 재상들과 어른들과 학자들과 백성들은 타락과 자기부정 속에서 산 셈이다. 마침내 한 어린이가 나타나서 보다 현명한 어른들을 타락에서 구하기는 했지만, 그동안 이 왕국을 지배한 타락과 비인간화와 비굴과 자기모독, 그리고 지적 암흑 상태가 결과한 인간파괴와 사회적 해독은 무엇으로 측량할 것인가.

인간해방과 사상의 자유의 역사는 어차피 독선에 대해 회의(懷疑)가, 권위에 대해 이성(理性)이 승리를 거두는 긴 투쟁의 되풀이임이 틀림없다. 우화도 그렇고 현실도 그렇고 역사는 한 단계의 투쟁이 끝나면 으레 '임금은 알몸이다'라고 폭로한 소년의 용기에 열중한 나머지, 힘없는 소년에게 그런 엄청난 임무를 떠맡기게 된 그 사회의 실태에 대해서는 눈이 미치질 않는다. 문제시해야 할 중요한 것은 그 영광(또는 해결)까지의 과정에 얼마나 많은 인간적 타락과 사회적 암흑과 지적 후퇴가 강요되었느냐 하는 사실을 인식하는 일이겠다.

법적 구조와 정치의 내적 정신

베트남정책에 관한 미국정부의 비밀문서를 세상에 폭로 보도한 『뉴욕타임즈』의 용기는 정부 또는 권력에 대한 자유언론의 승리라는 차원에서 예외없이 치하되었다. 미국 언론사상 사전검열을 금지한 헌법(수정 제1조)을 둘러싸고 처음으로 전개된 법적 투쟁 과정에서 보여준 신문과 정부의 태도는 한마디로 페어플레이 그것이다. 세계의 정부와 언론 기관은 물론 생각 있는 모든 사람이 숨을 죽이고 지켜본 이 역사적 사건을 더욱 극적으로 종결지은 것은 직업적 독립성과 시민적 양식을 남김 없이 입증한 대법원 판사들이다.

국가의 안전을 제일의적(第一義的) 임무로 여기는 정부와, 사회의 질서를 유지하려는 법정(法庭)과 민주사회의 이성적 발전을 믿는 자유언론의 어느 하나도 그 기본원리인 양식과 준법정신에 오점을 남기지 않고 그토록 중대한 분쟁을 해결할 수 있었다는 점에서, 그것은 언론의 승리이자 동시에 진정한 뜻에서의 정부의 승리이기도 하다. 행정권력이 법보다 우위에 선다고 맹신하거나 견강부회하기 좋아하는 집권자의 나라였으면 판결은 달리 나왔을 것이다. 사법부의 독립성을 믿을 수 없는 나라였으면 신문은 처음부터 그와 같은 대담한 폭로 기사를 보도할 생각도 못 했을 것이고 법의 판단에 기대하지도 않았을 것이다. 마찬가지로 자유언론이 존재하지 않는 사회였으면 그와 같은 행정권력의 페어플레이 정신과 사법부의 독립성도 존재하지 않았으리라는 것은 당연하다.

그러고 보면 베트남전쟁에 관한 정부의 비밀문서를 폭로 보도하여 야기된 미국사회의 커다란 시련은 일차적으로는 자유언론의 귀중함을 헌법에 못 박은 건국의 아버지들의 영광과 그 정신을 극한의 대립 속에서도 저버리지 않고 그 정신의 토대 위에서 문제를 해결한 195년 후의 자손들의 명예를 한층 더 빛나게 해주었다.

세상에는 불과 10년 전 또는 2, 3년 전에 자기 손으로 만든 헌법과 헌법의 정신을 헌신짝처럼 편의에 따라 내동댕이치는 정부가 허다함을 생각할 때 195년 전의 정신을 문자 해석에까지 충실하려고 노력한 국민의 양식은 본받을 만하다.

문제의 비밀문서 보도금지에 반대하는 다수 법관의 견해를 대변한 휴고 블랙 판사는 헌법의 용어와 어구는 바로 그 '어구대로' 해석해야 한다는 것을 그 판결문에서 다음과 같이 강조하고 있다.

이 개정된 헌법하에서는 정부의 어느 부도 국민의 출판·언론·종교·집회의 자유를 제약할 수 없게 되어 있다. 그런데도 (정부는) 이것을 제약할 수 있는 것으로 해석해야 한다고 주장하고 있다. 본 법원의 일부 법관들도 이에 동의하는 것 같다. 역사를 이 이상 왜곡하는 일은 상상할 수가 없다. 매디슨을 비롯하여 헌법 제1개정조항을 마련한 이들 유능한 분들은 절대로 잘못 해석될 수 없으리라고 그들이 진지하게 믿었던 용어로 분명히 다음과 같이 썼다. "의회는 출판의 자유를 제한하는 (…) 법을 제정할 수 없다." 이 제1개정조항의 역사와 용어는 언론기관이 그 출처에 관계없이 검열이나 금지명령이나 사전금지를 받지 않고 뉴스를 자유로이 발표할 수 있어야 한다는 견해를 뒷받침해주고 있다.

'절대로 잘못 해석될 수 없으리라고 그들이 진지하게 믿었던 용어'로 분명히 씌어진 헌법조항을 견강부회하려는 세력에 의해서 국가의 비극이 초래된 사례들을 생각할 때, '용어 그대로 생각하자'는 헌법해석의 태도가 국가권력과 언론의 관계를 규정하는 유일한 척도여야 하겠다.

옛 먼 나라의 우화는 '왕은 옷을 안 입었다'고 진실을 말한 소년의 그 후에 관해서는 이야기하지 않는다. 아첨의 무리들이 왕에게 소년을 벌하라고 요구했을 것은 『뉴욕타임즈』에 대한 미국정부 내부의 관료들의 발언을 보아도 짐작할 수 있다. 반대로 허위의 권위가 벗겨진 왕은 차라리 아첨배들을 벌하고 진정한 권위를 되찾게 해준 소년에게 상을 주었을지도 모른다. 그렇다면 모든 정의와 진실은 사는 셈이다. 보면서도 못 본 척했거나 알면서도 말하지 않고 있던 많은 '현자'들과 백성은 스스로의 비굴을 뉘우칠 것이다. 그러면 임금도 살고 백성도 사는 왕국이 되어 몇천년 뒤의 동화는 이 파멸에서 되살아난 왕국의 행복을 전해줄 것이다.

이와 같이 위기에서 되살아날 수 있는 하나의 사회 내면적 자질에 관해서 프랑스 정치학자 또끄빌은 "문제는 법적 구조보다도 정치의 내면 정신에 있다"고 말한다. 베트남전쟁 비밀문서를 에워싸고 일어난 미국 내의 사태는 법적 구조의 굳건함과 아울러 정치의 내적 정신의 건전함도 입증했다고 할 수 있다. 하나의 국가나 국민의 생활원리가 되어주는 일반적 정치의 내적 정신이 건전하지 않을 때 법적 구조의 건전이란 기대하기 어렵다. 한달 동안을 두고 분쟁을 소개하거나 평가한 우리나라 언론기관의 관심도 요약하면 주로 이 법적 구조와 정치의 내적 정신의 측면에서 표명되었다. 외국의 경우도 그랬고, 어쩌면 외국 신문의 관심의 각도가 그러했던 탓인지도 모르겠다. 다시 우화를 들어 말하자면, 소년의 용기와 그것이 그 왕국의 제도 속에서 갖는 중요한 의의 같은 측면이다.

그러나 어떤 이유인지 그 어리고 힘없는 소년이 나타나서 진실을 지적할 때까지 오랜 시간에 걸쳐 이루어진 그 왕국의 사회적 침체와 그 신민(臣民)들의 도덕적 타락에 관해서는 언급되지 않고 있다. 임금이 진리를 외면하고 권력의 측근 아첨배들이 왕국의 기본 정신을 왜곡하여 허위를 진실로 내세우는 과정에서 나타난 많은 신민의 생명에 대한 파괴와 왕국의 발전에 대한 반동은 별로 논의되고 있지 않다. 더욱이 그 피해가 어리석은 그 왕국과 왕국 신민들에 국한된 것이 아니라 그와 같은 엄청난 '허위'와 '허구'에 입각한 정책으로 말미암아 죄 없는 남의 나라의 수백만 신민을 죽이고 왕토(王土)를 파괴한 죄에 대해서도 별로 구명됨이 없는 것 같다.

국록을 먹는 선비나 학자들도 많았을 터인데 그들은 왜 임금이 소수의 무리들에게 농락되고 있다는 것을 몰랐는가 하는 문제도 그렇다. 모든 어른은 임금이 분명히 옷을 입지 않고 있다는 것을 알고 있었는데 그들이 입을 열지 못하게 한 그 왕국의 제도는 어떠했고 누가 그렇게 만들었는가 하는 문제를 구명하는 데서 우리는 무엇인가를 배울 수 있다.

한마디로 말해서『뉴욕타임즈』사건의 의의 중 중요한 한 면이 우리나라 언론과 식자들에게 인식되지 않았다고 해야 할 것 같다.

우리나라 언론은『뉴욕타임즈』가 보도한 그 분쟁의 핵심인 '베트남전쟁에 관한 미국정부의 비밀문서' 그 자체는 읽지 않고, 다만 정부 대 언론의 극적인 투쟁만을 따른 것 같다. 미국 언론의 승소(勝訴)가 아무리 빛나는 결과라고 하더라도 비밀문서로 밝혀진 그 30년간의 과정에 뿌려진 추악함과 독선과 비인간성은 회복할 길이 없다. 더욱이 거의 절대적인 힘을 가진 미국이라는 강대국의 국가권력이 광기를 띠게 되는 경위가 중요하다. 남은 하나도 속지 않았는데 거꾸로 자기 스스로를 기만하는 권력이라는 최면술이 자기 사회와 남의 민족까지 파멸의 구렁텅이로 몰고 가는 메커니즘을 이 비밀문서는 소름 끼칠 만큼 감춤 없이 드러내 보여주고 있다. 국가권력이 이성을 상실해가는 이 긴 과정을 뉘른베르크 전범재판 기록 이상으로 상세하게 드러내고 있다는 점에서 이 문서는 역사적 가치가 있다.

국가권력과 이성

한 작품의 해피엔드는 과정의 줄거리가 가열될수록 더욱 행복하게 느껴진다. 고뇌와 비참과 과오가 아무리 처절했어도 종말이 행복하면 그 과정은 그것으로 잊혀진다. 『뉴욕타임즈』와 정부의 관계도 이와 비슷하게 받아들여진 감이 있다. 그러나 해피엔드로 슬펐던 과정을 잊을 수 있는 것은 관객의 경우다. 슬픔을 겪은 주인공은 종말의 행복보다도 불행했던 과정에서 잃어버린 가치를 아쉬워하게 마련이다. 그 차이는 불행을 체험한 사람과 그것을 감상하는 사람의 위치의 차이다.

베트남전쟁은 『뉴욕타임즈』의 해피엔드와는 관계없이 계속되고 있다. 그리고 미국 국민은 물론 우리나라 국민들도 이 문제에서는 당사자이지 관객이 아니다. 어쩌면 모든 인류의 양심과 가치를 시험한 전쟁이라는 스페인내란과 마찬가지로, 베트남전쟁은 현시대를 사는 모든 인류를 시험하는 전쟁이라고 할 수 있다. 그러기에 이 전쟁에는 관객이 없다. 모두가 슬픈 주인공일 수밖에 없다. 『뉴욕타임즈』대 정부의 대단원을 해피엔드로 관람한 우리들에게는 이제부터 베트남전쟁 정책의 진실을 말해주는 소위 '미국 국무성 비밀보고서'라는 것을 면밀히 검토해볼 의무가 있다. 이 보고서 속을 체험자의 마음으로 걸어나오지 않고는 해피엔드의 의의를 파악할 수 없을 뿐만 아니라 행복한 종말도 우리에게 아무런 교훈이 될 수 없을 것이다. 이 비밀문서는 현대 국가를 구성하는 모든 구성분자에게 한없이 많은 교훈을 제공한다. 이 보고서를 한마디로 규정하자면, 베트남전쟁의 한쪽 당사자이며 더욱이 전쟁을 일으키고 그것을 계속 확대해나갔다는 점에서 거의 전면적인 책임을 지고 있다고 할 미국 지도자들의 일종의 '자기비판 진술'이라고 할 수 있다. 그러나 그것은 임금만의 책임을 비판한 진술서는 아니다. 관료와 군부, 학자와 전문가, 지식인과 국민대중…… 어느 하나도 그 응분의 책임을 다하지 않은 결과로 계속된 비극의 진술서다.

이 비밀문서는 한 국가의 지도자와 국민이 방향감각을 상실할 때 어떤 일이 일어나며, 가장 큰 책임을 져야 할 지식인들이 어떻게 해서 그 책임을 포기하게 되는가를 여실히 밝혀주었다.

비밀문서가 밝혀지기까지의 경위와 문서의 내용을 통해서, 우리는 바로 우리 사회와 우리 자신들의 문제로 생각해봐야 할 숱한 문제들에 마주친다.

두가지 언론형

『뉴욕타임즈』의 용기는 반사적으로 우리 언론의 두가지 유형을 연상시킨다.

하나는 '나도 그렇게 생각하고 있었다'는 유형이고, 또 하나는 '이제는 비밀을 말할 수 있다'는 유형이다.

전자는 진실을 알고 있으면서도 말도 발표도 하지 못하고 있던 언론이나 지식인이 문제를 자유롭게 논할 수 있는 객관적 상황의 변동이 생기자, 말하지 않고 있던 비굴은 제쳐놓고 알고 있었다는 것을 내세우는 유형이다. 지식인과 언론의 소임에 이처럼 모독적인 유형은 없다. 최근 미국 대통령 닉슨의 북경 방문 결정이 발표되자 우리의 인쇄 및 전파 미디어와 언론은 한달을 두고 제각기 긴장완화의 필요성을 강조하는 교수·기자 들의 발언으로 정신을 못 차릴 형편이다. 그러나 바로 두달 전, 선거에서 극동과 한반도의 긴장완화 문제가 중대한 이슈로 등장했을 때 그 필요성을 이론적으로 밝혀준 학자나 기자가 몇명이나 있었는가 를 생각하지 않을 수 없다.

한국 국민은 닉슨의 중공 방문에 하늘이 무너질 듯 놀랐다. '영원한 적'일 수밖에 없는 것으로 확신하고 있던 한국 국민은 그 보도 이후 한국의 안위와 국가적 방향과 자기 이해관계를 걱정하기 시작했다. 만일 요즈음 앞을 다투어 극동정세 해빙의 불가피성을 알고 있었음을 자랑하는 지식인과 언론이 평소 그 소임에 10분의 1만 충실했더라도 국민들은 국제정세 진전의 낌새를 어느정도는 알아차리고 있었을 것이다.

우리의 언론과 지식인은 한마디로 반공(反共) 외의 딴 가치나 진실을 말하지 못했다. 그러한 지식과 사상이 있었다는 사실 자체는 가치가 없다. 어떤 개인의 지식이나 사상은 그 개인의 사회적 관계 속에서 얻은 것이기 때문에 마땅히 사회 계발을 위해 반환되어야 한다는 이론을 고집하지 않아도 좋다. 소크라테스처럼 자기의 지식과 사상을 부인하기보다는 차라리 죽음을 택하겠다는 자세를 누구에게나 요구할 수는 없다. 그렇더라도 운명을 같이할 수밖에 없는 한 사회의 대중이 오도된 사고방식이나 정세 판단을 하고 있을 때 그것을 깨우쳐야 하는 것은 언론과 지식인의 최고의 책임이자 의무다.

미군 철수에 관한 기사를 6개월 동안이나 보도하지 못하고 있던 언론 기관은 느닷없이 공식 발표된 뒤에 일어난 국민의 불안과 동요에 대해 그 책임을 통감해야 마땅했다. 그러나 권력의 압력에 대해서 그 전에도 그렇고 그후에도 이 나라의 언론은 조금도 반성하는 기색이 없다. 세계적 사조와 국제정세의 변천에 무지몽매한 상태로 억압되어 있던 이 나라 국민에게는 앞으로 놀라운 소식이 무수히 전해질 것만 같다. 언론과 지식인이 알고 있는 지식과 갖고 있는 사상을 발표해야 하는 때는 내일이 아니라 바로 오늘이다. 내일 발표되는 지식은 이미 주위 사람에게는 무의미한 것이다.

'비화(秘話)' 언론도 마찬가지다. 중일전쟁 당시 일본제국 육군은 남경(南京)에서 30만명의 중국인을 학살했다. 그러나 전쟁이 끝날 때까지 이 사실의 편린이나마 보도한 일본 신문은 하나도 없었다. 본국의 일본 국민에게 이 천인공노할 사실이 밝혀진 것은 패전 후, '이제는 말할 수 있다'는 비화식 언론을 통해서였다. 있는 사실이 그 자리에서 그 시각에 보도되지 못하고 안전한 상황하에서 비화로 밝혀져야 했던 그동안 일본의 지도자들은 더욱 악독한 범죄집단으로 화했고 국민대중은 무지와 환상 속에서 더욱 인간의 존엄성을 상실하고 타락했다. 미국 시민은 군인 신분이면서도 미라이촌(村) 베트남 양민학살 사건을 세상에 폭로했고, 미국의 지성인은 고위 관리이면서도 자기 정부의 기만에 가득 찬 베트남정책을 국민의 양심에 고발했다.

일본의 지식인은 10년 뒤에 비화를 엮어 원고료를 벌려고 한 데 반해, 미국의 지식인은 자신을 권력의 핍박 앞에 내맡기면서 사회의 조직적·제도적 불의와 악에 항거했다. 우리 사회의 가장 비극적인 사건이던 거창(居昌) 양민학살 사건, 국민방위군 집단 아사(餓死) 사건 등을 비롯한 수많은 대소 사건들이 비화로서만 밝혀지는 동안 민중의 생명을 파괴한 책임자들은 영화를 누렸다. 최근의 소위 한강 변 정(鄭) 여인 사건만 하더라도 사건 발생 이틀 동안은 제법 상세한 보도가 있더니 사흘째부터는 보도기관이 무슨 명령에 따른 듯, 일제히 정부의 발표문만을 게재하는 괴이한 태도를 보였다. 어렴풋이나마 그 진상을 파헤치고 상세한 내막을 보도한 것은 도리어 외국의 『워싱턴포스트』지다. 국내보도는 억압되었다.

소위 국방이니 국가안보에 관한 보도라는 것을 보아도 정부의 발표문을 옮겨놓는 구실밖에 못 하고 있다. 국가안보에 관한 것일수록 언론기관은 정부 발표와는 별도로 독자적인 예리하고 광범위한 취재를 해그 '사실'을 국민에게 알려야 할 것이다. '국가안보'라고 정부가 딱지를 붙이기만 하면 그것은 국민을 대표하고 대변해야 할 언론기관의 직접취재의 권외로 밀려나간다.

오늘의 사실을 오늘에 규명하지 않고 먼 훗날 '이제는 말할 수 있다'고 비화나 읽을거리의 자료로 생각하는 한, 통치계급의 횡포는 계속되고 대중은 암흑을 더듬는 상태를 지속할 수밖에 없다. 임금의 귀가 당나귀 귀임을 안 이발사가 그 사실을 말할 수가 없어 산속 굴에 들어가 '임금님 귀는 당나귀 귀'라고 소리친 것은 차라리 우리 언론기관보다는 애교가 있다. 그 이발사는 그 사실을 당장에 알려야 할 사회적 의무가 없기 때문이다. 우리의 언론은 대중에 의해서 그 요청을 받고 있으며 보도기관은 그 임무를 자청하며 조직된 기관이다.

관리가 된 지성인

베트남전쟁 비밀문서는 마치 드라마의 대사를 읽는 느낌을 준다. 첫줄에서 마지막 페이지까지 국가정책 수립 과정에 참여한 행정부 관료기구 속의 지성인들이 베트남전쟁이라는 비극 속에서 제각기 성격배우로서 파트를 연출한다. 정부가 민주적 성격을 띠는 한 원칙적으로 지성인과 관료 사이에 모순이나 대립개념은 서 있지 않다. 그러나 형식은 어떻든 본질적으로 비민주적이고 소수 이익의 위탁자 역할을 하거나 부패한 정권을 돕는 지식인은 반지성적이고 따라서 반국민(민중)적일 수밖에 없다.

미국정부를 일단 민주적으로 보고 또 직업군인·관료를 제외하면 월트 로스토우, 로버트 맥너마라, 조지 볼, 대니얼 엘즈버그의 4인으로 특색 있는 주역이 두드러진다.

국무성 정책기획위원장으로, 뒤에 존슨 정부의 국가안보담당 특별보좌관인 월트 로스토우는 전(全)문서를 통해서 미국의 국가이념을 반공과 군사적 대국주의(大國主義) 및 대국에고이즘에 입각한 팍스 아메리카나로 믿는 광신적 지식인의 면모를 여실히 나타낸다. 중세기 암흑시대의 봉건왕제나 교권을 수호하려는 어용학자를 연상케 한다. 베트남전쟁의 민족해방·사회혁명적인 성격에는 눈을 딱 감고, 베트남정책의 파탄이 분명해진 단계에서도 오직 대국 미합중국의 아시아 지배권 상실과 국가적 체면유지만을 목적으로 한 건의를 하고 있다. 식민지 민족의 염원에는 아랑곳없을 뿐만 아니라 국무성 정책 담당자로서 그리고 뒤에는 미국의 대외정책을 쥐고 흔드는 대통령 특별보좌관으로서의 자기 개인의 권위가 정책 파탄으로 실추될 것만을 방지하기 위해 날이 갈수록 투쟁적으로 나타남을 본다. 세계적 사조에 대한 개의나 이성적 비판은 그의 관심사가 아니며 그에게 뜻있는 것은 오직 '권력의 철학'뿐이다. 히틀러의 보좌관 헤스의 전기를 다시 읽는 감이 있으며 대영제국주의자 처칠의 화신을 보는 느낌이다. 이와 같은 지성인을 잠시나마 최고정책 책임자로서 필요하게 되는 한 정부의 제도적·정신적 풍토가 문제이겠다. 결과는 베트남정책의 파탄이며, 또 그 결과는 당연한 논리로 그의 반지성적 오욕으로 끝났다.

국방장관 로버트 맥너마라는 인간의 최고의 자질, 즉 이성과 의지와 가치관과 희생심마저도 전자계산기로 산출할 수 있다고 믿는 현대의 과학·기계만능주의적 지식인을 대표한다. 그가 신봉하는 미국의 온갖 과학과 기계의 힘은 베트남 인민이 아니라 미합중국사회의 파괴와 좌절을 초래했다. 경제 위주, 물신주의(物神主意), 물질적 현대화, 공업화, GNP만 섬기고 '도덕적·정신적 인간'의 가치를 경시하는 지식인에게 중요한 교훈일 수 있다. 이 '걸어다니는 전자계산기'가 중도에서 관직을 떠난 것은 스스로 추진한 베트남전쟁의 부도덕함을 깨달아서라기보다는 그의 전문인 '경제-효율'적 견지에서 '수지맞지 않는 전쟁'임을 확신한 탓인 듯하다. 그렇기는 하지만 다소는 정책의 '윤리적 측면'도 고려한 경향이 있다는 점에서, 그리고 정책이 실패했을 때 책임자로서 물러설 줄 알았다는 점에서 로스토우보다는 지성적이라 하겠다.

힘의 철학과 체면이 지배하는 관료기구 속에서 국무차관 조지 볼은 로스토우나 맥너마라와 대조적이다. 문서 전체를 통해서, 미국 군대의 체면만을 생각하는 테일러 등 군부지도자들과 정면으로 맞서면서 이성을 호소한다. 그는 베트남전쟁이 특수한 전쟁임을 인식한 유일한 관료였으며, 일시적인 전쟁 패배에서 오는 국가위신의 손상보다 부정하고 승산 없는 정책을 고집함으로써 받을 장기적이고 보다 근본적인 국가위신의 추락을 염려한다. 그는 1965년 7월 1일자로 대통령 존슨에게 보낸 건의에서 베트남전쟁은 지는 전쟁이라는 것, 미국 정책은 황색인종을 상대로 하는 백인종의 전쟁이라는 사실, 소위 도미노이론이라는 것의 허구성을 강조한 후에 다음과 같이 말하고 있다.

우리의 개입도가 커지면 커질수록 국가적 치욕 없이는 우리 목표의 완전 달성을 중도에서 멈출 수가 없게 됩니다. 국가적 치욕을 당하느냐 목표를 달성하느냐의 두개의 가능성 가운데 우리가 아무리 큰 댓가를 치른다 하더라도 목표 달성보다는 국가적 치욕이 더 심각할 가능성이 크다고 생각합니다.

진실을 외면하면서 눈앞의 체면만을 고집하는 군부장성들과 많은 민간 엘리트 속에서 고군분투하는 조지 볼은 자세를 끝내 굽히지 않았다. 관료기구 속에서 반지성화하지 않는 바람직한 이상적인 지성인의 한 유형이다.

베트남정책의 수립을 위한 조사연구에서 시작하여 정책수습 과정의 핵심적 지위에까지 올라갔다가 기밀문서를 전세계에 폭로한 대니얼 엘즈버그는 햄릿적인 과정을 밟아 하나의 진리를 실천한 독특한 지성인이다. 그의 행동에 대해 우익적 여론과 군부에서는 비난과 인신공격, 중상이 쏟아져나왔다. 그러나 진실과 이성이 작용하지 않는 매머드화한 관료기구 속에서 자기의 임무와 정부의 정책이 부정이며 불의임을 깨달았을 때 진정한 국가이익을 위해 진실을 밝힌 용기는 고민하는 지성인의 최고의 자세인 듯하다.

소위 국가기밀이나 국가이익이라는 것이 민주사회의 국민을 시종일관 기만하는 정부체제와 세력에 의해 이용될 때는, 그 집권자와 집권세력의 기만을 폭로하는 것 이상으로 애국적인 행위는 있을 수 없다. 지성인의 최고 덕성은 인식과 실천을 결부시킨다는 것이다. 엘즈버그는 그의 객관적 인식 변천의 과정에서 로스토우 — 맥너마라 — 볼의 단계를 거쳐 그 자신에 도달한 것이다. 그가 처음부터 엘즈버그였던 것이 아니라, 로스토우에서 시작하는 사상발전의 과정에서 가슴을 에는 수년간의 고민을 겪었다는 사실은 오히려 그의 실천의 뜻을 깊게 해준다. 그의 행동을 비난하는 사람들에 대한 스탠리 호프먼의 다음과 같은 말은 정곡을 찌른 것이다.

비난받아야 할 일은 허위의 커튼을 활짝 열어젖힌 엘즈버그 박사의 극적인 행동이 아니다. 오히려 비난받아야 할 것은 그 장막의 뒤에서 이루어져온 일들, 음모에 관한 모든 진상을 알고 있으면서도 눈치를 살피거나 그에 방조하거나 갈피를 못 잡거나 침묵했을 뿐 그것을 밝혀내려 하지 않은 사람들의 행동이다. 진실로 놀라운 것은 엘즈버그와 같은 고위 관료들 속에서 더 많은 엘즈버그가 나오지 않았다는 사실이다. (『뉴욕타임즈 위클리』 7월 18일)

국가이익: 지배자의 논리

신문 관계자들의 말에 의하면, 우리 사회에서는 일본 군대 지도자들의 내왕 같은 것도 정부가 대부분 '국가이익' 또는 '국가안보'의 이유로 밝히지 않고 있다. 심지어 신문 관계자들 자신이 일본군 간부들의 왕래를 알 경우에도 정부의 '뜻을 받들어서' 보도를 '자율규제'하고 있다고도 말한다.

국민의 시대적인 관심의 초점이 되어 있는 이런 문제마저 국민에게는 알려지지 않고 있다. 구체적인 문제에서는 미국에 적용되는 원리와 우리 사회에 적용될 원리가 다를 수도 있겠지만, '가장 진실을 잘 알고 있는 국민이 가장 국가를 위할 줄 안다'는 기본원리는 공통으로 통한다. 진실은 비판을 낳는다. 어떤 사회도 어떤 정부도 비판의 여지없이 최선이거나 만능일 수는 없기 때문이다. 그럴수록 민주제도는 진실─비판─개선의 끊임없는 과정을 걸어갈 수 있다. 진실이 알려지는 것을 두려워하는 사회체제나 정부는 분명 비판에 견딜 수 없는 체제와 정부다. 그러기에 비판을 봉쇄한다. 비판이 허용되지 않는 사회는 개선과 향상이 없고 그 결과는 더한층의 타락이며, 타락한 제도를 유지하려는 지배세력은 탄압에 호소하는 악순환 속에 침체할 수밖에 없다.

국가이익을 해치고 국가안보에 중대한 영향을 끼친다고 미국정부가 공개를 반대한 그 비밀문서를 숙독해보면, 그것이 공개됨으로써 타격을 입을 것은 국가나 국민이 아니라 집권자와 정책에 참여한 인물들의 위신과 체면뿐임을 말해주고 있다.

베트남전쟁이 상대방에서 시작되었다는 선전으로 국민을 끌고 들어간 재화(災禍)의 진상은 종전 직후부터 역대 미국정부의 조작 결과라는 것밖에 밝혀진 것은 없다.

몇해 전, 국회에서 정부가 제출한 한·미 석유협정이라는 것을 놓고 연일 토의가 벌어졌다. 협정은 미국 측이 일방적으로 작성한 안으로서 그 예비토의에 참가한 한 정부 관리는 "하도 한국의 주권을 무시한 일방적인 내용이기에 역사에 이름이 남을까봐 첫 회의 이후에는 참석을 거부했다"고 말했다. 이 협정안이 양국 정부에 의해 그대로 조인되어 국회에 회부되었다.

이 국회심의에서 한 전직 장성이 그 일방성을 깐깐히 지적하면서 강력히 수정을 요구했다. 항목마다 지적하는 이 국회의원에 대해 분과위원장은 "누구나 그 사실은 알고 있습니다. 그러나 그것은 미국 측이 꼭

원안대로 통과되기를 요구하는 것이기 때문에 너무 그것을 문제삼으면 한·미 간에 균열이 생깁니다. 그냥 통과시킵시다"라고 발언을 제지하고 그대로 통과시켜버렸다. 그에 관한 의사록이 있다.

한국 국민의 지성의 전당이어야 할 국회는 국가이익이라는 이름 아래 외국의 이익을 보호하고 있는 셈이다. 국가이익이나 국가안보라는 표현을 빌린 내용과 실태를 분석해보면 그 문제와 관련된 어느 특정 개인, 또는 어느 특수 이익집단과 세력임이 드러난다. 한국의 외채고(外債高)와 상환 전망을 보도하여 한 신문사가 발칵 뒤집힌 기사의 내용은 정부 경제정책의 이해이며, 외채와 관련된 재벌들의 이해관계다. 베트남전쟁에 파견된 국군의 전사상(戰死傷) 상황 보도가 국가이익을 해친다면, 그것은 일차적으로는 파월을 결정한 정부나 전상자 공개를 꺼려야할 어떤 이유가 있는 군부의 이해관계 때문일 것이다. 앞서 언급한 한강변 여인 살해사건이 어떻게 해서 국가이익과 관련되는지도 해명되지 않는다.

대만(臺灣)으로 패배해 온 1949년 이래 여태까지 계엄령이 선포되어 있는 국부(國府)사회에서는 공식 발표 외에는 모든 것이 국가이익과 국가안보를 해치는 것으로 강변되고 있다. 그 결과는 지금 세상의 눈앞에서 비극적으로 전개되고 있다.

진실을 따지고 보면 국가이익이나 국가안보라는 것은 즉각적인 피해가 예상되는 군 이동이나 작전계획 등을 제외하고는 모든 사실이 진실대로 밝혀짐으로써 가장 잘 보호될 수 있다.

해럴드 래스키가 "권력자란 자기의 부정과 과오를 은폐할 수만 있다면 그 목적을 위해서는 언제나 국민의 자유를 부정하려 한다. 그리고 권력자에 의한 이 자유의 부정이 성공할 때마다 다음번에 자유를 부정하는 것은 그만큼 쉬워진다"(『현대국가에서의 자유』)라고 말한 것은 통치세력의 논리를 정확히 표현한 것이다.

거의 모든 시민의 자유와 권리가 통치자의 논리로 억압되어 있는 사회에서는 『뉴욕타임즈』 소송에 대한 미국 대법원의 다음과 같은 판결문이 어떤 원리가 되어준다.

'안보'라는 용어는 광범하고 막연한 뜻을 지닌 일반적 개념으로서, 제1 개정조항에 구현되어 있는 기본법을 폐기하기 위해서 그 개념이 '동원'되어서는 안 된다. 군사적·외교적 비밀을 지키기 위해서 국민의 알 권리를 희생시킨다면 그것은 이 나라의 참다운 안보를 위하는 소위가 아니다. (…) 이러한 생각은 1937년 대법원이 어떤 사람이 공산주의자들의 모임에 참가했다고 해서 그것만으로 처벌할 수 없다고 판시한, 위인이며 명판사인 당시의 휴즈 대법원장에 의하여 다음과 같은 웅변으로 풀이되었다. "우리의 제도를 힘과 폭력으로 전복하려는 선동으로부터 우리의 사회를 지켜야 할 중요성이 크면 클수록 정부가 국민의 뜻에 부응할 수 있도록, 그리고 원한다면 평화적인 수단으로 변화를 가져올 수 있도록 자유로운 정치토의의 권리를 침해하지 않고 지켜야 할 필요성은 더욱 절실하다. 바로 거기에 공화국의 안보가, 입헌정부의 토대가 놓여 있다."

우리의 주변에서 일어나는 일은 다음의 한마디에 그친다.

국가안보라는 이름으로 집권세력이 내세우는 국가이성은 처음부터 이성적 토의를 그 분야에서 배제해버리려는 원리다. 바로 이처럼 간단한 이유에서 그것은 자유와 어울릴 수 없다. 국가이성은 진리도 정의도 전제하지 않으며 오직 항복을 요구한다. (해럴드 래스키 『현대국가에서의 자유』)

밀리터리 멘털리티

문제된 비밀문서는 한 정부의 최고위 정책수립 과정이 밀리터리 멘털리티(군대식 사고방식)에 의해서 지배되고 추진되었음을 증언한다. 이제는 그 조작과 허위성이 백일하에 드러나고 만 통킹만 사건이라든가, 베트남 주변 국가를 향해 수년 전부터 은밀히 본격화해온 군사 파괴작전 같은 것은 그 작은 일부에 지나지 않는다. 전쟁이 그 본질상 군사지도자들의 주도적 역할을 요구하는 것이라면, 전반적 전략구상에서 군부의 발언권이 크게 작용한다는 것은 당연한 일이다.

여기서 문제되는 것은 그것이 아니라, 모든 정치적·국제적·도덕적 고려를 배제하고 오직 '무력(武力)의 논리'에 도취되어 전쟁의 도덕성과 세계적으로 고립된 상황도 무시하고 승산 없는 군사적 '승리'만을 추구하는 정신구조를 뜻한다. 전쟁이란 어느정도의 불법행위를 수반하게 마련이라 해도 비밀문서로 폭로된 크고 작은 모든 음모가 군부에 의해 착상되고 조직되고 집행되었다는 사실이다. 미국 국민이나, 한국을 제외한 세계에서 '미국정부가 발표하는 바로 그 반대를 믿으면 된다'는 미국정부 발표에 대한 불신감을 확립케 한 책임은 군부에 있는 듯하다. 정부 내의 어느 당국도 군부가 꾸미고 있는 음모를 모르는 수가 많다. 그 사실이 밝혀지면 그것을 부인하는 일이 계속되었다. 제2차 세계대전 종전 직후 월맹(越盟)에 대한 공격작전에서부터 베트남전에 정식으로 개입하기 이미 오래전에 월맹에 침투공작을 전개하고 있던 일들도 크게 놀라운 것이 못 된다. 놀라운 것은 한 단계의 음모가 폭로되고, 실패하면 그것을 은폐하기 위해서 새로운 음모를 조작하고, 그 결과 수습할 수 없는 단계에 이르면 대통령과 행정부에 압력을 가해 더욱 큰 실책으로 국가를 끌고 들어간 행동이다.

미국의 군부는 확실히 '국가 내의 국가'를 형성한 감이 있다. 군사적 고려는 정치적 고려를 지배했다. 무력의 논리밖에 모르는 군인들이 국가기능의 종합적 서열을 무시하고 군사의 상위에 서는 정치정책에 도전할 때 국가는 그 이성을 상실하게 마련이다. 일본의 예는 우리에게 가장 실감나는 비극이다.

군대식 사고방식은 미국의 군사적 모험의 누적이 국내적 사회분배 상태를 위기로까지 몰고 가고 있다는 것도 인지할 수 없었던 것 같다. 보고서의 마지막 부분에 이르러서도 그들은 음모와 모험의 취미를 버리지 않고 있음을 본다.

밀리터리 멘털리티는 군 장성에만 한한 것이 아니다. 로스토우나 번디 같은 관료화한 민간 지성인에게도 그 멘털리티의 노출을 본다. 또 밀리터리 멘털리티가 전쟁정책 수립 과정에 한정된 문제라면 차라리 안심할 수 있다. 현대 국가의 모든 정책이 정치·외교·경제적 분야와 아울러 군사적 측면을 강하게 내포함을 생각할 때 이 군대식 사고방식이 지배하는 상황이나 정신풍토 및 세계관은 어느 사회, 어느 국가에서나 지극히 위험한 결과를 예상케 한다.

현실론과 현실주의

국민을 납득시킬 수 없는 베트남전쟁의 장기화는 미국사회를 병들게 했다. 장기화가 문제가 아니다. 그 전쟁 자체가 미국의 숭고한 건국정신과 정의를 사랑하는 미국의 국가이념과 상용될 수 없다는 것이 미국 국민 자신들에 의해서 인정되었다.

그런데 이토록 미국인의 정신과 사회를 병들게 한 또 하나의 중요한 요인은 '현실주의자'들이다.

비밀문서가 커버하고 있는 종전 직후부터 1967년까지의 전기간을 통해서 그 비극적인 전쟁확대는 현실(상태)을 그대로 시인하고 그 위에 또 하나의 현실을 올려 쌓으려는 '기정사실화'의 연속 형식으로 이루어진다. 어느 누구도, 대통령도 장관도 보좌관도 각 단계의 무비판적인 기정사실화의 역사를 비판해보려는 노력을 하지 않았다. 어제의 현실의 직선적 연장선상에 그대로 오늘의 현실을 설정하고 또 다음에는 그 연장선상에 내일의 현실을 설정하는 것이 미국 위정자들과 국민 전반의 의식이었던 듯하다. 물론, 베트남 비극의 초기부터 무비판적으로 기정사실화된 현실을 '바꿀 수 있는 역사의 단면'으로 보는 많은 지성인들이 있어온 것은 사실이다. 『뉴욕타임즈』나 『뉴 리퍼블릭』 같은 지성인의 대변지들이 기정사실 = 현실 = 타당 = 필연성이라는 공식화를 꾸준히 거부해온 것도 사실이다. 그러나 불행하게도 대부분의 국민은 정부의 기만적 선전과 사관(史觀)의 미숙 때문에, 정부가 꾸며나가는 기정사실화를 그대로 역사로 시인하는 편이었다. 그 결과는 현실주의의 파탄으로 나타났다. 제임스 레스턴은 "정책수립의 전과정을 통해서 정책의 윤리성을 생각하려는 사람은 한 사람도 없었다"고 말했다. 통킹만에서

월맹 어뢰정이 불법으로 미국 순양함을 공격했다는 조작으로 의회로부터 대통령의 비상대권을 탈취하는 데 성공한 정부와 군부는 의회 결의와 흥분으로 도착된 미국인의 감정을 '현실'로 하여 다음은 대규모 폭격을 '현실화'한다. 이 현실이라는 것이 역대 행정부와 군부에 의한 조작과 허구의 '연속의 단면'이라는 사실을 인식하고 의회 결의에 반대한 상원의원은 100명의 의원 가운데 모스와 그루닝 두 사람뿐이었다. 풀브라이트 같은 의원조차 '현실적 대응책'이니 할 수 없다고 찬성표를 던졌다.

언론기관이 통킹만의 진상을 알았던들, 알아낸 신문이 그것을 용감하게 보도했던들, 이런 일은 '그날의 현실'로 끝나고 내일의 현실은 직선의 연장선상에서가 아니라 어떤 다른 각도의 선상에 있었을 것이다. 집권세력과 어떤 권력집단, 예컨대 군부 같은 것이 국민을 구렁텅이로 끌고 가는 수법이 이 현실주의다. 오늘의 현실을 수정하지 않으면 내일의 현실이 우리를 구속할 것이라는 지성인들의 사관만이 이런 불행을 예방할 수 있다. 미국의 지성인들은 역사의 '현실'을 수락할 뿐 역사에 '작용'하려 하지 않았다.

매카시즘의 결과

『뉴욕타임즈』대 정부의 소송사건이 언론의 승리로 끝나고 그 충격을 완화하려는 듯 닉슨의 중공 방문이 발표되었을 때, 오언 래티모어 박사는 미국의 30년에 걸친 불행은 매카시즘의 반지성주의 때문이라고 한마디로 진단했다. 베트남전쟁도 그렇거니와 오늘날 미국의 사회적 와해와 국민도덕의 타락은 '부정적 가치' 즉 반공주의의 사상통제의 결과라고 그는 단정했다.

그는 1950년대에 매카시즘의 공포 분위기와 사상통제의 반지성주의가 철저하게 미국 국민의 창조력과 자유를 위축시킨 탓에 정부와 학계와 여론지도층에는 거의 어용적 성격의 지식인만 남게 되었다는 사실을 지적했다. 민주주의는 그 자체가 '적극적 개념'이며 창조적 상상력이다. 반공주의란 부정(否定) 개념이며 그것 자체로서 소모적이며 파괴적 이데올로기라는 것이다.

베트남전쟁의 격화와 확대로 미국사회가 반사적으로 경찰국가적 성격을 짙게 하는 가운데서도 비판과 정의의 소리를 꾸준히 외친 사람은 있다. 풀브라이트, 한스 모겐소 등 소수의 지성인은 매카시즘의 '빨갱이 잡이'(witch hunting)의 시련에 굴복하지 않은 진정 용기 있는 지성인이고 애국자다. 그러나 대부분의 지성인은 50년대와 60년대 초에 이 파괴적인 사상통제의 압력으로 공직을 떠났거나 침묵을 선택했다.

래티모어 박사는 미국이 세계에 자랑할 모든 가치와 전통을 매카시즘이 철저하게 짓밟았다고 항의한다. 그 자신도 매카시즘의 희생자 가운데 한 사람이다.

학문과 사상과 양심의 자유를 반공이라는 틀 속에 집어넣으려는 공포정치의 책임은 바로 오늘의 대통령 닉슨 본인에게도 있다. '빨갱이 잡이'가 절정에 달했을 때 미국 법조계에서 가장 존경받던 러니드 핸드 판사는 "시민이 그 이웃을 적이나 간첩이라는 생각으로 살피도록 명령받는 사회는 이미 분해의 과정을 걷고 있다"고 미국 국민이 영원히 기억하는 날카로운 경고를 했다.

민주주의와 사상의 자유가 헌법으로 보장된 사회가 한 권력자나 사상적 광신자들에 의해서 지배되는 사태를 개탄한 한 신문은 미국의 장래를 다음과 같이 걱정했다.

> 미국의 병은 정신과 영혼의 병이다. 종교재판의 이단자 탄압이나 소련의 비밀경찰, 히틀러주의와 스딸린주의, 큐 클럭스 클랜(KKK, 미국의 극우적 인종주의 단체)과 같은 사악한 세력을 모조리 합친 병이다. (D. F. 플래밍 「우리는 파시즘을 향하고 있는가」, 『저널 오브 폴리틱스』*Journal of Politics* 1954년 4월호)

자유의 수호신을 자처한 미국 국민을 국내에서뿐 아니라 세계 도처에서 자유의 파괴자로 만들어버린 매카시즘에 대해서 1953년 버트런드 러셀조차 미국의 장래를 두려워한다고 예언했다.

33개 주가 법률을 제정하여 교사와 교수에게 충성을 선서시키고 리버럴한 교과서를 금지했으며 조금이라도 반공주의의 건전성에 의심을 표하는 서적은 불살라졌다. 리버럴한 간행물을 서가에 진열했다는 이유만으로 도서관장이 파면되고, 해외에 있는 미국공보관·문화관에서 이 기준을 적용하자 읽을 만한 서적은 자취를 감추고, 많은 훌륭한 학자들이 밀려나게 되었다.

이와 같이 해서 미국 집권세력은 60년대의 국가적 파탄을 '애국과 반공'의 이름으로 자기들의 손으로 준비했던 것이다.

경찰국가적인 감시제도는 6년에 걸쳐 완성되었다. 처음 충성 테스트의 대상은 정부의 피고용자(공무원) 250만에서 확대되어 군인 300만, 방위관계 계약기업체의 피고용원 300만에까지 이르렀다. 800만의 시민이, 정부의 보호를 받고 이름 공개 의무를 지지 않는 밀고자·감시자 들의 한마디면 언제나 반미행위위원회나 당국에 출두하여 충성심을 입증해야 하는 지경에 놓였다.

미국의 반지성·반이성주의는 여기서 그치지 않았다. 최대의 반공활동을 한 사람도 안전할 수가 없었다. 1953년 10월 당시의 검찰총장(법무장관)은 전 대통령 트루먼이 소련의 간첩을 은닉했다고 주장, 정식으로 고발하는 사태가 벌어졌다. 루즈벨트, 아이젠하워, 케네디 등에 대해서도 공산주의자라는 비난이 나왔고, 얼마 전까지도 미국의 지적 풍토 속에서 웬만한 학자·작가·교수·기자 들은 추방되거나 침묵을 강요당하지 않으면 어용으로 화했다. 이것이 『뉴욕타임즈』와 같이 훌륭한 언론기관이 있으면서도 진정한 사상의 자유와 비판의 자유가 미국 내에 존재할 수 없게 됐던 경위의 일부다. 위대한 반공주의자 매카시는 10년 후 미국사회의 분해를 초래한 셈이다.

『뉴욕타임즈』라는 언론기관과 대니얼 엘즈버그라는 진정한 지성인이 있음으로 해서 미국의 지성적 풍조는 이제 큰 전환을 이룩할 수 있게 되었다. 그러나 한 소년이 왕의 알몸을 폭로할 때까지 오랫동안 온 지식인과 백성들이 입을 열지 못하고, 사회는 공포와 타락과 암흑 속에 침체해야 했던 그 엄청난 인간적·사회적 소모가 있었다는 사실을 거듭 중요시해야 할 것이다. 남의 나라의 불행한 과거에서 교훈을 얻지 못하는 국가나 국민에게는 영원히 한 사람의 소년도 나타나지 않을지 모르기 때문이다.

냉전의식의 자기기만성

베트남전쟁 비밀보고서를 상세히 읽고 있으면, 미국정부 지도자들의 머리와 마음을 지배하고 있는 단 한가지 의식형태가 두드러지게 부각된다. 그것은 냉전의식(冷戰意識)이다. 『뉴욕타임즈』와 미국의 지성의 승리는 부정적 가치관이 지배하던 전후 30년 가까운 한 시대에 종지부를 찍고, 앞으로 긍정적 또는 적극적 가치관이 지배하는 새로운 창조의 시대를 향한 문을 열 것으로 믿어도 좋겠다. 방대한 미국정부 비밀보고서를 3개월 걸쳐 편집한 책임 기자인 닐 시핸은 보고서 전체를 요약한 「30년에 걸친 개입의 역사」에서 다음과 같이 결론짓고 있다.

모든 판단은 베트남 사태에서 미국이 본래 기대했던 목적을 달성할 수 없다는 점에 도달했다. (그러나) 비밀보고서 속에는 이런 역사적인 판단 이상의 것이 포함되어 있다. 그것은 미국의 중심적인 관심사가 처음에는 공산주의의 봉쇄에 있었으나, 그것이 차차 미국의 힘, 그 영향력 및 그 위신의 보호라는 목적으로 변했을 뿐 아니라 그 어느 단계에서도 베트남과 베트남 인민의 현지 사정은 전적으로 무시되어 왔다는 것을 시사한다.

제2차 세계대전 후의 세계사적 방향은 식민지 인민의 해방과 독립이었다. 그런데도 미국은 제2차 세계대전에서 해방된 베트남 인민의 독립을 분쇄하고 재식민지화하려고 베트남에서 전쟁을 일으킨 프랑스에 군사·경제원조를 제공한 것이다. 트루먼 정권의 이같은 행동이 역대의 아이젠하워, 케네디, 존슨(그리고 닉슨)의 정권으로 교체되면서 결과적으로는 자기기만일 수밖에 없다는 것을 입증했다. 이 냉전의식의 자기기만성은 정부지도자들이나 미국의 지배층을 구성하는 군부·경제계·재계·극우익 등뿐 아니라 대부분의 지성인들의 가치관마저 좀먹었다. 지성인들만이라도 냉전의식의 소모성과 부정적 해독과 자기기만성을 냉철하게 인식하고 있었다면 그동안의 미국사회와 국민의 비극은 피할 수 있었을지 모른다. 냉전의식은 너무도 큰 희생과 댓가를 미국 시민에게 치르게 했다.

미국은 창조력을 가진 대국가이면서도 자기 제도와 이념의 자유로운 창조적 발전을 목표로 하지 않고 세계의 작은 국가와 인민의 솟아오르는 목표와 염원과 해결을 까부수는 데 전력을 동원했던 것이다. 미국의 힘은 무엇인가 남의 가치를 '반대'하기 위해서만 쓰여졌다.

미국의 예에서 우리는 부정적인 가치관이나 태도에서는 건설적인 것은 아무것도 생겨날 수 없다는 사실을 배우게 된다. 남의 가치나 이념을 부정하기 위해서는 국가적으로 바깥세계와 절연하는 장벽을 쌓아 둘러야 하고, 국내에서도 모든 종류의 장벽을 겹겹이 쌓아 둘러야 한다. 이런 비창조적인 사고방식이 극단에 이르면 그 국민 한 사람 한 사람의 주위에 온갖 명분의 높은 장벽을 쌓고, 이에 이의를 제기하는 시민은 법적으로 사회적으로 때로는 생물학적으로 배제해버리는 공포사회가 되어버린다. 이것은 바로 부정하려는 제도나 사고방식에 자기가 변질해버리는 것이다.

그러기 위해서는 그 수단으로서 구체적으로 죄목 규정도 하지 않은 귀걸이 코걸이식의, 집권자의 뜻대로 자유자재로 해석될 수 있는 금지법률이 잇달아 제정돼야 하고, 모든 교육은 그 목적을 위해서만 알맞게 개편돼야 한다. 널리 생각할 줄 모르는 인간 또는 시민을 양성하기 위한 이런 식의 교육처럼 자기기만적인 것은 없다. 그것은 두고두고 그 사회의 건전한 발전에 해독을 끼치고 세계의 많은 민족과 국민들의 생활무대에서 자유로운 창조로 경쟁하고 인류 문명에 공헌할 기회와 자격을 박탈하고 말기 때문이다. 우리나라가 신생(新生)의 감격과 민주적 자부를 안고 해방된 지 오늘까지 30년 가까운 세월에 민족적인 특유한 자질이나 인류 문명에 공헌할 수 있는 무엇 한가지라도 이룩했거나 창조했다고 자랑할 수 있을까.

민주주의라는 사상과 제도 속에 넘칠 만큼 풍부히 간직되어 있는 자유와 창조의 에네르기를 분출하면서 높은 목표를 세우고, 새로운 꿈을 품고 무엇인가 문명에 공헌할 큰일을 하려 하지는 않고, '부정적·방어적인 정신 상태'에 빠져버린 나라의 국민이 겪어야 할 진화로의 역동(逆動)을 미국에서 배우게 된다. 잠재력이 크고 기본적으로 창조적 정신을 그 속에서도 유지할 수 있었던 미국이 그렇다면, 그런 정신적 유산과 전통적 바탕이 약한 우리의 경우는 더 말할 나위도 없다.

국가의 목적이 그와 같은 부정적·방어적 냉전의식으로 좁혀진 세계의 다른 국가들의 경우를 살펴보면 그 자기기만성은 더욱 분명해진다. 이른바 민주주의를 믿는 서방사회에서의 대만·베트남·태국·필리핀·터키·그리스·뽀르뚜갈·스페인은 물론, 라틴아메리카 대부분의 국가나 민족은 세계의 조류에 역행하고 뒤떨어지고 내부적 침체와 후퇴로 전후 30년을 지내왔다. 지금은 전후시대가 아니다. 세계가 이성의 눈을 뜨기 시작한 오늘, 어느 나라의 지도자도 집권세력도 그리고 국민도 부정적 가치관으로 자기만을 기만하고 있을 수는 없는 시대다. 냉전시대의 기이한 신화·우화·권위의 실태를 묻는 회의가 필요한 때다.

냉전용어의 반지성성

그와 같은 인식이 섰을 때 제1차적으로 시도해야 할 지식인의 과업은 우리의 생활 속에서 냉전용어를 정리·청소하는 문제이겠다.

옛날 공자(孔子)는 한 제자한테서 만약 제왕이 되면 제일 먼저 무엇을 하겠는가라는 질문을 받았다. 공자는 서슴지 않고 "바른말을 쓰도록 백성을 가르치겠다"고 대답했다고 한다. 이른바 정명론(正名論)이다. 이것은 지극히 옳은 견해라고 생각된다.

여기서 말하는 '바른말'이란 요새 우리 사회에서 말하는 '예의 바른말'의 뜻은 아니다. 그것이 아니라 '관념(생각)을 정확하게 표현하는 언어'라고 풀이함이 나을 것이다. 인식은 관념을, 관념은 개념을, 그리고 그 개념을 담은 용어가 커뮤니케이션의 형태로 상대방에게 관념표상의 작용을 일으켜 다시 그 과정을 반복한다. 이 과정에서 어떤 사상을 표현·전달하려는 용어가 그 사상의 내용이나 성격의 정확한 반영이 아닐 때에는 전달된 뜻이 더욱 왜곡·변형되거나 혼란이 생기게 마련이다. 일그러진 유리를 통해 보는 사상은 일그러질 것이고 그것으로 형성된 개념은 일그러질 수밖에 없다.

공자의 말은 오늘날 진실과 지성과 이성을 회복해야 할 우리 사회에서 가장 절실한 문제를 제시한다. 우리의 일상생활에서나 출판물에서 전후 냉전시대에 일시적인 편의 덕분에 만들어진 숱한 '정치성을 띤' 용어가 아무런 비판 없이 상용되고 있다. 이런 정치적 성격의 언어는 앞으로 급변하는 세계정세를 국민이 정확하게, 진실 그대로 파악하고 이성적으로 대처할 수 있기 위해서 그 시대적 기능을 면제해줘야 할 때가 왔다고 생각한다. 왜곡되고 혼란해진 내부의 가치관과 의식구조를 바로잡기 위해서는 더욱 긴급한 과제다.

예컨대 우리 국민은 '피로 맺은 관계'니 '혈맹' 또는 '영원한 맹방(盟邦)'이라는 표현으로 미국과의 관계를 교육받아왔다. 심지어 몇명 안 되는 태국 군대가 철수한다고 할 때도 이런 용어가 신문에 거리낌없이 등장했다. 닉슨 독트린과 미국의 대중공 접근이 알려지자 모두들 분격하기도 하고 낙담하기도 하고 불안해하기도 했다. 그 어느 것도 사실은 피할 수 있었던 반응이다. 그것은 '혈맹'이나 '영원한……' 등의 용어가 긴 세월을 두고 우리 국민의 머리에 심어준, 처음부터 혼란된 관념인 것이다.

1949년 대만으로 패퇴한 이래 아직까지 계엄령을 실시하고 있는 나라에서 쓰는 표현이 우리 사회에서는 아직도 '자유……'이다. 신문·잡지·방송 등을 보고 듣고 있노라면 이와 같은, 그리고 그밖에 얼마나 무수한 냉전용어가 문장과 대화를 구성하고 있는지 알 수 있다. 자유·괴뢰·독재·기아선상·강제노동·집단농장·평화·민주·자유경쟁경제·침략·간접침략·동맹·진영·안보·파괴활동·우방·적·공산주의·자본주의·현대화·역사법칙·국제적 고립·반공전초·귀순·의거·해방전쟁·호전적·숙원·공존…… 신문 단 한면 일부분만 훑어도 이렇게 많은 낱말이 나온다.

그밖에 얼마나 많은 냉전용어가 아무런 비판 없이 쓰이고 있으며 얼마나 우리 국민의 진실 확인의 능력을 제약하고 고정관념의 반응조건을 형성해왔는지 모른다. 앞서의 모든 용어가 반드시 냉전용어는 아니다. 그러나 그 모든 것이 아전인수 격으로 지성적 정의·규정에 앞서 애증의 감성적 사용법에 동원되고 있다는 것은 부인할 수가 없다.

이 모든 용어에 기성관념, 고정관념, 감성적 친화감 또는 저항감 같은 심리적 작용이 병행할 때, 세계의 모든 사상은 흑과 백, 천사와 악마, 올 오어 나싱, 죽일 놈 살릴 놈 등의 양(兩)가치적 사고형태를 결과한다. 이 것처럼 지성을 마비시키고 중독시키는 요소도 드물다.

이런 양가치적 사고방식은 무엇보다도 인간과 사회와 국가의 기본목 적인 '진리를 구현하는 끊임없는 노력'을 방해하게 마련이다. 이런 사 고방식으로 굳어져버린 사람이나 세력은 세계와 국내의 모든 '사실이 사실대로' 보도·전달되기를 바라지 않는다. 이런 진실 또는 진리에 반 대하는 힘 또는 세력은 대중이 진리를 배우도록 훈련·교육하기를 거부 한다. 그들은 가르치는 대로 믿을 것을 강요하고, 가르치는 것은 흑백뿐 이다. 이제는 용어에서 '정치성'을 빼고 '학문성'으로 대치해야 할 상황 에 와 있다.

"오늘날 교육(직접·간접)이라는 것은 문자를 통해서 기만당하는 것 을 가르치는 기술이라고 정의해도 결코 부당한 말은 아니다. 이와 같은 기만으로 이익을 얻는 사람들은 현재로는 사회의 지배자들이다"라고 갈파한 서양의 유명한 석학의 말은 귀담아들을 가치가 있다. 자유의 나 라 서구에서도 그렇다. 하물며……

마지막 남은 대니얼 엘즈버그라는 젊은 학자가 『뉴욕타임즈』라는 입 을 빌려 진실을 밝힐 때까지의 30년 가까운 세월을 살아온 미국 국민과 지도자들의 가치관이 이런 것이었다. 남의 실패는 나의 교훈이 돼야 한 다. 미국 국민의 실패가 자칫하면 같은 전철을 밟을 위험이 있거나, 현 재 이미 전철 속에 깊이 빠져 있는 다른 나라 국민에게 아무런 교훈이 되지 못한다면, 그것은 배우지 못한 국민의 책임일 수밖에 없다. 또 인 류와 더불어 향상하고 진보하기를 바라는 점에서 어느 한 국민이 그 교훈을 통해서 눈을 뜨지 못한다면 그것은 전인류의 손실이겠다.

희화(戱畵) 2제(題)

베트남전쟁 비밀문서가 강대국과의 '피로 맺은 혈맹' '영구불변할 우방'을 국가관계의 기조로 믿고 있는 많은 후진국 지식인들에게 주는 교훈은 그것만이 아니다.

다음과 같은 문서에서의 발췌는 베트남전쟁을 하는 미국의 성스러운 목적을 믿었거나 아직도 믿고 있는 후진국 지식인들에게 약간의 생각해볼 만한 근거가 되어준다.

자료 36

맥노튼 국방차관보가 맥너마라 국방장관에게 보낸 각서에 첨부한 「부속문서: 남베트남을 위한 행동계획」의 첫 초안(1965. 3. 24)

미국의 목적

70퍼센트: 미국의 굴욕적인 패배를 저지하는 것(보호자라는 우리의 명성을 유지하기 위해).

20퍼센트: 남베트남(및 이웃 국가들)의 영토를 중공의 손에서 지키려는 것.

10퍼센트: 남베트남 인민에게 보다 나은 자유스러운 생활을 가능케 하기 위해.

그리고 수락할 수 없는 후유증이 남게 되는 것을 피하면서 위기에서 빠져나간다.

그러나 만약 철퇴가 불가피할 때는 우리의 목적은 '우인(友人)을 돕는 것이 아니다'라는 것을 명심한다. (이하 '정세' 부분 등 생략)

자료 29

사이공에서 국무성에 보내온 항공우편의 발췌(1964. 12. 24) (원문의 주: 이것은 국무성 문서 중에 들어 있었으며 그 내용은 주월대사 테일러 대장과 알렉시스 존슨 부대사가 이른바 베트남 군부지도자들 '청년장교'와 회견했을 때의 것. 장교들 속에는 응우옌 까오 끼, 응우옌 반 티에우, 응우옌 짠 티 그리고 칸이라는 이름의 제독이 있다.)

테일러 대사 제군은 모두 영어를 아는가. (티에우 장군은 영어를 모른다는 것을 다 알고 있었지만 베트남군 장성들은 고개를 끄덕인다.) 나는 웨스트모얼랜드 대장이 베푼 야식회(夜食會)에서 '우리 미국인들은 쿠데타에 진절머리가 났다'고 분명히 말한 바 있다. 그런데 우리 소리는 하나 마나였던 것 같다. 제군들이 내 말을 알아들었다고는 도저히 생각되질 않는다.

제군이 하려는 계획은 모두 정부의 안정이 이루어진 뒤여야 한다는 것을 나는 분명히 말했을 텐데. 그런데도 제군은 또 대혼란을 일으키고 말았다. 이래서 나는 참을 수가 없다. 이 가운데 대표는 누군가?

끼 장군 저는 대변인은 아니지만 영어를 할 줄 알기 때문에 우리의 행동을 설명하겠습니다. 우리는 모두 영어를 잘합니다. 우리는 책임을 자각하고 있습니다. 우리는 20년 이상 우리 국민이 치러온 희생도 잘 알고 있습니다. 우리는 당신들이 안정을 바라는 것도 잘 압니다. 그러나 통일이 없으면 안정이 안 됩니다. (그리고 쿠데타를 한 이유를 설명)

티에우 장군 헌법상 국민평의회는 통치할 수 없습니다. 평의회 위원들은 전쟁할 의사가 없습니다.

끼 장군 국민평의회는 공산주의자들과 싸우려 하지 않고 있습니다. (쿠데타 경위를 설명)

테일러 대사 나는 제군 신사들의 성의를 존경한다. 그럼, 제군이 저지른 사태의 수습책을 논의하자. 그 전에 얘기할 사람은 없나?

칸 제독 우리는 마치 죄인과 같은 취급을 받고 있다는 느낌입니다. 우리는 옳다고 생각한 것을 한 겁니다. 나라를 위해서 했을 뿐입니다.

테일러 대사 그렇다면 내가 어떤 생각인가를 말하지. 제군이 마치 훌륭한 정치가인 체하며 그런 행동을 저지른 덕택에, 지난가을 세계적인 찬사를 받으면서 합법적으로 성립된 인민정부가 자라기도 전에 깨부서졌다. 끼 장군, 당신은 원대복귀할 수는 없다. 군대가 또 정권을 쥔 것이다. 제군은 목덜미까지 정치에 빠진 것이다. 군을 지휘하고 있는 것은 누군가? 칸 장군인가?

끼 장군 예스 써……

(국민평의회를 지지하는 방향으로 베트남 장성들을 설득하는 대화.)

테일러 대사 우리 미국 측에게 이건 아주 두통거리다. 앞으로 그래 가지고서는 내가 계속 제군들을 지지해나갈지, 나 자신도 모르겠다. 제군은 왜 일을 저지르기 전에 우인(友人)에게 말을 하지 않았는가. 오늘 다시 이런 소리를 해야 한다니 참 어처구니없다. 위기에 처해 있는 일은 산적해 있는데, 참…… (우편 내용 끝)

권력과 언론

베트남전쟁 비밀문서 보도를 둘러싸고 벌어진 분쟁은 위에서 훑어본 바와 같이 많은 교훈을 내외에 주었다. 그것들은 모두 귀중한 교훈이다. 『뉴욕타임즈』와 엘즈버그의 행동은 미국 국민뿐 아니라 세계 모든 나라의 통치자들과 국민 일반, 특히 지식인에게 다음과 같은 효과를 거둔 것으로 생각된다.

첫째, 정부의 독선과 비밀주의는 국민 전반의 성격과 지식을 변칙적일 만큼 약화시킨다는 사실을 깨닫게 했다. 독선과 비밀주의는 본래 사회를 위해 이용될 수 있을 국민의 정력과 능력의 광범한 해방을 저해한다. 또 모든 권력이 소수의 손에 집중되어 있을 때 당연한 결과로서 다수의 욕구·견해·필요·복지가 버림을 받는다. 이 두가지 결과는 사회의 손실일 수밖에 없다.

둘째, 소수의 권력자나 정책 수립자들의 비밀주의의 결과는 또 그 세력자 또는 지배계급(층)과 국민대중과의 대립을 초래하고 만다. 그들은 터무니없는 우월감에 사로잡히게 되어 국민과 유리되며 마침내는 권위만을 강요하는 것으로 만사는 해결된다는 환상에 사로잡힌다. 이것은 미국정부와 지난 몇해 동안 일어나고 있는 미국사회의 분해현상과 국민의 저항으로 입증되었다. 소수 집권세력의 이와 같은 권위는 반드시 국민으로 하여금 회의를 갖게 하여 그에 대한 집권자의 반응이 탄압적일수록 회의는 번지고 심화된다. 결과는 미국에서처럼 집권세력의 권위의 분쇄로 끝을 맺는다.

셋째, 소수 권력자들의 자유 억압정책은 국민에게 운명적인 열등감을 갖게 하는 위험을 내포하고 있다. 이런 억압 속에서 자라고 살아온 인민은 민주주의의 두개의 기둥인 질서와 지성을 가지고 스스로 문제를 해결할 능력도 욕망도 상실해버린다. 말하자면 구실과 명분이야 어떻든 실질적으로는 소수자의 체면·이익·권위·안전만이 주안(主眼)인 그런 정치와 체제는 인민에게서 주체성과 책임감을 박탈해버린다. 이 현상은 후진사회일수록 그 위험성이 크다.

끝으로, 이와 같은 통치세력과 피치(被治) 대중 사이의 모순은 오래가지 않는다는 것도 입증되었다. 산속 굴에 들어가서 '왕의 귀는 당나귀 귀'라고 외치는 소리도 그 소리가 모이면, 몰랐던 사람에게도 진실이 알려질 뿐 아니라 언젠가는 맞대놓고 '임금은 벗었다'고 말하는 많은 소년이 나오는 법이기 때문이다.

— 『문학과지성』 1971년 가을호; 『전환시대의 논리』, 창작과비평사 1974

6
기자 풍토 종횡기^{縱橫記}

누가 먼저 돌로 치랴

자기가 속하는 사회를 평하는 것처럼 어려운 일은 없다. 그것은 간부 (姦婦)를 치기 위해서 돌을 드는 사람과 다름없다.

오늘날 모든 가치가 전도되고 단떼의 연옥(煉獄)을 연상케 하는 이 사회에서 생존하는 기자라면, 기자 풍토를 논하기 위해 돌을 쳐들어도 먼저 자기의 머리를 치지 않고서는 한줄의 글도 쓰지 못한다는 것을 뼈저리게 느끼기 때문이다.

기자사회라는 숲속의 한그루 나무에 지나지 않은 사람은 자기와 자기의 직업적 동료들로 구성되는 숲이 어떤 모양인지 제대로 가늠하지 못하는 점도 있을 것이다. 그러나 이 사회의 구조적 모순에서 기인하는 수많은 제약을 전제(前提)적으로 인식하고 나서라도 아직 기자가 할 일을 하고 있는가를 따져 물어볼 여지는 충분히 남아 있다.

첫째 문제는 기자의 사회학적 귀속 감각이다. 현재 이 사회의 기자는 뒤에서 보는 바와 같이 그들의 경제적 토대나 직업적 활동의 댓가로서의 물질적 보수는 엄청나게 낮은 경제적 계층에 속한다. 여기서 기자라는 표현은 수습기자에서부터 '회전의자에 앉은 높은 기자'까지를 포함해서다. 그러나 그들은 자기의 물질적 토대와는 지극히 동떨어지고 비약한 형태의 사회집단에 대한 귀속감을 지니고 있다.

기자는 수습 또는 견습이라는 '미완성'의 자격으로서도 출입처에 나가면 위로는 대통령, 장관, 국회의원, 은행총재로부터 아래로는 국장, 부장, 과장 들과 동격으로 행사하게 된다. 그들이 취재 대상의 하부층과 접촉하는 기회는 오히려 드물다. 장관이나 정치인이나 사장, 총재 들과 팔짱을 끼고 청운각(淸雲閣)이니 옥류장(玉流莊)이니 조선호텔 무슨 라운지니 하면서 기생을 옆에 끼고 흥청댈 때, 그 기자는 일금 1만 8000원 또는 기껏해야 일금 3만 2000원이 적힌 사내 사령장(辭令狀)을 그날 아침 사장에게서 받을 때의 울상을 잊고 만다.

점심은 대통령 초대의 주식(晝食), 그것이 끝나면 은행총재의 벤츠 차에 같이 타고 무슨 각(閣)의 기생파티에서 최신 유행의 트로트 춤을 자랑하고 이튿날 아침은 총리니 국회의장의 "자네만 오게"라는 전화에 회심의 미소를 지으면서 참석하는 꿈이 남아 있다. 이런 기회는, 많고 적고의 차이는 있지만 출입처를 드나든다는 기자에게는 반드시 있다.

소속 계층에 대한 착각

처음에는 어색하고 어울리지 않거나 돼먹지 않았다고 생각하던 기자도 얼마쯤 혼탁한 물에서 헤엄치다보면 의식이 달라진다. 면역이 된다.

경제, 재계, 정계의 상층부에서 어울리는 동안 기자는 자기의 물질적 소속이 그 사회의 하층민중임을 망각한다. 여러해가 걸리는 것이 아니다. 어제 수습기자로서 선배기자들의 무력과 타락과 민중에 대한 배반을 소리 높이 규탄하던 사람이 내일은 벌써 "골프는 결코 사치가 아니야. 건전한 국민오락이야"라는 말을 하기 시작한다.

이렇게 되면 이 나라 현 체제의 수익집단인 지배계층과 자기를 동일시하게 된다. 여기서부터 그의 의식구조와 가치관은 지배계급으로의 동화 과정을 걷는다.

고등학교를 남의 집 눈총밥으로 마쳤다는 사실이나 갖은 수모를 겪으면서 고학으로 대학을 나온 어제의 불우를 잊어버리는 것은 그 개인의 문제이기에 크게 탓하지 않아도 좋다. 문제는 부장이 되고 국장이 된 그의 머리에서 기획되는 특집기사가 '매니큐어의 예술'이니 '바캉스를 즐기는 법' 따위로 나타나는 것이다.

그러다가 논설위원이 되거나 평론 한편이라도 쓸 때면, '학생의 본분은 공부만 하는 것, 현실은 정부에게 맡기기를' 따위가 아무런 내적 저항감도 없이 나오게 된다. 서울의 종합병원 환자가 레지던트의 파업으로 하루 이틀 치료를 못 받는 것에 격분하는 기자는, 이 나라의 1342개 면 가운데 거의 반절인 630개 면이 의사 없는 무의촌이라는 사실에는 관심이 없다. 그 많은 농촌에서 일생 동안 의술이라는 현대 문화의 혜택을 거부당한 채 죽어가는 무수한 백성이 왜 있어야 하느냐의 문제를 사회체제와 결부해서 생각해볼 리 없다. 도시 위주이고 근원도 모를 퇴폐문화 위주다.

모든 것이 '가진 자'의 취미와 입장에서 취재되고 기사화된다. '지배하는 자'의 이해와 취미에서 신문은 꾸며진다.

그렇게 하기 위해서 가진 자와 지배하는 자는 대연각(大然閣)의 은밀한 방에서 나오면서 이(李)기자의 등을 다정하게 두드린다.

"역시 이완용 기자가 최고야. 홍경래 기자는 통 말을 알아듣지 못한단 말이야."

그러고는 득의만면해서 돌아서는 이완용 기자의 등 뒤에서 눈을 가늘게 치뜨며 회심의 미소를 짓는다.

국민의 소시민화, 백성의 우민화, 대중의 오도(誤導)라고 말하는 학생들의 비난이 전적으로 옳다고는 할 수 없지만, 전적으로 부인할 용기를 가진 기자가 몇 사람이나 될지 의심스럽다.

권력 측 발표 그대로 보도

"정치 문제는 폭력이 두려워서 못 쓰고……"라는 일반의 인식이 뜻하는 폭력이란 물론 국가권력의 불법적 압력으로 해석된다. 그런 뜻에서의 폭력에 관해서는 몇해 전 대통령·국회의원 선거 당시, 신문·통신사 내에 중앙정보원이 상주하고 있다는 야당의 주장으로 정치적 논쟁이 일어났다. 이때 소위 언론계 지도자의 한 사람이요, 한때 국가권력의 폭력에 대항해서 싸운 경력으로 이름난 기자가 중앙의 대신문 사설로 그런 일이 없다고 야당의 주장을 되레 반박, 비난한 일이 있다.

모든 신문은 그것을 본받았다. 정확하게는 누구를 지칭하는지 모르지만 소위 '기관원'이라는 범주에 드는 국가권력의 일선 대리인은 그때 신문사 내에 상주하다시피 하고 있었다. 이 높은 기자는 지금도 여전히 한국 언론계 지도자의 지위를 누리고 있다.

국가권력의 폭력은 여러가지 형태로 기자에게 가해지고 있다. 일선

취재기자의 접근을 원천적으로 봉쇄하는 것에 '안보관계'라는 것이 있다. 당국이 한번 이 딱지만 붙여버리면 기자의 발은 거기서 멈춘다.

아무리 정상적인 지식과 판단력으로는 납득이 가지 않는 결정이나 사건이라 해도, '안보관계'라고 권력 측에서 발표하기만 하면 발표 내용 이상으로 깊이 파고들어갈 수는 없다. 그 발표 자체의 진위 여부조차 국민은 알 도리가 없다.

기억에도 생생하고 생각만 해도 끔찍한 소위 '군 특수범 난동' 사건이라는 것도 권력 측에서 여러가지 상황 고려 끝에 그것이 공비가 아니라 곧바로 대한민국 국군이라고 일단 사실대로 고쳐 발표했으니 말이지, 공비라고 하는 것이 어떤 정치적 목적에 이롭다고 판단했더라면 국민은 그대로 속아넘어갔을지 모른다. 웬만한 휴전선에서의 충돌사건, 간첩사건, 반공법 적용 사건 같은 것은 권력 측의 '발표'가 그대로 '사실화'된다. 이런 문제에 관해 그 진실과 내용을 외국에서처럼 기자는 신문의 입장에서 독자적으로 구명하고 추구해 들어가려는 생각을 하지 않고 있다.

민주주의적이라고 하는 미국의 경우를 보더라도 최근에 말썽난 베트남전쟁 정책의 비밀문서 폭로를 통해 미국정부가 베트남전쟁에 관해서 20년을 두고 국민에게 발표해온 것은 전부가 '허위'와 '날조'라는 사실이 밝혀졌다. 그래도 미국의 언론은 기어이 그 허위를 밝혀낸 용기가 있었지만 우리의 신문은 처음부터 그 직업적 책임과 공적 의무를 자진해서 포기하고 있다.

취재된 기사도 외부로부터의 전화 한마디로 부장 선에서 주물러진다. 어떤 개인이나 집단이나 세력을 위해서 커지기도 하고, 절반으로 줄기도 하고, 영영 쓰레기통 속에 버려지기도 한다.

유명한 '한강 변 정 여인 살해사건'이라는 것도 사건 발생 첫 이틀 동안은 미묘한 윤곽이 드러날 듯하더니, 사흘째부터는 '국가이익'이라는 '폭력' 때문에 신문은 발표문만을 실었다. 처음부터 사건을 취재한 기자들은 그동안 모여 앉으면 마치 국민이 모르는 사실을 알고 있는 것을 자랑하듯이, 그러나 뭣 때문인지 주위를 살피면서 이상한 표정과 음어(陰語)로 수군거렸다.

약자에게만 강한 건 '깡패'

기자의 사기와 지위는 자유당의 문민정권(文民政權) 때에 비해 현저히 저락했다. 11년 전만 하더라도 기자의 '임의동행'이나 '연행'은 큰 사건이었다.

『기자협회보』에 실린 보도자유분위 조사에 의하면, 지난 2년 동안 국가권력에 의해 취재기자가 테러를 당한 사건은 굵직한 것만 골라도 11건이나 된다. 그러나 그 기자의 소속사는 거의 그 사건을 보도하지도 못하고 우물우물 넘겨버렸다. 발행인은 자기의 신문을 위해서 충성을 다하다가 권력의 폭력의 희생이 된 기자에 관해서나 그 사건 자체를 보도하기를 꺼린다. 권력과의 사이에 긴장관계가 생기는 것을 극력 회피하는 것이 발행인의 이익과 부합되기 때문이다.

차장·부장·국장에 이르면 '무료 해외여행', '생활보조'의 혜택으로 이미 기자이기보다는 어떤 뜻에서 권력 측에 가까운 예도 드물지 않다. 기사 재료를 독점으로 준다는 미끼로 그 '죽음의 키스'를 받게 되고, 이권청탁을 해야 하기 때문에 그 폭력 앞에 무력해지고 만다. 그 지위가 되면 벌써 생각은 행정부의 국장, 차관, 무슨 비서관이니 국영기업체의 자리에 가 있다.

이와 같은 유혹과 압력, 그리고 요구하면 얻어지는 이권과 혜택을 거부한다는 것은 쉬운 일이 아니다. 자본가인 보도기관 사주(社主)의 이익은 바로 권력의 그것과 일체적인 까닭에 원칙을 지키려는 기자(어느 급이건)는 거추장스럽고 달갑지 않은 존재가 되어버린다. 소위 언론기관에는 그런 소수의 기자를 귀양 보내는 데 부족하지 않을 만큼의 구실과 부서가 마련되어 있다.

이쯤 되고 보면 "듣건대 고생스럽게 해낸 취재는 부·차장 선에서 잘리기 일쑤요, 힘들게 부·차장 손을 벗어나면 국장 선에서 난도질한다니 이 무슨 해괴한 굿거리인가"라는 말도 전적으로 거짓은 아니다. 언론을 출세의 밑천으로 삼는다는 것도 마찬가지다.

신문기자들 사이에는 현 정권은 '기자를 뭣만큼도 여기지 않는다'는 자학 어린 말이 나돌고 있다. 따지고 보면 그것은 권력 측에게만 돌릴 책임은 아닌 것 같다. 그토록 존경받던 기자의 지위와 권위를 떨어뜨린 것은 딴 누구도 아닌 바로 기자 자신이기 때문이다.

엄격한 뜻에서 강간(強姦)은 없다. 참으로 그렇다.

'붓을 휘두르는 깡패'라는 말은 좀 가혹한 표현이다. 그렇지만 그 말에 뭔가 짚이는 것이 없는 것도 아니다.

권력과 금력 앞에 무력해진 기자(통틀어 언론)가 강자에게 할 수 있는 것은 안간힘을 다해야 고작 희화(戲畫)나 야유 정도이고 언론의 칼에 얻어맞아 목숨을 잃는 것은 약자뿐인 상태가 조성되었기 때문이다.

몇해 전 진주인지 마산인지 분명치 않지만 형무소에서 수용자들이 형무소 관리들에게 난동을 부린 사건이 있었다. 이 기사를 보내온 기자는 그들의 행패를 상세히 기술했다.

그러나 그뒤에 알려진 바로는 이 난동의 원인은 형무소 당국이 급식과 후생 면에서 수용자들의 거듭된 진정과 불만을 묵살했기 때문이라는 것이었다. 현지 기자는 약한 자의 행패만 규탄했고, 서울 본사의 부담당장이나 편집 책임자도 난동 원인을 추가 취재시켜서 보도하자는 편집회의에서의 한 사람의 의견을 묵살했다. 정당한 권리를 묵살당하고 박탈당한 약자의 입장보다 권력의 질서가 도전받는 것이 더 중대한 문제라는 듯이.

생활난으로 자살한 사건도 지금은 무슨 다른 이유나 동기로 돌려쓰는 경향이 있다. 깡패라는 것이 강한 자에 아부하고 약한 자에 군림하는 것이라면 '펜을 휘두르는 깡패'라는 말을 뭣으로 반박할까.

'척지(尺志)' 횡납과 포커판

기자는 도둑의 파수꾼을 자처한다. 적어도 이론상으로는 그렇고 직업적 기능으로서 아직도 그런 면이 없는 것은 아니다.

얼마 전, 일본의 모 자동차 제작회사는 제품 가운데 인간 생명을 제일차적으로 좌우하는 브레이크 장치에 치명적 결함이 있음을 입증하고 전부 회수했다. 그러나 그 제품과 관련 있는 우리나라의 어떤 자본은 그 기사가 나오는 것을 통신사에서부터 원천적으로 봉쇄하려 했고, 그 자본이 경영하는 신문과 그 신문의 기자들은 딴 신문에서 그것이 보도되는 것을 막기 위해 영향력을 행사했다.

무슨 음료수에 건강에 해로운 화학성분이 들어 있다는 사실이 외국에서 밝혀져 큰 소동이 일어났다. 그것을 만드는 국내자본은 그것이 경영하는 통신사와 기자들을 시켜 그 사실이 보도되지 못하게 '여러가지 방법'과 수단으로 영향력을 행사했다. 모 재벌의 대규모 밀수에 대해서 그 자본의 기자는 '자본주의에서 밀수는 불가피하다'고 써야 했다.

국가권력의 횡포에 대해서도 기자는 어쩌면 파수꾼의 위치에서 망보기꾼으로 바뀌었는지 모른다. 누군가가 과감히 일어나서 '아니다'라는 소리를 질러주었으면 좋겠다.

기자가 축재(蓄財)한다는 주장은 많은 기자들의 강력한 반박을 받아서 마땅하다. 어느 정도를 '축재'라고 할 수 있느냐는 것이 문제지만 적어도 대부분의 기자는 축재와는 거리가 먼 생활을 하고 있다.

기자는 가난하다(앞에서 말한 것처럼 사회적 계층에 대한 소속 의식에서는 환상 속에 살고 있지만).

1971년 3월 현재의 기자 봉급 통계를 보자. 전국(서울과 지방)에는 신문 37사, 통신 6사가 있다. 여기에 근무하는 각급 각종 기자 2만 6964명의 봉급을 보면 2만원 이하가 47.7퍼센트, 1만원 이하가 3.8퍼센트여서 한달에 2만원도 못 받는 '기자'가 합쳐서 51.5퍼센트로 반을 넘는다. 더욱이 지방 신문에서는 2만원 이하가 73.5퍼센트를 차지한다(『한국기자협회보』 제197호, 1971. 9. 3). 갑종(甲種) 근로소득세의 면세점 이하의 '극빈자'가 많은 것으로는 어떤 자본의 기업체보다도 심할 것이다.

그러나 이 통계숫자로 진실과 진상을 호도할 수는 없는 일면이 있다.

월급으로 사는 기자는 주로 내근자뿐이다. 보도기관에는 외부에 나가거나 외부의 행정부·입법부·사법부 및 각종 단체·기업·기관과 연결을 갖는 기자의 수와, 그런 것과는 아무런 관련도 없이 안에서 뒤치다꺼리만을 하는 기자의 수가 약 반반으로 맞먹는다. 그리고 앞서의 통계가 뜻하는 것은 내근자들의 경우이며, 외근 기자에게는 이 통계숫자가 설명해주지 않는 일면이 있다.

기자사회에서 '촌지(寸志)'라고 불리는 이 소속사의 봉급 외 수입은 기자가 직무상 관계하는 대상의 재정적 규모에 따라 문자 그대로 수천원의 '촌지'에서 수십만원의 '척지(尺志)'로 가지가지다. 출입처 기자단은 국민에게 진실을 알리기 위한 취재의 편의에서보다 이와 같은 과외수입을 '징수'하는 압력단체의 역할을 하는 경우가 많다.

정기적으로 매달 엄청난 상납 아닌 '횡납금(橫納金)'을 거둬들이는 것은 경제계나 재계와 관련된 기자단이다. 1인당 2만원이 횡납되자 '기자를 무시하느냐'고 하여 3만원씩으로 낙착되는 것은 비교적 가난한 출입처 기자단이다. 허가사무와 관련된 이권청탁한 건에 얼마라는 액수는 해당 기자 외에는 영원한 비밀사항이다.

'촌지'는 나오는 대로 기자실에서 '섰다'의 밑천이 되는 것이 보통이지만 '척지'는 포커의 밑천이 되고서도 저택, 기업체의 투자, 승용차, 골프 멤버 등의 형태로 '확대 재생산'된다.

특파원 기사, 천편일률

정부 최고위 지도자들의 외국 예방(禮訪)을 수행하는 기회는 얼마나 '광고 대행'을 잘하느냐에 따라 촌지의 기회도 되고 척지의 기회도 된다. 그러기에 정부 최고위 지도자들의 외국 예방이나 외국 지도자와의 회담에 관한 '어디 어디에서, 무슨 무슨 특파원 기(記)'의 기사치고 '열광적인 환영'이 아닌 것이 없고, '요구한 대로 모두 주겠다는 약속을 얻어낸 대성공'이 아닌 회담이 없다.

그러기에 수행기자들의 기사는 한 신문만 보면 된다. 두 신문을 돈 주고 살 필요가 없다. 출발하기 전부터 '이하동문(以下同文)'의 기사를 한 사람이 작성해 해외공관 통신망을 통해 송고하는 방법이 정부 측과 물샐틈없이 협의된다. 기자는 경쟁에 생명감을 느끼는 직업이지만 여기에는 '아름다운 협조정신'이 십분 발휘된다.

수행기자가 제 나름의 독자적 취재를 하거나 그것이 본사에서 활자화되기 위해서는 보통 용기가 필요한 것이 아니다. 권력의 위협을 물리칠 용기는 물론이려니와 동료 기자들이 앉아서도 누리는 '혜택'을 땀흘려 뛰어다님으로써 포기해야 한다는 사실을 잘 알기 때문이다.

기자는 국가원수나 정부 지도자들의 외국 방문 기사를 이렇게 쓰는 것이 애국심의 발로라고 생각하는 경향이 있다.

우리 지도자가 상대방 국가의 지도자에게 어떤 대접과 어느 정도 수준의 환영을 받았는가라는 평가나, 숙소 앞에는 '○○ 고 홈'의 플래카드와 시위가 있었는지의 여부 같은 것을 사실대로 보도하는 것은 '비애국적'이라는 설이 기자사회에서는 신봉되고 있다.

외국인 특파원들은 베트남전쟁에서 취재 중 30명이나 전사하거나 실종되었다고 하지만 우리 특파원은 그럴 필요가 없다. 사이공 호텔의 안락의자에 앉아서도 외국 기자에 못지않게, 아니 오히려 그들보다 생생한 전투 묘사와 창의력이 넘쳐 보이는 종군기사를 써 보내거나 사진을 찍어 보낼 수 있기 때문이다.

다만 그것이 외국인 특파원이 피를 흘려가면서 쓴 기사보다 언제나 하루 늦게 나온다는 것쯤은 문제되지만……

물론 훌륭한 기자정신을 발휘한 기자도 많다. 그러나 안이와 무기력이 기자풍토의 한 면임도 부인할 수 없다.

수습기자 때보다 퇴보하는 지성

기자풍토의 한 특징은 남의 권리 쟁취나 민주화·자유화 운동에는 당사자처럼 열을 내면서도 자체 내부의 권리투쟁이나 민주화나 자유화는 아직 원시적 상태라는 현실이다.

기자가 신문사나 통신사의 봉급에 대해 품는 불만은 최근 심각할 정도로 비등하고 있다. 그러나 어느 한 사에서도 판사들과 같은, 대학교수들과 같은, 또는 병원 수련의, 심지어는 간호원들과 같은 단결심과 기개를 보인 일은 없다.

4·19 직후와 5·16 직후 한두달 동안 기자사회 내부의 숙청론·정화론이 거론된 일이 있지만 10년이 지난 오늘날에도 그 자리에 그 사람이 둥지를 틀고 앉아 있기는 마찬가지다.

봉급만을 가지고 사는 것이 아닌 까닭에 기자는 횡납액의 단위가 높은 취재처로 나가기 위해 윗사람에게 잘 보여야 하고, 윗사람의 심부름은 충실히 집행해야 한다. 기자라는 신분이 그 모든 밑천이기에 아무리 불평과 불만이 있어도 기업주의 애총을 받도록 노력해야 한다. 해고는 지금도 기업주의 손에 달려 있고, 기자라는 신분을 상실하면 봉급의 몇배, 몇십배 되는 부수입이 송두리째 사라지기에 경영 측에 대해서는 어떠한 부당성도 지적하기를 꺼린다.

무보수 기자라는 괴이한 존재가 있는 것도 이 때문이다. 월급을 안 받는 데 그치지 않고 오히려 신문사에 돈을 내고 기자증을 받거나 출입처를 배당받음으로써 그 몇배의 수입을 올리는 제도다.

기자사회에서 '사이비 기자'라는 것이 요새 한창 말썽이 되고 있다. 기자의 대외적 이미지를 흐리게 한다는 사이비 기자의 정의가 그와 같은 무보수 기자니 '대학을 안 나온' 기자니 하는 식으로 규정되고 있는 것도 한심한 일이다.

대학을 나온 기자는 기자의 이미지를 흐리게 하지 않는다는 이론이라면 현재 서울의 주요 보도기관은 그에 해당할 것이다. 왜냐하면 기자협회가 조사한 바에 의하면 본사(本社) 기자의 압도적 다수인 77.58퍼센트가 학사(學士)이기 때문이다. 그 대학 졸업자만이 만든다는 중앙지나 통신사의 몰골이 과연 어떤 것인가를 기자들은 한번 자문할 필요가 있겠다.

필자의 견해로는 오히려 식민지적인 가치관·문제의식·세계관을 주입하는 것을 소임으로 하는, 이 나라의 대학교육을 받은 젊은이보다는, 차라리 공장노동자나 농사꾼이나 지게꾼이 뭣인가를 느끼고 분발해서 기자가 될 수 있는 길이 트여 있었다면 우리의 기자풍토가 오늘과 같지는 않았을 것이 아닌가 하는 생각마저 든다.

대학지식을 자못 대단한 것이나 되는 것처럼 생각하는 사고방식이 바로 이 사회가 타파해야 할 권위주의가 아닐까 한다. 지식·기술의 신비주의·권위주의는 노력하지 않고 지배하려는, 그리고 그에 도전하는 사람에 대해 자기를 보호하려는 명분에 타락하기 쉽다.

그 많은 출입처나 근무부에서 책을 보는 기자를 발견하기 어려운 것이 바로 이 권위주의의 탓이 아닐까 한다. 입사시험에 합격하여 수습기자가 되었을 때만 해도 실생활 속에서의 체험을 토대로 꾸준히 공부하고 연구하려는 것이 소원이었다고들 한다. 그러면서도 기자실에 늘어

놓여진 것이란 한결같이 여자 나체 사진을 찍은 주간지가 아니면 좀 정도가 높다는 것이라야 월간지 정도다.

단행본 한권 사 읽지 않고 1년을 보냈다는 기자가 많은 것도 아마 이 사회 기자풍토의 특징일 것 같다. 10년 기자생활을 하고 나니 수습 때의 지식이나 문제의식보다 퇴보했다고 말하지 않을 수 없는 형편에, 사이비 기자의 기준을 대학 졸업자 이하에 두자는 것부터가 우습지 않은가.

사이비 기자란 사실을 보고도 기사화하지 못하거나, 기자가 애써 취재해온 기사를 사리(私利)와 권력 때문에 자의(恣意)로 조작·요술을 부리거나, 백성의 이익이 뭣인지를 알면서도 강자의 대변자 노릇에 만족하는 각급의 기자 외에는 없다.

조건반사적 토끼들

끝으로 우리 기자풍토의 가장 통탄스러운 특징은 그 고질적인 냉전의식이라 하겠다.

최근 우리 국민들은 '잠을 깨고 나면 세상이 한바퀴씩 뒤집힌 것을 본다'고 놀라고 불안해하고 있다.

세계 사조와 정세의 변화를 두고 하는 말들이다. 만약 기자들이 진정 진리를 탐구하고 진실을 추구하며, 민중의 귀와 눈과 입이 되었더라면 이미 20년 전부터 변화해온 국제정세와 사조에 국민이 이토록 놀라지는 않았을 것이다. 실제로는 국민들보다 기자들이 더 놀라게 되었으니 문제가 아닐 수 없다.

이 사회 기자의 인식론적 기능은 냉전사상과 흑백의 이데올로기적 가치관 때문에 강요된 의식형태의 조건반사적 토끼가 되어버린 감이 있다.

최근 『뉴욕타임즈』의 레스턴이 북경에서 기사를 보내주었다. '중공' 하면 소련의 괴뢰이고, 인민은 기아선상에서 피골이 상접해 있고, 백성은 금세라도 폭동과 반란을 일으켜 정권을 타도하려 하고, 농민은 모두 강제수용소에서 웃음을 잃은 동물이 되었고, 종교·예술·문화는 모조리 파괴되어 야만 상태가 되었고, 그리고 침략 야욕에 여념이 없고…… 등 여태까지 이 사회의 기자가 중공 하면 조건반사적으로 믿어왔을 뿐만 아니라 기사마다 그렇게 써온 이 모든 일을 어떻게 소화할 수 있을지 궁금하다.

레스턴의 기사를 읽을 때마다 이와 같이 이 사회의 의식수준을 생각하게 된다. 진실로 문제인 것은, 지배세력이 말하면 그대로 믿어야 했고, 어떤 사상에는 반드시 어떤 언어를 사용해야 하고 그 용어를 사용하면 반드시 일정한 고정관념을 머릿속에 형성하게끔 되어버린 기자의 의식구조겠다. 기자의 의식은 정부와 관료의 의식보다도 뒤져 있다. 혹 평하자면 기자는 지배자가 내려 맡긴 의식 형태의 노예가 되어 있다.

자기만이 그렇다면 문제는 그리 크지 않다. 그러나 조건반사의 토끼가 되어버린 기자가 그 가치관과 의식구조를 통해 취재하고 그것을 그런 각도에서 국민에게 전달해온 결과가 최근 우리 사회의 안팎에서 일어나는 사태에 국민이 넋을 잃게 된 것이라면 기자는 모름지기 의식구조를 뜯어고쳐야 하겠다.

기자는 이와 같은 비정상을 애써 찾아내어 정상적 형태를 부여해야 할 터인데 오히려 그것을 비웃는 풍조마저 있다. 그것은 바꾸어 말하면, 여태까지의 불평등·비민주·부자유를 평등·민주주의·자유로 추구해나가는 사회운동이기에 말이다.

기자가 마련하지 못한 것을 민중이 스스로 쟁취하려 하고 있다.

그럴수록 격동의 역사적 시점에 처한 기자는 민중 못지않은 능동적인 가치관과 사상을 가지고 이제부터라도 민중의 앞장을 서는 정신적 풍토를 구축해야 할 것으로 생각한다.

——『창조』1971년 10월호;『전환시대의 논리』, 창작과비평사 1974

7
남북문제에 대한 한국 언론의 문제

정직하게 고백하건대, 나는 남북 민족관계와 통일문제와 관련해서 우리나라 매스컴에 거의 절망적인 심정이다. 대중매체 가운데 어느 것이 더하고 어느 것이 덜하고의 차이도 없다. 서글픈 심정이다. 수사상 약간의 여유가 필요할까봐서 '거의 절망적'이라고 말했지만, 사실은 '절망'한 상태다.

나는 우리나라의 보도기관들을 흔히 이름하여 부르는 '언론' '언론기관' '언론인'이라는 명칭과 호칭을 따르지 않고 사용하지 않는다. '언론(言論)'이라는 일컬음은 그 함의(含意)로 보면, 단순히 말하고 쓴다고 해서 언론이라고 할 수는 없다. 언론이라는 낱말은, 그것이 말로든 활자에 의해서든 또는 겨우 최근에 비로소 '언론'을 자처하게끔 급성장한 영상매체에 의해서든 간에, 인류 역사의 오랜 세월에 걸쳐서, 진실을 정확하게, 이성(理性)으로 공정하게, 편견 없이, 지배자나 강자의 구미에 맞추기 위해서가 아니라, 시민과 공공의 현명한 판단 자료가 되는 양질의 정보를 확고한 책임감을 가지고 불편부당한 자세로 제공하는 행위다. 그러기 위해서 수없이 숭고한 생명과 정신이 피 흘려 싸운 결과로 얻어진 고귀한 이름이다. 그러므로 언론이라는 부름으로 행해지는 모든 보도와 평론의 지적(知的) 행위는 그와 같은 숭고하고 준엄한 기준에 합치할 때 비로소 스스로 그 이름으로 자처하거나 그 이름의 사용이 허용될 수 있다. 백보 양보해, 적어도 그렇게 하고자 하는 개인적 양심과 직업적 책임성이 그 행위를 뒷받침할 때에만 '언론'의 본래의 의미를 지니는 것이다.

나는 이런 기준과 생각으로 우리나라의 대중매체 또는 보도기관들의 형태를 평가하는 까닭에 '언론' '언론기관' '언론인'이라는 호칭에 대해서 심각한 거부감을 느끼는 것이다.

그 까닭은 카메라와 브라운관의 조작으로 영상화된 이 전파 미디어의 특성이, 문제의식이 낮고 비판능력이 약한 사람에게 그 효과가 크기 때문이다. 'Seeing is believing'이라는 서양 속담 그대로, 그런 사람들일수록 텔레비전이 비춰주는 것을 그대로 '진실' 또는 '사실'로 받아들이는 경향이 강하다. 그러므로 "텔레비전에서 봤어!"라는 말은 바로 "그러니까 진실이다"로 직결되어버린다.

여기서 텔레비전이 '언론기관' 또는 '언론사'를 자처하거나 그 종사자들이 '언론인'을 자처할 때, 얼마나 많은 거짓이 이 사회에서 사실 또는 진실로 통하게 되는가를 두려운 마음으로 생각하지 않을 수 없다. 그 극치가 남북관계와 통일문제에 관한 보도와 평론행위에서 나타난다. 그들의 보도와 평론은 진정 '언론'의 이름에 값하기 위해서 지켜져야 할, 앞에서 열거한 엄격한 기준과 준칙들에 얼마나 합치하고 충실한가?

'언론'과 '언론인'이라는 고귀한 호칭은 그러나 다음의 신념과 실천을 전제로 한다. 신문이나 방송의 자유나 권리는 그것 자체 때문에 보호받는 것이 아니다. 모든 개인이 누구나 각기의 생각, 즉 다양한 사상을 가질 수 있는 자유와 권리를, 다시 말하면 힘있는 자들의 금지, 간섭, 박해, 차별로부터 개인의 사상의 자유와 그것을 표현하고 발표할 수 있는 자유와 권리를 보호하는 역할을 수행하는 한에서 인정받는 것이다. 방송을 포함한 언론의 자유 개념은 무엇이든지 자유롭게 취재하고 보도할 수 있는 권리나 자유를 뜻하지 않는다. 그 사회 내 '개인'의 그 권리와 자유가 앞서는 것이다.

지금은 세계 민주주의제도의 기본 원칙으로 일반, 보편화된 미국 헌법 수정 제1조, 흔히 "의회는 언론의 자유를 금지 또는 제한하는 법률을 제정할 수 없다"라고, 소위 언론인들이 아전인수 격으로 해석하는 그 조항은 사실은 신문(인)이나 방송(인)——그 당시에는 없던 매체이지만——이 마음대로 글을 쓰고 마음대로 사진을 만들어 방송하는 자유(또는 권리)를 뜻한 것이 아니다.

미국 헌법 수정 제1조의 법률로도 금지하거나 제한할 수 없는 자유(또는 권리)의 언론적 규정은 신문과 잡지(지금은 방송도 포함) 등 매체의 자유, 즉 'freedom of press'의 가치보다 앞서는 가치로서, 사회의 개인(시민)이 누구나 마음대로 생각(즉 사상)하고, 생각한 그것을 자유롭게 '말할 수 있는 자유', 즉 'freedom of speech'를 설정하고 있다.

대중매체의 자유에 앞서 개인 누구나가 법률의 금지나 제한 없이 자유롭고 다양하게 서로 다른 생각을 할 수 있는 자유와 권리, 다시 말해서 사상의 자유를 대전제로 하여, 그 다양한 사상을 법의 금지나 제한을 받지 않고 자유롭게 말할 수 있는 자유와 권리, 즉 개인의 표현의 자유를 신문(인)이나 방송(인)의 보도 기능적·직업적 자유보다 앞서는 가치로 설정하고 있다.

신문(인)이나 방송(인)의 '언론의 자유'는 사회적 규범인 데 비해서,

개인의 사상의 자유와 표현의 자유는 바로 인간이 그 누구에게도 양도
할 수 없는 천부적 자연권이다. 되풀이해서 강조하지만, 무슨 신문이나
무슨 방송국의 보도의 자유보다도, 무슨 신문사의 김 아무개 기자의 취
재행위나 박 아무개 주필의 평론의 자유보다도, MBC나 KBS라는 방송
사의 최 아무개라는 앵커나 성 아무개라는 PD나 카메라맨의 직업적 자
유보다도 인간, 즉 박 아무개라는 시민이 정부와 체제가 강요하는 어떤
단일 사상이 아니라 그것에 반대하는 또는 그것과 다른 의견, 가치관,
세계관, 신념, 정치관을 가질 수 있고 또 말할 수 있는 자유를 법으로도
금지하거나 제한할 수 없다는 것이다.

 사상의 자유시장과 그 자유시장에 누구나 다양한 사상을 가지고 참
여할 수 있는 제도와 체제를 정부의 간섭으로부터 지키기 위해 신문
(인)이나 방송(인)의 제2차적인 자유와 권리가 인정되는 것이다. 이 가
치의 순서와 서열을 잊어서는 안 된다. 그런데 우리나라의 신문(인)이
나 방송(인)은 그 가치의 선후 순서와 중요성의 서열을 거꾸로 착각하
고 있는 것 같다. 남북관계나 통일문제 또는 한반도 정세 등에 관해서
개인(시민)은 여러가지 각기 상이하거나 다양한 견해, 생각, 신념, 사상,
접근 방법 등을 가질 자유가 있고 권리가 있다. 다양(多樣)과 복수(複數)
의 견해와 주장이 서로 상대방의 가치와 자유와 권리를 존중하면서 대
등하게 대화할 때에만, 어떤 문제에 대해서 가장 적절하고 현명한 답안
이 나오게 마련이다. 이 원리와 원칙은 문제의 중요성이 크고 높을수록
더욱 소중하다. 남북관계와 통일문제가 바로 그에 해당한다. 국가라는
이름으로도 이 다양성을 금지할 수 없다.

 그럼에도 불구하고 우리나라의 방송은 그 방향과 내용이 섣부른 국
가의 반공주의 '유일사상'의 주술에 꼼짝할 수 없도록 묶여 있다. 국가

권력이 강요하는 어떤 유일사상의 선전 선동자 역할을 스스로 자처하고 있다. 그것이 마치 무슨 숭고한 사명인 양 착각하고 있는 것처럼 보인다.

어느 나라의 어떤 제도에서나 국가권력의 유일 이데올로기를 위해서 선전 선동적 역할을 담당하는 기능은 '체제화 언론' 또는 짧게 '체제언론'이라고 부른다. 타락한 언론의 대명사다. 국가권력의 시녀가 되고 그 아폴로지스트로서 체제언론화한 타락한 언론을 나치나 파시스트, 군국주의나 전체주의, 또는 공산주의 국가 등에만 나타나는 특이 현상으로 치부하고 멸시하는 경향이 흔히 있다. 그러나 그런 해석은 잘못이다. 우리나라의 지난 역대 군사독재시대의 소위 '언론기관'이 바로 그것이었음은 이제 공동의 합의사항이다.

그런데 지난날의 그런 치욕스러운 형태가 남북관계와 통일문제를 소재로 하는 보도와 평론행위에서는 지금도 결코 변화하지 않았다는 데 심각한 문제가 있다. 텔레비전의 경우, 시청자에 대한 시각적·영상적 역기능이 제작, 편성, 제시의 놀라운 기술 발달 때문에 오히려 더욱 증대되었다고 말할 수 있다. 쉽게 표현하면, '사실이 아닌 것을 더욱 진실(사실)처럼' 믿게 만들고 있다는 말이다.

민주주의 사회에서는 국가나 체제의 뒷받침을 받는 다수 의견의 가치에 못지않게, 그것에 반대, 대립하거나 상이한 철학, 가치관, 또는 인구학적으로 소수가 제창하는 이론, 신념, 주장 등의 가치도 존중되어야 한다. 견해, 사상, 신념, 가치관 등의 추상적 차원에서는 정책의 다수결처럼 묵살하거나 경시하거나 박해해서는 안 된다. 그런 사회의 관습과 제도가 바로 공산주의라면, 공산주의가 되지 않기 위해서라도 소수의 가치관, 사상, 방법론적 다양성이 존중되어야 한다. 그렇게 하는 것이 오늘날 인쇄매체보다도 더 즉각적이고 더 압도적인 인식 효과를 가지게 된 방송과 그것에 종사하는 사람들의 사명일 것이다.

북한과 통일에 관한 방송 프로그램의 발상, 기획, 제작, 편성, 방영의 과정에서 방송 종사자가 진정한 '방송 언론인'이고자 한다면, 한국 국내에서 정부와 다른 시각에서 남북관계와 통일문제를 생각하는 다양한 이론, 주장, 제안, 신념 들, 즉 소수의 의견이 체제적 의견이나 정책과 동등한 자유와 권리를 누려야 한다는 사실에 대한 근본적 인식이 있어야 한다.

한국의 텔레비전과 라디오의 '언론'은 민주주의 언론의 근본적 인식을 근원적으로 결여하고 있다. 굳이 한국의 방송인들에게 충고하고 싶은 것은 그들의 '의식'부터 바로잡아야 한다는 점이다. 한반도의 평화와 남북관계의 긴장완화에 작용하는 텔레비전의 영향력이 크면 클수록 그 요청은 절실하다.

한국의 방송매체는 남·북한 문제에서는 시청자들에게 충격적일 뿐만 아니라 선동적인 작태를 능사로 삼고 있다. 그것이 진실(사실)이냐 거짓이냐를 가릴 생각도 하지 않는다. 거짓인 줄 알면서도 '체제언론'의 습관대로 진실을 가장하고 제시하고 있다. 보도에 앞서 진실과 허위를 검증해야 하는 노력은 신문 저널리즘에서와 마찬가지로 방송 저널리즘에서도 저널리스트의 양심적 명제이고 또 직업적인 윤리강령의 제1항목이다. 한국의 방송 저널리스트들에게 이 양심적 명제와 직업 윤리강령 제1항목은 그들의 의식 속에서 찾아보기 어려운 것 같다. 이와 같은 정신적 자세로서의 직업행위는 시청자에 대한 중대한 배신행위다. 텔레비전의 브라운관을 통해서 제시되는 것은, 그와 같은 직업적 양심의 시험을 거쳐서 나온 것이라는 전제와 묵계를 믿고 '진실'로 받아들이는 시청자와 시민 전체의 신뢰를 배신하는 범죄라고 할 수 있다.

수없이 되풀이되고 있는 그런 사실들 가운데 바로 최근의 한 사례만을 들어보자. 대한민국의 4500만 국민은 그날밤, 북한의 AN2라는 비행기 편대가 옹진반도를 지나 남한 쪽으로 침공해오고 있다는 '중대 뉴스', '긴급 뉴스'에 가슴이 철렁 내려앉았고, 피난 보따리를 챙길 셈으로 일대 혼란을 빚었다.

텔레비전 방송은 누런 색깔의 두 날개 비행기(복엽기, 잠자리형 연습기)가 편대를 지어 남쪽을 향해서 바다 위를 날아오는 모습을 몇시간을 되풀이해 방영했다. 그러고는 그 AN2의 속도가 시속 145킬로미터라는 사실도 자막으로 보여주었다. 그리고 이 두 날개 비행기 한대에 20명의 무장군인이 탑승할 수 있고, 남한의 휴전선 후방에 수천명, 수만명의 기습공격 부대를 투하시킬 수 있다는 어마어마한 주석을 거듭했다. 4500만명의 대한민국 국민의 가슴이 내려앉고, 텔레비전 앞에서 서로 부둥켜안고 "이제 우리는 죽는가보다!"라고 겁을 집어먹은 것은 당연하다. 그날밤, 공포감에 떨면서 모두가 잠을 이루지 못했다.

그러나 이것은 한국의 텔레비전 방송사와 방송 저널리즘 그리고 소위 방송 '언론인'의 완벽한 '무책임성'이 빚은 범죄행위임이 밝혀졌다. 사실은, 북한 지역 하늘을 날고 있던 도요새 몇백마리가 잠시 나는 각도를 남쪽으로 바꾼 것이 백령도 한국 공군의 레이더에서 관측되었던 것이다. 새가 나는 높이란 어차피 몇십 미터의 낮은 고도일 수밖에 없다. 잠시 정체 확인을 하는 동안 백령도의 군부대는 경계신호를 발했다. 그리고 곧 이어서 그 '저공 비행물체'의 정체가 도요새 무리임이 확인되었다. 이것이 상황의 전부였다.

그런데 이 나라의 텔레비전은 어떠했던가? 앞에서 쓴 그대로다. 이것은 단순히 한국 텔레비전 방송들이 '경망스럽게 호들갑을 떤다'는 일상적 평가로 넘길 수 있는 사건이 아니다. 첫째로 방송인들이 자기 직업행위와 관련해서 공부를 하지 않는다는 증거가 드러난 것이다. 공군이 그런 자료를 제공했거나 텔레비전 방송사가 그런 자료를 자료실에서 찾아냈거나 간에 결론은 마찬가지이지만, AN2기의 속도가 시속 145킬로미터라고 되풀이해 자막으로 제시했다. 시속 145킬로미터는 고속도로에서 조금 빨리 달리는 자동차 속도와 같다.

이런 속도의 비행기가 군사적 목적에 사용된 것은 제1차 세계대전, 즉 지금으로부터 꼭 80년 전, 비행기 역사의 원시시대의 일이다. AN2기는 북한의 초보 비행 연습용과 연락용 목적에 쓰이고 있다. 오늘날 우리의 상공을 지키는 남한 공군 전투기는 세계 최첨단 최강으로, 대개 마하 2에서 2.5, 즉 시속 2300킬로미터에서 3400킬로미터다. 그 무장은 가공하다. 200∼300미터의 높이로 나는 도요새 무리가 레이더에 잡혔다는 사실은 AN2이건 다른 어떤 저공비행체이건 마찬가지로 전방 배치 레이더에 잡힌다는 뜻이다. 그러면 초고속 최신예 전투기가 즉각 출동한다. 승용차의 속도와 같은 시속 145킬로미터의 속도로 서울에 도달할여지도 없다. 하물며 "후방 지역 운운"은 공상소설감도 안 된다. 또 두날개 비행기가 무슨 목적에 쓰이는지는 앞에서 설명한 그대로다. 그럼에도 불구하고 우리의 방송인들은 이와 같은 공상소설 작품(도 안 되는 것)을 되풀이하여 몇시간 동안 계속하여 내보냄으로써 진실과 허위를 검증할 직업적 책임을 저버렸다.

이것은 남북관계나 통일문제에 관해서 몸과 의식에 배어버린 무책임성의 무수한 사례들 가운데 하나에 불과하다. 그 피해자는 누구인가? 전국민이다. 그런데 더 놀랍고 한심스러운 사실은, 그 과정과 결과에 대해서 방송사와 방송인들의 한마디 사과도 없었다는 점이다. 이번 일에서만 그랬던 것이 아니다. 그와 유사한 수없이 되풀이된 사례들에서 여태까지 그들이 시청자에게 사과를 한 일이 있었는지 기억되지 않는다. 아무런 자기비판이나 반성의 표시가 없었다. 무책임성과 경박성의 일방통행적 행위가 그들의 통념이 되어버린 감이 있다.

그밖에도 방송 저널리즘과 저널리스트들이 남·북한 관계와 한반도 정세 그리고 통일과 관련된 뉴스, 해설, 배경설명, 논평, 다큐멘터리 등에서 명심해야 할 준칙들이 많다. 그것들을 간추려보면 다음과 같은 것들이 있을 것이다.[1]

냉전의식의 잔재

세계는 탈냉전시대라고 하지만 한국의 언론인들은 아직도 냉전시대를 살고 있다. 반세기에 걸쳐 미국과 소련이라는 두 초강대국의 국가 이기주의적 또는 패권주의적 표현인 냉전의식이 마치 우리나라의 체제적 신념인 것처럼 되었다.

광적 반공사상

같은 반공사상이라고 해도 남한의 그것은 지구상에서 가장 극단적이었다. 일정한 정도의 공산주의 비판의식은 민주주의와 휴머니티를 위해서 도움이 된다. 그러나 우리의 그것은 지난날 군부독재체제의 정권

---

1 이 글의 근본정신은 우리가 지니는 모든 문제성이 상대적 형태로서 북한의 문제성과 똑같은 비중으로 다루어져야 한다는 것을 전제한다. 다만, 북한의 문제성들은 우리가 익히 알고 있고, 흔히 너무나 일방적으로 과장, 강조되는 경향이 있으므로 우리 자신의 문제 형식으로 논하자는 것이다. 이 사실에 오해가 없기 바란다.

유지책이었을 뿐만 아니라, 민족 간의 화해를 거부하는 이데올로기로 악용되어왔다는 이유에서 우리의 머리에서 시급히 정리되어야 한다.

맹목적 애국주의

서로 상대가 있는 일에서는, 한쪽은 전적으로 선(善)하고 다른 한쪽은 전적으로 악(惡)한 경우란 없는 법이다. 어떤 상황에서건, 자신의 잘잘 못이나 합법성, 정당성 등의 여부를 냉정하게 가리는 이성적 태도를 거 부하고, 무조건 남한의 정당성만을 주장하는 경향이 있다. 남·북한 문 제의 해결에서 이와 같은 태도는 결국은 자기부정일 수밖에 없다.

문제의 역사적 배경에 대한 이해

일어나는 모든 일에는 역사적 배경이 있다. 이에 대한 인식과 이해가 없으면 그 일의 전모와 뜻을 알 수 없다. 가장 적절한 예가 몇해 전의 소 위 북한 핵 문제다. 1960~70년대에 남한이 북한에 비해서 모든 면에서 열세일 때 박정희 대통령이 자존(自存)을 위해서 핵과 미사일 생산 계획 을 추진한 사실과, 20년 후인 1990년대에 그 위상이 완전히 역전되어 모 든 면에서 북한이 남한보다 열세해진 상황에서 핵과 미사일 계획을 추 진하는 북한의 역사적 배경을 인식하면, 문제의 공평한 이해에 도움이 될 것이다. 상대방을 궁지로 모는 정책이나 의식은 현명하지 못하다.

인과관계의 구조

남한과 북한 사이에서 일어났거나 일어나고 있는 일들은 대개의 경 우 일방적인 것이 아니라 상호작용적이었다. 다시 말하면 서로가 원인 을 제공하고, 그에 반응하고, 다시 반응하고, 또다시 반응하는 식으로 확대, 격화되었던 것이다. 남과 북이 각기 상대방을 악으로 규정하고 자기는 선으로 자처하는 정신 상태는 독선이다.

휴전선에서 일어나는 일들을 놓고 상대방만을 원인 제공자로 비난하는 남과 북의 태도는 그 어느 쪽도 옳다고 할 수 없다. 서로가 원인 제공자라는 사실 인식이 중요하다.

동일 사실에 대한 판단의 이중기준

남한과 북한 사이에서는 동일한 성격과 정도의 일이 자주 일어난다. 그것이 남한 측의 행위일 때에는 '합법, 정당'하고, 북한 측의 행위일 경우에는 '침략, 도발, 범죄'로 규탄하는 경우가 비일비재하다. 이것은 동일 사실에 대한 가치판단에서 이중기준을 적용하는 행위로서, 비논리적일 뿐 아니라 민족 간 화해와 통일을 거부하는 태도이다.

상대방 입장에 한번 서보는 마음

남한과 북한의 군사비는 연간 130억 달러 대 30억 달러다. 약 4 대 1이다. 북한은 공포를 느끼고 있다. 우리의 지속적 군비증강은 평화적 통일에는 도움이 되기보다는 저해 요인이다. 남한과 미국의 합동 군사훈련의 팀스피리트는 20만 이상의 병력과 핵 항공모함과 핵 공격함대가 대거 동원되는 훈련이다. 과거에 소련에 대항하던 북대서양조약기구(NATO) 동맹군도 이런 대규모의 훈련은 하지 않았다. 팀스피리트 훈련 때 보이는 북한의 반응을 비난하기는 쉽다. 그러나 막강한 소련 극동해군의 핵 공격함대와 북한군이 휴전선 바로 북방에서 여러날을 남한을 공격 목표로 하는 소·조 합동 팀스피리트 훈련을 20년 동안 해마다 감행했다면, 우리는 어떻게 반응했겠는가를 우리 자신에게 물어볼 필요가 있다.

민족 간 화해보다 대립을 부추기는 습성

북한 내부에 대한 정확한 정보와 지식은 제한되어 있다. 그럴수록 우리는 한국의 매스컴에 의해 선정적으로 과장하거나 선동적으로 강조하는 의식, 성향, 습성을 이성적으로 반성하는 노력이 필요하다. 이미 신문·방송 등 대중매체의 남북문제에 관한 선정적 무책임성은 남북 간 이해와 화해를 저해하는 심각한 요소다. 언론기관과 언론인의 거듭남이 시급하다.

북한의 이질화 문제

이질화의 판정기준은 무엇인가? 남한사회에서 통용되는 이것저것의 상태가 북한사회의 그것들의 옳고 그름을 판단하는 기준이 될 수 있을까? 그리고 남한사회가 인간성이 숭상되고 민족적 주체성이 고양된 사회일까? 우리는 '우리'가 아니라 '절반 미국인'이 된 개인과 사회는 아닐까? 우리 사회는 도덕적·윤리적으로 북한보다 '건전한' 사회일까? 그밖에도 우리 자신과 한국의 자화상을 객관화해서 냉정한 마음으로 따져보는 의식과 자세가 필요하다. 이 의식적 자기비판은 남북관계를 위해서 그 중요성을 아무리 강조해도 부족할 정도다.

미국의 국가 이기주의와 패권주의

우리는 해방 이후 반세기에 걸친 오랜 세월 동안 미국식 가치관과 사고방식에 동화되어버렸다. 군사적·정치적으로 과거처럼 예속되어 있지는 않더라도, 아직 다분히 미국적임을 부인할 수 없다. 미국이 하는 일은 모두 옳고, 북한이 하는 일은 모두 그르다는 식의 민족 허무주의적 미국 숭배의식으로 남북관계, 한반도 상황, 통일문제를 대하는 한, 남·북한의 합일과 평화와 통일은 참으로 요원하다. 미국정부 통계로 미국의 동맹 국가들 중 인구비율에서 미국 유학 박사학위 소지자가 제일 많은 나라가 남한이다. 미국인보다 더 미국적인 한국 지식인들이 주로 정부, 학계, 전문직업, 언론 분야의 대북정책 수립의 핵심을 차지하고 있다.

통일을 위해서는 북한이 변해야 하는 만큼 남한도 변해야 한다는 문제의식이 아쉽다.

동·서독 통일에서 배워야 할 교훈

한국 사람들은 서독이 자본주의 국가이고 반공정책을 취했지만 사회주의 국가인 동독보다도 더 사회주의적 복지국가임을 깨닫지 못하는 것 같다. 서독의 국가 기본법(헌법)은 서독이 "민주주의이면서 사회주의적 연방국가"라고 규정하고 있다. 동독과의 어려운 협상을 거쳐서 1972년에 동·서독 간의 대폭적인 접촉, 왕래, 협력, 원조, 사적 불가침 등을 실현한 것이 서독의 사회주의 정당의 집권하에서였다. 그리고 그것을 추진하고 실현한 것이 사회민주주의자인 브란트 수상이었다. 서독은 사회주의 정당과 보수주의 정당이 선거를 통해서 정권을 맡는다. 사상의 자유는 물론 언론의 자유, 인권, 집회 등이 보장, 실현되어 있다. 서독인의 동독인 접촉이나 동독 왕래도 자유였다. 북한과의 접촉을 금지시킬 목적의 남한의 반공법이나 국가보안법과 같은 것은 없었다. 공산주의, 사회주의, 무정부주의 등 학문과 연구와 발표의 자유가 있었고, 사회주의 정당의 집권으로 국가정책에 사회주의적 정책이 대폭 채택되었다. 북한만 나무라지 말고 남한이 서독같이 될 생각은 왜 하지 않는가? ── 이러한 충고의 뜻을 깊이 새겨들어야 한다.

── 문화방송 통일문제연구소『분단국 통합과 방송』, 1997;

『스핑크스의 코』, 까치 1998

제4부

문명·미래

해설

　지구상의 50억 100억의 인간들이 끝없는 경쟁의 경주장에서 서로
밟히고 쓰러질 때까지, 뒤도 돌아보지 않고 쉴 사이도 없이, '성공'
과 '돈'이 기다리는 종착점을 향해서 일생을 달려야만 하는 정보화시
대! 21세기의 그 모든 인간의 심장이 터질 것 같은 거친 숨소리가 나
의 귀에는 벌써 들려온다. (560~61면)

　제4부에는 비교적 편안하게 읽을 수 있는 글들을 모았다. 리영희 선
생은 루쉰이 잡감문이라고 했던 시사 에세이나 편지글도 즐겨 썼다. 동
료였던 임재경 선생은 리영희에게 감옥에서 집필의 자유가 주어졌다면
로자 룩셈부르크나 안또니오 그람시와 같은 불후의 옥중 서간집이 나
왔을 거라고 말하기도 했다. 리영희 선생의 에세이나 편지글은 평론류
글들과 달리 '의외로' 재미있다. 내용이 가벼운 경우는 없지만 대체로
가벼운 마음으로 편하게 읽을 수 있다. '문명·미래'에는 「농사꾼 임군
에게 보내는 편지」 「아버지와 딸의 대담」 등 에세이류의 글과 「핵은 확
실히 '죽음'을 보장한다」 「무한경쟁시대와 정보화와 인간」과 같은 문명

비판론에 가까운 글들 7편을 모았다.

「농사꾼 임군에게 보내는 편지」는 가난안농군학교에서 만들었던 농민잡지 『농민운동』 1976년 11월호에 기고한 글로 1977년에 나온 『우상과 이성』에도 실렸다. 시골에서 농사를 짓고 있는 임수대 군에게 보내는 편지 형식의 글이다. 임군은 선생이 주례를 섰던, 서울대 농대 출신의 학생운동가로 당시 경남 마산 인근 진동에서 농사를 지으면서 농촌계몽운동을 하고 있었다. 이 글은 선생이 쓴 글 중 가장 많은 '수난'을 당했다. 1977년 11월 반공법 위반 혐의로 구속되었을 때 검찰이 특히 이 글을 심하게 문제삼았다.

조금 더 크게는 미국과 일본의 경제적 지배에 대한 이 민족 대중의 저항감을 심정적·심리적 측면에서 쓰다듬는 마취적·최면술적·아편적인 문화 내용이라고 생각하네. (479면)
　우리 농민은 너무 오랫동안 복종과 순응만을 해온 것 같아. 생각하고 저항할 줄 아는 농민을 보고 싶은 마음 간절하네. (487면)

검찰은 이러한 구절들을 대충 얽어서 리영희가 노동자·농민을 주축으로 하는 모택동식 공산혁명을 목적으로 민중을 선동하려 했다는 이유로 기소한다. 이후 1980년 『우상과 이성』을 다시 낼 때 빠졌다가 1984년 나온 『분단을 넘어서』에 「어느 젊은 농사꾼에게」라는 제목으로 다시 실린다. 물론 검찰이 시비를 걸었던 대목들은 삭제된 상태였다.

1983년에 쓴 「아버지와 딸의 대담」*은 선생이 교복 자유화 소식을 듣고 가족과 대화를 나누는 소설 형식으로 쓴 에세이다. 아버지와 딸, 아내, 아들이 등장하여 '제복'에 대하여 토론하며, 제복사회의 문제점을 공유해가는 과정을 묘사하고 있다. 1974년 발표했던 「제복의 유행과 사상」의 후속편이라 할 만하다. 「제복의 유행과 사상」은 에두아르트 푹스의 『풍속의 역사』의 핵심 주제를 환기하며 대중문화 현상을 비판한 글이다.

"오늘부터 중고교생 자유복…오랜 제복 역사에 종지부!"라는 신문 제호를 보며 회상에 잠기는, 적당하게 나이 지긋한 반백의 중년 신사가 주인공이다. 학교에서 돌아온 딸과의 대화가 이어진다. 교복이 없어지니까 모두 좋아할 것이라는 아버지의 말에 대해, 딸아이는 꼭 그렇지도 않다고 답한다. 그 이유는 교복을 안 입으면 공순이들하고 구별이 안 되기 때문이라는 거였다. 반백의 신사는 큰 충격을 받고 딸에게 이야기를 시작한다.

유행과 사치라는 것이 결국 여성의 3중의 예속 상태(남성, 자본, 타국의 문화)를 영속화하는 수단이라고 강조한다. 선생 특유의 통찰력이 돋보인다. 일제강점기에 제복은 신분상승의 상징이었고, 제복을 입는 것이 가장 빠른 출세방법이었다. 현대 사회에서 제복은 획일적 권위주의의 상징이고, '시대의 제복'인 유행은 필연적으로 인간소외를 낳는다. 딱딱하고 재미없을 수 있는 제복, 유행, 인간소외라는 주제를 밥상머리에 앉아 담소하는 가족의 대화 형식의 일상 담론으로 재구성했다.

* 1983년 나온 『공동체문화』 제1집에 실린 글의 제목은 「키스 앤드 굿바이」다. 『분단을 넘어서』(1984)에도 같은 제목으로 실렸다. 선생은 1999년 고희기념 문집 『동굴 속의 독백』을 낼 때 이 글의 제목을 「아버지와 딸의 대담」으로 수정했다. 여기서는 선생이 수정한 제목에 따랐다.

「광주는 '언제나 그곳에' 있었다」는 1993년 7월 한 잡지에 기고한 글이다. 여러 이미지를 가지고 있는 광주시의 역사와 광주민주항쟁의 의미, 그리고 '미래'에 관해 이야기한다. 우리 역사 속에서 광주는 두가지 상반된 이미지의 도시였다. 민족문화의 극치인 민중예술과 생활문화의 중심이자 민족 역사의 병목 지점을 처절한 몸부림으로 정면 돌파해온 민중항쟁의 거점이었기 때문이다. 선생에 따르면 1980년 5월 광주는 한국의 '도시'에서 세계의 한 '이념'이 된다.

이 5월을 기해서 광주는 남한의 한 지방의 지도에 표시된 작은 도시명으로서의 고유명사가 아니라 동시대적 세계의 한 이념(理念)이 되었다. 광주는 '광주'가 되었다. '사우스코리아'의 남단의 한 점은 1980년 5월 이후 세계의 한 정신·문화적 중심으로 받들어지게 되었다. '광주'와 '光州'는 세계의 'Kwangju'가 되었고, 그 단어는 폭력과 부정에 항의하여 목숨을 바친 민주주의적 시민의 용기와 감동적인 희생정신을 뜻하는 추상명사가 되었다. (514면)

마치 '바스띠유'가 전인류에게 새로운 시대정신을 알리는 '자유·평등·박애'의 대명사가 되었듯이 광주는 '민주시민의 용기와 희생정신'을 뜻하는 새로운 추상명사가 되었다는 것이다.

해방 후 친일파와 친미반공주의자가 지배하는 한국사회에서 전라도는 삼중으로 소외되었다. 다른 지역민의 배제, 자기정체성 부정, 강요된 증오 속의 '부족'적 결속이라는 '삼중의 소외' 현장이 전라도였다. 타지역민이 이런 현실을 망각하고 '호남향우회'를 비판하는 것은 파렴치한 일일 수 있다. 전라도 사람은 해방 이후 한국사회의 '유대인'으로서, 생존을 위해 자기들끼리 결속할 수밖에 없었다. 문제는 전라도 사람들도 가해자들을 증오할 수 있다는 데 있다. 선생은 이를 '강요된 증오'라 부른다. 상대방의 증오를 증오로 갚는 것은, 자기 자신의 행동을 '적'이 먼저 한 행동의 범주에서 단순 반복하는 것이기 때문이다. 증오에서 벗어나지 못하는 사람은 자유인이 될 수 없다. '적과 나'의 부정적 관계를 스스로 재편할 수 있을 때 비로소 새로운 삶이 시작된다.

1987년 나온 『역설의 변증』에 실린 「핵은 확실히 '죽음'을 보장한다」는 한국인의 맹목적 핵 숭배를 비판하는 것으로 포문을 연다. 하나의 '국민 미신'이 된 핵종교가 대한민국에서 기승을 부리게 된 원인으로 민족 내부 문제의 군사적 해결정책, 맹목적 반공이데올로기, 핵무기의 위험성과 핵전쟁의 종말성에 대한 무지, 미국 국가이익 위주의 선전의 결과, 외국 군대가 설치한 핵기지에 대한 우리의 인식착오 등을 들 수 있다. 특히 핵에 대한 비판이나 반대 운동은 반국가적 행위로 매도되어 처벌됨으로써 핵 미신은 정권이 조직적으로 유포한 '사이비 종교'가 되었다.

1986년 체르노빌 사고가 났음에도 불구하고, 전두환 정권은 사고 직후에 수억 달러가 요구되는 2개의 핵발전소 건설을 미국 회사와 계약한다. 당시 미국인이며 한국정부와 핵발전소 건설 계약업무를 수행한 전문가가 한국의 경우 발전소 건설의 안전기준과 방사능 물질 확산 방지 장치가 외국보다 훨씬 허술하다는 점을 지적한 바 있다. 1980년 세계은행에 제출된 자료에 따르면 대한민국의 원자로는 최소한의 안전관리나 안전장치에 대한 고려도 무시된 채 건설되었다.

이렇듯 전두환 정권은 졸속으로 무려 6기의 원자로를 들여왔다. 남북이 군사적으로 대치하고 있는 상황에서 공중공격에 취약한 핵발전소를 대거 건설하는 것은 상식적으로 납득할 수 없는 일이었다. 핵발전소 건설 전부를 미국 회사와 계약했다는 점에서의 미국 압력설과, 한국정부가 독자적으로 핵무기 생산을 계획하고 있는 것 아니냐는 '핵개발설' 등의 의혹이 제기될 수 있는 상황이었다. 아직도 한국에서 '핵무기 신앙'은 사이비 종교보다 강하다.

선생은 1990년대 중반 이후 「내가 아직 종교를 가지지 않는 이유」 「종교와 독선」 「예수와 부처의 신자」 「종교와 신앙 앞에서 망설이는 마음」을 비롯하여 여러편의 종교 관련 글을 썼다. **「내가 아직 종교를 가지지 않는 이유」****는 월간『말』지 1994년 5월호에 기고한 글이다. 선생은 어느 종교에 대해서나 비판을 주저하지 않았지만 '반종교인'은 아니었다.

나는 예수와 부처의 사상과 행덕을 기리는 데는 남에게 빠지지 않으려는 사람이지만, 그 두분의 이름을 빌려서 행해지는 제도화된 종교와 종교형식은 경멸하는 사람이다.(538면)

주변의 교회나 성당, 사찰을 돌아보면 예수나 붓다의 가르침을 지상에 구현하기는커녕 세속적 욕망의 '본산' 혹은 현실의 죄악과 비리 집단의 은신처이기 일쑤다. 한국의 종교집단의 경우 예수의 정신과 부처의 계율과는 너무나 동떨어진 일들이 상식이 되어버렸다는 것이 문제라는 것이다. 이런 종교가 인간의 자유와 해방에 기여할 리 없으니 선생

** 이 글은 두차례에 걸쳐 분재되었는데 여기서는 두번째 부분만 실었다.

은 비판적일 수밖에 없다.

선생은 '휴머니스트 종교'(황필호)의 신봉자였다. '휴머니스트 종교'에 따르면 종교는 신이 아닌 인간의 생명과 행복을 위해 존재하며, 영혼이 아닌 육체를 위해 존재하며, 누구에게나 공평무사하며, 모든 종교의 진리는 동일한 내용의 다른 표현이다. 이렇듯 그에게 종교는 휴머니즘과 인간의 해방을 위한 제도 중의 하나일 뿐이었다.

「무한경쟁시대와 정보화와 인간」은 1988년 5월 『가나아트』 창간호에 기고한 에세이다. 이 글은 소위 '정보화시대'의 인간과 인류 문명의 미래에 대한 우려를 담고 있다. 자본과 기술이 주도하는 무한경쟁 사회를 보며 이성과 과학적 합리성의 신봉자였던 선생이 '이성의 한계'를 들여다보기 시작한다.

컴퓨터라는 이름의, 인간 두뇌의 대행물과 그것이 인류와 우주를 얽어매는 정보화시대라는 미래상이다. 이거야말로 정말 두려운 사태다. 그 모습을 보면 볼수록, 어마어마한 크기의 힘으로 나를 압도한다. 마치 '어둑서니'와 같다. (553면)

선생은 컴퓨터로 대표되는 정보화시대를 목도하면서 어린 시절 공포를 자아내게 했던 어둑서니를 떠올린다. 어둑서니는 어두운 밤에 나타나는 허깨비다. 당시 이미 올드미디어가 된 텔레비전은 여전히 '사고정지증' 환자를 대량생산하는 데 여념이 없었고, 무궁무진한 능력의 컴퓨터가 새로운 세상을 열어갈 것이라는 정보예찬론자들의 '찬송가'가 방방곡곡에 울려 퍼지고 있었다. 선생이 빠리에서 유행하는 최신 의상을 무주 구천동에서 입을 수 있다는 '환상적' 상황을 보면서 겁을 집어먹는 까닭은 인간의 지성이나 이성의 '한계'가 이미 충분히 드러나고 있기 때문이다.

최영묵

1
농사꾼 임군에게 보내는 편지

임군. 팔다리 걷어붙이고 분무기 둘러메고 논밭 속에 묻혀 노동하는 임군을 오래간만에 보고 돌아온 후부터 나는 농촌생활에 관해 자꾸만 생각하는 버릇이 생겼네. 그전에도 생각하는 마음이 없었던 것은 물론 아니지만, 괴물과 같은 이 대도시 서울에서 보고 듣고 느끼는 것이 모두 임군과 같이 농사짓고, 농촌에서 일하는 사람들과 그 환경문제와 관련시켜서 생각하는 동기가 되었단 말일세. 결론적으로 말하면 나는 농촌문제나 농민에 관해서 말하는 이 사회의 지식인이라는 사람들을 멸시하고 농업과 농민의 복지니 발전이니 하는 구호를 앞세우는 정부, 관료, 지도자 들에게 거의 신뢰감을 갖지 않게 된 지 오래지. 그런 까닭에 대도시에 앉아서 지식인의 한 사람을 자처하면서 사는 자신도 속이 훤히 들여다보이는 소리가 아니고서는 할 말이 없다고 스스로 반성하는 거야.

오늘은 그런 답답하고 괴로운 심정을 못 이겨서, 극진한 대접으로 나를 맞아주었던 그 며칠 동안, 임군과 임군의 가정과 그 마을의 주변에서 보고 느꼈던 일을 몇가지 적음으로써 임군과 가족의 호의에 답하고 싶어 펜을 들었네.

추수도 대강 끝날 무렵일 테니 한가한 시간이 나면 이 글을 읽으면서 함께 생각해보세. 내가 그곳에서 보면서 느꼈던 것을 두서없이 적어볼 테니 무슨 심오한 이론이나 학설이나 정책이 들어 있지 않다고 실망하지는 말게. 나는 본시 학자도 아니며, "농민과 농촌을 사랑하고 걱정한다"고 말끝마다 되풀이하는 정부나 정치계나 관료들과는 관계도 없는 사람이니까.

임군 가정도 많이 달라졌더군. 라디오야 없는 집이 거의 없게끔 됐으니까 그만두고라도, 텔레비전도 갖추어놓고, 서울에서 출판되는 주간지도 있었으며, 정기적으로 구독은 안 한다지만 중앙의 신문도 보고 있는 것을 알았네. 한마디로 말해서 농촌의 문화가 발전했다는 이야기가 되겠지. 그래서 오늘 이야기하고 싶어진 것은 그 농촌 문화라는 것에 관해서일세. 그 많은 음파와 전파와 활자의 혜택이 농촌 구석에까지 미치게 된 것을 난들 반대할 이유가 있겠는가. 그러나 그 속에 많은 문제가 있다는 것만은 분명하게 인식하고 나서 그 소위 '문화'라는 것을 받아들여야 한다고 생각하네.

며칠 동안 묵으면서 보고 들은 텔레비전과 라디오, 읽은 잡지와 신문 그 속의 어느 하나, 어느 짧은 시간이나마 진정 농촌과 농민을 위하고, 생각하고, 아끼는 마음으로 꾸며진 내용이 있었던가? 한마디로 말해서 그것은 이 나라의 도시 문화, 그것도 '서울 문화'를 그대로 농촌과 농민에게 내려 먹이는 것 외에 아무것도 아니라는 것이 시골에서 듣고 볼 때 더욱 확연해지더군. 많은 마을 사람들이 그것들을 즐기는 듯했고, 사람이야 집에 있건 없건, 하루 종일 틀어놓은 그 라디오에서 흘러나오는 소리 가운데, 이미 도시인들을 완전히 타락시켜버린 찌꺼기 문화가 농촌 사람들을 침식시키고 있다는 생각에 나는 불쾌감을 금할 수가 없었네.

오늘날 우리 사회의 도시 문화, 특히 농촌을 덮어버리고 있는 '서울 문화'란 그 본질이 무엇인가? 그것은 한마디로 말하면 농민을 희생으로 해서 만들어진 문화 형태이고, 조금 더 크게는 미국과 일본의 경제적 지배에 대한 이 민족 대중의 저항감을 심정적·심리적 측면에서 쓰다듬는 마취적·최면술적·아편적인 문화 내용이라고 생각하네. 물론 전적으로 그렇다는 것도 아니고, 처음부터 의도적으로 하나하나의 글이나 말이나 놀음 모양이 그것을 위해서라고 단언하는 것도 아닐세. 공업화니 현대화니 하는 것이 끊임없이 외국의, 특히 최근에는 일본의 정치·경제·군사·문물의 개입과 작용으로만 가능한 그런 방향으로 치닫고 있으니, 자연 우리 사회의 가치관도 선진공업국의 그것으로 물들 수밖에 없지 않겠나. 그들 사회의 가치관이 무엇인가? 그것은 '물질주의', 즉 물질적 생산을 위해서는 인간적 가치는 거의 돌볼 필요가 없으며, '돈' 즉 '이윤'의 극대화를 위해서는 인간에게 가장 중요한 '인간다운 조건'도 거의 무시되는 원리가 아니겠는가. 이익만 있으면 사람을 죽이는 음식도 제조해내는 실례를 임군도 잘 알 테지. 왜 그렇게 많은 광고가 라디오, 텔레비전, 신문, 잡지를 채우고 있는가. 그 물건과 그런 생활방식이 인간의 진정한 행복에 '절대로 없어서는 안 될' 것들이라서가 아니라, 그런 것을 만들어 팔아서 돈을 벌어야 하는 자본, 기업이 끊임없이 대중의 소비성향을 자극하고 조성하고 조장해서 '돈을 벌겠다'는 오직 한가지 동기에서 나오는 것이 아닌가. 이것을 '소비문화'라고 일컫는 것을 임군도 잘 알고 있을 걸세.

소비적 사회를 만들어야 이 사회에 투자한 외국의 자본은 큰 이익을 올리는 것이고, 그 외국 자본과 밀접한 정치·경제·사회의 권력은 '적극적으로' 소비문화를 조장하게 마련이지. 외국 자본이나 외국의 기술이 불필요하다는 말은 아니야. 450억 달러가 넘는 외채가 말해주듯이, 그들의 이익을 받들어서 경제와 정치의 힘을 계속 누려가는 체제를 이 사회의 원리로 만들어버린 그것이 큰일이라는 말일세.

신문, 라디오, 텔레비전, 잡지, 특히 주간지 따위의, 이른바 매스미디어라는 것이 그 수족 역할을 하는 가장 중추적 매체이지. 그런데 임군이나 임군의 아내, 어린것들, 그리고 그 시골 농촌 마을, 또 그 사람들이 '즐기는' 그런 매체들은 누가 소유하고 있는가를 보세. 하나도 빠짐없이, 없어도 되고 어쩌면 없는 것이 차라리 건전한, 개인생활과 이 민족생활에 도움이 안 되는 그런 소비적 생산을 하고 있는 자본가와 기업들이 이 매스미디어의 소유자라는 것은 생각해봐야 할 일일세.

그런 외국 자본과의 관계에서 우리 한국 대중에게 해로운 것까지라도 이익만 생길 수 있다면 만들어 팔아먹어야 하는 돈 가진 사람들이 소유하고 있지. 신문, 텔레비전, 라디오, 잡지를 접하는 농민에게, 그 인조 눈썹, 귓구멍 뚫어서 꿰차는 소코뚜레가 아닌 인간의 귀뚜레, 수천 수만 가지의 화장품, 한해에도 몇차례 길어졌다 짧아졌다 하는 여자의 스커트, 넓어졌다 좁아졌다 하는 남자의 넥타이와 양복의 스타일, 손톱 발톱에 물들이는 수십종의 물감, 농민이 들으면 세상을 뒤집어엎어버리고 싶은 생각밖에 나지 않을, 한자리에 앉아서 계집 끼고 수백만원 쓰는 서울의 환락가와 그렇게 돈을 물(그것도 구정물) 버리듯이 쓰고 다니는 사람들…… 이 모든 유행과 생활양식이 바로 소비경제에 바탕을 둔 이 사회의 경제체제가 만들어내는 것이 아닌가.

임군, 군의 집에서 막걸리 상을 차려놓고 마주 앉아 이야기하던 그 저녁의 텔레비전 프로그램이 생각나는가. 하기야 그 프로그램만이겠는가. 라디오, 신문, 잡지, 텔레비전을 떠들썩하게 하는 노래와 춤과 이야기와 유흥물이라는 것들, 무슨 배우, 무슨 탤런트, 무슨 인사의 정사 이야기, 가을의 여자 옷이 빠리의 유행을 따르고, 겨울옷은 토오꾜오의 유행을 따른다는 식의 온갖 내용이 농민과 무슨 관계가 있단 말인가. 그런데 그런 소리, 그런 내용 없이는 소위 문화의 매체라는 신문, 방송, 라디오, 텔레비전, 잡지 등은 운영을 못 하게 되어 있는 것일세. 그런 '문화'를 일반화시키는 일도 돈 벌고 행세하는 사람들이 그것을 뒷받침하고 있으니 말일세. 그들은 시골에 사는 것이 아니라 도시, 그중에서도 서울에 살고 있는 아주 소수의 사람들이지.

이 겨레, 특히 농촌의 농민과 도시의 하급 노동자와 영세민이 무엇을 원하며, 무엇을 그들에게 주어야 하는가 따위는 대체로 이 소비문화의 제조가들과는 무관한 일이지. 소비문화를 대중화함으로써만 움직임을 계속할 수 있는 전체적 경제의 원리와 구조, 그것을 힘과 제도로 뒷받침하기 위해서만 존재하는 정치의 원리와 구조, 이것이 문제란 말일세. 그런 제도들과 그런 문화양식을 나는 시골 처녀들의 몸차림과 얼굴에서, 그 가정의 기구들 속에서 많이 보았네.

우리는 거부할 줄 알아야 한다는 생각이 들었네. 농민에게는 그럴래야 돈이 없으니까 관계없다고 생각한다면 잘못이야. 벌써 해방 이후 30년, 물질주의 문화는 농민의 한계적 저항을 무너뜨리고 농민의 가치와 의식을 깊이 좀먹어 들어가고 있으니까 말일세.

그럼, 그런 제도를 지배하는 사람들의 성분이랄까, 속성을 알아야 하겠지. '지식인'의 문제야. 그것은 이 사회의 교육, 그 본질의 문제와 깊이 관련되지.

조금 어려운 말이 되지만 '인간의 존재피구속성(存在被拘束性)'이라는 말이 있네. 쉽게 풀이하자면, 누구나 그가 사회생활을 해나가는(또는 태어나 살아가는) 과정에서 사회적 조건을 그의 생활목적·생활양식·가치관·사고방식·행동 형태로 무의식중에 체험하기 마련이라는 말이지. 농민에게 농촌지도를 한다는 관리나, 농민의 이익을 도모하겠다고 약속하는 정치가·국회의원·지도자 들, 농민에게 필요한 물자를 제조하는 자본가나 기술자, 농민의 안방까지 파고들어가는 매스컴을 움직이거나 그 속에 나오는 사람들, 심지어 임군의 어린 아들과 딸을 학교에서 가르치는 교사들……, 이 모든 사람이 소위 '인텔리'라는 사회분자이고, 그것을 양성해내는 기관의 제도가 교육이 아니겠는가.

우리 사회의 교육은 초등학교에서부터 대학을 통한 전과정의 목표, 교육 내용, 교육 방법, 그리고 교육을 받으려는 사람 자신의 동기가 이마에 땀 흘리고, 손발과 등뼈를 가지고 노동하려는 사람을 존중하기 위해서가 아니라 조금이라도 덜 일하고, 조금이라도 덜 육체노동을 하고, 조금이라도 움직이기보다는 책상머리에 앉아서 남을 지배하고, 명령하고 부릴 수 있는 그런 인간을 우러러보는 것을 이념으로 하고 있다고 보여지네. 노동을 멸시하고 천시하여 오직 머리와 턱을 가지고 펜대를 움직여 편안하게 명령하면서 살아가거나, 돈 버는 방법을 가르치는 것이 우리 사회의 교육의 특성이라고 나는 생각하지. 나 자신도 몇해 동안 대학생을 가르쳐본 경험이 있지만, 예외적인 젊은이를 발견한 기억이 나질 않네. 그리고 그 사람들은 교육의 과정에 바친 돈을 서양의 자본주의 경제이론으로 '투자'라고 말하면서, 투자를 한 이유는 '육체적 노동'에서 면제되기 위한 것으로만 생각하고 있더군. 그 부모도 물론이고 교사도 그렇고, 교육 내용도 물론 그렇게 되어 있으니까.

그런 교육을 받는 사람들의 의식이 농촌 출신이면서도 농민과 노동자를 멸시하게 되는 것은 조금도 이상할 것이 없지. 그런 교육을 받은 인텔리가 정부·관청·경제·금융·교육·매스컴·법원·생산 기술……의 이 사회의 온갖 '제도적 파수병'이 되고 있으니 '투자'에 대한 '이윤'을 생각하지 않을 이유가 있겠으며, 농민이나 노동자를 경멸하지 않을 이유가 있겠는가. 그런 교육을 받아 그런 의식을 갖게 되고, 그런 위치와 기능을 담당하게 된 사람들이 바로 국회의원·행정부 관리·판사·장교·기술자·교육자·기업가·회사원이며 그들이 이 나라 지도계층을 구성하고 보면 어떻게 농민이나 노동자나 가난한 대중을 위한 정치나 경제가 진정 가능하다고 생각할 수 있겠는가. 그들 자신의 직접적·개인적 이익은 소비사회의 각종 제도를 유지하고 더욱 굳혀나가는 데 있는데, 어떻게 자신의 이익과 상반되는 농민이나 노동자들의 이익을 위해서 법률을 만들고, 정치를 하고, 재판을 하고, 물건을 만들고, 가르치고, 신문기사를 쓰고, 텔레비전 프로그램을 짜는 등등의 일을 해주리라고 기대할 수 있겠는가.

그런 성분의 인간 계층이 모여서 만들어내는 문화(통틀어 제도와 정책)란 그들이 지배하고 있는 하층의 가난한 사람들이 그런 제도에 대해서 비판력과 반항심을 갖지 않도록 정신적·심리적·의식적 마취기능을 강화하는 것이 고작일 것이라고 임군은 생각해본 일이 없는가?

나는 서울 시내의 으리으리한 호텔·바·카바레·관청·무역회사……의 뒷골목에서, 때로는 출근길에 빈민촌을 지나갈 때마다 목격하는 한 가지 장면이 있네. 천대받고 찢어지게 가난하게 살면서 그 갖가지 매스컴이 뿜어내는 '가진 자' 취미의 마취적 향락에 넋을 잃고 도취하는 모습 말이지. 사람이란 아무리 괴롭고 울화가 치밀어 올라도 울고만 살 수는 없는 동물이니 웃기도 하고, 춤도 추고, 노래도 불러야겠지. 그렇지만 멸시와 천대를 받고 소외된 사람들이, 그 사회 속에서 소비문화가 뿜어내는 마취적 작용 때문에 마치 자기도 그 혀 꼬부라진 노래, 그 돈 많은 사람의 생활, 그 탤런트의 값진 옷, 주체할 수 없이 많은 돈을 뿌리는 사람들이 고급 요정에서 노는 작풍……그것들과의 아무런 위화감도 반항감도 없이 일체화된 생활을 누리고 있는 국민의 한 사람이라는 착각을 하고 있는 것을 보면 그만 괴로움에 가슴이 조여드는 것을 느끼곤 하네. 이 사람들이 대부분 소비문화를 찾아 서울로 모여든 남녀들이라는 것을 생각해보게.

나는 중국에 관해서 다소 전문적으로 공부를 하노라고 책도 읽고, 생각도 하다보니, 얼마 전에 죽은 모택동이라는 사람의 말을 가끔 곰곰이 음미할 때가 있네. 임군은 들어보지 못한 것이겠기에 참고 삼아 적어보지.

"만약 당신은 대중이 당신을 이해해주기를 바라거나 대중의 한 사람이 되고자 하거든, 오랜 기간의 그리고 심지어 뼈를 가는 듯한 고통스러운 자기개조의 과정을 겪어야 한다. 나는 학생으로 시작하여 학생의 습성을 학교교육 과정에서 몸에 지니게 되었다. 자기 물건 하나 챙길 줄 모르거니와 어깨로 짐 하나 메어 나르는 것을 창피스럽게 생각하는 학생들 사이에서 나도 육체를 움직여 일을 한다는 것을 수치스러운 짓이라고 생각했었다. 그 당시 나는 이 세상에서 깨끗한 사람은 오직 인텔리뿐이고, 농민은 인텔리 앞에서는 아주 추한 인간이라는 생각이었다.

혁명가가 됨으로써 나는 혁명군의 노동자·농민·병사 들 속에서 함께 살게 되었다. 이때부터 나는 차츰 그들과 친숙해지고 그들도 나와 친숙해지기 시작했다. 그래서야 비로소 부르주아적 교육이 나의 머리와 몸에 뿌리박아놓은 부르주아·소시민적 관념에 근본적인 변화가 일어났다. 진정코 추한 자는 개조되지 않은 인텔리라는 사실, 노동자와 농민은 손에는 흙이 묻고 발에는 소똥이 묻었어도 궁극적으로 깨끗한 것은 그들이라는 것을 알게 되었다. 사람의 의식이 변하면 그 사람이 한 계급에서 다른 계급으로 변한다는 것은 이것을 두고 하는 말이다."

  물론 이것은 우리와는 직접적으로 관계되는 말은 아니지. 그러나 생각해볼 만한 적지 않은 시사를 주는 말이라고 생각하지 않나. 그의 말의 해석이나 느낌은 임군에게 맡겨두지. 다만 나로서 한가지만 이야기하고 싶은 것은 우리 사회에서와 같은 교육을 받은 인텔리(통틀어 지식인 계층)가 정치·경제·사회·문화……의 제도를 움직이는 한에서는 진정 농민·노동자를 위한 발상이 참으로 어려우리라는 확신일세.
  모(毛)와 같은 사람조차 그렇게 의식을 바꾸기란 어려운 것이라고 말하고 있는데, 하물며 의식의 개조 같은 것은 존중되지 않고 권장되지도 않을뿐더러 오히려 소비문화적·물질주의적·귀족취미적·지배자적·명령자적 생활을 지향하는 생존양식과 의식이 조장되고 있으니 어디 쉬운 일이겠는가.
  그러니 2, 3년의 군대생활을 하고 나면 농촌으로 돌아갈 생각은 이미 없고, 차라리 도시의 뒷골목에서 비인간화된 생활을 갈망하게 되는 젊은이들의 사례를 많이 볼 수밖에. 시골의 색시들이 도시, 서울에 와서 그 생존을 이어가는 많은 현실적 사례는 차마 여기서 말하기조차 거북

할 지경일세. 나는 도학자(道學者)가 아닌 까닭에 나 자신이 직접 체험하는 일도 적지 않지만, 그런 아가씨들을 대하면서 이 여성의 시골에 있는 부모형제는 무엇을 생각하고 기대하고 있겠는가를 늘 생각해보네. 언젠가는 영등포의 초라한 술집에서 친구 두 사람과 겨우 3천원 남짓한 술을 팔아주었더니 나오는 길에 그 집 아가씨들이 밤중에 따라 나오지 않겠는가. 갈 곳이 있으며, 여자의 서비스는 그것으로 족하다고 해도 막무가내로 따라가겠다는 거야. 웃지 말고 들어주게, 임군.

사연인즉, 셋이서 그만큼 팔아준 손님은 단골로 잡아야 하니 함께 가서 밤시간을 즐겁게 해주라는 '마담'의 명령이라는 걸세. 만약 그렇지 못하면 그대로 돌아갈 수 없고 갈 곳이 없으니, 사정을 봐달라는 하소연이 아니겠는가. 생각해보게. 3천원어치를 셋이서 팔아준 것뿐일세. 그러니 그 시골 처녀들의 그 술집에서 어떤 대접을 받고 있겠는가는 짐작이 갈 줄 믿네.

시골서 놀고먹을 수 없는 일이니 도시에서 몇푼이라도 버는 것은 좋은 일이 아닌가고 반문하는 사람도 있지. 좀더 유식하게 말하기를 좋아하는 학자들은 '진의'는 딴 곳에 있으면서 거짓을 합리화하려는 정부지도자들이나 경제계의 기업주들은, '취업'의 기회가 확대되고 '고용률'이 높아졌다고도 말하지. 인간을 비인간화하려는 과정에서 주고받는 댓가도 그들이 말끝마다 내세우는 국민소득(GNP)의 증대 속에 포함되고, 국가 현대화 방식이라면 우리는 그와 같은 원리구조내용이 경제와 경제제도, 그리고 그것을 움직이는 정치와 그 제도를 어떻게 생각해야 할 것인가.

지금 가을이 된 서울의 중심가에 농촌에서 올라온 수학여행 길의 국민학생, 중고등학생 들의 대열을 다시 보게 되었네. 수학여행의 뜻이나 서울에 오기까지 집안에서 비용 만들기에 관해서는 이야기하지 않기로 하지. 다만 그 학생들의 대열을 볼 때마다 내가 생각하는 것은 서울이나 도시의 국민학교, 중고등학교 학생들은 어째서 농촌에 내려가서 농사 짓는 것을 배우는 '수학'을 하지 않느냐 하는 문제일세. 그런 생각은 아예 이 사회에는 불필요한 것이고 교육이란 것이 바로 그것을 낭비라고 보는 듯싶네. 그럴 수밖에 없는 것이, 이 사회의 모든 지배이념은 '지배 자 지향 이념'이지 그 반대가 아니라는 것은 앞서 이야기를 끝낸 터이니 까 더 설명할 필요조차 없지. 농민·노동자의 처지와 농사짓고 물건 만 드는 일일랑 '지배자 이향'적 사회원리와는 역행한다는 것일까.

나는 농민이 좀더 정치적 감각과 사회에 관한 문제의식을 가져주기 를 바라는 마음 간절하네. 그것은 '생각한다'는 뜻인데, 이 사회에서는 생각하지 않고 사는 것이 제일 편하게끔 되어 있다는 것을 모르고 하는 소리는 아닐세.

임군, 생각한다는 것은, 더욱이 생각한 결과를 말한다는 것은 이 사 회에서는 자신에게 형벌을 가하는 일이 된 듯싶네. 그러나 '정치는 내 가 할 테니 너희는 농사만 지으면 된다'는 말이야 성립될 수 없지 않겠 는가.

우리 농민은 너무 오랫동안 복종과 순응만을 해온 것 같아. 생각하고 저항할 줄 아는 농민을 보고 싶은 마음 간절하네.

11월 서울에서

——『농민운동』 1976년 11월호; 『우상과 이성』, 한길사 1977

2
아버지와 딸의 대담

'교복 자율화'의 소식

그는 아까부터 그 자리에, 그런 자세로 앉아 있었다. 탁자 위에는 읽다 만 석간신문이 펼쳐진 채 놓여 있다. 얼마나 되었을까? 벌써 반시간은 족히 되었을 것이다. 마루의 한구석, 의자 다리 옆에까지 서향 창문으로 누운 듯이 들어와 비추던 늦저녁의 햇빛이 창밖으로 물러난 지도 한참이 되었으니까.

그는 오래간만에 혼자 집을 지키는 정숙 속에서 뭔가 회상하고 있는 것 같았다. 겉으로 보기에, 나이는 버스에서 앉았던 젊은이들이 냉큼 일어나 좌석을 비켜줄 생각이 날 정도는 아니고, 그렇다고 모르는 척하고 앉아 있기에는 좀 미안해질 그 정도의 지긋한 반백의 용모다.

한참 만에 명상하듯 감고 있던 눈을 뜬 그의 시선은 다시 신문기사의 커다란 글자의 제호에 멈추었다.

오늘부터 중고교생 자유복

오랜 제복 역사에 종지부!

제호를 둘러싼 지면에서, 남녀 고등학생들이 제복을 벗고 자유스러운 옷차림으로 등교한 첫날의 풍경이 묘사되어 있었다. 그는 몇번 읽은 기사의 제목을 다시 한번 훑어보았다. 제복에 대해서 각별한 감회가 있는 사람임을 쉽게 알 수 있는 분위기다.

사실, 그는 늦게 배달된 석간신문을 읽고 나서, 아까부터 그 자세로 앉은 채 제복 속에 묻혀가버린 자기의 낭비된 인생을 회상하고 있던 것이다. 왜정 때, 색 바랜 국방색 제복에 중대가리로 깎은 머리, 그 위에 일본제국 군대식 전투모를 반듯이 쓰고, 다리에는 그것도 국방색 각반을 치다가 세월 보낸 중학생 생활 4년간. 5학년이 되어보지도 못하고 해방되자, 남북 분단으로 먹고살 길이 없어, 돈 안 들고 공짜 공부시켜준다는 특수한 대학에서 제복에 제모 쓰고 지내버린 4년간. 제복이라는 굴레에서 벗어나 홀가분한 기분으로 시골 고등학교 교사가 되어 취미를 붙이려는데, 3개월도 안 돼서 전쟁이 그곳까지 밀어닥쳤다. 다시 외국인이 입히고 신겨준 서양식 군복 차림으로 형제끼리 죽이고 찌르는 군대 생활이 시작되었다. 들어간 날과 나온 날에 하루의 가감도 없는 만 7년간. 군복을 벗어던지고 시작한 자유인으로서의 일은 황홀하기만 했다. 신문도 만들어보고, 많이 생각도 하고 글도 많이 썼다. 학생도 가르쳐보고 지식인들과 나라의 꼴을 걱정하는 많은 이야기도 했다. 그의 주조는 언제나 '제복(制服)의 사상'을 반대하는 정신이었다. 이 시기는 그가 '생각하는 인간'으로서 진정 살아 있다는 희열에 잠겼던 생활이었다.

그러나 제복의 사상을 역겨워하는 그에게 제복의 우상의 노여움은 항상 따랐다. 한번은 한달, 다음은 2년, 세번째는 두달, 이렇게 높은 벽

돌담과 깊은 지하실 속에서 푸른 제복의 생활을 되풀이해야 했다.

그는 신문을 놓고 눈을 감고는 제복에 묶여서 마모되어버린 과거를 회상하고 있는 것이다. 왜정 아래서 4년, 해방된 나라에서 13년 2개월. 합쳐서 17년 2개월! 철들기 전의 소년 시절을 뺀, 지나간 전체 삶의 꼭 절반을 제복에 묶여서 지낸 셈이다. 그의 닫혀진 두 눈, 어두운 망막의 스크린에 그 17년 2개월이 주마등처럼 지나갔다.

제복을 입은 자들에 의해서 강요된 2년간의 푸른 제복의 고역을 치르고 나온 지 얼마 되지 않은 어느날의 오후다. 그는 인생의 절반이 제복 속에서 해지고 닳아버렸다는 데 생각이 미치자 자기도 모르게 부르르 몸을 떨었다. 그리고 감았던 눈을 뜨고, 앞에 펼쳐진 채로 놓여 있는 신문기사의 제목을 다시 들여다본 것이다.

현관문이 열리는 소리가 들렸다.

후다닥, 신 벗는 소리가 나더니, "학교……습니다"라는 소리가 끝나기도 전에 먼저 가방을 든 여고생이 들어섰다. 고등학교 3학년의 딸 정이었다.

생각지 않은 시간에 생각지 않은 모습으로 앉아 있는 아버지를 발견한 딸은 또 한번 같은 인사를 바삐 뇌었다.

"학교……습니다."

"어서 오나, 정아! 오늘은 참 기분 좋았겠다?"

딸은 앞뒤 없이 불쑥 나온 질문의 뜻을 미처 알아차리지 못하고 아버지의 얼굴을 바라보면서 서 있었다.

"네가 그렇게 싫어하던 제복을 여러해 만에 벗어버리고 홀가분하게 자유로운 옷차림으로 학교 갔다 오니 말이다."

"아, 예, 뭐라고요. 정말 기분 좋았어요. 마음이 한결 가벼워요."

아버지는 그 대답에 만족하는 표시로 고개를 가볍게 끄덕여 보였다.

"다른 학생들도 모두 좋아했겠지……?"

이 무렵에 딸은 잠깐 망설이면서 생각하는 듯했다.

"아니에요, 아버지. 그렇지도 않아요."

딸의 뜻하지 않은 대답에 그의 눈이 크게 뜨였다. 이해가 안 간다는 표정이었다.

"무슨 말이냐? 그럼, 그애들은 자유를 좋아하지 않는단 말이냐?"

"그게 말이지요, 아버지…… 좋아하기보다는 오히려 걱정하는 아이들이 많아요."

아버지의 얼굴에는 감출 수 없는 당혹감이 떠올랐다. 무슨 어려운 철학 문제의 질문을 받은 학생처럼.

"그래……? 그 이유가 뭐지?"

"간단해요. 제복을 안 입으면 공순이들하고 구별이 안 된다는 거예요."

"뭐하고 구별이 안 돼?"

"아버지, 몰라요? 공장 여직공들 말이에요. 식순이, 공순이, 그러지 않아요?"

20척 높이의 붉은 담에 갇힌 푸른 제복의 사회를 2년 동안 이리저리 끌려다니다 갓 나온 그에게 처음에는 쉽게 들어오지 않는 말이었다. 공장 여직공, 공순이!

학생 제복을 안 입으면 같은 나이 또래의 노동하는 여직공들과 구별이 되지 않는 것이 큰 걱정이라는 이 사회의 학생들! 자유보다도 신분적 허영심이 훨씬 소중하게끔 되어 있는 사회! 그런 정서를 의식화시킨 '제복의 사상'의 교육!

누구나가 속박에서의 해방을 갈구하는 것으로 확신하고 있던 그에게 는 큰 충격이었다. 구속은 비인간화이기에, 그 철저한 인간 부정 상태에 서 2년간을 겪고 나온 오늘의 그였기에 더욱 그러했다.

한참 동안 생각하던 그는 딸에게 앉으라고 하고는 입을 열었다.

"너의 말을 들으니 이 민족의 상당히 많은 젊은이들이 왜 일제시대 에 자기 발로 일본 제국주의 군대에 지원병으로 장교로 그리고 식민통 치의 경찰에 들어갔는지 이유를 알겠다. 나는 그들의 제복을 비인간화 와 구속, 굴종과 민족에 등을 돌리는 타락의 틀 속으로 몸을 던지는 것 으로 생각했지만 사실은 그렇지 않았던가보다. 그들은 그 식민군대의 제복을 걸침으로써 일본 황국이라는 막강한 권력체계의 가장 밑바닥에 서 한 단계 위의 사다리 발판에 올라선 셈이었다. 같이 짓눌리는 종족과 는 다른 종류의 인간이 될 수 있는 가장 빠른 계급적 상승의 길이 그 제 복을 입는 것이었다는 말이다. 일본 군국주의 군복을 자진해서 걸쳐 입 고 그 칼을 차고 삐스또루를 찼을 때, 어제의 비천한 '조센징'은 오늘의 '충직한 일본 황국신민 '천황 폐하의 적자'가 될 수 있었다. 분명히 계 급적 이전이다. 제복이란 그렇게 신통력을 가진 것인가보다."

제복의 사상 또는 규격화의 사상

그의 말은 여기서 갑자기 중단되어야 했다. 조용히 듣고 있던 딸이 이 대목에 오자 느닷없이 못 참겠다는 듯이 웃음을 터트린 것이다. 그는 깜 짝 놀라고 의아해했다.

"왜 웃니, 정아. 뭐 잘못됐니?"

"그럼요. 크게 잘못됐지요. 아버지는 해방된 지 40년이 가까워가는데 지금도 '도락꾸' 타고 가느니, '삐스또루' 찬 사람들이라느니, 일본식 발음을 못 고치고 있어요. 밤낮 '도라무통'이라 하고 '곱뿌' 가져오라 하고…… 아버지도 일본 식민주의 교육에 보통 물든 게 아닌 것 같아요."

아버지는 송곳 끝처럼 쑤시는 이 말에 자기도 모르게 폭소를 터뜨렸다. 딸과 아버지는 한참 동안 두 세대의 거리를 날려 보내기나 하듯이 함께 웃었다.

"네 말이 옳다. 50대 이상은 자신을 뭐라고 생각하든 머릿속에 든 것이 자기 민족의 것이 아니야. 그래, 피스톨이다. 도락꾸도 아니고 트럭으로 해두자."

18세의 해방 제2세대와 52세의 일제 식민지 마지막 세대의 웃음이 다시 한바탕 유쾌하게 합주했다. 아버지는 말을 이었다.

"정아, 내 딴에는 일제의 제복사상을 철저하게 청산하려고 적지 않게 애쓰는 줄 생각하는데도 그렇다. 그런 의식적 개혁을 하지 않거나, 식민지 시대의 경력과 그 제복화된 사상을 오히려 해방된 나라에서 강요하려는 사람들이 있었다면 어떡하겠니?

'제복의 사상'은 '규격화 사상'이다. 삐스또루야 피스톨로 바꾸어 부를 수 있다. 그러나 일제 아래서 '삐스또루' 찼던 사람들이 해방된 신생 민주국가 사회에서 '피스톨'로 갈아 찼다고 해서 그 머릿속에 박힌 일제식 '국민 총규격화 사상'이야 어찌 쉽게 고쳐지겠니?"

여기까지 단숨에 이야기한 아버지는 딸이 잘 알아듣는지를 살피려는 듯 말을 멈추고 딸의 얼굴을 바라보았다. 딸은 다만 가볍게 웃음지어 보였다.

"삐스또루 찼던 세대는 이제 사라져가고 있다. 해방 후에 삐스또루 찼던 선배 세대에게서 배운 피스톨 찬 세대의 사상이 그대로 삐스또루 사상이면 큰일이라는 생각을 해본 적이 없니?"

"아버지 책에서도 읽었고 좀 생각도 해봤지만 잘 모르겠어요. 일제시대의 선배들에게서 해방 후, 특히 6·25 이후, 직접 정신적·사상적 영향을 받은 해방 제1세대가 오늘의 이 나라 각 분야의 지도자들이라는 말씀이지요?"

"그렇지. 바로 그렇다."

"그리고 그들의 사상이 반드시 삐스또루 사상, 다시 말해서 선배들의 규격화 사상이 아니라고 말하기 어렵다는 뜻이지요?"

"잘 이해했구나. 바로 그렇단다."

"그러면 그 제복의 사상, 즉 아버지가 걱정하시는 엘리트 의식, 지배자 의식, 규격화 사상이라는 것이 현재 어떻게 나타나고 있는지 쉽게 설명해주세요."

"바로 학생 교복 자유화 문제를 놓고 단적으로 드러나고 있지 않나?"

"그런데 선생님들은 큰 걱정이래요. 학생들의 복장 자유화가 자칫 사고방식의 자유화로 확대된다는 거지요. 학생이 자유롭게 사고하면 교권 확립이 어렵다는 거예요. 그래서 시기상조라는 말씀들을 오늘 많이 하시던데요."

딸은 교복이 자유화된 첫날, 학교에서 교사들과 학생들 사이의 이야기, 교사들끼리의 담화, 학생들 사이에 있었던 이야기들을 자세하게 재현하여 들려주었다. 그러고는 아버지의 답변을 기다렸다.

"참 좋은 이야기를 들었다. 형식은 내용을 규정하고 구속하는 것이기 때문에 학생들의 생각이 차츰 정당한 자유를 요구하게 되리라는 것은 당연하지. 이 나라의 교육에서 80년 만에 제복이 사라졌다. 그것을 발전으로 보지 못하고 교권에 대한 잠재적 위협으로 보는 기성세대들이 말하는 '교권'이라는 것이야말로 해방 후에도 인간의 자유와 해방을 저지해온 지배자의 철학이었다. 세계 어느 나라의 중고·소학생에 교복이라는 것이 있니? 머리도 마찬가지란다. 군대를 제외한 제복은, 비민주적 지배자가 시민 개인에게서 '개성'을 몰수하는 가장 효율적인 방법의 하나인 것을 너도 알고 있지?"

"알아요. 며칠 전에 텔레비전 다큐멘터리에서 방영된 히틀러의 나치당 청소년의 제복 행렬은 소름이 끼치던데요."

"바로 그래. 참으로 흥미 있는 일이지만, 세계의 모든 독재자나 독재 체제는 반드시 청소년뿐 아니라 전국민의 제복화를 시도했다는 역사적 사실이야. 이제 우리도 비로소 그 범주에서 벗어나려는 거다. 그런데 시기상조라는 선생들이 있다니 한심한 일이다."

아버지는 여기서 잠시 멈추었다가 곧 말을 이었다. 그것만으로는 문제점이 충분히 지적되지 못했다는 생각에서인 듯 보였다.

"그렇지만 말이다, 정아. 잘 들어둬. 제복은 눈에 보이는 것만이 제복이 아니다. 제복의 부자유는 벗기면서도 제복이 상징하는 규격화된 사상이나 획일적 세계관을 강요할 수도 있어. 현대와 같이 대중 조작의 기술이 고도로 발달한 사회에서 강한 자들에게는 외형적 제복을 벗기고도 사상과 정서의 제복이라는 내면적 굴레를 씌울 수 있는 충분한 지능과 힘이 있단 말이다. 사실은 이 점이 더 중요하고 무서운 것이지……그런 뜻에서는 요새 말썽인 헤어스타일도 그래……"

'제복의 사상'과 '사상의 규격화'

이야기를 계속하려던 아버지는 현관문 열리는 소리에 말을 멈추었다. 딸과 아버지는 문 쪽을 돌아다보았다.

"학교……습니다."

남자 목소리였다.

소리가 난 뒤에도 한참 지나서야 책가방 하나가 툭 하고 마루에 던져져 들어왔다. 키가 볼품없이 길기만 한 남자 고등학생이 들어섰다. 막내아들 석이었다. 고등학교 2학년인데 키는 아버지보다 세치나 크다. 아버지와 누나가 마주 앉아 있는 것을 본 동생이 묻기도 전에 누나가 입을 열었다.

"지금 아버지하고 제복 이야기를 하다가 머리 스타일 문제가 나온 거야."

소년은 아직 교복을 입고 있었고 손에 교모를 들고 있었다. 장대 같은 키에 빡빡 깎은 머리가 어울리지 않았다. 아들은 이야기의 뜻을 알았다는 듯이 옆자리에 다가와 아무렇게나 털썩 주저앉았다.

소년은 한 손으로 이마의 땀을 닦으면서 대화에 끼어들었다.

"우리는 내년부터 자유복을 입는대요. 머리도 그때까지는 깎아야 한대요."

이렇게 말한 소년은 투덜거리기 시작했다.

"어차피 실시할 일이면 금년부터 할 것이지 뭐 내년이야! 교장 선생님이 말이지요, 아버지……, 몇몇 선생님들도 그래요……,

하기는 교련 교관이 제일 그렇지만, 고교생이 머리를 기르는 데 굉장히 반대예요. 남자란, 머리를 바짝 깎고, 용감하고, 씩씩하고, 절도 있고,

일사불란하고, 눈에서 불이 번쩍번쩍 나는 그런 것이어야 한다는 거지요……"

소년은 교장의 말이 우스웠던지 말을 하다 말고 픽 웃었다. 누나와 아버지도 따라 웃었다.

"너희들도 텔레비전에서 기록영화로「히틀러 유겐트」를 봤겠지. 청소년 교육의 모범으로 그런 것을 생각하는 사람도 없지 않다. 파시스트적 경향이 강할수록 그렇지. 북한 청소년의 집단적 행동을 모방하고 싶어하는 사람들이 우리나라에도 있는 것 같다. 전체주의적 사고방식이지. 그게 될 말이니. 그런 전체주의적 청소년관은 위험하기 짝이 없는 것이다. 제복의 사상은 통제된 사상이고, 획일화된 사상은 또 '일사불란'의 사상이야. 일사불란에는 그 나름의 미학(美學)이 있다고 역설하는 교육계의 훌륭한 분도 있기는 있더라. 나는 독일 유학을 못해서 잘 모르겠다만……"

아버지는 여기서 말을 중단했다. 자기의 교육과 지식으로 이런 이론을 펼 자격이 있을까, 좀 망설이는 눈치였다. 그는 그 흔한 외국 유학과 몇개씩의 박사학위를 가슴에 매달고 다니는 학식 높은 이들 앞에서 늘 주눅이 들어 있는 자신을 마음의 거울이 비쳐보는 것 같았다. 그는 이야기의 격조를 한결 낮추면서 말을 이었다.

"너희들에게는 부끄러운 아버지라서 좀 자신있게 답변하기 힘들구나. 학식도 덕망도 없고, 애국심도 모자라서, 있던 대학에서도 쫓겨난 주제에 좀 주제넘은 생각일는지 모른다. 그렇지만, 남자라고 어째서 한결같이 씩씩하고, 용감하고, 일사불란하고, 눈에서 번쩍번쩍 불이 나야 하는지 잘 모르겠다. 무슨 도깨비도 아니고…… 남자가 갖추어야 할 덕성과 품격은 그것 말고도 여러가지가 있지 않겠냐? 나도 그런 헤어스타

일이 반드시 좋다는 것은 아니야. 오해하지는 마라.

하지만 교장 선생이 숭상하는 남자관은 지나치면, 지난날 히틀러, 무솔리니, 스딸린, 프랑꼬, 토오조오 히데끼 같은 사람한테서 너무나 많이 듣던 남성관이 된다. 아버지의 세대에는 대일본제국 육군대신 겸 수상 겸 광인이었던 토오조오 히데끼 대장이 그 철학의 교조였지. 그는 히틀러의 『나의 투쟁』을 아침저녁으로 암송하고, 작은 히틀러가 되려고 꽤나 몸부림쳤지. 그래서 1억의 일본 국민을 한결같이 씩씩하고, 용감하고, 머리 빡빡 깎고, 애국심의 불덩어리가 되어, 눈에서 살기가 번쩍번쩍 불 튀는 남자로 만들어 전쟁판에 몰아내어 수백만을 개죽음시켰단다. 아시아의 수천만 생명을 죽였지.

그런데 그다음이 재미있다. 전쟁에 참패하자 이 전쟁 광인은 삐스또루로……, 그때는 피스톨이 아니고 삐스또루였으니까……"

아들딸, 아버지의 웃음이 한꺼번에 터졌다.

"이 전쟁의 신이 그의 피스톨로 자결하려다가 총알이 빗나가는 바람에 자결미수가 되어, 결국 교수대의 밧줄에 매달려 죽었단다. 육군 대장의 피스톨 솜씨치고는 졸렬했지. 모두 비웃었어.

그와는 반대로 몇번에 걸쳐서 총리대신을 지낸 문신(文臣) 코노에 후미마로(近衛文麿)는 순백의 수의를 입고 사상(死床)에 누워서 깨끗이 음독자결했지. 코노에에게 일제의 전쟁 책임이 없다거나 그러려는 것은 아니야. 다만 요란스러웠던 군신(軍臣)보다는 염치가 있었고, 덜 광적이었다고 말하려는 것뿐이다. 결국 이렇게 말할 수 있을 거다.

헤어스타일이 문제가 아니라, 머리칼이 덮고 있는 두개골 속에 들어 있는 물렁물렁한 것이 간직하고 있는 그 보이지 않는 무엇이 중요한 것이 아니겠냐는 거다."

고등학생은 한 손으로 자기 머리를 만지작거리고 있었다. 여학생 딸은 남동생의 머리와 아버지의 머리를 힐끗 비교해보았다. 아버지는 아들 쪽으로 몸을 돌리면서 말을 이었다.

"우리 정부도 이제 대담하게 학생에게서 제복을 벗겨버리기로 했으니 참 다행이다. 올림픽이니 관광객 유치니 해서 외국인 보기가 창피하니까 그랬는지는 모르지만 어쨌든 잘된 일이다. 그런데도 아직 일부 교육자들이 학생에게 제복을 입히고, 자기 머리칼보다 짧게 깎은 머리여야 통제하기 쉽다는 생각이라면 참으로 문제다. 제복뿐만 아니라 국민생활의 모든 면에서 말이다.

머리칼의 길이를 일정한 센티미터로 규격화하려는 '제복의 사상'이 혹시라도 그 머릿속에 들어 있는 사상과 정서를 몇 센티미터로 규격화하려는 발상이라면 곤란하지. 그렇지 않겠니……"

제복의 변종 '유행의 사상'

세 부자녀 간의 대화에 별로 관심 없이 부엌을 드나들던 아내가 저녁 식사를 알리러 나왔다. 무슨 이야기가 그렇게 기냐고 남편을 나무란 아내는 아이들에게 빨리 저녁을 먹으라고 재촉했다.

그러자 아들이 어머니에게 잠깐만 기다려달라고 청했다.

"지금 중요한 이야기를 하고 있는 중이에요. 어머니도 들으세요."

아들은 어머니에게 대충 이야기의 줄거리를 설명해주었다. 한참 서서 듣던 어머니가 왔던 목적을 잊어버리고 참견하고 나섰다.

"나도 교장 선생님과 같은 생각이에요. 사실 제복을 없애면 학생들이

옷치장, 얼굴치장, 노는 꼴이 세태의 유행·사치를 따를 테니까 걱정이 앞서요. 당신의 주장은 이상론이고 추상론이에요. 특히 여자들의 유행이 조석으로 바뀌는데 그것을 어떻게 감당할 거예요. 그렇다고 유행에 뒤떨어질 수도 없고……"

잠자코 듣고 있던 남편이 아내를 향해 손을 저어, 앉기를 청했다. 그러고는 이번에는 아내를 상대로 입을 열었다.

"당신 걱정이 맞아. 여성의 유행 문제도 잠깐 이야기하고 저녁을 듭시다. 마침 좋은 주제를 제기했어."

그는 아내와 딸을 향해 말을 시작했다.

"유행은 제복의 변형일 뿐 본질적으로 제복과 같고, 유행을 따르는 심리도 제복에 길들여져서 제복을 자연스럽게 받아들이는 사상과 통해."

여기까지 이야기한 그는 일어나 책상 쪽으로 갔다. 잠시 살피고 더듬은 뒤에, 그는 외국서적 한권을 끌어냈다. 책의 제목은 에두아르트 푹스의 『풍속의 역사』였다. 목차를 살피고, 찾는 페이지를 펼쳐든 그는 아내와 딸과 아들을 향해서 말했다.

"유행의 본질을 무서울 만큼 정확하게 정의한 글이 있으니 읽어보겠다. 아버지보다 월등 유식한 학자의 말이니까."

그는 나직한 목소리로 낭독하기 시작했다. 식구들은 책의 표지와 그의 입에 교대로 시선을 집중했다.

현대적 의미에서 모드(유행과 사치)는 개인적 동기가 아니라 사회적 동기를 지니고 있다. 그것은 한 사회의 높은 계급이나 부강한 계층이 사회경제적으로 낮거나 빈약한 계급(층)으로부터 자기를 구별하려는 노력이다. 자기보다 낮거나 가난한 계층과 혼돈되는 위험을 예방하려는 외적 표현이다.

특히 여성의 유행과 사치는 자기와 같은 지위를 모방하려는 하층 여성의 모드를 파괴하기 위해서 끊임없이 새롭게 고안되는 하나의 계급적 표지다. 말하자면 신분적·계층적 허영심의 경주(競走)인 것이다.

그 경주는, 한쪽에서는 조금이라도 앞섬으로써 자기와 자기에 대한 경쟁자를 구별하려는 노력이고, 다른 쪽에서는 새로운 모드를 모방함으로써 경쟁자에게 뒤떨어지지 않으려는 투쟁이다.

듣고 난 딸이 먼저 반응을 보였다.

"아까 제가 말씀드린, 많은 여학생이 교복을 안 입으면 여직공과 혼동될까봐 자유복을 꺼린다는 그 심리와 같군요."

"잘 봤다. 바로 그 점이란다. 이 나라의 교육이 무엇을 가르쳤기에 학생들까지 그런 신분관을 갖게 되었는지 참으로 한심스럽다.

그것은 그렇고, 진실로 문제되는 점은 유행과 사치가 여성의 예속 상태를 영속화하는 효과라 하겠다. 그것은 여성의 해방을 방해하고 나아가서는 민족의 해방까지 저해하는 기능을 한단다. 유행과 사치는 3중의 예속관계를 조성한다. 첫째는 여성의 남성에 대한 예속, 둘째는 자본에 대한 인간의 예속, 셋째는 한 국가 또는 민족의 다른 국가에 대한 예속이다."

"어려워서 잘 모르겠어요. 쉽게 설명해주세요."

딸이 요구했다.

"그래, 예를 들어 이야기해보자. 작년(1982년 초)의 연구기관 발표 기사에 따르면, 우리나라 근로자 중 월수입 7만원 미만이 59퍼센트라 하더라. 그런데 그 대부분이 너희들 여학생들이 '공순이'라고 천시하는 여직공들이라 한다. 7만원에서 한 여공의 한달 밥값을 제하면 뭣이 남겠니? 그런데 여공이 자기의 지체를 감추고, 수입이 많은 여성을 모방하려면 그 여인들이 그 값을 치를 밑천이란 뭣이겠니? 이 나라의 많은 가난한 여성이 유행의 사치를 따르기 위해서는 자기의 몸을 남자의 애무의 재료로 맡기거나, 생명의 창조와 사랑의 행복을 위해서 신이 갖추어진 몸을 상품으로 팖으로써 남자에게서 그 댓가를 받을 수밖에 무슨 밑천이 있니? 여공보다 조금 나은 지체나 직장이나 수입의 여성은 여공이 자기의 몸을 상품으로 내놓은 대상보다 조금 더 수입이 많은 남성에게 같은 행위를 함으로써 여공보다 한 급 위의 사치를 구하리라는 것을 이해할 수 있지. 많은 탤런트가 재벌의 아들이나 정계의 거물들한테서 그렇게 해서 유행과 사치를 누린다는 것은 이 사회의 상식이 아니냐? 그 순서대로의 관계가 여러가지 형태로 상층 사회 여성에까지 적용되는 현실을 우리는 매일 매스컴을 통해서 보고 들어 알고 있지 않니? 남자가 여자보다 수입이 많고, 큰 경제권을 갖게 되어 있는 사회·경제구조에서 유행과 사치는 여성 스스로 남성의 예속물로 전락하는 가장 쉬운 길이야. 허영, 사치, 유행 때문에 신성한 결혼관계가 깨어지고, 여학생이 홍등가에서 공공연히, 또는 사통(私通)관계로 그 자금을 조달하고, 남학생이 그 밑천을 마련하려고 살인, 절도, 강도질을 하는 일까지 있다지 않니? 어른도 꼭 같지. 그 수법이 더욱 교활할 뿐이지. 결국 이것은 여성의 남성과의 관계에서 '인간소외'와 '불평등'을 영속화하고 '여성해방'을 스스로 거부하는 것이 된다는 말이다. 헌법에 남녀평등이 규정되어 있다고 해서, 여성이 유행에 따라 담배 피우고, 술 마시고, 남자의 팔에 매달려서 걷는 따위로 평등하거나 해방된 것은 아니야. 우리나라 여성은 사치와 유행을 거부할 줄 알게 될 때, 비로소 남성과 평등해지고 인간적으로나 사회적으로 해방이 된다는 말을 이해할 수 있니?"

"잘 알겠어요, 아버지."

"그래 좋다. 그런데 인간의 해방이나 평등은 이성에 대한 관계에서만이 아니다. 그것은 제1단계의 평등·해방일 뿐이야. 다음은 자본의 논리, 쉽게 말해서 물질의 지배로부터 해방이 돼야 해. 유행과 사치와 허영의 재료는 (일부 정신적인 것을 제외하면) 물질적 생산품이야. 그리고 그 것은 자본에 의해 우리 사회의 경제적 생산과 분배제도를 통해서 상품화된다는 것을 이해할 수 있지."

"예, 그 정도는 고등학교 1학년 교과서의 수준인걸요."

아들의 소리였다.

'소비미덕주의'의 논리와 모순

"그런데 그렇게 쉽지만도 않단다. 자본주의 사회구조에서의 자본은 이윤의 극대화를 위해서 실질적으로는 동일한 것을, 수백 수천가지의 현상적 변화로 유행을 창조해내는 거야. 미국의 자동차가 가장 좋은 예지. 미국 자동차의 꼬리에 물고기 지느러미 같은 날개가 두개 있는 것을 본 적이 있니, 석이야?"

"자세히 못 보았는데요."

"그래, 옆으로 누운 것도 있고, 45도 정도 또는 60도 정도로 기운 것도 있고, 바로 서 있는 것도 있고, 큰 것, 작은 것, 뒤로 조금 젖혀진 것, 앞으로 수그러진 것, 끝이 뾰족한 것, 조금 뭉툭한 것, 아주 둥근 것, 그런 것이 있단다.

전문 서적에서 봤는데, 그 변형에는 실질적으로 아무런 효과나 성능의 차이가 없다는 거야. 그런데 미국의 자동차 기업은 해마다 그 하찮은 변형을 가해가지고는 '뉴스타일'을 좇는 사람들의 정신을 어지럽게 만드는 거야. 이것이 어찌 자동차뿐이겠니. 의복, 헤어스타일, 구두, 액세서리, 물방울 다이아몬드, 반지, 시계에서부터 냉장고, 텔레비전, 가재도구에서 자동차, 주택, 콘도미니엄 등등 한이 없어. 이것은 여성만의 문제가 아니라 남성도 그렇지. 생활의 본질적 가치의 추구는 제쳐놓고, 상품의 현상적 변화를 허겁지겁 따르다보니, 인간은 그가 소유하는 물질(상품)의 주인이 아닌 노예가 돼버리는 격이야……"

그의 말이 중단되었다. 아내가 이의를 제기하고 나섰기 때문이다.

"여보, 그렇지만 그래야 정부나 학자들이 주장하는 경제발전과 현대화, 그리고 또 생활수준 향상이 되지 않겠어요? 또 우리 국민이 존경하는 높은 지도자께서 언젠가 '소비는 미덕이다'라고 말하면서 열심히 유행을 따르고 정신없이 소비하라고 국민에게 간곡히 훈시하신 일도 있지 않아요? 당신은 아까부터 훌륭한 지도자들의 말과는 걸맞지 않은 이야기만 계속하고 있어요…… 야, 석아, 정아, 아버지 이야기 그만 듣고 밥이나 먹자. 아버지의 말이 좋다면 어째서 그 좋은 직장에서 계속 쫓겨나겠니?"

남편은 미소를 지으면서 아내의 웅변에 귀를 기울이고 있었다.

"미안하우. 내가 그런 물건들을 사 갖추지 못하고, 해마다 바꿔대는 유행의 생활을 당신에게 누리게끔 해주지 못해서 참으로 미안하우……

그렇지만 잠깐만 더 들으시오. 그것은 내가 그럴 경제적 능력의 유무의 문제는 아닌 것이에요. 존경하는 지도자들의 '소비미덕주의'가 지금

빚어낸 이 사회의 꼴을 보시오. 물질적 생산, 즉 인간의 노동의 결과가 허영, 유행, 사치를 위해서가 아니라 물질적 궁핍이나 부족 때문에 억제되어 있는 인간 능력의 다방면적 발전과 해방을 목적으로 하는 경제·문화제도라면, 어째서 공업화되고 소비재가 늘고 이른바 생활수준이라는 게 향상한다는데 인간의 도덕적 타락, 정신적 빈곤은 더해가는 거요? 우리 사회의 인간과 인간 사이에 어디 '인간애'가 있소? 개인의 삶이 왜 이렇게 일그러지고 잔악하기만 하오? 선하고, 순수하고, 사랑하고, 위하고, 서로 돕고, 서로 주고……의 인간 정신, 사회정신은 없고, 왜 그렇게 서로 빼앗으려는 풍조뿐이오? 당신은 설명할 수 있소? 한마디로 표현해서 '인간(성) 파괴' 말이오.

에머슨이라는 이가 'simple life, high thinking'이라고 말했지. 물질생활을 간소하게 할수록 인간 정신은 충족되고 높이 솟을 수 있다는 의미요. 알겠어요? 그러기 위해서는 상업주의의 논리와 주의와 제도의 밖을 볼 수 있는 의식과 사상이 필요하지요. 그렇지 못하고 허영, 사치, 유행을 찬양하는 자본의 논리에 묶여 있는 한, 인간의 해방은 기대할 수 없다는 말이오. 이것이 제2단계의 여성, 나아가서는 인간의 해방이오."

아내는 알 듯 모를 듯한 표정으로 서 있다.

"당신 친구 중에 그 누구더라, 회사 사장 부인 말이요…… 예수 믿는다고 조상 제사 안 지내고, 우상숭배라고 부모의 묘지 앞에서 발딱 뒤로 자빠지는 여자 있지요? 그러면서 밀수 다이아몬드가 들어왔다는 정보만 있으면 수표꾸러미 꿰차고 서울의 보물상과 호텔을 뒤지고 다니는 여자 말이요. 하나님의 사랑의 말씀을, 누가복음 15장인가 87장 몇 절인가를 줄줄 외우면서, 하나님은 차별 없이 인간을 사랑하신다는 것을 당신에게 열심히 설교하던 그 여자 말이에요. 그런데 그 여자의 회사와 공장의 노동자 임금이 너무나 수탈적이어서 노동자들의 원망의 대상이 되고 있다는 말을 들은 것 같은데. 그리고 밤낮 경쟁회사나 공장에 노동자·기능공을 빼앗기고서는 그들을 '배은망덕한 놈들'이라고 매도한댔지요. 그의 저택에는 마당에 수영장이 있고, 승용차가 세대나 있고, 아들딸 모두 미국에 집 사 보내고, 가내 장식 한가지도 몇천만원이고, 아들 결혼에 혼수감만도 1억원어치를 하고, 아침 나들이 나갈 때마다 다이아 반지, 귀고리, 목걸이, 팔찌, 구두, 브로치 등을 절대로 같은 것은 안 한댔지요.

이만하면 당신도 알겠지. 생활수준, GNP, 경제발전, 공업화, 어느 나라는 굶주리고 우리는 어쩌고…… 등이 중요한 것이 아니라는 것을 알겠지요.

사치, 허영, 유행은 하느님도, 공자도, 부처도 쫓아버리는 위대한 마력을 가진 것이오. 요새 저 절과 교회 짓는 꼴들 보시오. 위대한 유행의 광증이요. 그 속에는 허위와 위선과 물질숭배가 가득 차 있을 것만 같소. 유행은 우상이에요. 우상을 안 믿는다면서 최고의 우상을 섬기는 꼴들을 보시오. 그것이 유행이란 말이에요."

더 무서운 것은 자기 문화 상실증

남편의 말이 차츰 열을 띠고, 그 소리가 높아지고 있었다. 아들, 딸, 아내는 저녁 식사를 잊고 있었다.

"아…… 미안하다. 석아, 정아. 그럼 마지막 이야기를 하고 끝내자. 유행은 국가와 민족을 외세에 예속시킨다는 제3의 명제에 관해서다. 그중에서도 '문화적 종속'이다. 우리 사회를 한번 살펴보아라. 서울뿐이 아니다. 지리산 기슭의 마을까지 왜 그리 외래 유형이 판을 치니? 아이스크림이 어째서 외국 특허품이어야 하니? 운동화 한켤레가 어째서 외국 자본의 상표만 붙으면 3만원이어야 하니? 아까 말한 한달 임금 7만원의, 이 나라 근로자의 59퍼센트 남녀 노동자 월수입이 그 운동화 두켤레 반이라는 사실을 알고서, 무슨 나라는 어쩌고, 어느 제도는 어쩌고 하는 것인지…… 넥타이, 헤어핀, 핸드백, 드로즈, 슈미즈, 와이셔츠, 팬티, 양말, 브래지어, 구두, 코카콜라, 화장품, 술 심지어는 아이들이 먹는 알사탕에 이르기까지 외국 상표 안 붙은 것이 없어. 이거 왜 이러는 거지? 값진 고가품은 말할 필요가 없어. 그리고 그런 상품이 즐비한 것을 처음 봤다는 사람이 이 나라의 풍요에 놀랐다는 따위의 말을 한다는 기사도 보았지. 아마 삐에르 까르댕 넥타이와 와이셔츠 뒤에 400억 달러가 넘는 나라의 빚은 보이지 않았던가보구나.

가난한 나라의 유행은 나라와 민족을 외국의 탐욕스러운 자본에게, 그리고 마침내는 그 자본들의 소속국인 외국들에 예속시키는 결과를 초래한(했)다는 것을 생각해본 일이 있니?

우리나라 정치·경제 분야에서의 '소비미덕주의자'들은 그 이권관계로 인해서 자기 나라 국민의 이익보다는 그들의 이익을 뒷받침해주는 외국의 경제권이나 그것을 후원하는 외국 정치권력의 이익 옹호에 기울기 쉽다고 한다. 그 결과는 국민대중의 이중의 종속관계지. 국내적으로는 국민대중이 그런 소비미덕주의 세력에 예속되고, 소비미덕주의 세력은 외국의 소비미덕주의 세력에 예속되니까. 또 깊이 생각할 현상이 있지. 잠시도 조용히 생각할 수 있는 시간을 안 주고 텔레비전 앞에 청소년을 붙들어 매놓는 저 야구소동 등 스포츠 폭풍, 텔레비전 프로그램을 꽉 메운 연애물, 이거, 과거의 식민주의 3S(스리 에스, 스포츠·섹스·스크린)정책 풍토가 아니구 뭐니?"

아버지는 아들과 딸의 반응을 살피면서 잠깐 이야기를 멈추었다.

"그런데 지금까지 제일 중요하고 핵심적인 사실을 말하지 않고 미루어왔는데, 그것은 외국에 대한 우리 한국인의 '문화적 예속', '정신적 예속'이다. 물질적 유행을 매개로 해서 외국의 자본주의적 소비문화에 길들어버리면, 자기도 모르는 사이에 자기 개체의 인간적 자율성을 상실할 뿐 아니라 국민적으로나 민족적으로도 외국 문화 숭배자로 전락해버리기가 쉽다는 말이다. 인간적으로, 국민적으로, 민족적으로 '총자기상실(總自己喪失)' 상태가 되어버리지. 나는 지금의 우리가 바로 그런 상태의 환자라고 본다. 특히 미국의 그 추악한 소비문화에 대해서다. 해방 후 38년간 미국의 소비문화에 길들여진 결과, 우리는 뭣이건 US 것이면 무조건 숭상하는 문화적 정신파탄자가 되어버린 것 같애.

정아, 너에게 묻고 싶은 일이 하나 있다. 나도 미국인과는 꽤 오래 같이 생활하고, 영어도 남 못지않게 할 줄 알고, 그들의 생활 속에서도 살아봤다. 그런데도 모를 일이 하나 있어. 우리나라 젊은이들, 특히 여학생들이 미국의 무슨 가수, 무슨 유행가가 나왔다 하면 바로 그날로 그 음악 같지도 않은 소음에 정서적으로 감정적으로 순식간에 도취해버리는 작태 말이다. 텔레비전에서, 야외에서, 캠퍼스 미팅에서, 길가의 레코드 상점에서, 디스코홀에서, 그리고 국가 공영의 중앙방송에서, 흘러나오는 것은 오로지 팔다리 흔들고, 몸통을 비틀고, 소리를 빽빽 지르고, 남녀의 무엇을 형태화하는, 그런 노래뿐이니, 나는 정말 알 수가 없다. 구역질이 난다고 하면 내가 고루한 탓이니? 미국이나 서양의 무슨 유행 가수, 무슨 팀이 왔다 하면, 우리나라 젊은이들이 그 앞에서 광적인 흥분을 하는 작태를 텔레비전 화면에서 자주 보는데, 어떻게 됐길래 그럴 수가 있니?

광란증이야. 최면술에 걸린 거야. 완전히 민족적 이성을 상실한 상태야. 듣자니, 그런 노래와 작태에 흥분해서 브래지어며 팬티까지 벗어던지고 난리가 난다고 하는데. 이거 미국 유행의 마력에 신들려버린 철저한 문화적 노예가 아니고서야 그럴 수가 있겠니? 민족적 이성이나 교양의 그루터기조차 찾아볼 수가 없구나.

우리 자신의 문화의 빈곤 탓일까? 그렇다면 우리 자신, 특히 문화활동과 관련된 이들의 책임일 수 있겠지. 하지만 나에게는 그렇게만 보이지는 않더라. 아까도 설명했듯이, 외국 문화, 특히 저속하고 경제불평등적 물질문화를 나라의 정책으로 추진해온 세력의 사상적·철학적 빈곤 때문이기도 하겠지. 그 위험성은 아까 제2의 해방이라는 대목에서 잘 설명했다고 생각한다.

그러다보니 이제는 우리나라 가요에서도 유행했다 하면 으레 그런 양키 음악조의 곡조인 것 같다. 우리 국민은 몸은 한국인인데 머리와 가슴은 미국인인 것만 같아 보인다. 정치·군사·경제적으로 뭣이 되어도, 도덕·문화·사상적으로 예속되지 않으면 민족이 헤어날 길이 있을 거야. 유행이란 이토록 엄청난 의미를 갖는 것이 아니겠니?"

그는 딸과 아들과 아내의 반응을 살펴보았다.

"그렇게 깊이 생각해본 적이 없어요. 저는 유행이란 여성의 경우엔 여성의 아름다움의 권리라고 생각했어요. 우리 여학생 친구들도 그런 생각인걸요."

딸이 대답했다.

"나도 그랬어요. 하기는 우리 남학생들은 별로 유행을 따를래야 그럴 만한 것도 없는걸요. 그래도 나이키 운동화는 좀 신어보고도 싶기는 한데……"

운동을 좋아하는 고등학교 2학년짜리 아들이 조금 아쉬운 표정으로 대답했다. 사달라고 할 구실과 기회가 미리 봉쇄됐다는 걱정 때문인 것 같다.

아버지가 다시 말을 이었다.

"그럼 종합해서 이야기를 끝내자. 제복과 유행은 인간의 도덕적·정신적 위대성에 씌워진 굴레야. 제복과 유행은 하나는 고정적이고 하나는 변화적이니까 상반된 본성인 것 같지만, 인간의 해방, 특히 여성의 진정한 남녀평등과 여성해방을 저해하는 아름다운 독약이라고 말할 수 있지. 인간의 사회적·정신적 예속관계의 의지가 그 속에 관철되고 있을 뿐만 아니라 사회정신을 타락시키고 궁극적으로는 국민의 의식을 '3S'로 마비시키고, 국가나 민족까지 외국의 자본과 외세에 예속시키는 결과를 초래하는 허울 좋은 현대화, 생활수준 향상의 알맹이다. 얼마나 무서운 일이냐!"

아버지는 벽에 걸린 시계를 올려다보았다.

"시간이 늦었구나. 미안하다. 피로할 테고 시장하기도 할 터이니 그럼 그만하자. 하고 싶은 말은 많지만, 유행의 사회학을 좀더 깊이 연구하고 싶거든 이 책을 앞으로 공부해서 한번 읽어보아라."

아버지는 책장에서 앞서 인용한 몇권의 책과 푹스의 『풍속의 역사』를 탁자 위에 펴놓았다. 창밖은 벌써 컴컴해져 있었다.

네 식구는 저녁밥을 먹기 위해 자리에서 일어나 부엌으로 갔다.

마지막으로 일어난 딸이 지나가는 길에 라디오의 스위치를 눌렀다. 디스크자키의 호들갑 떠는 목소리가 흘러나왔다.

"방금 야구중계 프로가 끝났습니다. (…) 그럼, 다음은 미국 할리우드에서 바로 오늘 아침부터 유행하기 시작한 대 히트곡, 차아리 리치 양의 「키스 앤드 굿바이」를 보내드리겠습니다. 「키스 앤드 굿바이」 (…) 얼마나 달콤한 노래입니까? 우리 젊은이들의 마음이 한껏 부풀어질 겁니다. 자, 그러면 미국의 차아리 리치 양의 「키스 앤드 굿바이」에 도취해보십시오……"

———『공동체문화』 1집, 1983;『분단을 넘어서』, 한길사 1984

3
광주는 '언제나 그곳에' 있었다

'광주'라는 이름은 광주 밖의 사람들에게는 두가지의 아주 다른 이미지를 한꺼번에 떠오르게 한다. 민족문화의 극치인 전라도 지방의 그윽한 민중예술과 삶의 문화가 그 하나요, 다른 하나는, 민족과 사회의 기세가 막힐 때마다 처절한 몸부림으로 그 고비를 정면 돌파해온 역사상 크고 작은 전라도 민중의 항쟁이다. 광주는 그 양면을 상징한다.

부드럽고 유한 것이 굵고 강한 것과 서로 배척함이 없이 융화해 있는 전라도의 기풍은, 나 같은 평안북도 압록강 유역 태생의 머리와 가슴에게는 가히 불가사의하기만 하다. 하나의 수수께끼다.

나는 예술적 소양이 별로 없는 사람이다. 그래서 전라도의 민속예술을 보고, 듣고, 만지면서 즐길 뿐, 잘 이해하지 못한다. 백제의 예로부터 긴 역사를 통해서 이 지방 주민이 겪어온 삶이 끈적한 진처럼 우러나온 것이 광주가 상징하는 전라도의 문화와 예술이라고만 이해하고 있다. 사람들은 그것을 가리켜 '한(恨)'의 문화라고도 말하고, 억압당한 가난한 백성의 예술이라고도 한다.

그와는 달리, '광주'로 상징되는 굳고 강한 다른 한 면에 관해서는 웬만큼은 느끼고 또 알고 있다고 말하고 싶다. 하지만 그것 또한 주제넘은 말이다. 조선의 남쪽 전라도 땅에서, 대대로 뿌리내려 삶을 살아온 토박이가 아니고는 그것을 느끼고 이해하는 데도 한계가 있는 것이 분명하기 때문이다. 그것은 어쨌건, 광주는 오랜 왕조시대와 일제하 및 해방 후의 시기를 통해서 한국의 정신적 중심이었다.

왕조 양반 세도하의 수많은 민란. 한말, 외세와 결탁하여 가렴주구를 일삼는 정권에 대항해서 일어났던 동학농민혁명. 일제의 국토 병탄에 항의했던 각 지방의 의병. 일제하 사회혁명의 일익을 담당했던 전위적 소작 농민운동. 그리고 광주학생사건으로 분출한 항일운동의 꽃. 해방 후에는 친일파 권력의 비호를 받는 계급적 적에 대한 전라도 농민의 피 어린 싸움……

'언제나 그곳에' 있었다

시대에 따라 그 대상은 바뀌었지만, 전라도 민중의 끈질긴 투쟁의 중심에는 언제나 광주가 있었다. 광주는 그 이름에 부끄럽지 않게 언제나 전라도의 빛이었다. 그리고 전라도는 민족사회 내부의 억눌린 계층의 혁명운동과 생존권 투쟁에서 그 사상적·실천적 전위에 서왔다.

때로는 민족 전체가, 때로는 억압받는 계층이, 행동을 이끌어갈 영감이 아쉬워지면 어디서나 전라도에 눈을 돌렸다. 그럴 때마다 광주는 그곳에 있었다. 그리고 언제나 그들이 필요로 하는 사상과 문화와 인재를 마련하고 제공했다. 전라도는 이 민족의 가장 귀한 물질과 정서와 두뇌의 보급창 노릇을 해왔다.

그 보급창은 푸면 풀수록 물이 고이는 샘처럼 끝없이 풍부한 예술과 문화로 이 나라 백성들의 마음을 푸근히 채워주었다. 그 보급창은 그러나 싸움이 필요할 때는 전사들이 요구하는 무기와 전략과 용기를 마련해주는 병기창이기도 했다.

이것이 긴 왕조사와 일제 식민치하와 해방 후의 1980년 4월까지의 민족사를 통해서 전라도의 심장이자 두뇌인 광주가 맡아온 역할이었다. 그러나 그때까지 광주의 존재는 이 민족 생존권 안에만 국한된 것이었다. 그 빛도 한반도의 지리적 판도를 넘지 못했다.

1980년 5월 18일은 그 오랜 과거의 역사와 그 이후 사를 가르는 시대 구분적 분기점이 되었다.

이 5월을 기해서 광주는 남한의 한 지방의 지도에 표시된 작은 도시명으로서의 고유명사가 아니라 동시대적 세계의 한 이념(理念)이 되었다. 광주는 '광주'가 되었다. '사우스코리아'의 남단의 한 점은 1980년 5월 이후 세계의 한 정신·문화적 중심으로 받들어지게 되었다. '광주'와 '光州'는 세계의 'Kwangju'가 되었고, 그 단어는 폭력과 부정에 항의하여 목숨을 바친 민주주의적 시민의 용기와 감동적인 희생정신을 뜻하는 추상명사가 되었다.

제3세계 민중의 희망과 좌절의 표상

제3세계 인민들 사이에서 이 추상명사는 'KWANGJUISM'으로 철학화되었다.

그것은 1789년 어느날, 프랑스의 한 고유명사인 '바스띠유'가 전인류에게 새로운 시대정신을 알리는 '자유·평등·형제애'라는 추상명사가 된 것과 같다. 낡고 흉측한 한 형무소의 이름 바스띠유는 '바스띠유'로 이념화된 것이다. 그 단어의 뜻은 '감옥'이 아니라 '혁명'이며, 권리 없는 백성들의 '인간화'였다. 그러나 그 단어는 그후, 혁명과 인간화의 이쪽저쪽에서 쎈강의 물만큼이나 많은 눈물을 흘리게 했다.

광주가 1980년 5월에 경험한 투쟁은 또, 그 110년 전인 1871년 5월 20일부터 28일까지, 빠리시의 영용한 시민들이 잔인무도한 제3제정(帝政)계급의 군대에 대항했던 저 '빠리꼬뮌'의 '피의 1주간'과도 같다. '빠리꼬뮌'은 세계 인류사에 굵게 그려진 특이한 사건이다.

그것은 앞뒤로 빼어 3일간의 짧은 민중항쟁이었다. 하지만 그것이 그때까지의 두려움을 모르던 프랑스와 유럽의 포악한 지배계층에 준 공포와 타격은 헤아릴 수 없이 컸다. '빠리꼬뮌'은 그후 수십년 사이에 전유럽 나라들에서 억압과 착취, 위선과 부정에 항의해서 일어서는 혁명의 신호가 되었다.

제왕의 군대가 빠리 시민들에게 강요한 희생과 유혈 때문에 '빠리꼬뮌'에는 종교적 떨림으로 그것을 회상케 하는 장엄함마저 있다. 제정 군대의 포위 속에서, 그리고 마침내는 그들의 무자비한 살육에 대항해서, 빠리 시민들이 총을 들고 싸우다 죽어간 무덤에는 그후 세계 곳곳에서 자유, 인권, 평등을 원하는 인간들의 뜨거운 기도가 보내졌다. 지금도 그렇다. 그 무덤은 110년이 지난 오늘에서 더, '민주주의'라는 나무가 자라기 위해서 뿌려진 고귀한 피의 의미로 평가되고 기억된다.

한국의 '광주'는 한국 민족만의 정신문화적 빛이 아니다. '광주'는 20세기 말의 '바스띠유'이며 '빠리꼬뮌'이다. 그래서 광주는 세계의 '광주'인 것이다.

'광주'는 지금 이 시각에도 타락 무도한 군부독재에 시달리고 있는 제 3세계의 많은 나라 인민들에게 그 이름을 듣기만 해도 가슴이 떨리는 영감(inspiration)인 것이다. 그들의 미래를 비쳐주는 행동의 프로토타입(원형)이기도 하다. 광주는 이미 고유명사가 아니다. 세계화한 추상명사다.

거부하고 싶은 역사와 현실

이제 우리는 다시 한국적 현실로서의 '광주'의 문제로 돌아오자. 추상에서 다시 구체로 내려오자. 세계 인류의 희망에서 광주로, 그리고 그것이 대표 또는 상징하는 남한의 전라도 땅으로 내려와보자. '광주'라는 비극을 분출케 한 전라도의 고통과 서러움에 눈을 돌려보자. '광주'가 한국의 정신문화적 중심이고 세계의 이념으로 일반화된 뒤에는 전체 전라도민의 한 맺힌 현실적 삶이 있다.

한민족과 인류에 남긴 '광주의 영광'은 어쩌면 전라도민 본인들에게는 거부하고 싶은 역사이고 혐오스러운 현실일지도 모르기 때문이다.

이른바 '광주사태'로 추상화된 '광주'는 이 민족의 해방 이후 남한에 축적된 수많은 부정적 요소들의 총체적 폭발이었다.

'광주'의 중요한 의미는, 전라도(주민)의 3중의 소외구조를 한쪽 틀로 하고, 그것으로 해서 나머지 국민 전체를 동시적으로 소외시킨 다른 소외의 틀로 구성되어온 전국가적인 두층의 소외제도의 총체적 파탄이라고 할 수 있다.

전라도인은 경상도인 권력과 그 제도에 의해 다른 국민에게서 소외를 당했다. 그 결과, 그들은 우리 사회에서 사회적·인간적 불이익을 회피하려는 마음에서 스스로 자신의 출생지와 정체(正體)를 위장하는 반(半)자발적 '자기상실'에 빠졌다. 이중적 소외다. 그들은 더 나아가, 대립적 사회에 대한 강요된 증오심과 상호이익의 보호를 위해 '부족(部族)'적 결속에 의존함으로써 3중적 소외를 결과했다.

이같은 일부 국민에 대한 비인간적 소외구조는 동시에 논리적으로 현실적으로 같은 사회의 나머지 대부분 구성원의 제도적 비인간화를 의미한다. 그들은 자신들의 반사적 소외의 외로움에서 벗어나기 위해서 더욱 제도적·인간적 폭력에 호소할 수밖에 없었다. 그 총체적 타락의 과정은 필연적으로 '광주'에서 종말의 신호를 울렸다.

유럽의 백인·자본주의·기독교(신구교) 사회는 그들 제도의 퇴폐성과 폭력성, 그리고 허울 좋은 위선을 은폐하기 위해서 어떤 '열등한' 인간적 집단이 그들의 사회 속에 필요했다. 인간적 자질이나 덕성 및 집단적 특성에서 백인과 자본주의 선봉자와 기독교인들이 멸시할 수 있고 혐오할 수 있는 존재가 필요했다. 자기 사회구조 내부의 반항적 세력의 적대감을 외부적 존재로 분출시키기 위해서였다. 바로 그 대상이 유대인이었다.

퇴폐적 체제의 지배계급은 피지배계급의 적개심과 증오심을 제도 밖으로 돌리기 위해서, 그 피지배계급에게 사디즘(sadism)적 우월감과 멸시의 대상을 만들어내야 했다. 그것이 유대인이다.

만약, 유럽 백인·자본주의·기독교 문명 속에 유대인 집단이 없었다면 그들은 '유대인'을 만들어라도 냈을 것이다. 이 제도적 바바리즘(야만주의)은 유대인의 3중적 소외와 유럽사회의 중층구조적·총체적 소외를 본질로 했던 것이다. 이 바바리즘을 극단의 형태로 실현했던 것이 히틀러이며 나치즘(파시즘)이다.

한국의 아우슈비츠

인간성의 부정을 자신의 존재원리로 삼은 히틀러의 극우·반공산주의·폭력숭배 체제는 마침내 아우슈비츠에서 유대인과 자신을 파멸시키고 말았다. 그 댓가는 너무도 컸다. 아우슈비츠라는 제단에 600만명의 유대인이 희생으로 바쳐졌다. 600만명의 유대인과 유럽 백인 문명의 야수성을 대표한 나치즘을 스스로의 체질에서 정화(淨化)해버림으로써 백인·자본주의·기독교 사회는 비로소 소생의 계기를 마련했다.

광주는 한국의 아우슈비츠다. 한국의 히틀러들은 1948년 4월 제주도에서, 1951년 2월 거창, 문경, 함평…… 등 수많은 곳에서, 크고 작은 아우슈비츠를 치렀다. 광주는 그 연장선상의 단말마적인 마지막 아우슈비츠인 것으로 보인다. 그렇기를 바라는 마음 간절하다.

해방 후 한국의 히틀러들은 식민지 일본 제국주의하에서 친일·반민족 행위를 일삼았던 가장 비열한 분자들의 직계 후예들이다.

그들은 동물이든 인간이든, 적대적인 자에 대한 공포감과 증오심을 불어넣으면, 동정심이나 자기억제, 심지어 희미한 동류(同類)의식조차 그 마음에서 흔적도 없이 사라진다는 동물적 본능에 대한 야수적 통찰력을 갖춘 자들이다. 그들은 살육해야 할 '적', 또는 '빨갱이', '공산주의자'가 자기들과 전혀 유(類)를 달리하는 존재라고 가르쳤다.

이같은 동물심리학적 적개심과 증오심은 인간을 동물로 만든다. 이것이 1980년 5월 광주에 온 특전대다. 광주 시민은 하나같이 '빨갱이' '적' '벌레 같은 존재'가 된다. 증오심과 멸시감으로 열광한 병사들에게는 '벌레 같은 빨갱이'들과 그 '새끼'를 잉태한 임신부의 배에 대검을

찔러 넣는 데 따르는 심리적 장애가 제거된다.

스스로 내부 성찰할 때

이제 '광주'는 무엇을 할 것인가? 어떻게 할 것인가?

이 물음에 대한 틀림없는 답변은 오직 1980년 5월, 광주라는 아우슈비츠에서 유명을 달리한, 아직껏 정확한 수를 알 수 없는 원혼만이 말할 자격이 있다. 오늘을 살고 있는 광주 시민도 아닐 것이다. 그밖의 지역에서 1980년 5월을 구경꾼으로 살았던 사람은 더욱 아니다.

그와 같은 냉엄한 인식 위에서 다음과 같이 말할 수는 없는 것일까?

적대관계라는 것은, 증오라는 가장 낮은 동물적 본능으로 갚아지면 더욱 적대관계로 확인되고 고정되고 완결되는 것이다. 우리의 이성(理性)도 다음의 사실을 가르쳐준다. 즉 '증오'는 비인간화다. 상대방의 증오를 증오로 갚는 것은, 자기 자신의 행동을 '적'이 먼저 한 행동의 범주에서 단순 반복하는 것이다. 이것은 자신의 퇴화이며, 따라서 자신을 부자유하게 한다. 나의 행위의 선택이 '적'이 나에게 둘러씌운 그 한계 속에 굳어져버린다.

악(惡)을 악으로 갚고 싶은 당연한 유혹을 물리칠 수 있는 자만이 상호간의 부정적 관계를 변혁할 수 있을 것이다. 그렇게 함으로써 '나'는 '적'과의 부정적 관계에 새로운 국면을 활짝 열어젖히는 '자유(自由)'를 '적'과 '나'에게 동시에 확보할 수 있지 않을까?

———『새는 '좌·우'의 날개로 난다』, 두레 1994

광주는 '언제나 그곳에' 있었다 519

4
핵은 확실히 '죽음'을 보장한다

핵 숭배 사상의 종교화

대한민국(남한)에는 하나의 '위대한 미신'이 있다. 이 나라 국민의 거의 모두 그것을 신봉하고 있다는 뜻에서 그것은 가히 '국민 미신'이라고 말할 수도 있다. 국가가 그 신앙을 보호·지원한다는 뜻에서 '국가적 미신'이라고 이름할 수도 있다. 그 '미신적 신앙'은 다름이 아니라 핵에너르기와 핵무기에 대한 맹목적 신앙심이다. 표현을 바꾸면 '핵'은 한국 국민의 신(神)으로 추앙되고 있다. '핵신(核神)'에 대한 절대적 신앙심으로 말미암아 이 나라에는 '핵종교(核宗敎)'가 어떤 다른 종교보다도 광범위한 신자를 확보하게 되었다.

대한민국의 핵종교의 신도들은, 역시 다른 어떤 종교의 신도들보다도 그 신에 대해서 맹목적이고 절대적이며 비이성적이고 무비판적이다. 그리고 다른 어느 종교의 신도들보다도 이 핵신에 대해서 더 무지하며 열광적이다 못해서 광(狂)적인 광신자들이다. 그들은 이 핵신의 제단 위에 자기의 생명과 전체 국민, 한반도 남·북 전체 민족의 생존을 송두리째 바치게 될지도 모르는 미신적 사고와 행동을 서슴지 않고 있다. 이 같은 광란적 작태는 그 종교와 신이 국가의 이념적·정책적 보호를 받고 있다는 사실 때문에 어떤 사교(邪敎)나 미신보다도 위험하다.

그런데 대한민국의 국민은 이 사실을 인식 못 하고 있으며 날로 그 '국가적 미신' 종교에 깊숙이 빠져들어가고 있는 실정이다. 20세기 말의 오늘을 함께 살고 있는 세계의 160여개 국민들 가운데 이처럼 위험한 '핵신 숭배' 사상에서 아직도 깨어나지 못한 국민은 우리뿐이 아닌가 싶다. 생각할수록 소름 끼치는 현실이다.

한국인이 핵에 무지하게 된 원인

우리나라 사람들이 이처럼 위험한 핵 숭배 사상에 사로잡히게 된 원인은 무엇일까? 그 배경은 어떤 것인가? 다음과 같은 몇가지로 풀이된다.

① 민족 내부 문제의 군사적 해결정책: 우리나라 역대 정부는 분단된 남북의 민족 내부 문제의 성격을 오로지 군사적 대결의 측면에서만 인식하고 민족 내부 문제의 해결도 오로지 군사력에 의한 것으로 여겨왔다. 20세기 군사력의 궁극적 형태는 핵무기다. 해방 후 오늘날까지 40여 년을 두고 일관되게 길러져온 군사(군대)력 존중사상이 핵무기 숭배 사상으로 이어진 것은 당연한 논리다.

② 맹목적 반공이데올로기: 이 나라 국민은 비이성적이고도 맹목적인 관념적 이데올로기를 구체적 인간의 생명, 구체적 생존, 구체적 행복과 복지보다 우위의 가치로 착각하는 경향이 있다. 이데올로기란 그 어느 것이건 역사적이고 가변적이며 상대적인 것이다. 하지만 인간의 생

명은 절대적인 것이다. 그런데 이 나라에서는 어찌 된 셈인지 이 상대적인 것이 절대적인 것보다, 가변적인 것이 기본적인 것보다, 역사적인 것이 본질적인 것보다 더 숭상되게끔 되었다. 그 결과로서 어떤 이데올로기를 반대하기 위해서 핵무기는 필수불가결한 것이고, 그 목적을 위해서는 핵전쟁조차 바람직하다는 위험스러운 신념 같은 것이 사람들의 머리를 지배하게 되었다. 자본주의와 사회주의의 이데올로기적 갈등에서는 유럽 나라들의 시민도 우리와 유사한 환경에 놓여 있다. 그러나 그들에게는 구체적 인간 생명의 절대성, 살아 있는 인간의 현실적이고도 구체적 안전과 행복이 '핵전쟁으로 죽은 사람'의 그것보다 소중하다는 인식과 신념이 확고하다. 우리는 그와 정반대다.

③ 핵무기의 위험성과 핵전쟁의 종말성에 대한 무지: 위에서 본 ①과 ②의 결과로, 이 나라 국민은 핵무기와 핵전쟁에 대해서 무지한 상태다. 막연한 지식이나 감각이 없다는 것은 아니다. 그러나 막연한 두려움이 자기 생명의 말살에 연결되고, 인류의 종말을 초래하는 전쟁방식이라는 데 대해서 확고한 인식이 없다는 말이다.

국민대중이 이렇게 된 이유와 책임을 구명할 필요가 있다. 군대와 군사력 숭배 사상이 지배하는 사회는 그 성격상 반(反)평화적일 수밖에 없다. 그같은 사상과 이해관계의 체제는 따라서 군사력의 궁극적 힘인 핵무기에 대한 평화애호적 사상을 기피하고 억제하게 마련이다. 핵무기에 대한 비판, 핵전쟁에 대한 반대의 지식은 적극적으로 전파되지 않고, 그같은 사상이나 운동은 '반(反)국가적' '공산주의적'으로 법적 처벌을 받고 있다. 대중을 계몽해야 할 보도기관, 언론기관, 지식인들, 평화주의적 단체와 기관 등의 활동이 억압을 당하는 현실에서 핵무기와 핵전쟁에 관한 진실된 지식과 정보가 자유롭게 보도되고 토론될 까닭이 없다.

핵위험에 대한 감각이 마비되어버렸다. 그리고 마침내 무감각해졌다.

④ 미국 국가이익 위주의 선전 결과: 미국의 정부, 특히 군부는 군사력의 무제한적 확대 증강, 군수산업 자본의 극대이윤화, 군부의 예산증대 및 군사기구의 자기증식(自己增殖) 원리에 의한 전쟁논리 조작, 전쟁·군수용 과학기술의 고용증대와 경제경기 부양효과, 해외 무기 판매의 정치·외교·경제·군사적 효과······ 등을 위해서 핵무기의 위험성과 핵전쟁의 인간종말론적 비참성을 과소평가하는 선전을 일삼고 있다. 이것이 이 나라 국민의 지식과 정보와, 그에 바탕한 사실 인식의 능력을 병들게 하고 있다.

⑤ 외국의 핵기지화의 위험성에 대한 인식착오: 미·소 초핵강국은 각기 자기 국가의 국토·인민의 생명·재산이 상대방의 핵공격을 받지 않는 전략체계·전쟁구조를 다져놓고 있다. 그 대신 그들은 각기의 하위 동맹국의 영토에 핵무기를 설치함으로써 그 하위 동맹국의 국토, 인민의 생명, 그 재산(물질적 존재)을 희생시키는 전략구상을 전개하고 있다.

그럼에도 불구하고 이 나라에서는 자기 땅에 미국의 핵무기 기지가 존재하는 것이, 그리고 핵무기의 수가 많으면 많을수록 '우리 자신'의 안전이 더욱 잘 보장되는 것으로 착각하고 있다(이 착각의 위험성에 관해서는 뒤에서 더욱 상세히 논할 것이다).

핵에네르기의 파괴성에 대한 인식

한국인 일반에게 '핵의 에네르기화＝핵의 무기화'가 막연하게나마 인식된 사건이 1986년 5월 초 소련의 체르노빌에서 발생한 핵발전소의 폭발(용해)사건이다. 오랫동안 과학과 기술의 신비성에 매혹되어 있던 한국 대중은 비로소 핵발전소의 다른 한 면을 소련인들의 처절한 희생을 통해서 깨닫게 된 셈이다.

한국 신문들은 체르노빌 사고가 소련(공산주의 사회)의 특유한 것처럼 보도하는 경향이 있었다. 체르노빌보다 몇해 전 미국의 스리마일(Three Mile) 핵발전소에서 일어난 대규모 사고는 미국(자본주의 사회)의 특유한 사고일까? 핵재해는 사회의 제도를 가리지 않는다.

그럼에도 불구하고 국내에서는 핵발전소의 위험성(공해 정도는 차치하고라도)에 대한 문제제기가 별로 없었다. 있었다 하더라도 그것은 잠시 신문지상에서 소련의 참사와 관련해서 언급되었을 정도다. 바로 체르노빌 사고 직후 우리 정부는 또 수억 달러를 요하는 2개의 핵발전소 건설을 미국의 회사와 계약했다. 이미 가동 중인 고리(古里)발전소를 비롯한 핵발전소들에서 방사·유출되는 공해작용으로 주민과 산업이 피해를 입고 있는 사실에 대해서는 거의 보도되는 일이 없다.

핵에네르기의 평화 이용은 화약의 평화 이용과 마찬가지로 인간과 인류의 문명적 성취임은 틀림없다. 그러나 우리나라에서는 다른 나라와는 달리 각별히 문제되는 점이 허다하다.

첫째는 그 핵발전소들의 안전기준을 강화하고 방사능 물질의 확산에 대한 방지장치가 외국보다 훨씬 소홀하다는 문제다. 그에 관한 권위있는 증언을 들어보자. 미국 수출입은행의 차관으로 한국정부와 핵발전소 건설을 계약하고 완수한 미국의 제너럴 일렉트릭(General Electric)의 과학자는 이렇게 쓰고 있다.

① 남한에서는 핵발전소 건설계획이나 세부적·현장적 과정이 정

부관료기구의 독점하에 있어, 공중(公衆)적 토론·검토·이의제기·현장검증······ 등의 과정을 일절 배제한 채 추진되고 있다. 그 결과 독자적 규제·관리조치가 없고, 건설은 날림이며, 인명에 대한 안전, 건강, 또는 방사능 확산 가능성에 대한 적절한 고려 없이 진행되었다.

② 남한에서는 공사예정표가 인간의 안전보다 우선했다. 따라서 안전관리인들은 공사예정을 늦추는 것을 '구조적으로 억압당했다.'

③ 미국 스리마일 핵발전소 대규모 사고가 있은 지 3년이 지났는데도 남한정부는 아직도 '개별적이고 상세한 구체적 개선조치들'을 취하지 않고 있다.

④ 남한은 핵방사능 물질의 저장과 처리에 관한 종합적 계획을 수립하지 않고 있다.

⑤ 한국 핵계획은 수준 높은 전문적 인원의 부족으로 조작·운영·훈련의 난관에 직면해 있다.

⑥ (남한에 건설하는 핵발전소들은) '미국 핵규제이사회'(NRC)의 규정들을 위반하여, 한국에 건설한 4개의 핵발전소에는 미국 국내 핵발전소에는 적용하게 되어 있는 그 규제를 적용하지 않았다.

⑦ 남한정부는 1982년 레비(Levy) 씨가 「한국 핵안전에 관한 보고서」에서 작성하여 제출한 개선권고사항의 '대부분'을 묵살했다.[1]

---

1 "Update Review of Safety Aspects of Nuclear Power Program in Republic of Korea," conducted by Nuclear consultant Salmon Levy, a former General Electric executive, 1982. 이 문서는 세계은행(The World Bank)에 제출되어 '비밀문서'로 취급되어오다가 1983년 2월 3일에 '비밀해제'가 되었다. 출처는 한국기독교사회문제연구원 『핵과 평화: 일지·자료』, 1985년 12월 중 "Nuclear Dangers in South Korea" 95~97면 중 95면.

둘째는 전시효과적인 핵발전소 건설계획이다. 정부는 본래 2000년까지 46개의 핵발전소를 건설할 계획이었다. 그러나 핵발전소 재해에 대한 세계적 반대여론과 운동도 있고, 재원 문제도 작용해 17개로 수정한 것으로 알려졌다. 수자원이 비교적 풍부한 한국의 자연조건을 두고 어째서 이같은 작은 나라가 세계에서도 몇째 안 되는 대대적인 핵발전소 계획을 추진하는가 하는 문제를 공중(公衆)적으로 토론할 필요가 있다.

셋째로 자원과 돈의 낭비 문제다. 정부 계획으로는 2000년에 46개의 건설이 완료되었을 때, 핵발전은 5만 824킬로와트로서 총발전량의 60퍼센트 이상을 차지하도록 할 계획이다. 현재(1986 여름) 우리나라의 총발전량은 전력의 최고 소요시간에도 30퍼센트 정도의 잉여 발전시설(능력)을 갖고 있다. 핵발전소 46개 건설계획을 17개로 수정한 근거가 그것이다. 현재도 그러한데 앞으로 몇개를 더 건설해야 할 이유가 무엇인가도 납득이 갈 만큼 설명되지 않고 있다.

넷째로 정치적 흑막이다. 금년 여름에 미국 회사와 추가건설이 계약된 2개의 핵발전소 건설계획은 국내의 정치정세가 한창 긴급할 때, 정권지지와 관련하여 미국정부가 강요했다는 설이 있었다. 한국의 핵발전소 건설의 거의 전부가 미국(회사)과 계약되고 있는 사실도 정치적 관련성에 대한 의혹을 짙게 해준다.

다섯째로는 핵발전소와 남북 군사관계의 문제다. 핵발전소는 공중공격에 약하다. 만약 전쟁이 발생한다고 가상했을 때 그 많은 핵발전소 가운데 몇개라도 폭격당하면 방사능 확산으로 말미암은 인명피해와 국토의 반영구적 오염은 거의 치명적일 수밖에 없다. 몇해 전 이란 공군의 이라크 원자로 폭격을 생각하게 한다. 소련의 평화시 체르노빌 사고는 그 예다. 북한으로부터 남한의 핵발전소까지는 재래식 탄두의 지대지

(地對地) 미사일로 1분, 전폭기로 20분밖에 걸리지 않는다.

그렇다면 정부가 주장하듯이 남북 간에 전쟁(남침)이 기정사실이라면 어째서 그처럼 많은 핵발전소를 국토의 각지에 계속 건설하려 하는가? 논리를 뒤집으면, 정부가 핵발전소를 계속 건설하려는 계획은 그같은 남침이 없을 것이라는 확고하게 계산된 판단에 기초를 둔 것이라고 풀이된다. 남침이 확실하다면 핵발전소의 계속적 건설은 중지돼야 하고, 핵발전소의 계속 건설을 추진하는 것이 남침이 없을 것이라는 중요한 판단근거라면 그것도 국민에게 알려야 할 것이다.

여섯째는 핵발전소 건설과 독자적 핵무기 생산계획의 문제다. 세계의 유력한 전문가와 연구기관들은 한국의 핵지식과 핵과학자 기술자의 수준, 그리고 그 많은 핵발전소에서 생산되는 우라늄 등 물질로 독자적 핵무기 생산을 구상하고 있다고 보고 있다. 박정희 대통령의 '독자적 국방태세'의 일환으로 알려졌던 것이다. 세계의 중진국 중 핵무기 생산이 가능한 몇개 나라에 '남한'이 속한 지는 오래다. "미국은 한국이 70년대 초에 핵무기 개발계획에 착수했으나 1975년 한국정부에 압력을 가하여 이를 취소케 했고, 한국의 독자적 핵무기 생산계획을 포기하는 댓가로 미국은 핵무기에 의한 보호와 핵발전소 장비의 지속적 판매·지원을 공약했다"고 한다.[2]

우리는 국가의 안보를 적극적으로 생각해야 하고, 남북 간에 평화체제가 확고히 구축될 때까지는 군사력의 충실화는 계속 필요하다. 그러나 남한이 핵발전소의 부산물로 독자적 핵무기를 생산할 때, 일어날 수

---

2 『로스앤젤레스타임즈』 1978년 11월 4일; 『경향신문』 11월 6일. 이와 같은 내용의 글이나 보도는 수없이 많다.

있는 북한의 대응을 반드시 고려해야 할 것이다. 그리고 실제로 그 무기가 사용된다고 가상할 때, 그것이 이 반도상의 남·북 민족 전체와 이 민족이 살고 있는 국토에 미칠 영향을 심각하게 고려해야 한다. 민족적 양심의 문제와 결부되는 것이다.

이와 관련해서 참고할 만한 이야기가 있다. 대만도 1970년대 초반에 우리와 같은 구상을 했던 것으로 알려져 있다. 본토 중국과의 군사관계에서다. 본토에 대항해서 대만 군부가 독자적 핵무기 생산계획을 추진하고 있다는 사실을 미국의 『타임』(TIME) 특파원이 장경국(蔣經國) 총통에게 질문하자 장총통은 이렇게 답변했던 것이다.

"우리는 본토의 공산주의자들과 대립관계에 있고, 국토(대만)를 그들의 공격으로부터 지키기 위해 독자적 핵무기 생산계획을 구상한 바 있다. 그것은 사실이다. 그래서 그 계획을 선친(고 장개석 총통)에게 보고했더니 선친이 말씀하시기를 '우리 중국 민족은 대립은 하고 있지만 그 같은 무기로 싸워서 서로 몰살하는 따위의 생각은 해선 안 된다'고 하셨다. 그래서 그 계획을 폐기해버렸다."[3]

미·소의 핵표적이 된 한반도

한반도는 미·소 초핵강대국이 그들의 핵무기를 실전 목적으로 시험

---

3 필자는 이 기사를 그 당시 『타임』지에서 읽고 장개석 총통의 감동적인 민족애와 민족주의 철학에 깊은 감명을 받았기 때문에 선명하게 기억한다. 그러나 그 호(號)의 『타임』지를 비치하지 못해 여기에 정확한 날짜를 제시하지는 못한다.

할 핵전쟁의 표적으로 프로그램화되어 있다. 지구상에서 미·소와 동·서 진영의 이해갈등이 군사적 대결로 확대·상승할 것으로 예상되는 지역은 동·서유럽과 중동 석유생산 지역, 그리고 동북아지역의 한반도다. 그런데 그 세 지역 중 한반도는 미·소 충돌이 핵전쟁으로 직결될 가장 위험한 곳이라는 데 대해서 모든 군사·정치 전략가들의 견해가 일치해 있다. 특히 미국에 무력 숭배주의자인 레이건 대통령 정부가 들어선 이후부터 이 위험성은 더욱 심화되었다. 레이건 정부의 국방성은 소련과의 '무제한적 군사대결' 노선과 전략을 택하고 있다. 그것은 소련에 대한 미국의 핵우위적 위치를 토대로 해서 추진되고 있다. 그중 가장 논란과 비난의 대상이 되고 있는 계획이 소위 '우주전쟁'으로 알려져 있는 전략방위계획(SDI) 구상이다. 전우주의 핵전장화 전략이다.

한반도에 미치는 영향을 생각하기에 앞서 그런 구상과 전략이 전체 인류의 생존에 어떤 의미를 갖는가를 먼저 확인할 필요가 있다. 우리는 그것을 부정논리(否定論理)로 접근할 수 있다.

미국정부의 그같은 전략과 정책에 관해서 수년 동안 종합적 연구와 검토를 마친 미국 가톨릭주교단은 1983년 6월 30일 '레이건 핵전략에 대한 반대결의'를 239 대 9라는 압도적 다수로 통과시킨 바 있다. 노벨 과학상 수상자들을 포함한 미국 대학의 일급 과학자 3700여명은 1986년 5월, SDI 계획과 관련된 연구에 일절 참여하지 않기로 결의하는 성명을 발표했다. 레이건의 우주 핵전장화 구상이 비현실적일 뿐 아니라 위험·무모한 발상이며, 군비경쟁을 가속화하여서 핵전쟁 가능성을 촉진한다는 결론에서였다.

미국의 가톨릭 주교들과 그 과학자들이 반미적일 까닭이 없고 공산주의자일 이유도 없다. 소련보다 미국을 사랑하는 사람들이라는 데는 의심의 여지가 없겠다. 그럼에도 불구하고 어째서 그와 같은 결정을 해야 했는가를 한국인들은 심각하게 생각할 필요가 있을 것이다. 더욱이 "미국의 핵무기가 한국(남한) 땅에 더 많이 배치될수록 한국의 안전이 더 확고히 보장된다"고 지금도 믿고 있는 사람이 있다면 더욱 그렇다. 다음은 우리 문제로 좁혀 미국 군부의 그런 전략이 한반도에는 어떤 의미를 가지는지 알아보자.

1983년 1월 16일 미국의 보도기관에 폭로된 미국정부의 「국방지침 1984~88 회계연도 계획」이라는 기밀문서에 따르면 미국 군인들은 다음과 같은 노선을 추구하고 있다.

① 대기권 우주공간에 배치할 신무기체제(SDI)를 개발하여 우주공간을 새로운 전장으로 하는 우월적 지위를 확보한다.

② 그 목적을 위해서 미국은 우주무기 개발을 제한하게 될 어떤 제안이나 조약도 거부한다.

③ 소련과 체결한 전략핵무기의 제반 제한·통제에 관한 협정들(SALT)을 폐기한다.

④ 80년대 중반에 소련은 경제적으로 중대한 곤란에 처할 것으로 예상되며, 이 상황을 이용해서 소련의 무기체제를 일소해버리도록 군비증강 계획에 박차를 가한다.

⑤ 무제한 군비(특히 핵무기)경쟁을 다그쳐, 소련이 군사적으로 그리고 끝내는 정치적으로 굴복해 들어오도록 만든다.

⑥ 중거리 핵미사일을 선제공격으로 사용하고, 여러 전선에서 재래식 전쟁과 핵전쟁을 동시에 수행할 능력을 갖춘다.

소련이 80년대 중반에 '중대한 곤란'에 직면하여 머지않아 '굴복해 들어올 것' 같은 기색은 없어 보인다. 그럴수록 그 '전면 동시다발 핵 및 재래식 전쟁' 개념은 위험성을 지니게 마련이다.

모든 핵보유 국가가 핵무기에 의한 '선제공격'을 하지 않겠다고 선언하고 또 그것을 요구하고 있는 터에, 유독 미국만이 핵선제공격을 공식 전략으로 내세우고 있다. 다수의 미국 핵무기가 배치되어 있는 한국(남한)이 이 전략구조에서 어떤 위험에 노출[4]될 것인가를 살펴볼 필요가 있다.

미국 국방장관이 의회에 제출한 「83년도 국방보고서」가 그것을 구체적으로 말해준다. 이 보고서는 "소련과 중동 산유지역에서 분쟁이 일어날 경우, 미국은 소련의 군사력을 분산시키고 석유자원을 미국이 확보하기 위해서 동북아지역의 동맹국의 군사력과 함께 북한을 지상공격하고, 북한에 대한 핵공격을 감행한다. (…)"[5]

---

4 남한에 배치된 미국의 전술용 핵탄두의 수에 관해서는 다음과 같이 여러 평가가 있다. 미국 국방정보센터(소장 라로크 퇴역 해군 제독)의 평가(1976): 661~686발. 『뉴욕타임즈』 평가(1983. 11. 15): 250발. 『워싱턴포스트』(1983. 10. 19) 평가: 346발(괌도 포함). 핵 문제 전문가 윌리엄 아킨스 씨와 리처드 하우스 씨의 평가: 151발(85년 6월에 발간된 두 사람의 공저 『핵전장』).

그밖에 '원자파괴탄'(ADM)이 21발(Bulletin of the Atomatic Scientists, 1985. 4. 17). 또 중성자탄의 한국 배치도 보도되고 있으나 그 수량에 관해서는 정확한 정보가 없다. 지대지 중성자탄 발사용으로 설계된 '랜스'미사일이 86년 10월 한국에 배치되었다고 발표되었다. 유럽 국가들이 설치를 반대하는 미국의 중성자탄이 어디에 배치될 것인가에 관해서는 미국 국방 관계의 권위있는 평론가 잭 앤더슨의 다음의 글이 시사하는 바 크다. 즉 "국방성 고위층들은 유럽 국가들이 그들의 영토 내에 배치되는 것을 허용하지 않는 전략용 중성자탄이 실제로 사용될 수 있는 곳이 따로 있다는 것을 알고 있다. 그것은 남한이다."(Bruce Cumings, "Ending the Cold War in Korea," World Policy Journal, Vol. 1, No. 3, 1984).

5 Bruce Cumings, "Korea – The New Nuclear Flash Point," The Nation April 7, 1984. 일본

이 전략구상이 말하는 "북한에 대한 동맹국의 지상공격"에서 동맹국이 남한(한국) 군대임은 자명하다. 해마다 대규모의 '팀스피리트' 한·미 공동작전이 이 계획에 따른 것이라는 해석은 주목할 만하다.[6]

미국 군부의 이같은 한반도 목표 핵전략은 우리에게 심각한 문제를 던져준다. 이것은 미국의 강대국적 에고이즘이라 할 수 있다. 한반도와는 수만리 떨어져 있는 중동에서 소련과 석유쟁탈전을 벌이기 위해 이 민족의 땅에서 핵전쟁을 선제공격으로 시작하겠다는 것이다. 결과적으로 우리의 금수강산을 초토화하게 될 이같은 전략은 민족적 자존심이 있는 민족이라면 허용할 수 없다. 같은 군사적 상황에 놓여 있는 유럽 국가의 정부와 국민은 모두 반대하고 있다는 사실에서 더욱 그러하다.

중동석유 때문에 북한이 미국의 핵공격 목표가 된다면, 같은 현대 군사전략학을 공부한 소련 군부가 그 보복으로 남한을 소련의 핵공격 목표로 삼지 않으리라고 믿을 만한 근거는 없어 보인다. 실제로 소련은 그 의도와 결의를 누차 명백히 한 바 있다.[7]

『산께이신문』, 워싱턴발 기사, 1983년 2월 12일 및 『동아일보』 2월 15일.

6 『산께이신문』, 같은 기사.

7 소련 제1부수상 겸 외상 안드레이 그로미꼬는 소련이 극동지역에 설치한 SS20 중거리 핵 미사일이 남한을 포함한 극동의 미국 핵무기 사용에 대한 보복용으로 'targeting'(목표 설치)되어 있다고 밝혔다(『중앙일보』, 모스끄바발 외신보도, 1983년 4월 4일). 소련 육군 참모총장 니꼴라이 오르가꼬프 대장은 "미국이 유럽 배치 핵무기로 소련을 공격할 경우, 소련이 오로지 유럽의 목표들만을 보복공격하리라고 믿는다면 그처럼 어리석은 생각은 없다"라고 언명했다.

미국의 한반도 핵전략과 한국 국민의 지위

우리는 위에서 미·소 양 핵초강국의 한반도를 겨냥한 핵전쟁 전략과 시나리오를 대충 파악했다. 그렇다면 그들의 '강대국 에고이즘'의 희생물이 될지도 모를 이 국민과 민족은 그들의 핵전쟁 전략상 어떤 지위를 차지하는 것일까? 우리는 그들의 핵전략에 대해서 어떤 발언권을 가지고 있는가? 우리는 우리의 이익에 맞도록 그들의 핵전략을 바꾸게 할 수 있는가? 아니면 우리는 단순히 그들의 결정에 따르기만 해야 하는 것일까? 우리에게 이같은 무수한 궁금증과 의심이 생겨나는 것은 우리의 생명이 걸려 있는 문제이니 만큼 당연한 일이다.

미국 육군참모총장 에드워드 마이어 대장에게서 직접 들어보자.[8]

그는 1983년 1월 23일 서울을 방문했을 때 다음과 같이 공개적으로 언명했다.

① 레이건 정부의 기본전략 개념은 재래식 전쟁이 장기화할 때에는 전술 핵무기를 사용하는 것이며, 이 개념은 한국(한반도)에도 적용된다.

② 그 경우에는 미국의 야전군 사령관, 예를 들면 한국에서는 '한미연합군 사령관'이 양국의 대통령에게 핵무기 사용을 건의할 수 있다.

③ 한국에서의 핵무기 사용 여부 결정은 15개 동맹국과 협의를 거

---

8 미국정부의 「국방지침 1984~88 회계연도 계획」, 미국 국방장관 와인버거의 「83년도 국방보고서」, 미국 육군참모총장 에드워드 마이어 대장이 서울에서 공언한 「한반도에서의 미국의 핵무기 사용 원칙」…… 등에 관한 상세한 내용과 그 의미분석은 리영희 「한반도 주변정세의 질적 변화와 우리의 과제」, 『기독교사상』 1983년 8월호 참조.

처야 하는 북대서양조약기구(NATO)의 경우보다 덜 복잡한 문제다.

④ 확인할 수는 없지만 북한에는 아직(소련이나 자체의) 핵무기가 없는 것으로 믿고 있다.

이 발언은 우리의 궁금증과 의심에 대해서 간접적으로 대답하고 있다. 즉,

① 한반도에서 군사적 사태가 일어나면 한반도에서 핵무기 사용은 기정사실화되어 있다는 점. 남·북한의 어느 쪽도 핵전쟁을 각오하지 않는 한 재래식 군사력에 의한 전쟁행위를 생각할 수 없다는 사실을 알 수 있다.

② 핵무기 사용에서 미국의 주한 야전군 사령관(즉 미국 제8군 사령관 겸 한미연합군 사령관)의 권한이 크다는 사실. 마이어 대장은 '최종적으로는 정치적 결단'에 달렸다는 주석을 붙이기는 했지만, 6·25 당시 맥아더 야전군 사령관이 원자탄 사용을 주장했다가 당장에 파면된 사실을 놓고 보면, 지금은 주한미군 사령관의 핵무기 사용 결정권한이 훨씬 크다는 사실을 알 수 있다. 6·25 당시의 원자탄이 고작 TNT 1만 3000톤급(히로시마·나가사끼형)인 데 비해 한국에 배치된 핵무기들은 그 몇십 몇백배의 위력을 가진 '핵탄(核彈)'임을 감안한다면 현지 사령관의 현지 판단과 발언권이 얼마나 큰가를 알 수 있다.

③ 양국 대통령에게 핵무기 사용을 '권고'한 주한미군 사령관의 권고에 대해 한국의 대통령이 어느 정도의 동의권과 거부권을 갖는가가 문제된다. 자동적으로 동의한다면 모르지만 국가·국민·민족적 입장에서 '거부'해야 할 때, 과연 '대한민국 대통령'의 의사가 어느 정도 참작될 것인지 의심스럽다. 대한민국 국군의 작전지휘권은 조약에 의해서 미

국의 주한미군 사령관에게 이양되어 있다. 대한민국의 정권·정부·군사적 기구·정책·무기체제·고차적 전략판단…… 등을 미국에 의존하고 있는 형편에서 그와 같은 발언권이 정치적으로, 조약상 규정으로, 또는 실제적 문제로서 허용될 것인가는 퍽이나 의심스럽다. 다시 말해서 실제상으로는 미국의 현지 사령관의 독단권이라고 해도 무방할 것이다.

④ 북대서양조약기구(NATO)에서는 동맹의 조약상 및 정치적 합의로써 미국의 핵전략에 관해, 미국은 그 15개 동맹국 모두와 사전협의를 해야 할 의무가 있다. 그런데 한국에서는 그런 문제가 '덜 복잡하다'는 마이어 육군참모총장의 말은, 단순히 15국과의 협의절차가 더 복잡하다는 뜻이기보다는 '질'적 문제로 해석된다. 유럽 동맹국가 정부와 국민(국회)은 미국에 대해서 '대등'한 입장에서의 협의를 하고 있는 데 비해서 우리나라의 경우는 국회도 국민(Public)도 핵무기에 관한 어떤 발언권도 허용되어 있지 않다. 우리 정부나 정부 지도자들 자신이 미국의 한반도 핵전략에 대해서 얼마나 알고 통보를 받고 있는지도 의심스럽다. 국민의 의사를 미국의 핵전략 수립이나 운영에 반영해야 할 우리나라 국회는 사실상 자기 나라 군대의 그런 일에 관해서도 관여할 권한이 없고 군부로부터 통보받는 일이 없다. 하물며 미국의 핵전략에 있어서랴. 이 점이 유럽(NATO)의 경우와 다른 점이다.

⑤ 북한에는 북한 자체적으로나 소련 등의 핵무기가 없다는 사실은 남한에 있는 미국 핵무기의 존재에 대해 여러가지 문제를 제기하게 된다. 북한과 소련의 국가관계가 나쁘다는 점, 외국의 핵무기 배치를 반대하는 비동맹국가군의 정식 회원국이라는 점, 소련의 핵무기 배치를 허용하면 중국에도 같은 권리를 인정해야 하는 위험성, 북한의 에네르기원은 수력발전이고 핵발전소를 건설하지 않았기 때문에 독자적 핵무기

생산에 필요한 원자로 부산물이 없다는 점, 어느 쪽에 의한 핵무기 사용도 결국은 남·북한 전체의 파괴를 결과한다는 사실의 인식…… 등으로 해서 북한에는 핵무기가 없다고 인정되고 있다.

여기서 직접적이고 제1차적 의문은 두가지다. 하나는, 북한에 외국 및 독자적 핵무기가 없다면 핵공격의 우려가 없는데 어째서 남한에 미국의 핵무기가 있어야 하느냐는 질문이다. 북한은 핵무기 생산을 하지 않는 대신에, 소련의 핵보호를 기대한다는 양국 간 핵전략 원칙에 따라 '핵확산금지조약'에 가입했다. 그리고 핵무기를 생산할 능력도 없고 생산하지 않겠다는 뜻을 공식 선언했다. 오늘날의 국제적 정보망과 사찰 능력은 핵무기 생산 여부를 쉽게 탐지할 수 있다. 마이어 미국 육군참모총장의 말은 그에 기초한 것이다. 두번째 질문은 소련의 핵무기가 없는 북한에 대해서 미국이 중동분쟁 전략으로 핵공격을 한다고 할 때, 소련을 공격할 미국의 핵무기가 있는 남한에 대해서 소련이 핵공격(보복)을 할 구실을 주며, 또 그것을 정당화할 것이라는 문제다. 소련은 앞서 상술한 바와 같이 그 권리와 정당성을 주장하고 있다.

한반도는 미·소 양대국 에고이즘을 위한 핵전쟁의 볼모가 되었다. 우리는 이 심각한 민족공멸(民族共滅)의 위험성에 대해서 분명히 인식해야 할 현실에 직면해 있다. 이 인식은 최근 국내 종교단체의 한 선언문에서 강력하게 밝혀졌다.

(…) 우리는 전민족의 생존을 송두리째 위협할지 모르는 한반도 내에서의 어떠한 형태의 전쟁이나 살상을 거부합니다. 우리는 또한 한반도에 핵무기가 배치되어 있지 않기를 바라지만, 만약 배치되어 있다면 그것은 우리 민족의 의사나 이해관계와는 상관없이 한반도가

핵 불모지대가 되는 것이므로 이에 대해 반대합니다. 비록 거칠고 때로는 격한 표현을 쓰지만 죽음으로써까지 호소하는 민주인사나 학생들의 자료를 들어서 명시하는 증언이나 고발 가운데서, 한반도에 전쟁 억지력으로 작용하는 핵무기 외에도 가공할 핵무기와 국지전에 사용할 전술 핵무기가 배치되어 있음으로 해서 핵전쟁의 가능성이 고조되고 있다는 지적은 우리를 슬프게 합니다. (…) 우리는 한반도가 인류가 소망하는 화해와 사랑을 실천하는 평화운동의 중심지요 시발점이 돼야 한다고 생각하면서 핵무기와 핵전쟁에 대한 반대요구를 이단시하지 않기를 요구합니다.[9]

이 선언문의 정신은 약 10년 전 한국의 대학생 가운데 89퍼센트가 "한국이 핵무기를 소유하기를 희망한다"고 생각했던 것과 비교할 때 의미심장한 반성과 발전이라고 할 수 있다.[10]

———『역설의 변증』, 두레 1987

9 천주교정의구현전국사제단 발표 「현시국에 대한 우리의 기도와 선언」, 1986년 11월 17일, 제8 중에서.
10 중앙대학교 신문사가 실시한 학생의식 조사, 1978년 6월 23일.

5
내가 아직 종교를 가지지 않는 이유

최근에 불교계와 기독교계에서 일어나고 있는 일을 보면서 나는 종교라는 것이 인간에게 과연 축복인지 재앙인지를 점점 더 분간할 수 없게 되었다. 지구 표면의 이곳저곳에서 이런 종교 저런 종교의 이름으로 인간 집단의 도살행위가 자행되고 있는 것을 보면서, 종교라는 것이 없으면 인간은 차라리 더 행복하지 않을까 하는 평소의 회의가 더욱 짙어진다.

앞의 글에서는 내가 왜 "아직까지는" 종교를 가지지 않는지를 설명했다. 정직하게 말해서 나는 예수와 부처의 사상과 행덕을 기리는 데는 남에게 빠지지 않으려는 사람이지만, 그 두분의 이름을 빌려서 행해지는 제도화된 종교와 종교형식은 경멸하는 사람이다. 어쩌면 그렇게도 추악할 수 있을까? 세속권력과 돈의 노예가 된 종교들! 어쩌면 그렇게도 잔인할 수 있을까? 나는 신이 있는지 없는지를 알지 못하고, 있어도 좋고 없어도 좋지만, 신의 이름으로 행해지는 온갖 잔인무도한 행위를 본 뒤로는 차라리 신이 없기를 바라는 사람이기도 하다.

중세 유럽의 십자군이 여호와의 이름으로, 기독교와 예수의 이름으로 이른바 이교도 인간들에게 저지른 소름 끼치는 행위는 서양사가 우리에게 말해주는 그대로다. 영혼은 육체에 깃든 존재다. 그 영혼을 신의 이름으로 구해준답시고 육체를 죽여버리면 영혼은 어디에서 유숙할 것인가?

세계 도처에서 유사 이래 되풀이되고 있는 미개한 부족들끼리의 종교 싸움. 지금도 인도와 파키스탄이, 아랍인들과 유대인들이, 심지어 작은 섬나라 스리랑카에서 같은 동포들끼리 벌이는 살육전, 발칸반도의 옛 유고슬라비아 영토에서 벌어지는 종교들 간의 소름 끼치는 잔악행위, 세계 제일의 문명국 영국과 아일랜드에서 한도 끝도 없이 벌어지고 있는 신교와 구교의 파괴와 살육전!……

남의 영혼을 구해준다는 신념으로 남의 육체를 파괴해버리면 영혼이 머물 곳은 어디인가? 영혼은 네가 믿는 신에 의해서는 구해질 수 없다. 오직 나의 신에 의해서만 너의 영혼도 구제된다! ──이 얼마나 반종교적인가! 얼마나 신성모독인가! 어쩌면 오늘날 신의 이름으로 종교를 외치는 사람들의 적지 않은 부류가 사실은 신을 모독하고 있는 것이 아닐까?

나는 맑스처럼 종교가 반드시 "계급적 아편"이라고 단정하지도 않는다. 프로이트처럼 종교가 기가 약한 사람들의 환상이라고 멸시하지도 않는다. 그렇기는 하지만 인간이 나고, 병들고, 괴로워하고, 죽어야 하는 동물인 까닭에, 가지고 싶은 것을 빠짐없이 누릴 수 있는 경지, 병이라는 것을 앓을 줄 모르는 상태, 오로지 행복하고 평안하기만 한 삶, 한번 나면 죽지 않고 영원히 사는 인생과 같은 염원을 관념화해서 그것에 신, 하늘나라, 또는 극락의 이름을 붙였으리라는 정도로 해석하는 사람이다.

맑스는 그것을 두고 "신이 인간을 만든 것이 아니라, 반대로 인간이 신을 만든 것이다" 하고 말했다던가? 나는 맑스와는 달리 이렇게 말하고 싶다. "신이 인간을 만들건 인간이 신을 만들건 그것은 생의 본질과는 무관하다."

나는 6·25전쟁이 일어난 바로 다음 날 7월에 입대하여 1957년 7월까지 하루도 에누리 없이 만 7년간을 군인으로 복무했다. 전쟁 중 3년 반은 최전방 전투지대에서 근무했고, 전쟁이 끝난 뒤에야 후방근무를 하게 되었다.

그 포탄이 작렬하는 전쟁터에서는 대개 누구나가 신앙을 가지게 되는 법이다. 죽음과 함께 사는 순간의 연속이 전쟁터에서의 삶이다. 전쟁터에는 가끔 승려, 신부, 목사 등, 군대용어로 군종(軍宗)이라고 부르는 분들이 힘겹게 찾아오는 일이 있었다. 그들이 오면 우리 부대의 장병들은 강원도 향로봉 1000미터 고지의 혹한 속에 줄지어 서서 덜덜 떨면서 축도를 들었다.

"하느님(또는 부처님), 이 전투에서 이 부대가 불구대천의 인민군을 남김없이 무찔러서 역사에 빛나는 전공을 세울 수 있도록 축복해주소서……" 대개 그런 내용이었다. 전쟁터에서 상대방만 죽고 나는 살 수 있도록 빌어주니 고마운 일이기는 하다. 그러나 경건하게 고개 숙여 듣고 있는 나의 가슴에는 그때마다 가벼운 회의가 고개를 들었다. 나의 종교적 이해로는 신, 부처님, 하느님, 알라, 천주님, 예수님 등은 초월적이고 절대적이며 보편적 존재다. 축도하는 그분들도 그렇게 정의를 내린다. 그런데 전쟁은 인간들이 각기의 이해관계의 갈등을 최후의 수단으로 결판을 내는 살육행위다. 6·25전쟁은 한 민족의 형제가 이데올로기의 갈등으로 싸운 행위다. 그것은 유한한 인간들의 분별적 행위에 불과하다.

나는 묵묵히 이 축도라는 저주의 말을 듣고 서 있으면서 생각했다. 지구에서 모든 인간의 아버지이며 절대적인 신에게 국군용사가 따로 있고 불구대천의 인민군이 따로 있을까? 어느 쪽 인간이 어느 쪽 인간을 죽이는 행위에 신은 축복을 내리는 것일까? 신도 이편 저편을 가르는 제한된 존재일까?

그후 베트남 전쟁터를 순회하는 미국인 군종들이 베트남인 ── 베트남 군인 ──을 역시 불구대천지원수로 규정하거나 인류의 적으로 단죄하면서 미국인의 베트남인 말살행위를 하느님의 이름으로 축복하는 종교예식을 뉴스에서 많이 목도했다. 신에게도 국적이 있는 것일까? 하느님도 인간처럼 인종차별적 존재일까? 미국인에게 손가락질 한번 하지 않은 무고한 베트남인들에게 폭탄세례를 퍼붓는 폭격기 편대의 출격에 앞서서 조종사와 폭격수들에게 그렇게 축도하는 장면을 볼 때마다 나는 한국전쟁 최전방의 건봉산 향로봉 진부령 꼭대기에서 품었던 심각한 종교적 회의를 더욱 굳힐 수밖에 없었다.

하느님이나 부처님은 외국인 대리자를 시켜서까지 민족의 불행한 골육상잔의 한쪽을 편들 만큼, 좋게 말하면 인간적이고 나쁘게 말하면 편파적이고 이기적인 존재일까? 신이 자기의 모습대로 만들었다는 인간들을 시켜서 수천년 수만년 동안 이처럼 어처구니없는 살육과 파괴행위를 끝없이 되풀이하는 것을 보면서 나는 중얼거리지 않을 수가 없다. "신이 없거나 종교가 없다면, 인간들은 차라리 평안한 세상에서 행복하게 살 수 있지 않을까?" 신은 자신의 이름으로 '영혼'을 구해준다면서 영혼이 깃들어 있는 얼마나 많은 육체를 파괴해버렸는가? 그리고 지금도 파괴하고 있는가?

건봉산 정상에서 그 축도를 들으면서, 나는 오히려 그때 오피(OP)의 토굴 속에서 읽은 씨몬 베유의 「전쟁에 대한 성찰」이라는 짧은 글의 정신을 마음속에서 되씹고 있었다.

"우리 앞에 총을 들고 서 있는 정면의 적만이 진정한 적이 아니다. (…) 우리의 행복을 축원한다면서 우리를 수단으로밖에 보지 않는 자야말로 모두 우리의 진정한 적이다."

오늘날 인류의 종교들은 씨몬 베유의 이 준엄한 규정에서 얼마나 자유로울 수 있을까? 따라서 나는 인류에게 종교가 있는 한, 전쟁은 그치지 않을 것 같다는 불안한 심정으로 살아간다.

1994년 4월 현재, 한국 불교의 총본산에서 벌어지고 있는 철저한 타락의 작태를 연일 지켜보면서 나는 이른바 종교를 가지고 있지 않은 인간의 행복에 잠긴다. 매일같이 사회에 물의를 일으키고 있는 한국 기독교의 부패와 타락상을 보면서 종교가 없으면 인간 세상이 차라리 청결해지지 않을까도 생각해본다. 그런 한심하고 소름 끼치는 작태를 소위 일부 신흥 종교의 탓이라고 치부하는 기성 종교의 태도도 문제인 것 같다. 나는 소위 기성 종교와 신흥(또는 이단) 종교 사이에 얼마나 차이가 있다는 것인지 잘 이해할 수 없다.

내가 비신도인 탓인지는 모르지만, 미신이나 무속 또는 종교의 이름을 자칭하는 사이비 종교와 정통이라고 자칭하는 기성 종교의 차이는 기성 종교가 주장하는 것만큼 분명하지는 않은 것 같다. 서로가 상대방에게 딱지를 붙이는 그런 이름의 차이도 별로 의미가 없는 성싶다. 지식으로는 알 것 같은데 현실을 보고 있으면 아리송해진다. 실제로 그런 차이가 있는 것일까?

얼마 전에는 휴거라는 기독교의 종파가 황당무계한 종말론을 가지고 한국사회를 소란스럽게 만들었다. "1992년 10월 23일 자정에 예수님이 오셔서 믿지 않는 자들을 불로 심판한다"고 하여 나는 사색이 되었다. 그날이 하루하루 다가오면서 나는 어쩔 줄 몰랐다. "이거 겨우 예순을 몇살 넘긴 나이에 벌써 죽어야 한다니! 그것도 불에 그을려서 죽다니! 죽음치곤 처참한 죽음이구나!"

그러나 그날이 일없이 지나갔다. "하느님이 불의 심판의 날을 연기했다"는 것이 그들의 그후의 선언이었다. "참 편리한 것이 종교로구나!" 어쨌건 죽지 않은 나는 안도의 숨을 내쉬었다.

최근에는 또 "내가 예수의 재림이다"라고 외치는 자들이 이 나라의 방방곡곡을 어지럽게 만들고 있다. 그들이 한다는 예배라는 것은 광란(狂亂) 바로 그것이다. 사람을 죽이고 재물을 빼앗고, 영혼을 병들게 하고, 혈육관계를 찢어버리고, 정신을 마비시키고 있다. 그뿐인가? 그야말로 영적·육체적 존재인 인간의 토털 디스트럭션(완전 파멸)이다. 정도의 차이는 약간 있는 것 같지만, 사이비, 이단, 정통, 기성 사이에 본질적 차이는 없는 것 같다.

이름이야 하느님, 알라, 여호와, 하늘〔天〕, 불타 그밖의 무엇이라도 좋다. 인간의 지능으로 헤아릴 수 없는 절대자, 창조주 또는 초월자가 계획하는 일, 이를테면 인류 종말의 구상을, 무슨 해(年)만도 아니고 무슨 달, 무슨 날, 무슨 시, 무슨 분까지 인간이 예측할 수 있다면 대답은 둘 중의 하나다. 신이 신이 아니거나 인간이 신이 된 것이다. 그렇다면 종교는 성립하지 않는다.

인간의 두뇌가 초월자의 전능을 찬탈하거나 찬탈하려고 한다면 그야말로 불로 심판을 받아야 할 일이다. 그런데 바로 신의 권능을 찬탈하려는 그와 같은 언동이 이단과 정통 가릴 것 없이 어느 종파, 어느 교회에서나 일반화되어 있다는 느낌이다. 하느님으로서는 애석한 일이 아닐 수 없다.

종교가 과학이어서는 안 되는 만큼 종교가 마술이거나 미신이어서도 안 될 것이다. 두말할 나위가 없는 일이다. 그런데 우리나라의 종교에는 종교를 미신화하거나 건강한 사고를 병들게 하는 아편적 성분이 치사량 함유되어 있는 경우를 자주 보게 된다. 종교를 위해서 가슴 아픈 일이 아닐 수 없다.

나는 기독교의 하느님이나 예수나 마리아, 또는 불교의 불타나 이슬람교의 알라가 값싼 기적을 행해주지 않으면 고맙겠다. 해마다 대학 입학시험 때 불상 앞에서 천번 절을 하거나 교회에 거액의 재물을 바친 부모의 자식들을 합격시키는 기적을 행하지 않았으면 좋겠다. 그러면 세상의 모든 학생이 스스로 애써 공부해야 시험에 합격한다는 평범한 진리를 몸으로 터득하게 될 것이다. 그리고 학부형들이 자살하거나 가산을 탕진하는 비극도 면할 수 있을 것이다.

인간이 인간의 일과 신의 일을 무절제하게 혼돈하니까 종교가 마술이 되고 미신이 되어버린다. 입학시험 때마다 교회와 사찰에 재물이 쌓이고, 그 결과 소위 성직자들이 부패하고 타락한다. 하느님과 불타 또는 알라와 여호와는 병을 고치거나 시험에 합격하거나 돈을 버는 일 따위를 인간의 머리와 노력에 위임해주면 좋겠다. 그러면 신에 대한 인간의 칭송이 지금보다 훨씬 더 진실해지리라고 나는 확신한다.

예수님의 말씀대로 "(로마) 황제의 것은 황제에게, 하느님의 것은 하느님에게" 돌려주는 것만으로는 부족하다. 하느님이 의사의 것은 의사에게, 무당의 것은 무당에게, 마술사의 것은 마술사에게, 은행의 것은 은행에게 돌려주면, 종교는 더욱 축복의 원천이 되지 않을까, 그렇게도 나는 생각해본다.

그러면 인간의 신앙심도 한결 순진무구해지고 돈독해질지 모른다. 그러면 얼마나 신과 인간을 위해서 행복한 세상이 이루어지겠는가! 그와 같은 종교와 신앙을 나는 진정한 마음으로 염원한다. 이것이 아직까지 내가 신앙이나 종교를 가지지 못하고 있는 까닭이기도 하다.

인간의 정신적 질환에 일정한 조건에서 적용될 수 있는 신앙적 치료 효과를 육체적 질병에도 무분별하게 무제한으로 적용하려고 든다면 신의 위신을 폄하하는 결과가 초래될 것이 틀림없다. 고혈압이건 암이건 에이즈이건 그리고 무슨 병이건 신앙으로 고치려고 덤빈다면 그 신앙은 미신화되게 마련이다. 인간의 생명현상이 육체의 또다른 하나의 현상일진대, 이 영역에서도 역시 오랜 세월에 걸친 인간 두뇌의 발달과 과학의 축적에 맡기는 것이 종교가 무당이나 마술사로 격하되지 않는 자기보호의 길이겠다.

아들을 낳거나 딸을 낳거나, 출세를 하거나 못 하거나, 비행기 여행이 안전하거나 않거나, 전쟁에 나간 자식이 총에 맞거나 맞지 않거나, 수백명의 열렬한 신도들이 하느님이나 부처님을 열렬히 경배하고 있는 성당의 지붕이 그들의 머리 위에 무너져 내리거나 않거나, 초월자를 경배하려고 수백명의 열렬한 신도들이 타고 가는 성지순례의 배가 풍랑으로 가라앉거나 말거나, 어쨌든 인간들의 삶에서 일어나는 모든 인간사와 자연의 작용을 하느님의 뜻이나 부처님의 예정된 응보 또는 징벌로 신비화하지 말았으면 좋겠다. 자칫 그러다가는 신에게 욕을 돌리는 난처한 일을 당하게 마련이다. 역시 하느님의 것은 하느님에게 돌려주고, 인간의 것은 인간에게 돌려주는 것이 신을 위해서나 인간을 위해서나 두루 온당한 일이다.

인간의 일과 초월자의 일, 신앙의 일과 과학의 일, 영혼의 영역과 물질의 영역은 각기의 본령에 맡길수록 그 모두와 각기에게 다 같이 축복이 될 것이다.

나는 인간이 살아가는 현세를 경시하는 종교 일반의 교리와 사상을 이해할 수가 없다. 육체가 밟고 살아가야 할 땅은 지옥이고, 하늘 어딘가에 천당이나 극락이 있다는 생각부터가 황당무계하다. 우주를 둘로 나누어서 하늘에 신성(神性)과 영원을 부여하고, 땅(地)을 추악함과 순간으로만 여기는 사상부터가 "신이 인간을 창조한 것이 아니라 인간의 머리가 신을 창조했다"는 맑스의 말을 오히려 논증하는 결과가 된다.

하늘과 땅은 하나이고 같은 것이다. 다만 하늘에 신성을 부여한 것은 고대인에게 하늘은 결코 오를 수 없는 곳이며, 천둥 번개가 치는 불가사의한 무서운 자연현상이 일어나는 곳이기 때문이었다. 과학은 그 불가사의를 해명하게 되었다.

하늘(天)에 대한 신비감과 미신은 인류 동서고금의 모든 원시종교와 신앙의 원천이었다. 이제는 '땅'──인간, 대지, 현세, 현실, 물질, 육체, 인간적인 것들──그 자체를 천당화하고 극락화할 종교가 필요하다. 나는 하늘을 향해서 뾰족하게 높이 솟아오른 교회나 성당의 십자가 첨탑을 차라리 땅을 향해서 거꾸로 내려박을 때 비로소 종교와 신앙이 인간을 위한 것이 되리라는 생각을 해본다. 혹시 이런 생각을 신성모독이라고 비난하는 종교인이 있다면, 나는 욕을 달게 받을 수밖에 없다. 불교의 사찰도 마찬가지로 인간과 인간사를 찾아서 산중유곡에서 사바로 내려오면 좋겠다.

그리고 모든 종교의 성직자들은 온갖 고통과 땀의 열매로 얻은 중생(신도)의 물질을 공양(헌금)으로 받아서 도식하지 않으면 좋겠다. 깨우치지 못한 중생과 다름없이 성직자들도 현세의 노동과 고생을 경험하고, 땀을 흘려서 먹을 것을 심고 가꾸면 얼마나 좋은가! 일을 하지 않고 먹는 인간은 타락한다. 그리고 비인간화하게 마련이다. 어찌 교회나 사찰이나 목사나 승려는 그렇게 되지 않는다고 할 수 있는가?

그런 견지에서 나는 기독교의 경우는 신교와 구교의 온갖 종파를 통틀어, '작은 형제'(petit frère)와 '작은 자매'(petite soeur)라고 불리는 수도회를 가장 아끼고 존경한다. 이 종파의 수도자들은 전세계에 고작 수천명 정도밖에 안 된다고 한다. 그들은 구원의 정신이, 그들이 있는 곳의 가장 불우한 이웃, 가장 소외된 사람들, 가장 가난하고 불행한 동포들 속에 들어가서 그들과 함께 그 모든 인간의 고통을 참고 나누고 그리고 함께 노동하는 생활을 통해서 이루어진다고 믿는 수도자들이다. 한국에도 1, 2백명이 그렇게 살고 있다. 그들은 1500만명을 자칭하는 한국 기독교 신자들 속에서 눈에도 띄지 않는 소수의 진실한 하느님의 양들이다.

그들은 자기들과 같은 시대, 같은 공간에서 살아가는 하느님의 같은 형제자매 중 가장 불우한 이웃보다 덜 일하고, 덜 고뇌하고, 더 편안하게, 더 많이 갖춘 안락한 삶을 사는 것을 죄악으로 여기고 있다. 하느님의 아들딸 중에서 가장 불행한 형제자매들과 괴로움을 나누고 그들을 거기에서 건져주려는 신앙생활을 하는 성직자, 불교에서 말하면 대승불교의 철저한 인고승(忍苦僧)들이다.

기독교의 '작은 형제'와 '작은 자매'들은, 불교에서 말하면, 부처님이 재(炭)를 먹고 가시방석에 앉는 등 육체를 학대하면서 너무나 혹심하게 고행하는 제자들을, 너무 당겨져서 끊어지게 되는 활시위에 비유한 그런 고행의 모습인지도 모른다. 그러나 적어도 초월자와 절대자의 정신에 충성을 맹세한 수도자는, 자기가 먹고 입을 것을 남의 보시로써가 아니라 자기의 육체와 땀으로 직접 공양해야 하지 않겠는가 하는 생각을 떨쳐버릴 수가 없다.

중국 선문총림(禪門叢林)의 조사(祖師) 백장선사(百丈禪師)는 하루 일하지 않으면 하루 먹지 않는다는 삶으로 유명하다. 그에게는 노동이 바로 수행이었다. 나는 노동과 수행을 하나로 통일시킨 신앙생활이 아니면 위선이라고 생각하고 있다. 나는, 대단히 미안한 말이지만, 성당이나 교회나 사찰의 외형적 크기가 크면 클수록 위선의 상징으로 여기고 있다. 그래서 아직 성당이나 교회나 사찰에 가지 못한다.

신도의 연보와 공양으로, 땀 흘리지 않고 최고급 승용차를 타고 다니는 소위 성직자들을 나는 멸시한다. 청빈이나 가난을 삶의 정신으로 삼지 않는 비신도도 부끄러워할 일인데, 궁성 같은 교회를 짓고, 호텔 같은 집에서 살고 있는 수많은 한국의 성직자들에게서 어찌 예수님과 부처님의 은혜를 바랄 수 있을까? 나는 그 앞에서 혐오감을 느낄 뿐이다.

재작년 3월 어느날의 신문기사를 여기 그대로 옮겨보자.

여의도 순복음 신도 수 세계 1위
세계 50대 교회 중 한국 23개 차지
안양 순복음 세계 제2위

—— 미국 종교 전문지 『크리스천월드』 발표

서울 여의도와 안양 남부 순복음교회가 신자 수에서 세계 제1, 2위를 기록하는 등 세계 50대 대형 교회 중 23개가 한국 교회인 것으로 미국 종교 전문 잡지 『크리스천월드』가 최근에 발표했다. 이 잡지가 출석교인을 기준으로 조사한 '세계 50대 교회'를 보면 신자 수 10만명을 넘는 교회는 여의도 순복음교회(60만)와 안양 남부 순복음교회(10만 5천) 두 곳뿐이고 서울 금란 감리교회(5만 6천)가 7위, 인천 숭의 감리교회(4만 8천, 9위), 인천 주안 장로교회(4만 2천, 10위) 등이 10위권에 진입했다는 것이다.

세계 50대 교회에 들어간 나머지 한국 교회는 성락 침례교회(3만, 11위) 광림 감리교회(3만, 12위) 영락 장로교회(2만 8천, 13위) 혜성 장로교회(2만 3천, 15위) 소망 장로교회(2만 2천, 16위) 등. 이상 모두 서울 소재다.

어쩌면 불교 사찰도 마찬가지일 것이다. 이렇게 웅대한 교회와 사찰이 세계에 이름을 떨치고 있을 때, 남한사회의 군사독재, 부패, 인권탄압, 범죄, 폭력, 잔인성, 상호불신, 타락, 부정, 이기주의, 향락주의, 빈부격차 또한 세계에서 으뜸이었다. 이 사실은 무엇을 말해주는 것일까? 그것도 하느님의 뜻일까?

광적인 냉전, 반공, 군부독재가 이 나라를 암흑 속에 몰아넣고 있던 지난 30여년 동안 그 신문기사에 나온 교회들의 성직자들이나 그 교회들에서 기도 드리는 선남선녀들이 군부독재에 반대한다는 말을 나는 과문한 탓인지 들어본 일이 없다. 민주주의와 인간 권리를 위해서 목숨을 바쳐 싸우는 개인들과 세력에 대해서 매도하는 소리는 그들의 입과 교회의 선전물에서 듣고 본 일이 있지만, 공감하거나 동정하는 말은 들어본 기억이 없다.

세계에서 기독교가 가장 위세를 떨치는 나라 대한민국의 꼴이 왜 이렇까? 1994년 4월 대한민국이라는 나라와 사회에서 전세계를 향한 뉴스는 한국 종교의 아름다움이 아니라 반대로 철저한 타락과 추악함이다. 권력과 돈에 눈이 먼 종교가 어떻게 인간의 영혼을 구제할 수 있을까? 한국의 종교에는 혁명이 필요한 것 같다. 정말로 예수님과 부처님의 마음으로 되돌아가는 종교혁명이 그것이다.

똘스또이는 어떤 사람을 평가할 때 신앙이 있느냐 없느냐보다는 그 사람이 얼마나 도덕적인가가 더 중요하다고 말했다. 대지주 귀족인 똘스또이가 오랜 종교적 고뇌의 행각을 러시아 시골의 한 외딴 마을의 간이 역에서 폐렴으로 끝맺은 것에는 약간의 위선적 느낌도 없지 않다. 그러나 한국의 종교, 교회, 성당, 사찰, 성직자, 신도뿐만 아니라 비신도에게도 똘스또이의 충고는 겸허하게 귀담아들어야 할 가치가 있을 것이다.

——『말』 1994년 5월호;『스핑크스의 코』, 까치 1998

6
무한경쟁시대와 정보화와 인간

나는 가끔 과학기술 만능주의적인 물질문명이 지금 이 정도에서 그 발달을 멈추었으면 좋겠다는 생각을 할 때가 있다. 막연한 직감적 판단이기는 하지만, 과학발전이 인간의 행복을 도왔거나 도울 수 있는 긍정적·진보적 기능의 한계를 넘어선 것은 아닐까 하고 걱정한다.

과학과 기술을 직분으로 하는 사람들은 "모르는 소리!"라고 하며 나의 생각을 일축할 것이다. 하지만 그런 걱정은 반드시 비과학도이거나 반과학적인 정신주의자가 염려하는 미래의 세계관만도 아닐 성싶다. 고전적 예로는 알프레드 노벨이라는 과학자가 떠오른다. 다이너마이트를 발명해 인간의 '자연정복'에 크게 기여한 노벨이, 자신의 발명품이 전쟁무기의 주성분으로서 가공할 생명과 인간 파괴의 수단이 된 것을 후회해 인류의 평화를 희구하는 속죄의 표시로 창설한 것이 노벨상 가운데 한 부문인 평화상이다.

퀴리의 방사성 물질의 발견으로 시작되는 뢴트겐 이래의 과학지식이 인간의 병을 치료하고 물질의 성질을 밝히는 데 기여한 공은 헤아릴 수 없을 만큼 지대하다. 그런데 그 지식과 기술의 발달선상에 출현한 핵무기는 인간과 인류의 행복을 수십년 동안 위협해왔다. 앞으로 언제 사라질지 기약할 수 없는 핵무기의 두려움이다. 인간 지식의 프랑켄슈타인이라고 할까?

나는 몇해 전에 세상을 떠난 브라운(Karl Ferdinand Braun) 박사가 만년에 술회한 글을 읽으면서 착잡한 생각에 사로잡혔다. 브라운 박사의 말은 이러했다. "과학자, 발명가로서의 나의 일생의 업적 가운데 내가 가장 후회하는 것이 브라운관의 발명이다. 나는 브라운관이 텔레비전을 낳고, 그 텔레비전이라는 과학의 산물이 지구 위의 인간의 총체적 백치화와 저질 문화를 초래하는 현상을 보면서 슬퍼한다."

다이너마이트와 핵물질과 브라운관의 발명자들의 말은 물론 진실의 일면을 강조한 것이다. 원시(原始)로의 회귀를 제창한 것은 물론 아니다. 반과학적 선언도 아니다. 어차피 과학과 기술의 본성은 인간의 가치관과는 무관하게 존재하는 가치 중립적인 것이다. 그런 속성의 과학과 기술, 통틀어 인간 두뇌 분비물이 만들어낸 물질적 결과물이 그것을 만든 인간의 가치관과 갈등을 빚게 되는 것은 인간 자신의 책임이고 인간 이성(理性)의 한계임을 난들 모르는 바는 아니다.

데까르뜨 철학의 인간관을 들먹일 것도 없이, 인간이란 어떤 특성으로 예정된(predetermined) 존재가 아니다. 자기 자신의 선택과 행위를 통해서 자기 자신을 끊임없이 형성해간다는 말은 옳다. 인간은 자기가 스스로 되려고 결심하는 그것이 될 수 있다고 한다. 다시 말하면, 인간은 자신의 생각과 행위를 이성이라는 길잡이의 안내로 인간으로서의 자신뿐 아니라, 자신의 두뇌가 발명한 과학·기술적 결과도 완전히 예측할 수 있다는 것이다. 적어도 예측할 수 있으리라고 희망한다. 그것은 인간 이성의 승리다.

정말 인간들의 이성이 그런 것이라면, 다이너마이트는 전쟁 수단이 아니라 토목공사에만 쓰여서 인류의 축복으로 찬양되었을 것이다. 방사성 물질도 인간의 질병을 고치고 평화적 용도에 쓰일 뿐, 핵무기로 둔갑해서 지난 반세기 동안 인류의 머리 위를 떠돌아다니지 않아도 되었으리라. 브라운관 또한 인간에게서 생각하는 능력을 빼앗고 오로지 텔레비전 브라운관을 통해서 주어지는 것을 무엇이든지 믿고 받아들이기만 하는 '사고정지증(思考停止症)' 환자들을 대량생산하지 않았을는지도 모른다.

그런 생각으로 인간의 내일은 어떤 모습일까를 두려워하는 나에게 최근에는 또다른 과학·기술의 괴물이 두려운 발걸음으로 다가오고 있다. 컴퓨터라는 이름의, 인간 두뇌의 대행물과 그것이 인류와 우주를 얽어매는 정보화시대라는 미래상이다. 이거야말로 정말 두려운 사태다. 그 모습을 보면 볼수록, 어마어마한 크기의 힘으로 나를 압도한다. 마치 '어둑서니'와 같다.

내가 태어나고 소년 시절을 보낸 평안북도라는 이 나라의 북쪽 지방에는 어둑서니라는 도깨비가 살고 있었다. 이 글을 읽는 남한이 고향인 사람들의 이해를 돕기 위해서 설명하자면, 북한에서 출판된 『현대 조선말사전』에는 이렇게 정의되어 있다.

"어둑서니: 일종의 어둑귀신으로서, 어두운 밤에 아무것도 없는데 있는 것처럼 잘못 보이는 물체나 헛것."

어린 시절 북쪽 나라 고향에 사는 어둑서니는, 나와 같은 어린이들이 (밤길을 걷다가) 땅 위를 내려다볼 때, 처음에는 달걀만 한 작은 크기이지만 무서워서 올려다보기 시작하면 점점 더 커지고, 겁에 질려서 하늘을 바라보면 그 크기가 하늘 전체를 시커멓게 덮을 만큼 무서운 형상이

되어 우리 어린이들의 뒤를 쫓아오곤 했다. 나는 일흔이 다 되어가는 지금도 삭주군(朔州郡) 대관(大館)이라는 작은 마을에서 밤길을 가다가 이 어둑서니를 만나, 겁에 질려서 캄캄한 밤거리를 죽어라 하고 도망치던 소년 시절의 꿈을 꾸곤 한다.

21세기의 인류를 지배한다는 컴퓨터는 인간의 두뇌 분비물 작용의 결과적 산물이지만, 거꾸로 인간의 두뇌를 능가하는 지능의 소유자라고 한다. 그리고 인간의 지배와 관리를 벗어나서 인간 이상의 것이 되어 마음대로 걷고, 커지고, 움직이게 된다고들 야단이다. 이것은 틀림없이 60여년 전에 이북의 고향 마을 밤길에서 나를 겁주던 어둑서니의 21세기형임이 틀림없다. 그것은 얼마나 더 크고 얼마나 더 무서울까?

그것의 능력은 무궁무진하다고 한다. 인간 이성의 극치라고 찬양되고 있다. 인간이 못 하는 일을 더 빨리, 더 정교하게, 더 많이, 더 크게, 또는 더 작게, 더 아름답게 또는 더 훌륭하게, 더 완벽하게 해치울 수 있다고 한다. 심지어는 그의 마스터(상전)였던 인간의 이성이나 의지와는 관계없이 혼자 행동하고 혼자 기적을 행할 수도 있다고 한다. 그래서 무엇이건, 내일의 것이면, 미래의 것이면 한결같이 장밋빛으로 보인다는 후천적 색맹 환자인 소위 '미래학' 학자들은 두 손을 들어 컴퓨터와 '정보화시대'의 21세기를 찬양하고 있다. '축복의 21세기론'이다.

20세기 말의 오늘을 굶고 헐벗고 병들어서 죽지 못해 살아가는 아프리카의 수천만 수억 인간도 몇해 뒤에 찾아오는 21세기에는 무소불위의 과학기술과 정보화의 힘으로 배불리 먹고, 오늘의 문명사회와 같은 '행복한 삶'을 누릴 수 있다고 한다. "꿈같은 이야기라구?" 이런 의문에 대해서 과학·기술 만능주의 신봉자들은 한마디로 대답한다. "인간 이성의 승리의 21세기가 온다!" "만능적 과학·기술, 정보화시대는 그것을 보증한다" "정보화시대 만세! 21세기 정보화시대의 무한경쟁은 운명이고 미덕이다. 무한경쟁 만세! 만만세!" 그래서 한국의 모든 어른은 개인 휴대전화로 중무장을 갖춘 지 이미 오래고, 이제는 초등학교 아동들까지 "삐삐" 없이는 하루도 살 수 없는 풍조가 되었다.

나는 오늘 저녁에도 텔레비전의 뉴스와 해설과 상품광고 시간에 정보화시대의 찬송가를 또 들었다. 요컨대 미국의 무슨 컴퓨터 제작회사와 일본의 정보통신 과학자들이 함께 놀랍고도 놀라운 정보과학의 꿈을 실현하는 장치와 시스템을 개발한다는 소식이다. 이 장치만 갖추면 지구상의 어디 사는 누구나 집 안에 앉아서 그 장치의 단추만 누르면 프랑스 빠리의 샹젤리제가에 있는, 세계적으로 이름난 라깐띠나 여자 의상 패션쇼에서 오늘 아침 처음으로 선보인 최첨단 유행의 의상을 오늘 저녁 서울에 앉아서 배달받아 입고 파티에 나갈 수 있다는 것이다.

말하자면 이렇다. 한국이라는 나라의 무주 구천동이라는 시골에서도 이 장치의 단추를 누르기만 하면, 한국에 앉아서, 한국 여성 중 어느 누구보다도 빠르게, 세계 최신 유행 의상을 입고 서울의 사교장에 나갈 수 있는 경이로운 생활이 결코 머지않다는 말이다!

지정된 단추만 누르면 자동적으로 그 백화점 상품을 고르고, 가격 흥정이 이루어지고, 주문 계약이 성립되고, 국제적 청산이 이루어진다. 그 순간에 그 의상은 포장되어서 항공우주학, 기체역학, 재료공학, 고분자화학 등의 새 이론과 기술로 개발된 대륙간 탄도탄과 같은 로켓식 수송기에 실려서 한시간 이내에 한국에 운반된다. 버튼을 누른 후 몇시간 이내에 당신 집의 현관에 배달된다. 말하자면 이런 것이다. 과학과 기술의 기적이 아니고 그 무엇인가! 21세기 정보화시대의 인류의 생활을 그린 가까운 미래상이라고 한다.

나는 일제시대의 중(고등)학교에서도 해방 후의 대학에서도 공학을 공부한 사람이므로 과학과 기술의 일반 개념 정도에는 생소하지 않은 형편이다. 순수 인문과학이나 예능, 사회과학 분야 등의 지식으로 인생을 살아온 사람들보다는, 정보화시대의 미래상이라는 것이 환상이지만은 않다는 것도 이해하는 편이다.

그런데도 정보화시대 예찬론자들의 찬송가를 들으면서 내가 언제나 그런 미래상에 겁을 먹는 까닭은 인간 이성과 지성에 대한 회의 때문이다. 이성의 한계라고나 할까.

인간은 개인 단위로는 퍽 이성적인 동물인 것 같다. 개인적으로는 어떤 위기에 직면하거나 변화를 대했을 때, 이것을 해결하거나 회피할 수 있는 능력을 가지고 있다. 보다 능력이 뛰어난 사람은 여기에 그치지 않고 우주의 원리와 법칙을 꿰뚫어보고, 그것들을 인간의 행복을 위해서 이용하는 과학과 기술을 창제했다. 다이너마이트와 텔레비전과 핵폭탄·핵미사일이 그렇듯이. 자본가들의 자본을 들여 개발된 새 과학·기술은 으레 먼저 사람을 죽이는 새로운 무기로 군사화되게 마련이다. 무기산업은 자본의 이윤 극대화를 보장하기 때문이다. 무한경쟁주의는 이윤 극대화를 노린 소비주의 상품의 홍수를 낳고, 대량소비 생활양식은 필연적으로 인간 생존의 토대인 자연과 환경의 파괴를 초래한다. 그것은 인간을 물질만능주의로 타락시키면서 부패와 범죄의 사회를 만들어 간다.

한국의 지금 사회를 보라. 다음으로는 인간 복제 기술의 발달이다. 최근에 막이 오른 이 분야의 과학기술이 지구를 히틀러로 채우게 될지 천사들로 채우게 될지, 누구도 예견하지 못한다. 그것은 개인으로서의 인간 이성의 한계인 것이다. 모여서 조직화된 집단적 존재로서의 인간들은 개인의 이성과는 동떨어진 비이성적 사고와 행동을 한다.

기업, 군대, 종교, 계급, 체제, 정권, 민족, 국가 등으로 집단화된 인간들은 차라리 반이성적 존재인 것만 같다. 이성을 믿는다는 서양에서 종교의 이름을 빌린 십자군의 '성스러운 대학살'로부터 쉴 새 없이 반복되고 있는, 각종 신의 이름을 빌린 처절한 종교전쟁, 드디어는 가장 과학·기술 숭배자였던 히틀러의 나치체제의 인류 말살 철학과 행위, 미국이 일본에 퍼부은 원자탄 등이 그것을 대표한다. 인류 역사상 최고의 과학과 기술을 달구어 만든, 상상을 초월하는 온갖 무기로 무장한 기독교와 민주주의와 과학적 이성의 나라라는 미국이, 자기 마음에 들지 않는다는 이유로 지구상의 약소국들을 닥치는 대로 짓부수고 돌아다니는 것이 그 으뜸의 보기다.

인간 두뇌보다 앞섰다는 컴퓨터와 그것들을 엮어서 이룩했다는 '문명의 꽃' 정보통신 시스템의 예측 능력과 해결 답안 제시 능력에도 불구하고, 인간의 삶의 터전인 하나밖에 없는 지구는 중병을 앓고 빈사 상태에 이르렀다. 인류의 유일한 생존 환경은 '인간 이성'에 의해서 죽음을 강요당한 나머지 인간에 대한 생사결단의 보복을 시작한 지가 오래다. 인간과 자연의 전쟁이다.

나는 그래서 가끔 과학·기술 만능주의적인 물질문명이 지금 이 정도에서 그 발달을 멈추어주었으면 좋겠다는 생각을 할 때가 있다. 지구에는 마음 놓고 마실 물은 고사하고, 안심하고 손발을 담글 수 있는 물도 흔치 않게 되었다. 남·북극 지대의 공기를 통조림으로 만들어서 수만리를 비행기로 날라다가 파는 공기 장사가 성행하여 떼부자가 되고 있다고 한다. 웃기에는 너무나 서글픈 인류의 비극이다. 과학·기술·물질 만능주의자들도 앞으로 이 통조림 공기를 마셔야만 생명을 유지할 상황이 머지않아 닥칠 것이다.

나는 주유소에서 자동차에 1리터에 650원씩 하는 휘발유를 넣고 나오는 길에, 같은 양의 물(생수)을 1000원에 사들었을 때, 머릿속의 모든 판단체계가 무너지는 것 같은 혼란을 느끼곤 한다. 인간에게 천대받는 자연이 자기주장을 시작한 것이다. 웃을 사람이 있을지 모르지만, 나는 집에서 변기를 사용할 때, 소변을 두번 보고서 물을 흘려보낸다. 비교적 소변을 자주 보는 체질인 까닭에 그 간격은 그리 길지 않다. 냄새도 나지 않는다. 그것은 내가 10분의 1리터의 오줌을 변기에서 내보내기 위해서 그 100배나 되는 10리터의 수돗물을 버려야 하는 문명, 이 '문화생활'의 '이성'에 아직도 익숙지 못해서다. 그 10리터의 수돗물은 70킬로미터 떨어진 팔당에 있는 정수장에서 비싼 돈을 들여 여러 날을 두고 처리된 뒤에, 경기도 군포시 산본에 있는 나의 아파트까지 막대한 공사비를 들인 급수망을 거쳐서 공급된 것이다. 내가 변기의 물을 아끼는 것은 자본주의 경제의 가격 계산 때문에서만은 아니다. 자연의 '은혜'인 물을 그렇게 낭비하는 오늘날의 이른바 문화생활은 차라리 범죄가 아닐까 싶은 생각에서다. 자본주의적 대량소비 문화양식은 그 본질에서나 결과로서나 반(反)생명적이다. 자본의 논리에 따라서 이윤 극대화를 운영원리로 하는 자본주의적 지구자원의 대량소비는 인간성의 황폐화를 초래하게 마련이다.

정보화시대에는 인간이 정보의 홍수에 빠져 죽는다는 말도 들린다. 정보가 희소가치였던 시대와는 반대로, 무정부적으로 생산, 유통, 공급되는 정보의 홍수가 인간 이성을 혼란시키거나 마비시키고, 인간의 소중한 내면적 평화를 파괴할 것이라는 전문가 자신들의 심각한 우려의 소리가 크다. 어쨌든 누구도 단언하기 어려운 가공할 파괴적 물질문명의 모습이다.

정보화란, 자본주의 논리에서 또다른 형태와 방법으로서의 시장 운영 수단이다. 과거에는 상품생산의 구상에서부터 설계, 투자, 생산, 유통, 소비, 재투자, 재생산의 끊임없는 과정에서 시간적 제약과 공간적 한계가 있었다. 그런데 인간 두뇌를 컴퓨터가 대신한 이른바 21세기 정보화시대에는 자본주의 시장경제의 시간을 순간으로 환원하고, 공간을 하나의 기하학적 최소 단위인 점(點)으로 축소함으로써 물질적 생산과 소비를 극대화할 수 있다는 것이다. 놀라운 일이다.

빠리 패션쇼의 최신 유행 의상을 수만리 떨어진 지구 어디에서나 몇 시간 내에 보고, 고르고, 흥정하고, 사고, 날라서 입고 파티에 나갈 수 있다는, 무제한적 '빨리빨리!'의 자본주의 시장문화의 '생활화'가 이루어지는 것이다. 그 문명은 당연히 '빨리!'와 병행해서 필요하지도 않은 상품들까지 '더 많이 더 많이' 생산하고 인위적 유행을 조작하고 소비하고 파괴하는 낭비주의 문화를 궁극적 목표로 한다. 더 빨리 생산하여 더 많이 소비하는 문명은 지구가 내장하고 있는 물질의 '더 빠르고 더 많은' 수탈과 파괴로만 가능하다. 아무리 물질주의적 과학·기술 숭배자들도 무(無)에서 유(有)를 만들어낼 수는 없을 것이다. 그런 능력은 바로 신(神)에게만 속하는 것이다. 그 신의 초월적 권능을 부정하는 행위니까 인간들로서는 영원히 도달할 수 없는 일이다.

과학·기술의 종합적 혜택으로 다섯시간에 가던 서울-부산 간의 공간이 이제 TGV라는 고속열차로 두시간에 갈 수 있는 공간으로 축소될 것이라고 한다. 이제 우리는 그 나머지 세시간을 무엇에 어떻게 쓰려는 것일까? 일상생활의 모든 소요 시간을 영(零, 세로)으로 단축시킨 정보화시대의 혜택으로 인간은 얼마나 행복해지고 있다는 것일까?

우리가 정보화시대의 덕택으로 예전에 몰랐던 수천만 수억만가지의 잡다한 지식과 정보를 알게 되면, 우리의 삶의 질은 얼마나 풍요해지는 것일까? 과학과 인간 행복이 대체로 정비례하던 관계형식이 끝나려는 것은 아닐까?

몰랐던 사실과 지식을 더 많이 알게 되고, 더 많은 정보를 남보다 더 빨리 가지게 된 사람은 21세기의 무한경쟁시대에 남보다 앞서가고, 남보다 더 부자가 되고, 남보다 더 성공할 것이라고 한다. 좋은 말이다. 그러나 나는 그런 경쟁지상주의적 심성(心性)이 모든 인간에게 일반화될 '정보화시대형'의 인간들의 표정을 상상해본다. "저놈이 나의 경쟁자구나! 저놈도 경쟁상대구나! 아침부터 밤까지 만나는 모든 인간이 온통 나를 앞지르려는 흉악한 경쟁자들이로구나!"

나는 이런 세상에서는 한시도 마음의 평화를 누릴 수 없을 것만 같다. 무한정보화시대형 인간! 나는 그 얼굴에서 인간적 정을 느끼는 작은 미소의 흔적조차 찾아보기 어려울 것만 같다. 인간과 인간, 이웃과 이웃 사이의 존재양식이 오직 무한경쟁으로만 규정되는 사회, 제도, 체제— 이것은 나처럼 "좀 쉬엄쉬엄 가면 어떠랴!" "홀로 생각하는 시간도 귀하다"는 생각으로 살아가는 사람에게는 두려운 세상이다. 그리고 잡다한 지식과 정보의 양(量)에 대해서 큰 경외심을 가지지 않는 나와 같은 사람은 평생 낙오자가 되거나 아니면 고작 열등생이 될 수밖에 없을 성 싶다.

지구상의 50억 100억의 인간들이 끝없는 경쟁의 경주장에서 서로 밟히고 쓰러질 때까지, 뒤도 돌아보지 않고 쉴 사이도 없이, '성공'과 '돈'이 기다리는 종착점을 향해서 일생을 달려야만 하는 정보화시대! 21세기의 그 모든 인간의 심장이 터질 것 같은 거친 숨소리가 나의 귀에는 벌써 들려온다. 나는 그 끝없이 이어진 경주 대열의 맨 끝에서 따라가고 있다. 그 내가 눈에 보인다. 쓰러질 듯 말 듯, 헐떡거리면서 따라가고 있다. 결국 나는 쓰러지고 말 것이다. "이런 경쟁만 있는 세상에서 죽도록 달려야 한다면 차라리 죽음에서 평화를 찾음만 못하다"는 생각이 머리를 스치는 순간, 나는 쓰러지고 말 것이다. 낙오자로서, 패배자로서!

협력과 평등을 지향한 맑스 사상과 사회주의가 20세기 말에 쇠퇴하고, 인간의 이기심에 호소하고, 이기심 충족에 궁극적 목표를 둔 경쟁원리의 자본주의가 득세했다는 시대의 변화는 자본주의 문명과 문화를 위해서 차라리 불행한 일이다. 경박한 사상가들은 몇해 전 사회주의라는 경쟁자가 사라진 상태를 자본주의의 승리라고 부르고 역사의 종언이라고 기뻐했다.

자본주의의 체질적인 제도적 질병에 대해서 맑시즘과 사회주의는 일종의 강력한 항생제 역할을 해왔다. 염증을 일으키고 화농하는 자본주의의 육체와 정신에 대해서 마이신 기능을 해온 것이다. 자본주의적 물질문명과 문화양식의 내재적 모순들이 그 모체의 죽음으로까지 중태화하지 않도록, 예방하거나 치료제의 역할을 한 것이 다름 아닌 맑스 철학과 사상 그리고 사회주의라는 마이신이었던 것이다.

이제 '승리한' 자본주의는 앞으로 새로운 마이신을 제도 바깥에서 발견하거나 제도 속에서 만들어야 할 필요에 직면했다. 그것은 무엇이며 어떤 형태일까? 이기심과 무한경쟁과 정보의 홍수가 그 대안일 수 있을까? 나에게는 위태로워만 보이고 불안하기만 하다.

그러면 인간의 구원을 존재원리로 하는 종교는 대안을 가지고 있을까?

종교도 물신숭배적·자본주의적·이기주의적·무한경쟁적 정보화시대의 인간성 회복을 위해서는 무력하다는 평가가 유력하다. 서양에서는 신·구교 기독교 내부에서의 평가가 그렇다. 통계적으로 기독교 신도는 서양 어느 나라에서나 급격히 줄어들고 있다. 성직자 지망자도 신도의 수적 감소와 병행해서, 오히려 더 큰 비율로 줄고 있다. 사제와 목사가 없는 교회, 신도라야 일요일에 10여명의 노인들이 왔다가 가는, 텅 빈 대가람이 수두룩한 것이 서양 종교계의 실상이다. 기성 종교들의 위선, 부패, 타락, 상업주의적 기업화가 '집단적 인간 사랑'을 병적 형태로 실천하는 사교, 사이비 종교의 창궐의 원인이 되고 있는 것이다.

바로 며칠 전, 미국에서 일어난 "천국의 문" 신도들 37명의 질서정연하고 '평화스러운' 집단자살이 그 좋은 증거다. 그들은 모두가 무한경쟁시대의 영웅이라고 할 수 있는 컴퓨터 전문가들이었다. 그런데 21세기의 과학·기술 문명의 꽃이라고 할 수 있는 그들이, 컴퓨터화된 인간 존재양식에 자신들의 하나밖에 없는 목숨으로 반항한 것이다. 몇해 전 일본에서 세계를 소름 끼치게 했던 종교집단 옴진리교의 무차별적 대량학살 시도 역시 그렇다. 그 범행을 구상하고 실천한 옴진리교의 간부들과 신도들은 모두가 일본이라는 과학·기술 숭배 사회의 명문 대학에서 이공학을 전공하는 과학도들이었다. 21세기의 물질만능적, 무한경쟁적, 과학·기술 숭배적, 대량생산적, 대량소비적 자본주의 문명과 문화에 대한 '인간'의 절망적 몸부림이라고 하면 지나친 혹평일까? 지나친 비관론일까?

——『가나아트』 창간호, 1988; 『스핑크스의 코』, 까치 1998

리영희 선생 연보

1929년(1세) 12월 2일(음력 11월 2일) 평안북도 운산군 북진면에서 부친 이근
국(李根國)과 모친 최희저(崔晞姐) 사이에서 출생.

1933년(5세) 삭주군 외남면 대관동으로 이주하여 이곳에서 성장.

1936년(8세) 대관공립보통학교 입학.

1942년(14세) 대관공립보통학교 졸업. 경성공립공업학교(5년제 중학교) 전
기과 입학.

1945년(17세) 중학교 4학년 때 근로동원 피해 귀향한 고향에서 해방을 맞음.

1946년(18세) 7월 국립해양대학교(현 한국해양대, 당시 인천 소재) 항해과 입
학.

1947년(19세) 부모와 동생 명희 월남하여 충북 단양에 거주.

1948년(20세) 10월 항해 실습 중 여수·순천사건 목격. 상하이행 취소로 중국
혁명 인지.

1950년(22세) 3월 국립해양대학교(당시 군산 소재) 항해과 졸업 후 경북 안동
의 안동공립중학교에서 영어교사로 근무 시작. 8월 16일 육군 유엔군 연락장
교단 후보생에 선발(제4기). 10월 육군 중위 임관(제11사단 9연대 배속), 지리

산 일대에서 근무.

1951년(23세) 국민방위군사건과 거창양민학살사건 목격. 육군 20연대에 배속
돼 태백산·설악산 등 동해안 최전방 근무. 가을 동생 명희 사망.

1953년(25세) 7월 27일 휴전으로 마산 군의학교에 배속.

1954년(26세) 부산 육군 제5관구 사령부의 민사부 관재과에 배속. 유엔군 시
설접수 업무 수행.

1956년(28세) 11월 13일 윤평숙(尹平淑)씨의 장녀 영자(英子)씨와 군산에서 결
혼.

1957년(29세) 8월 16일 육군 소령 예편. 공채로 합동통신 입사(외신부 기자).

1959년(31세) 『워싱턴포스트』에 '한국통신원'이라는 익명으로 기고 시작
(1962년 2월까지). 여름 첫아들 희주(希柱)를 잃은 데 이어 부친 이근국 옹 별
세. 9월 말 풀브라이트 계획으로 미국 노스웨스턴대 연수(6개월).

1960년(32세) 1월 말 하와이에 가서 이승만 대통령 관련 취재 후 귀국. 4·19혁
명 취재 및 참여.

1961년(33세) 장남 건일(建一) 출생. 11월 박정희 국가재건최고회의 의장 방
미 수행. 군부정권에 불리한 내용의 특종보도로 강제 귀국.

1962년(34세) 합동통신 정치부 기자(중앙청과 외무부 출입). 장녀 미정(美晶)
출생.

1964년(36세) 차남 건석(建碩) 출생. 10월 『조선일보』 정치부로 이직. 11월 21
일 「유엔의 한국 문제 토의에 있어서 중립국의 동향」 기사로 인해 반공법 위
반 혐의로 구속(1차 필화사건). 12월 27일 구속 만기로 석방.

1965년(37세) 『조선일보』 외신부장.

1966년(38세) 9월 아시아의원연맹 총회 참석차 방한한 전 일본 총리 키시 노
부스께(岸信介)를 워커힐에서 인터뷰, 유사 시 일본군의 한반도 개입을 가상

한 '미쯔야(三矢)계획' 폭로. 이 기사로 중앙정보부에 연행.

1967년(39세)　『창작과비평』『정경연구』 등에 국제관계 논문 기고 시작.

1969년(41세)　국군 베트남 파병 지속 비판. 박정희 정권 압력으로 7월 31일 『조선일보』 퇴사(언론사 1차 해직). 서적 외판원으로 생계 유지.

1970년(42세)　2월 7일 합동통신 재입사. 외신부장으로 근무.

1971년(43세)　4월 19일 결성된 민주수호국민협의회에 이사로 참여. 10월 15일 학원탄압 반대 '64인 지식인 선언' 참여로 합동통신 강제 해직(언론사 2차 해직).

1972년(44세)　1월 한양대 신문학과 조교수로 임용. 3월 28일 국제사면위원회 (Amnesty International) 한국지부 창립 발기인.

1974년(46세)　5월 1일 한양대 중국문제연구소 설립 주도. 6월 첫 저서 『전환시대의 논리』(창비) 출간. 12월 민주회복국민회의에 이사로 참여.

1976년(48세)　2월 28일 1975년 개정된 '교육공무원법' 발효에 따른 교수재임용제 시행으로 한양대에서 강제 해임(교수 1차 해직).

1977년(49세)　9월 『8억인과의 대화』(창비), 11월 『우상과 이성』(한길사) 출간. 11월 23일 『8억인과의 대화』『우상과 이성』 관련 반공법 위반 혐의로 구속. 12월 27일 모친 최희저 여사 별세.

1978년(50세)　11월 26일 옥중에서 「상고이유서」 작성.

1980년(52세)　1월 9일 광주형무소에서 2년형 마치고 만기 출소. 2월 29일 '서울의 봄'으로 사면 및 복권. 한양대 복직. 5월 17일 '광주소요' 배후 조종자로 지목되어 다시 구속(7월 중순 석방). 한양대에서 강제 해임(교수 2차 해직).

1982년(54세)　8월 『중국백서』(전예원) 출간.

1983년(55세)　6월 『10억인의 나라』(두레) 출간.

1984년(56세)　1월 10일 기사연 사건(교과서 통일문제 관련 특강)으로 구속, 3

월 10일 석방. 7월 17일 4년 2개월 만에 한양대 복직. 10월『분단을 넘어서』(한길사) 출간.

1985년(57세) 일본 토오꾜오대 사회과학연구소 초빙교수(1학기). 5월 타까사끼 소오지(高崎宗司) 교수 편역으로 일본어판 평론집『分斷民族の苦惱』(御茶の水書房) 출간. 독일 하이델베르크대학교와 교회사회과학연구소 초빙교수(2학기). 7월『베트남전쟁』(두레) 출간.

1987년(59세) 3월『역설의 변증』(두레) 출간. 8월 미국 버클리대 아시아학과에서 '한반도 갈등과 평화' 강의.

1988년(60세) 3월 자전에세이『역정: 나의 청년시대』(창비) 출간. 5월 15일『한겨레신문』창간 참여(이사 및 논설고문). 8월『반핵: 핵위기의 구조와 한반도』(임재경 공편, 창비) 출간.

1989년(61세) 『한겨레신문』방북취재 기획 건으로 4월 14일 구속(160일 만에 석방). 12월『회갑기념문집』(두레) 출간. 12월 16일 주한 외국언론인협회에서 주는 '언론자유상'(Press Freedom Award) 수상.

1990년(62세) 9월『自由人, 자유인』(범우사) 출간.

1991년(63세) 3월 미국 버클리대 주최 남북심포지엄에 참석, 통일전망에 관해 주제발표. 7월 문고판 산문집『인간만사 새옹지마』(범우사) 출간.

1992년(64세) 10월 21일 좌골신경통 악화로 한양대병원 입원(11월 14일 퇴원).

1993년(65세) 4월 통일원 통일정책평가위원.

1994년(66세) 7월『새는 '좌·우'의 날개로 난다』(두레) 출간하고 가을 18년 살았던 화양리 단독주택에서 군포시 수리동(산본) 아파트로 이주.

1995년(67세) 3월 15일 한양대 정년퇴임. 동대학 언론정보대학원 대우교수. 5월『새는 '좌·우'의 날개로 난다』로 한길사가 제정한 '단재상' 수상.

1997년(69세) 봄 결혼 40주년 기념으로 윤영자 여사와 19일간 이집트 등 여행. 중국 통해 백두산 천지 등정.

1998년(70세) 5월 11일 『한겨레』 창간 10주년을 기념해 주체사상 이데올로그 황장엽과 대담. 11월 『스핑크스의 코』(까치) 출간. 11월 9일 '남북어린이어깨 동무' 사업과 관련해 방북하고, 5일간의 방북 기간 중 평양에서 조카와 상봉.

1999년(71세) 6월 문익환목사기념사업회의 '늦봄통일상' 수상. 9월 『반세기의 신화』(삼인) 출간. 12월 23일 고희기념 산문집 『동굴 속의 독백』(나남) 출간

2000년(72세) 5월 2~4일 제1회 세계한민족포럼 참가(미국 뉴저지). 8월 9일 설악산 백담사에서 만해사상실천선양회가 주는 '만해상(실천부문)' 수상. 8월 『반세기의 신화』를 재일학자 서승(徐勝) 교수가 번역하여 『朝鮮半島の新ミレニアム』(社會評論社)라는 제목으로 출간. 11월 16일 산본 자택에서 뇌출혈 발병.

2003년(75세) 3월 28일 이라크 파병 반대 집회 참여 연설. 여름 중국의 베이징과 루쉰의 고향 사오싱(紹興)의 루쉰기념관 등 방문.

2004년(76세) 봄 민족문제연구소 임헌영 이사장과 '자서전' 출간 위한 대담 시작.

2005년(77세) 3월 자전에세이 대담집 『대화: 한 지식인의 삶과 사상』(한길사) 출간. 6월 '지식인과 사회책임' 주제로 성공회대에서 특강. 7월 중국 선양(瀋陽)에서 열린 한중루쉰연구자모임 참가.

2006년(78세) 5월 한국기자협회에서 주는 '기자의 혼 상'과 심산사상연구회에서 주는 '심산상' 동시 수상. 6월 15~20일 세계한민족포럼(모스끄바) 참석. 쌍뜨뻬쩨르부르그(옛 레닌그라드) 여행. 8월 30일 『21세기 아침의 사색』(한길사)이 포함된 『리영희 저작집』(전12권, 한길사) 출간.

2007년(79세) 4월 한겨레통일문화재단에서 주는 '한겨레통일문화상' 수상.

2008년(80세) 6월 전남대 제정 '후광 김대중 학술상' 수상.

2009년(81세) 7월 1일 인권연대 10주년 기념행사의 하나로 이명박 정권의 파시즘 행태를 비판하는 내용으로 강연.

2010년(82세) 3월 이후 간경화 악화로 입원 및 투병. 12월 5일 0시 30분 타계. 12월 9일 민주사회장 엄수, 국립 5·18민주묘지(광주)에 영면.

리영희재단 소개

○ 재단법인 리영희재단은 언론인의 표상이었던 리영희 선생의 뜻을 기리는 사업을 통해 사회발전에 기여하고자 2012년 8월 설립되었다. 초대 이사장은 박우정 도서출판 길 대표였고, 현재 이사장은 백영서 연세대 명예교수가 맡고 있다.

○ 재단의 목적사업은 다음과 같다.
- 언론 창달 및 관련 지원 사업, 언론 관련 종사자 지원 및 교육 사업
- 시민사회의 민주주의 함양을 위한 강연·토론·교육 사업
- 외국 언론인 및 언론 관련 기관·단체와의 교류 및 지원 사업
- 설립목적과 연관된 조사·연구·출판 사업

○ 재단은 다음의 사업을 하고 있다.
- 리영희상: 진실을 밝히고 우상을 타파한 선생의 정신을 잇기 위해 2013년 제정해서 매년 시상하고 있다. 수상자는 1회 권은희, 2회 국정원 간첩조작 사건 변호인단 & 뉴스타파 취재진, 3회 김효순 & 타까다 켄, 4회 백도명, 5회 이용마,

6회 반도체 노동자의 건강과 인권 지킴이 반올림, 7회 우에무라 타카시이다.

- 우수 다큐멘터리 제작 지원: 우리 사회의 현안에 깊이있게 파고드는 독립영화 감독, 독립 PD, 개인제작자, VJ 등을 대상으로 다큐멘터리 제작을 지원하고 있다. 2015년부터 매년 1회 공모한다. 지원 대상작은 다음과 같다. 1회 「그날」(정수은) 「앨리스 죽이기」(김상규) / 2회 「기억의 전쟁」(이길보라) 「늑대부대를 찾아서」(김미례) 「불명예」(배혜원) / 3회 「애국자게임 2 ― 지록위마」(경순) 「언더그라운드」(김정근) / 4회 「바람의 로마니」(김태일&주로미) 「족쟁이들」(문정현) / 5회 「초토화작전」(이미영) 「학교 가는 길」(김정인) / 6회 「경의선, 멈춰진 한반도 시계」(서재권) 「아치의 노래」(고영재)

- 시민강좌: 민주주의 확산, 민주시민의식 함양을 위해 2016년부터 '시민강좌' 를 매년 열고 있다. 2016년 '리영희 함께 읽기' 11차 강좌 / 2017년 '더 많은 민주주의의 길' 7강좌 / 2018년 '북한 깊이 읽기' 10강좌 / 2019년 '북한뉴스 깊이 읽기로 북한 바로 알기' 10강좌 / 2020년 '인공지능시대의 가짜뉴스와 민주주의의 위기' 8강좌

- 세미나: 선생의 타계 10주기를 맞아 2020년 5월 '진실 상실 시대의 진실 찾기' 세미나를 한국언론정보학회와 공동 주최하였다. 재단은 앞으로도 선생의 정신을 기리고 알리는 세미나를 기획할 예정이다.

(재)리영희재단

www.rheeyeunghui.or.kr

(04186) 서울특별시 마포구 효창목길 6 한겨레신문사 4층

02-710-0285 / rheeyeunghui@gmail.com

수록문 출처

제1부 한반도

1. 광복 32주년의 반성 (『대화』 1977년 8월호; 『우상과 이성』, 한길사 1977)

2. 국가보안법 없는 90년대를 위하여 (『사회와 사상』 1989년 12월호; 『自由人, 자유인』, 범우사 1990)

3. 동북아지역의 평화질서 구축을 위한 제언 (서울대학교 신문연구소·문화방송 공동 주최, '동북아 방송질서 변화와 대책' 국제 학술심포지엄 기조강연, 1992; 『반세기의 신화』, 삼인 1999)

4. 북한-미국 핵과 미사일 위기의 군사정치학: 위기의 주요인은 미국에게 있다 (『당대비평』 1999년 가을호; 『반세기의 신화』, 삼인 1999)

5. 통일의 도덕성: 북한의 변화만큼 남한도 변해야 (『당대비평』 1998년 봄호; 『반세기의 신화』, 삼인 1999)

제2부 국제관계

1. 대륙 중국에 대한 시각 조정: 중국 본토 사회의 실제와 판단 (『정경연구』 1971년 6월호; 『전환시대의 논리』, 창작과비평사 1974)

길사 1977)

2. 아버지와 딸의 대담 (『공동체문화』 1집, 1983;『분단을 넘어서』, 한길사 1984)

3. 광주는 '언제나 그곳에' 있었다 (『새는 '좌·우'의 날개로 난다』, 두레 1994)

4. 핵은 확실히 '죽음'을 보장한다 (『역설의 변증』, 두레 1987)

5. 내가 아직 종교를 가지지 않는 이유 (『말』 1994년 5월호;『스핑크스의 코』, 까치 1998)

6. 무한경쟁시대와 정보화와 인간 (『가나아트』 창간호, 1988;『스핑크스의 코』, 까치 1998)

생각하고 저항하는 이를 위하여
리영희 선집

초판 1쇄 발행 / 2020년 10월 23일

지은이 / 리영희
엮은이 / 백영서 최영묵
기획 / 리영희재단
펴낸이 / 강일우
책임편집 / 김새롬 신채용
조판 / 황숙화
펴낸곳 / (주)창비
등록 / 1986년 8월 5일 제85호
주소 / 10881 경기도 파주시 회동길 184
전화 / 031-955-3333
팩시밀리 / 영업 031-955-3399 편집 031-955-3400
홈페이지 / www.changbi.com
전자우편 / human@changbi.com

ⓒ 윤영자 2020
ISBN 978-89-364-8675-4 93330